社会治理丛书　丛书主编：但彦铮

警察行政研究

郑晓均　主　编

林小龙　蒋勇　吴娟　副主编

知识产权出版社

全国百佳图书出版单位

图书在版编目（CIP）数据

警察行政研究/郑晓均主编. —北京：知识产权出版社，2017.1
（社会治理丛书）
ISBN 978 – 7 – 5130 – 4693 – 0

Ⅰ. ①警… Ⅱ. ①郑… Ⅲ. ①警察学—行政学—研究 Ⅳ. ①D035.3

中国版本图书馆 CIP 数据核字（2016）第 313675 号

责任编辑：崔开丽   责任校对：潘凤越

文字编辑：王 岩 申立超   责任出版：刘译文

警察行政研究

郑晓均 主 编

林小龙 蒋 勇 吴 娟 副主编

出版发行：知识产权出版社有限责任公司		网 址：http：//www.ipph.cn	
社 址：北京市海淀区西外太平庄 55 号		邮 编：100081	
责编电话：010 – 82000860 转 8377		责编邮箱：cui_kaili@sina.com	
发行电话：010 – 82000860 转 8101/8102		发行传真：010 – 82000893/82005070/82000270	
印 刷：北京嘉恒彩色印刷有限公司		经 销：各大网上书店、新华书店及相关专业书店	
开 本：720mm×1000mm 1/16		印 张：28.5	
版 次：2017 年 1 月第 1 版		印 次：2017 年 1 月第 1 次印刷	
字 数：460 千字		定 价：68.00 元	

ISBN 978 -7 -5130 -4693 -0

前　言

　　"警察行政"是警察科学理论体系的重要组成部分。"警察学"侧重从理论的角度解释警察现象，"警察行政"则是从实战的角度，研究警察现象，研究警察组织的管理。"警察行政"研究的核心是管理，研究的目的是如何通过科学而有效的管理，提升警察组织的绩效。

　　由于"警察学""警察行政"的概念存在多意性，对这两个概念内涵的理解的不同，研究的理论架构也存在多元性。在国内的研究中，既有从行政权、行政行为的角度研究警察行政的，也有从管理的角度构建警察行政的理论框架。在国外的研究中，警察行政一词中的"警察"，多取警察机关的含义，而"行政"一词则主要指管理并已经形成了较为成熟的理论体系。为了更好地与国际接轨，本书的理论架构，同样以管理为研究核心，以警察组织现象和警察机关的管理为主要的研究内容。

　　我国的警察行政实践已经积累了半个多世纪的历史经验，当代的警察行政比以往任何时候都要复杂，一是警察行政的内涵与外延都极大拓展。随着改革开放的深入发展，公安机关所面临的社会形势愈加复杂。一方面，市场经济的发展带来了安全服务的市场化进程，市场主体参与警务的现象愈加频发，这意味警察行政突破了公安管理的外延。另一方面，公安机关执法要实现政治效果、法律效果与社会效果的统一，意味着警察行政所要达成的是一种复合型目标。警察行政的内涵也愈加丰富。二是警察行政的全球化趋势。传统的警察行政被视为是纯粹的国家内政，然而在全球化的浪潮下，跨国、跨区域的违法犯罪现象也呈高发态势，警察行政必须要勇敢面对全球化的挑战。近年来我国的警务国际合作机制不断完善，国际追逃追赃工作不断取得新的成就，这都需要改善我国的警察行政体制，完善警察行政的法律基础，充分利用国际上的警务资源。而这些都是警察行政所要研究的新问题。

然而，目前对警察行政的研究却不容乐观，在学科设置上，警察行政一直还囿于传统的公安管理范畴，对于警察行政的理解仍然停留于公安人事和后勤管理层面，警察行政研究的薄弱直接导致了我国警察行政的理论远远滞后于警察行政的实践。最突出的表现就是对公安机关在组织特性、组织结构及其运转机制上的研究不足，在出现某些重大的涉警事件时，往往千篇一律地以"责任心不强，监督不到位"进行应付，而忽视了背后所存在的警察行政中的机制障碍与结构性缺陷。在"全面深化公安改革"的大背景下，警事治理的观念将取代传统的公安管理，警察行政也不再是一个封闭的概念，需要结合各学科的最新动态，研究如何将治理的理论、方法引入警察行政中。

研究当下的警察行政，必须把握几个基本原则：第一是问题导向。展示问题产生的机理，提供解决问题的思路，是研究警察行政的最终目的，因而警察行政所囊括的知识体系必须是具有针对性的思路方法，而不能仅仅停留在相关的概念解释上。第二是中外比较。现代意义上的警察诞生于西方，对警察行政的研究，不可能对西方的警政实践视而不见，因此，只有吸收国外先进的警察行政经验、理论与方法，才能把握警察行政的一般性规律。同时，我国的国情不同于西方，要想研究"中国问题"，还必须要立足于我国的具体实践，探索我国警察行政的特殊规律。第三是历史分析。新中国成立以来，我国经历了深刻的社会转型过程，在这样一个宏大的历史进程中，警察行政必然也在发生着潜移默化的变革，从历史的角度去研究警察行政，可以更加凸显政治社会环境对我国警察行政的影响机理，进而对未来的发展方向有一个较为科学的预测。

本书从我国警察行政的实践出发，对警察行政的专门领域进行了专题探讨，在吸收其他学科的理论与方法的基础上，对我国警察行政实践进行了比较研究，突出了问题意识导向，对当下热点问题进行了回应。可以说本书突破了传统公安管理的封闭概念，走向了一个更为开放的知识体系。

《警察行政研究》一书的研究和编写紧扣警事治理的现实需要，研究当前警察行政中主要应当关注的各种问题。具体包括以下几个方面。

警察组织管理，主要涉及警察组织的概念、警察组织的领导与警察组织文化。

警察人事，主要涉及警察人员的选拔、任用以及警察人力资源管理。

警察教育，主要涉及警察教育的历史、现状与中外比较研究。

警察总务管理，主要涉及警察采购、警察后勤、警察财务以及机关事务管理。

警察勤务管理，主要涉及警察勤务的分类、警察勤务的原则以及警察勤务的分配与执行。

警察公共关系，主要涉及警察公共关系的概念、现状与对策。

本书具有以下四个方面的突出特点：

一、体系完整。本书涉及警察行政原理、警察勤务、警察人事管理、警察教育与培训、警察公共关系、警察财务管理等内容，并进行了专题研究，构建了系统、完整、科学的警察行政学体系。

二、多学科交叉。本书不仅吸收了警察行政学领域的最新理论研究成果，还引进了其他学科的知识与方法，如管理科学理论、绩效管理理论等，多学科的知识融合不仅增加了本书的理论厚度，也拓宽了研究视野。

三、理论联系实践。警察行政是一门应用型科学，需要立足于本国国情进行系统分析，西南政法大学刑事侦查学院、西南政法大学安全治理与社会秩序维护研究院与公安机关一直保持着良好的合作关系，双方在理论研究、教学实践、在职培训方面有着悠久的合作历史。因此，本书在保证理论前沿性的同时，着重阐释我国公安机关的管理动态，反映管理实践中的新政策、新理念、新措施。

四、对警察行政中的中外研究成果进行了比较研究。我国的警察行政实践既来源于西方的警察科学理论，又是我国警察制度的具体承载。本书在编写过程中，注重对相关实践的中外比较研究，关注和反映了我国警察行政实践中的复杂性与特色性。

本书的编写及出版对于推动我国警察科学的理论研究与相关专业学科的建设，有着重要的作用。但是，由于研究能力和认识水平有限，再加上时间仓促，书中难免有疏漏和不足之处，敬请读者与相关专家学者指正，以便再版时修改完善。

在本书的研究和编著过程中，参考了有关著述与相关学术研究成果，在此向有关作者表示诚挚的谢意。本书的出版得到了西南政法大学领导和知识产权出版社领导的高度重视与支持，在此一并表示感谢。

编者
2016 年 1 月 20 日

目　录

第一篇

警察组织篇

第一章　组织及组织理论

第一节　组织及组织理论概述

一、组织的概念

组织与人类社会相伴相随，随着经济社会的发展，组织已经成为现代社会的一个突出特点。正如美国著名社会学家帕森斯所说："组织的发展已经成为高度分化社会中的主要机制，通过这个机制，人们才有可能完成任务，达到对每个人而言无法企及的目标。"

（一）组织的古典定义

关于组织概念的界定，不同的研究者从不同的角度出发，会给出各种不同的结论，主要取决于人们理解和描述组织的目的。正如马奇与西蒙（March&Simon，1958）所说："组织的定义并没有多少目的，一个更为理性的认识是，它们提供了我们理解所研究对象的基础。"

1）韦伯的组织定义。马克斯·韦伯在《社会组织和经济组织理论》一书中，将组织定义为："一种通过规则对外来者的加入既封闭又限制的社会关系……就其秩序而言，为特定个体的行动所支配，这个特定个体的功能通常是作为一个领导或'头领'，有时也可以是一个管理团体"。简单说来，组织是组织成员在追逐共同的目标和从事特定的活动时，成员间法定的相互作用方式。韦伯首次将"社团"同其他形式的社会组织进行区分，在"社团"这一概念基础上，又给组织添加了其他一些标准。组织内的人际互动是"协会性的"而不是"公社性的"。这一标准将组织与其他具有相同特征的社会实体，比如家庭，区分开来。韦伯还指出，组织的活动是连续性的，具有特定的目的，超越了成员的生活，有自己的目的。韦伯对组织的定义成为后来许多定义的基础，其关注焦点是组织成员在为实现组织目标而从事组织活动时进行合法的人际互动的模式。

2）巴纳德的组织定义。切斯特·巴纳德关于组织的定义在某些方面受到韦伯的影响，他以系统观念为依据，将组织看作一种"开放式系统"，认为组织和组织中的所有人员都是寻求取得平衡的系统，强调内部和外部的各种力量以维持一种动态的平衡。他把组织定义为，"将两个或两个以上人的活动或力量加以有意识地协调的系统"，从而将组织的权责结构特性与人类行为特性结合起来。巴纳德强调个人的作用。个人必须进行沟通、被调动起积极性，并作出决策。与韦伯强调系统相比，巴纳德关注的是系统内的成员。

3）西蒙的组织定义。西蒙进一步发展了巴纳德的思想，并从组织决策的角度为组织下定义，"组织一词，指的是人类群体当中的信息沟通与相互关系的复杂模式。它向每个成员提供其决策所需的大量信息，许多决策前提、目标和态度；它还向每个成员提供一些稳定的、可以理解的预见，使他们能够料到其他成员将会做哪些事，其他人对自己的言行将会有什么反应"。

（二）组织的当代定义

随着对组织认识的深入和实践的发展，组织于 20 世纪 60 年代成为社会学中的一个独立的论题，涌现了一些新的具有代表性的观点。

1）爱桑尼和 W. R. 斯科特的观点。爱桑尼认为："组织是为了达到特定的目标而故意建构、重建的社会单位（或人的群体）。公司、军队、学校、医院、教会、监狱属于组织；部族、班级、民族、家庭不属于组织。"斯科特给组织的定义添加了一些要素："……组织是在具有一定连贯性的基础上为了实现相对确定的目标而建立起来的……集合体。但需要澄清的是，除具有连贯性和有一定的目标之外，组织还有一些与众不同的特征，包括具有相对固定的边界、规范的秩序、权威等级、沟通系统以及一个能使不同类型的参与者共同工作以达到共同目标的激励机制。"

2）罗宾斯的小结。美国学者罗宾斯在20世纪70年代初曾经对历史上各个流派学者关于组织的定义进行了分类，共归纳出10类：（1）组织是追求一定目标的社会实体——组织的存在是为了实现一定的目标，而组织成员的行为是对这些目标的理性追求。（2）组织是目标制定系统，它是人为创造的实体，其目标是由组织成员制定和管理的。（3）组织是一个开放系统，是依托环境而求生存的投入——产出的转换系统。（4）组织是一个信息处理系统——每个组织都要通过其纵横交错的各级机构来处理从环境中输入的各种信息，并以此为基础进行决策、协调组织的各种活动。（5）组织是一个松散结合的系统，它内部的各个分系统或部门都具有相对的独立性，虽然它们都有共同的大目标，但各个分系统的目标会有所不同，有的甚至还会互相发生矛盾，但相同的大目标将它们松散地结合在一起。（6）组织是合同或契约的集合体，它是由许多成文或者不成文的契约组成的，组织内的每个成员都根据合同或契约的规定进行工作，并据此获得相应的报酬。（7）组织是一个政治系统，它由内部各利益集团组成，每个政治利益集团为了巩固自己的政治地位都力图掌握决策权，或意图加强自己对决策过程的影响力。（8）组织是各种权力的集合体，它是由各种权力集团组合而成的，为了满足本集团的利益和要求，各权力集团都想用自己的权力来控制或影响组织对各种资源的分配。（9）组织是控制和统治的工具，它把每一个成员都分配在一个固定的位置上，对每个成员应该做什么和怎么做都进行了严格的规定，每个成员都受一个特定上司的指挥和控制。（10）组织是一座"监狱"，它通过工作职位说明书对每个工作岗位上的工作要求和行为准则都做了严格的限定，任何一个工作岗位上的人都受到该工作岗位职责的限制。

二、研究组织的意义

组织已然成为当今社会主要的组成部分——事实上，我们已经成为一个"组织的社会"。在我们的生活中充斥着各种组织，我们生于组织之中，死于组织之内，介于生和死之间则被各种组织填满。

（一）组织无处不在

组织可能是现代社会最突出的特征。虽然在中国、古印度、古埃及和古巴比伦等古代文明中已经有组织的存在，但直到现代工业社会我们才开始发现和重视组织的存在和意义。从古代军队、行政和税收，到如今的发明和发现——科研机构、社会成员的教育——学校、商品的生产和销售——工商企业、休闲娱乐与服务——第三产业、人身及财产安全——保险信托，各种组织无处不在，无所不包。

组织不单在类型上全面覆盖，从数量上看，组织也是无处不在的。2002 年，美国国家统计局的报告显示，当年美国有经营体 720 万个，隶属于 570 万家公司。这个惊人的数字还不包括公共机构和志愿者组织。另外，根据税务记录，美国大约有 200 万个免税非营利组织，其中近 40 万个具有相当的规模，需要在联邦税务局（IRS）登记。这些非营利机构包括慈善机构、基金会、政治组织以及其他非政府组织（NGO）。

（二）组织的集体行动

组织作为个人的集合，不仅提供制约个人活动的情境，它们还能以自己的名义行动。科尔曼详细地记述了从中世纪以来，作为集体行动者，组织采取行动、使用资源、签署协议并拥有自己财产——组织权利的逐渐发展和强化的过程。如今，可以完全精确地区分两种人：如你我一样的自然人和集体人。在美国，尽管法人公司被认为是一个法律虚构体，但在许多方面它与自然人享有同样的权利，如言论自由，有时甚至拥有携带武器的权利。

仅仅在自然人的集合体这个层面上已经无法真正认识组织，无法认识现代社会，对组织的理解必须扩展到自然人和集体行动者之间的关系，以及多个集体行动者之间的关系。

（三）组织的社会学意义

组织的社会学意义即研究组织的价值：对组织的研究可以加深对社会的理解和认知。一方面，组织是许多基本社会过程的基础，如社会化、等级化、权力的运用等。若这些基本的社会过程发生在组织之内，那么通过组织的研究所获得的有关规律和结论就可以帮助我们认知更深层次的社会系统。另一方面，正如米尔斯在《社会学的想象力》中所述，组织本身是一个复杂的社会过程的集合。这个过程既包括常规的、现有的行为模式，也包括挑战性的、颠覆性的、不符合常规的行为模式。当组织成为具有代表性的社会结构时，对组织的研究毫无疑问也就解释了其参与者的行为与经历。

三、组织理论

不论是公共行政管理还是企业、事业管理，凡有管理的地方，一定和组织有关，没有组织的管理是不存在的。同理，但凡是一个组织，就一定需要管理，没有管理的组织也是不存在的。如前文所述，组织是一切管理的载体，与此相应也就产生出一门学科即组织理论。

组织理论是一门"既古老又年轻"的学科。说它"古老"，是因为凡涉及管理就必然要研究组织。组织是管理行为的载体，没有组织也就无所谓管理。然而，以往对于管理理论的研究并没有把组织摆在核心位置，没有对组织进行系统的研究。因此，组织理论在这个层面上又是"年轻"的。

弗雷德里克·温斯洛·泰罗——"科学管理之父"在19世纪末20世纪初对组织问题进行了整理和探讨，开辟了组织理论的新篇章。

对组织进行系统研究是20世纪中期以后的事。以1930年出版的《社会科学大辞典》一书为依据，当时书中并没有"组织理论"的词条。直至1937年，美国行政学家古利克和英国学者厄威克在合著的《行政科学论文集》中发表论文《组织理论概述》。不过，他们没有对组织理论提出自己的独创性见解，也没有对组织理论作深刻系统的论述。但从那时开始，关于组织理论问题的讨论日渐增多。

20世纪50年代，行政学家和管理学家们都非常热衷于探讨"组织理论"，并在组织理论的名义下发表见解，论述观点，大量的论文、可研报告和著作也就接踵而来。

英国学者D.S.皮尤在《组织理论精粹》一书中指出：组织理论可以界定为研究组织的结构、职能和运转及组织中群体行为和个人行为的知识体系。这一定义列出了组织理论所要研究的内容，并指出了组织理论是一个知识体系。考虑到但凡理论总是要研究事物的本质及其规律，因而可以将皮尤的定义加以完善：组织理论是研究和解释组织的结构、职能和运转及组织中群体行为和个人行为等现象，并指出其中的规律的理论和知识体系。

四、组织理论的发展

自泰罗19世纪末20世纪初开辟了组织理论以来，系统的组织理论经历了古典组织理论、行为科学组织理论到现代组织理论的发展进程。组织理论的演进与社会存在和管理实践的需要有密切的关系。其发展历史是一个不断扬弃的过程，也是辩证的否定过程。

（一）古典组织理论的演进

19世纪末20世纪初的美国和欧洲，资本主义企业取得一定的发展，对管理的要求日益强烈。这一时期，组织理论的研究分为三个派别：科学管理学派、行政管理学派、官僚体制学派。在这个阶段，组织理论研究者多用静态的、结构的和法规的观点来分析研究组织的结构、分工、层次、责任、制度和职权等问题。

1. 科学管理学派

以泰罗为代表的科学管理学派主张实行职能管理制。泰罗从"车床前的工人"开始，重点研究企业内部具体工作的效率。在他的管理生涯中，他不断在工厂实地进行试验，系统地研究和分析工人的操作方法和动作所花费的时间，逐渐形成其管理体系——科学管理。他认为不仅要单独设置职能管理机构，还要在职能管理机构内部的各项管理职能之间实行专业化和标准化的分工，使所有的职能人员只承担1~2项管理职能。他还提出权力下放的例外原则，使上下级之间实行合理分工。上级把一般性的日常事务授权给下级管理人员去处理，只保留例外特殊管理事务的决策权和对下级工作的监督权。

2. 行政管理学派

法约尔是行政管理学派的代表人物。法约尔的研究是从"办公桌前

的总经理"出发的，以企业整体作为研究对象。他认为，管理理论是
"指有关管理的、得到普遍承认的理论，是经过普遍经验检验并得到论
证的一套有关原则、标准、方法、程序等内容的完整体系"；有关管理
的理论和方法不仅适用于公私企业，也适用于军政机关和社会团体，他
提出了管理的五个基本的职能，即计划、组织、指挥、协调和控制，并
认为组织职能是一项非常重要的职能；同时他又提出了直线职能制的组
织模式，设计了一种为解决上下级之间跨越统一的指挥链而进行直接联
系的组织形式，即"法约尔跳板"。

3. 官僚体制学派

韦伯的科层制理论认为组织治理机制有三种基础：其一是理性基
础，即组织建立在对权力和法规的信念之上，并通过相应的规则来组织
活动；其二是传统基础，即组织建立在古老传统和统治身份的神圣信念
之上；其三是魅力基础，即组织建立在具体的、非同寻常的个人及其统
治方式之上。同时韦伯用合理——合法的职权观念论证了官僚制存在的
合理性。对官僚制的组织形式的结构提出了自己的看法：官僚制的组织
结构应该分为三层：顶端是主要负责人，主要职能是决策；中间层是一
般管理人员，主要职能是执行主要负责人做出的决策；底部是业务人
员，主要职能是从事具体的业务工作。韦伯论证了个人行为的合理性和
社会秩序的合法性，形成了经典性的"官僚组织理论"，被称为"组织
理论之父"。

（二）行为科学时期组织理论的演进

随着科学的进步和技术的发展，越来越多的管理学家认为组织不仅
是一个经济系统，还是一个社会系统。对人的激励不仅仅有经济因素，
还应有社会和心理方面的满足。这种满足对组织效率的提高至关重要。
因此在 20 世纪 20 ~ 40 年代，行为科学时期的组织理论就应运而生了。
行为科学理论发现正式组织中并存的非正式组织，强调了人在组织中的
重要作用。

1. 人际关系学派

梅奥通过"霍桑实验"发现了人不是以经济利益的满足为目的的
"经济人"，而是有更丰富需求的"社会人"。梅奥指出，在人群组织中

存在着正式组织和非正式组织两个方面。非正式组织是由企业成员在共同工作中由于共同的兴趣、感情、价值观等因素而结成的非正式团体，它与正式组织相互依存，是一种无形的、但又实实在在存在的组织形态，它会通过影响工人的工作态度来影响企业的效率和目标的实现。

2. 非正式组织及权力接受理论

切斯特·巴纳德认为，非正式组织是不属于正式组织的个人联系和互相作用的集团，可能对正式组织产生消极影响。而非正式组织又是组织不可缺少的部分，其存在能使组织更有效率和效能；权力不是来自由上而下的授予，而是要看下级是否接受。只有行政命令为岗位下级所理解，并且相信它符合组织目标和个人利益时，才会被接受，这时权力才能成立。因此，各组织不能单纯依靠少数几个人的权力命令来行事，而必须取得组织内个体人员的支持与合作，否则就会出现集权，脱离人民和社会的支持，而最终垮台。

（三）现代组织理论的演进

管理实践推动组织理论继续向前发展，第二次世界大战以后的管理实践面临着科技突飞猛进、市场日益加强的国际化趋势、物质和人力资源的大量积累以及这些资源形成越来越复杂的组织模式和关系，前一时期的组织理论显然已力不从心，而用系统论的原理、方法、思想来分析组织的内部结构、管理活动与环境的关系，得出的结论独树一帜。

1. 系统权变组织结构理论

在 20 世纪 60 ~ 70 年代，当社会变革因经济和科技的迅速发展、人员素质的提高和外部环境的巨变而加快时，现代组织结构理论，即系统权变的组织结构理论产生。它侧重于对组织与社会环境之间相互关系的研究，把组织看作为一个开放的系统，扩大了组织结构的研究领域。现代组织结构理论的权变观主张依工作性质和组织成员的特殊要求来确定组织模式，使工作、人员和组织彼此适应。权变观有以下两类一般性结论：一类是采用稳定——机械式组织，适用于下列情况：环境相对稳定和确定；目标明确和持久；技术相对统一而稳定；按常规活动且生产是主要目标；决策程序化，从而协调和控制过程倾向于采用严密结构式的等级系统。另一类是采用适应——有机式组织，适用于下列情况：环境相对不稳定和不确定；目标多样化且不断变化；技术复杂多变；非常规活动较多，且要求变革和创新；探索式决策过程，系统等级层次较少，灵活性较大。

2. 环境决定组织结构理论

20 世纪 60 年代和 70 年代，社会学对组织理论的发展产生了最为强大的影响。组织社会学成为组织理论的一个重要分支。70 年代中期以来，出现了三种以社会学为基础的新的组织结构理论：汉南和弗瑞曼的总体生态理论；迈耶尔、罗万和祖克尔的制度理论；阿尔瑞契、普费弗的资源依赖理论。这三个理论范式的一个共同观点认为，组织环境是组织结构的主要决定力量，而不是管理者主导了组织结构的变革。这三个理论范式属于环境决定组织结构理论的类别。

3. 新组织结构学派的组织理论

新组织结构学派是一种组织理论的集大成者，优点首先是根据企业规模和复杂程度来选择企业的组织协调机制，其次提出企业基本的组织结构框架、基本流程和类型，对于企业组织结构设计有实践的指导作用。新组织结构学派的不足之处主要是其分析的是一种普遍性的共性的企业组织结构，没有针对特性因素分析企业组织结构。

新组织结构学派的主要理论观点有：1）明兹伯格提出了组织结构的五种协调机制：相互调整、直接监督、工作过程标准化、成果标准化、技能标准化。2）提出了组织结构的五个基本构成部分：工作核心层、战略高层、直线中层、技术专家结构、辅助人员。3）提出了组织结构的五种流程系统：正式的权力系统、规章制度的流程系统、非正式的流程系统、工作群体流程系统、特殊决策流程系统。4）提出了组织结构的五种类型：简单结构、机械性行政结构、职业性行政结构、分部式结构、特别小组。

第二节 组织结构与设计

一、组织结构

组织的存在都是为了实现一定的目的。当组织的管理者为了更好地实现组织的目标时，他就需要设计出相应的组织结构。不同的组织结构所产生的效果可能是完全不同的。这就好比，两个人数相同的组织，如果分别采用不同的组织结构，那么所形成的合力很有可能是不同的。假设这两个组织都有着同样一个目标，由于组织结构不同，很有可能一个组织能够实现这一目标，而另外一个组织却无法实现。组织结构的作用就是使组织资源形成一个有机的整体，从而使整体功能大于个体功能之和。一般来说，主要从劳动分工、管理制度和管理方法等方面来分析组织结构。

虽然不同组织在背景、产品、人力资源等方面可能存在很大的差异，但是它们都需要明确与实现组织目标相关的工作任务或管理过程，即进行劳动分工。劳动分工有利于提高工作效率、减少培训成本、增强标准化程度、提升技能专长，但同时弊端也接踵而至，如容易出现常规性、重复性单调的工作，降低工作满意度，减弱员工投入和承诺，还有可能导致人机不匹配。

为了保证劳动分工的有效实施，组织内部要有相应的管理制度和方法。管理制度即组织内部的条例，是所有组织成员的行为准则，它明确规定了组织内的基本单位、员工个人和管理者的责任、权利及所承担的义务。管理制度以行为准则的形式强化和支持了组织内部的分工，从而保证组织活动有序地开展。任何组织结构都必须配备相应的管理制度，否则层次之间、部门之间、部门和层次之间就会发生矛盾，使组织活动难以正常进行。组织结构指的是一个组织内各构成要素以及它们之间的相互关系，它描述的是组织的框架体系，主要涉及组织部门构成、基本的岗位设置、权责关系、业务流程、管理流程及企业内部协调与控制机制等。组织结构是实现组织宗旨的平台，直接影响着组织行为的效果和效率。

不同的组织有不同的目标，其所处的环境和拥有的资源都存在差异，这就决定了不同的组织往往采用不同形式的组织结构。然而，这些不同的组织结构又存在一些共性。可以把这些共性归纳为组织结构的形式。

1）直线制。直线制的特点是组织的各级行政单位，从上到下进行垂直领导，各级主管对所属单位的所有事务负责。这样，对行政主管在管理知识和专业技能方面都有较高要求。在这种结构模式下，指挥权集中，决策迅速，容易贯彻到底。另外，这种结构简单灵活、职权明确，没有什么繁文缛节，适应于简单和动态的环境。在这样的环境下，直线制组织结构不仅能提高工作效率，而且也能降低管理费用。当今这种结构仍大量存在于规模小且生产过程简单的企业或单位。但如果组织规模扩大，管理任务繁重复杂，这种结构就会不再适合。

2）职能制。职能制组织结构，是各级行政单位除主管负责人外，还相应地设立一些职能机构。这种结构要求行政主管把相应的管理职责和权力交给相关的职能机构，各职能机构就有权在自己业务范围内向下级行政单位发号施令。因此，下级行政负责人除了接受上级行政主管人指挥外，还必须接受上级各职能机构的领导。职能制的优点是能适应现代化工业企业生产技术比较复杂、管理工作比较精细的特点；能充分发挥职能机构的专业管理作用，减轻直线领导人员的工作负担。但缺点也很明显：它妨碍了必要的集中领导和统一指挥，形成了多头领导；不利于建立和健全各级行政负责人和职能科室的责任制，在中间管理层往往会出现有功大家抢，有过大家推的现象；另外，在上级行政领导和职能机构的指导和命令发生矛盾时，下级就无所适从，影响工作的正常进行，容易造成纪律松弛，生产管理秩序混乱。

3）直线职能制。直线职能制组织结构也叫生产区域制，或直线参谋制。它是在直线制和职能制的基础上，取长补短，吸取这两种形式的优点而建立起来的。目前，绝大多数企业都采用这种组织结构形式。这种组织结构形式是把企业管理机构和人员分为两类，一类是直线领导机构和人员，按命令统一原则对各级组织行使指挥权；另一类是职能机构和人员，按专业化原则，从事组织的各项职能管理工作。直线领导机构和人员在自己的职责范围内有一定的决定权和对所属下级的指挥权，并对自己部门的工作负全部责任。而职能机构和人员，则是直线指挥人员的参谋，不能对直接部门发号施令，只能进行业务指导。直线职能制的优点是：既保证了企业管理体系的集中统一，又可以在各级行政负责人的领导下，充分发挥各专业管理机构的作用。其缺点是：职能部门之间的协作和配合性较差，职能部门的许多工作要直接向上层领导报告请示才能处理，这一方面加重了上层领导的工作负担；另一方面也造成办事效率低。为了克服这些缺点，可以设立各种综合委员会，或建立各种会议制度，以协调各方面的工作，起到沟通作用，帮助高层领导出谋划策。

4）事业部制。事业部制最早是由美国通用汽车公司总裁斯隆于1924年提出的，故有"斯隆模型"之称，也叫"联邦分权化"，是一种高度（层）集权下的分权管理体制。它适用于规模庞大、品种繁多、技术复杂的大型企业，是国外较大的联合公司所采用的一种组织形式，近几年中国一些大型企业集团或公司也引进了这种组织结构形式。事业部制是分级管理、分级核算、自负盈亏的一种形式，即一个公司按地区或按产品类别分成若干个事业部，从产品的设计、原料采购、成本核算、产品制造，一直到产品销售，均由事业部及所属工厂负责，实行单独核算，独立经营，公司总部只保留人事决策、预算控制和监督大权，并通过利润等指标对事业部进行控制。也有的事业部只负责指挥和组织生产，不负责采购和销售，实行生产和供销分立，但这种事业部正在被产品事业部所取代。还有的事业部则按区域来划分。

5）模拟分权制。这是一种介于直线职能制和事业部制之间的结构形式。由于组织规模庞大，以致高层管理者感到采用其他组织形态都不容易管理，就出现了模拟分权组织结构形式。所谓模拟，就是要模拟事业部制的独立经营，单独核算，而不是真正的事业部，实际上是一个个"生产单位"。这些生产单位有自己的职能机构，享有尽可能大的自主权，目的是要调动他们的生产经营积极性，达到改善企业生产经营管理的目的。模拟分权制的优点除了调动各生产单位的积极性外，就是解决企业规模过大不易管理的问题。高层管理人员将部分权力分给生产单位，减少了自己的行政事务，从而把精力集中到战略问题上来。缺点是不易为模拟的生产单位明确任务，造成考核上的困难；各生产单位领导人不易了解企业的全貌，在信息沟通和决策权力方面也存在着明显的缺陷。

6）矩阵制。在组织结构上，把既有按职能划分的垂直领导系统，又有按产品（项目）划分的横向领导关系的结构，称为矩阵组织结构。矩阵制组织是为了改进直线职能制横向联系差，缺乏弹性的缺点而形成的一种组织形式。它的特点表现在围绕某项专门任务成立跨职能部门的专门机构上，例如，组成一个专门的产品（项目）小组去从事新产品开发工作，在研究、设计、试验、制造各个不同阶段，由有关部门派人参加，力图做到条块结合，以协调有关部门的活动，保证任务的完成。

矩阵结构的优点是：机动、灵活，可随项目的开发与结束进行组织或解散；由于这种结构是根据项目组织的，任务清楚、目的明确，各方面有专长的人都是有备而来。因此在新的工作小组里，能沟通、融合，能把自己的工作同整体工作联系在一起，为攻克难关，解决问题而献计献策，由于从各方面抽调来的人员有信任感、荣誉感，因而增加了责任感，激发了工作热情，促进了项目的实现；它还加强了不同部门之间的配合和信息交流，克服了直线职能结构中各部门互相脱节的现象。

矩阵结构的缺点是：项目负责人的责任大于权力，因为参加项目的人员都来自不同部门，隶属关系仍在原单位，只是为"会战"而来，所以项目负责人对成员管理困难，没有足够的激励手段与惩治手段，这种人员上的双重管理是矩阵结构的先天缺陷；由于项目组成人员来自各个职能部门，当任务完成以后，仍要回原单位，因而容易产生临时观念，对工作有一定影响。

二、组织结构的设计要素

管理者在进行组织结构设计时，必须正确考虑六个关键因素：工作专业化、部门化、命令链、控制跨度、集权与分权、正规化。

（一）工作专业化

工作专业化的实质是：一个人不是完成一项工作的全部，分解成若干步骤，每一步骤由一个人独立去做。就其实质来讲，是工作活动的一部分，而不是全部活动。20 世纪 40 年代后期，工业化国家大多数生产领域的工作都是通过工作专业化来完成的。管理人员认为，这是一种最有效地利用员工技能的方式。在大多数组织中，有些工作需要技能很高的员工来完成，有些工作则不经过训练就可以做好。如果所有的员工都参与组织制造过程的每一个步骤，那么，就要求所有的人不仅具备完成最复杂的任务所需要的技能，而且具备完成最简单的任务所需要的技能。结果，除了从事需要较高的技能或较复杂的任务以外，员工有部分时间花费在完成低技能的工作上。由于高技能员工的报酬比低技能的员工高，而工资一般是反映一个人最高的技能水平的，因此，付给高技能员工高薪，却让其做简单的工作，这无疑是对组织资源的浪费。

通过实行工作专业化，管理层还寻求提高组织在其他方面的运行效率。通过重复性的工作，员工的技能会有所提高，在改变工作任务或在工作过程中安装、拆卸工具及设备所用的时间会减少。同样重要的是，从组织角度来看，实行工作专业化，有利于提高组织的培训效率。挑选并训练从事具体的、重复性工作的员工比较容易，成本也较低。对于高度精细和复杂的操作工作尤其是这样。

（二）部门化

一旦通过工作专业化完成任务细分之后，就需要按照类别对它们进行分组以便使共同的工作可以进行协调。工作分类的基础是部门化。对工作活动进行分类主要是根据活动的职能。当然，根据职能进行部门的划分适用于所有的组织。只有职能的变化可以反映组织的目标和活动。这种职能分组法的主要优点在于：把同类专家集中在一起，能够提高工作效率。工作任务也可以根据组织生产的产品类型进行部门化。这种分组方法的主要优点在于：提高产品绩效的稳定性，因为公司中与某一特定产品有关的所有活动都由同一主管指挥。如果一个组织的活动是与服务而不是产品有关，每一种服务活动就可以自然地进行分工。同时，有的根据地域来进行部门划分，有的根据顾客的类型来进行部门化。

（三）命令链

命令链的概念曾是组织设计的基石，但今天它的重要性大大降低。不过在决定如何更好地设计组织结构时，管理者仍需考虑命令链的意义。命令链是一种不间断的权力路线，从组织最高层扩展到最基层，澄清谁向谁报告工作。在讨论命令链之前，应先讨论两个辅助性概念：权威和命令统一性。权威是指管理职位所固有的发布命令并期望命令被执行的权力。为了促进协作，每个管理职位在命令链中都有自己的位置，每位管理者为完成自己的职责任务，都要被授予一定的权威。命令统一性有助于保持权威链条的连续性。它意味着，一个人应该对一个主管，且只对一个主管直接负责。如果命令链的统一性遭到破坏，一个下属可能就不得不穷于应付多个主管不同命令之间的冲突或优先次序的选择。

时代在变化，组织设计的基本原则也在变化。随着电脑技术的发展和给下属充分授权的潮流的冲击，命令链、权威、命令统一性等概念的重要性大大降低了。随着电脑技术的发展，日益使组织中任何位置的员工都能同任何人进行交流，而不再需要通过正式渠道。而且，权威的概念和命令链的维持越来越无关紧要，因为只能由管理层作出的决策，授权给了操作员工自己作决策。除此之外，随着自我管理团队、多功能团队和包含多个上司的新型组织设计思想的盛行，命令统一性的概念越来越无关紧要了。当然，有很多组织仍然认为通过强化命令链可以使组织的生产率最高，但今天这种组织越来越少了。

（四）控制跨度

一个主管可以有效地指导多少个下属？这种有关控制跨度的问题非常重要，因为在很大程度上，它决定着组织要设置多少层次，配备多少管理人员。在其他条件相同时，控制跨度越宽，组织效率越高。但是，在某些方面宽跨度可能会降低组织的有效性，也就是说，如果控制跨度过宽，由于主管人员没有足够的时间为下属提供必要的领导和支持，员工的绩效会受到不良影响。

控制跨度窄也有其好处，管理者可以对员工实行严密的控制。但控制跨度窄主要有三个缺点：第一，管理层次会因此而增多，管理成本会大大增加。第二，使组织的垂直沟通更加复杂。管理层次增多也会减慢决策速度，并使高层管理人员趋于孤立。第三，控制跨度过窄易造成对下属监督过严，妨碍下属的自主性。

近几年的趋势是加宽控制跨度。加宽控制跨度，与各个公司努力降低成本、削减企业一般管理费用、加速决策过程、增加灵活性、缩短与顾客的距离、授权给下属等趋势是一致的。但是，为了避免因控制跨度加宽而使员工绩效降低，各公司都大大加强了员工培训的力度和投入。管理人员已认识到，自己的下属在充分了解了工作之后，或者有问题能够从同事那儿得到帮助时，他们就可以驾驭宽跨度的控制问题。

（五）集权与分权

集权化是指组织中的决策权集中于一点的程度。这个概念只包括正式权威，也就是说，某个位置固有的权力。一般来讲，如果组织的高层管理者不考虑或很少考虑基层人员的意见就决定组织的主要事宜，则这个组织的集权化程度较高。相反，基层人员参与程度越高，或能够自主地作出决策，组织的分权化程度就越高。集权式与分权式组织在本质上是不同的。在分权式组织中，采取行动、解决问题的速度较快，有更多的人为决策提供建议。

集权式组织的优点主要有以下六个方面：一是易于协调各职能间的决策；二是对报告线的形式进行了规范，比如利用管理账户；三是能与企业的目标达成一致；四是在危急情况下能进行快速决策；五是有助于实现规模经济；六是这种结构比较适用于由外部机构（比如专业的非营利性企业）实施密切监控的企业，因为所有的决策都能得以协调。与此同时，集权式组织的缺点亦比较突出，主要有以下三个方面：一是高级管理层可能不会重视个别部门的不同要求；二是由于决策时需要通过集权职能的所有层级向上汇报，因此决策时间过长；三是对级别较低的管理者而言，其职业发展有限。

（六）正规化

正规化是指组织中的工作实行标准化的程度。如果一种工作的正规化程度较高，就意味着做这项工作的人对工作内容、工作时间、工作手段没有多大自主权。人们总是期望员工以同样的方式投入工作，能够稳定一致地产出结果。在高度正规化的组织中，有明确的工作说明书，有繁杂的组织规章制度，对于工作过程有详尽的规定。而正规化程度较低的工作，相对来说，工作执行者和日程安排就不是那么僵硬，员工对自己工作的处理许可权就比较宽。由于个人许可权与组织对员工行为的规定成反比，因此工作标准化程度越高，员工决定自己工作方式的权力就越小。工作标准化不仅减少了员工选择工作行为的可能性，而且使员工无须考虑其他行为选择。

三、组织结构设计

组织结构设计，是通过对组织资源（如人力资源）的整合和优化，确立企业某一阶段的最合理的管控模式，实现组织资源价值最大化和组织绩效最大化。狭义地、通俗地说，也就是在人员有限的状况下通过组织结构设计提高组织的执行力和战斗力。

组织结构设计可以有两种方法：自下而上的设计和自上而下的设计。自下而上的设计是先具体确定组织运行所需的各个岗位和职位，然后按一定的要求将某些岗位和职位组合成多个独立的管理部门，并根据部门的多少和设计的幅度要求划分出各个管理层次。相反，自上而下的设计是先根据组织各项基本职能及集权程度的设计原则确定组织的管理层次以及各管理层次应设置的部门，然后将每一个部门应承担的工作分解成各个管理岗位和职位。

（一）组织结构设计原则

从权变理论的角度来看，组织结构的有效性依赖于组织内外部的各种环境因素。这表明，每个组织都需要探索适合自身环境条件的组织结构，那种照搬其他组织的组织结构模式的做法是行不通的。但是，这并不是说组织结构设计没有任何原则可依。事实上，管理学家一直在研究组织结构设计的一般原则。

1）实现组织目标的原则。组织结构的设计并不是目的，仅仅是实现组织目标的手段和工具，即组织设计的根本目的是保证组织目标的实现。如果为设计组织结构而设计组织结构，手段与目的错位，那么组织结构的设计就失去了意义。

2）适应环境的动态变化的原则。市场竞争的不断加剧和科学技术的飞速发展，使组织的内外部环境总是处于动态变化之中。组织结构设计必须考虑到能否持续地适应环境。这就要求组织结构要具有一定的灵活性和适应性。适应环境的动态变化并不是没有固定的组织结构，而是积极主动地顺应变化。

3）有助于开发利用人力资源的原则。越来越多的组织已经认识到开发利用人力资源对组织成功的重要性。调动组织成员学习新知识和新技能的兴趣，充分发挥他们的潜能，从而最大限度地为组织创造价值。组织应从结构上提供明确的升迁阶梯，为组织成员提供必要的培训、继续教育和岗位轮换机会，使其树立和增强不断进取的信心和勇气。

4）体现权责对等的原则。组织中每个部门和职位都必须完成特定的工作任务。组织结构的设计不仅要明确所有组织成员的工作任务和职责，而且要规定相应的取得和利用人、财、物等资源的权力。没有明确的权力或权力的应用范围小于工作职责要求，则组织成员就无法履行其工作职责。如果权力超过应负的职责，虽然能保证其自身工作任务的完成，但是可能导致滥用权力危及整个组织的运作。

5）坚持统一命令的原则。除了位于金字塔顶部的最高行政指挥外，组织中的所有其他成员在工作中都会受到来自上级行政部门或负责人的命令。如果一个下属同时接受多个上司的指示，而这些上司的指示并不能总是保持一致，那么他的工作必将是一片混乱。组织结构的设计需要防止扯皮推诿，保证有效地统一和协调不同部门和员工的活动。

（二）组织结构设计的基本程序

鉴于组织结构对组织成员的工作态度和工作行为有重要的影响，设计组织结构必须遵循一套有效的程序来最大限度地保证组织结构的合理性。一般来说，组织结构的设计需要经历四个阶段：组织结构分析、组织结构框架设计、管理规范设计以及组织结构的修正和完善。

1. 组织结构分析

这个阶段将详细分析组织战略以及外部环境和内部条件对组织结构提出的要求，明确组织结构设计的基本思路，确保组织结构与组织内外部环境相匹配。只有对现有组织结构进行深切的剖析，才能明确当前组织结构存在的优劣以及延续和变动的可能性。由于组织内外部环境总是处于动态变化之中，组织还需考察未来内外部环境的变化趋势，从而保证组织结构与未来环境的匹配。

2. 组织结构框架设计

这个阶段需要根据设计原则，确定部门、层次的责任和权力，明确纵向管理层次之间、横向部门之间的协调和控制方式。离开层次之间以及部门之间有效的协调和控制手段，组织就会成为一盘散沙。组织应抱着认真慎重的态度对各种组织结构模式进行比较、评价和优选。

3. 管理规范设计

这个阶段组织需要明确各项管理业务的工作程序、应达到的要求以及应采取的相应管理方法等。管理规范体现组织对其成员的行为要求，起巩固和稳定组织结构的作用。人力资源管理制度是管理规范的重要内容。

4. 组织结构的修正和完善

组织结构的设计涉及每个组织成员的工作职责和个人利益，存在尚不完善的地方是在所难免的。同时，组织的内外部环境也在发生变化，这种变化很难被精确地预测。因此，在组织结构运行过程中需要对组织结构进行必要的修正和完善。

第二章 警察组织

第一节 警察组织的概念及构成要素

一、警察组织的概念及特征

关于警察组织的概念，中国台湾地区的杨永年认为："所谓警察组织，是指二人以上，且具有正式和完整的分工，为发挥警察的功能，在正式的法令规定下，透过正式与非正式的运作与交流，为达成维护治安的目标，所结合成的社会实体"。从宏观的角度来看，无论在性质上或是在定义上，警察组织都属于行政组织，所以可以借助一般对于组织的定义来认识警察组织。根据前一章诸多对组织的定义，我们可以从以下六个方面进一步来理解警察组织。

（一）警察组织是公共组织

一般而言，组织的属性与其特定的目标有关。如果组织特定的目标属于服务公共利益，这种组织被称为公共组织，否则就可以解释为其他性质的组织。警察组织是向社会提供公共安全服务和公共安全产品的，这些服务和产品均服务于典型的公共利益，因此警察组织是典型的公共组织。

（二）警察组织具有目的取向性

组织都是为达到一定的目的而成立的，所以必须要清楚地界定警察组织的目的，正如上文定义所阐述，警察组织的目的就是维护社会治安。

（三）警察组织具有功能分化性

没有任何一个组织是不分工的，即使是最简单的组织，如家庭，也不例外。由于成立警察组织的目的是维护社会治安，因此必须透过对警察组织成员的工作分配来完成这个目的，这就是所谓的分工。分工可以用简单的形式呈现，也可以用复杂的方式来呈现。

（四）警察组织具有理性协调性

对警察组织进行分工后，还必须对其加以协调。警察组织中的协调应当秉承符合多数人的利益来联络配合。如果在警察组织中没有协调性，警察组织所追求的效率不但可能降低，甚至可能造成警察组织的瓦解。

（五）警察组织是劳动力密集的组织

警察组织所表现的功能，无论是秩序的维持、犯罪侦查，还是提供一般的服务，虽然可以通过科技装备协助，但由于警察均是以人作为工作对象，警察组织的功能绝大多数必须通过人来表现。人与人之间的互动，以及功能上的考虑，使得警察组织不大可能大幅缩减人员。

（六）警察组织是特殊的行政组织

警察组织具有强制力，深得群众的信赖，并且可以 24 小时为民众提供服务，当民众遇到危险或需要帮助时，首先考虑的就是向警察求助，这是警察组织与一般行政组织具有明显差异的地方。

二、警察组织的构成要素

警察组织是以警务人员为基础，由警察部门和警察机关构成，具有特殊的职权和功能，为了相关的警务目标而构成的一种行政组织，其是政府的一个重要职能机构。警察组织的构成要素主要体现在以下八个方面。

（一）警察组织的目标

警察组织的目标，即警察组织活动的方向及目的，是警察组织存在的基础和理由，其决定着警察组织的行为方式和发展方向。任何组织建立完整的组织目标都是极为重要的，一个明确、清晰的组织目标对提升组织的凝聚力具有重要的作用，警察组织当然也不会例外。但需要说明的是组织目标的确立，并不完全是由组织自身来决定，它受到内部和外部需求的影响，警察组织在这一点上表现得尤为明显。警察组织的目标从不同角度可以做出不同的划分。从目标设置的主体来分，可分为整体目标、部门目标、单位目标和个人目标；从目标所处的地位来分，可以分为总目标和分目标；从目标设置的时间长短来分，可分为长期目标、中期目标、短期目标，等等。

（二）警察组织的职能范围

警察组织的职能范围是指警察组织的任务和活动范围，警察组织职能范围是警察组织目标的具体化。它决定着组织规模、内部职位设置等方面的内容。警察组织的职能范围表现为对国家事务、社会公共事务和警察组织内部事务的管理。因此，确定警察组织的职能范围是警察组织能正确、有效发挥功能的重要前提。

（三）警察组织制度

警察组织中存在的制度不仅仅是指由书面化的规范所组成的程序方面的规章制度，它还包括了警察组织的结构部分，即警察组织是由警察组织程序和警察组织结构所组成的。警察组织程序方面的制度就是指以书面形式对组织建构和运行规范所制定的必须由全体人民警察共同遵守且具有约束力的规章、程序或准则。只有对警察组织的相关活动进行书面化的限制，才能保证警察组织协调统一的行动。警察组织要有效地发挥其职能，就必须有健全的警察组织结构作保证。警察组织结构的内容就包括了机构设置、职位设置、职权划分等方面。机构是构成警察组织的"细胞"。机构设置是组织内部分工的外在表现，任何一个组织都必须通过分工来协调其运作，而分工最直接的表现就是将组织化整为零，并协调各部分的运作，以达到顺利运行组织之目的。职位设置也是每个公共组织运行的基本要素之一，是与机构设置相辅相成的。其包括了组织内的职责、职级和职数，这是一条明确的指挥链，是警察组织从高层到基层的不间断的指挥链，只有设置了职位，才能使组织内部的权力运转起来。职权划分就是规定每个人该干什么事情，其通过权力和职责的划分，保障组织各部分有序地进行。在组织中，一般分为高层、中层还有低层，决策权所在的级别越高，权力越集中，反之，则是权力的分散。同时职权的划分也对应着相应的责任，有权就有责，有多大的权就要负起多大的责任。

（四）组成人员

人是组织的基本因素，是警察组织的灵魂。组织关系首先表现为人际关系。作为组织，首先必须研究组织中个体的人。即什么样的人才能成为组织中的人或者说组织需要什么样的人。警察是警察组织的主体，他们是组织运作不可或缺的重要一环，是构成警察战斗力的最主要因素，是警察行政工作任务的直接承担者。为此，警察组织需要构建合理的人才结构，才能使警察组织健康稳定的运行。

（五）物质要素

警察组织的存在和运转，必须有一定的经费和物质作为保障，其是警察组织赖以存在以及警察组织开展活动的必不可少的物质基础。没有这些条件，警察组织就无法实施行政管理，甚至无法存在。物质要素包括了经费、办公场所、警用装备以及办公用具等。

（六）技术和信息

随着时代的发展，科技的进步，各种有助于警察活动的科技装备应运而生，警察组织对科技装备的依赖程度也越来越高。虽然目前有一种观点认为，警察过度依赖技术装备会削弱警察办案的判断推理能力，但不可否认高新技术的出现已让现代办案方式发生了革命性的改变，并且通过实践证明效果也相当不错。这里所提到的技术是从狭义方面来讲的，从广义方面来看，警察组织中的技术不仅仅是指为破案而服务的技术，还应当包括管理技术、组织决策原则在内的"政治技术"等。21世纪是信息化时代，大量的信息围绕着每个人，组织更不例外。信息是警察组织必不可少的因素，在警察组织内部，需要信息的传递和处理，才能使警察组织顺利协调和运转。同时组织内部信息传递的途径和方式，也是组织内部各个部分运转的途径和方式。由此可见，组织过程在一定意义上是一个信息收集、整理、传递、反馈的过程。此外，警察组织对各种信息的掌握程度，也从侧面反映了警察组织应对及处理问题的能力。

（七）警察组织文化

警察组织文化又可以称为警察组织观念或团队意识等，这主要是指警察组织内部成员对警察组织的认同感和责任感，一方面它们关系到警察组织内部成员的工作状态和进取精神，另一方面警察组织的文化还会影响到警察组织的和谐和稳定。警察组织文化时刻影响着警察内部人员的行为，虽然看不见、摸不着，但其确实存在并是对组织运作产生重要影响的"软件"。

（八）警察组织的设计

组织设计是一个动态的工作过程，包含了众多的工作内容，包括组织结构的分化、整合以及组织目标的修正。要对警察组织进行设计，需要根据警察组织设计的内在性，以规律性的步骤进行。警察组织的设计可能存在三种情况：新建警察组织需要进行组织的设计；原有的警察组织出现较大的问题或者警察组织的目标发生变化，原有的警察组织需要进行重新评估和设计；警察组织结构需要进行局部的调整和完善。目前警察组织的设计主要是指第三种情况，即需要对现有的警察组织进行局部的调整和完善。

第二节　警察组织结构分析

一、警察组织的结构形态分析

所谓组织的结构形态，是指构成组织各要素的排列组合，是组织各机关、各部门及各层次之间，为推行公务而建立起来的一种相互关系模式。而警察组织的结构形态，是以宏观的观点，观察警察组织结构的外部形状。目前警察组织的组织结构形态主要有三种：金字塔型结构、扁平化的警察组织结构和矩阵结构型的警察组织。

（一）金字塔结构

金字塔结构是人类组织中最常见的组织结构。金字塔型结构从图形上看，是一个正三角形，也就是底部宽、上部窄的组织。这样的组织结构形态意味着：

1）由底层到高层，其宽度逐渐缩小。通过观察正三角形，可以很容易发现这个特征。具体到警察组织来说，这意味着具有重要职权、富有重要责任、对于组织的重要性，以及在组织内掌握重要资源的人会越来越少。在警察组织内部，正三角形底部执行具体工作的人员占多数，而从理论上来说，每个人都有得到升迁的机会，但实际上并不是每个人都会得到升迁。与此同时，这也代表着，随着宽度的缩小并减少，能有幸到达金字塔顶端的人只能占少数。有学者就提到，如果将未得到升迁看成是一种淘汰的话，金字塔形态的警察组织基本上就是一种筛选机制或淘汰设计。

2）位于底层者，数量多，位于高层者，数量少。这是从警察组织内部人员数量所做的相对比较。因为金字塔结构是一个正三角形，这就决定了在金字塔型的警察组织中执行具体事务的人员多于决策事务的人员。此外，这种数字的多寡，也代表了每一个成员对警察组织的重要程度，因为底层的人数较多，其对警察组织的重要性相对位于顶部的人员就显得没那么重要了。

3）位于底层者地位低、位于上层者地位高。在警察组织内，地位的高低，同时代表着职权的大小、责任的轻重、掌握资源的多寡甚至于影响的范围。一般来说，警察组织的高层管理者的权力的来源主要有四个方面：（1）正式的职位。高层职位本身拥有相当多的权力、责任和特权，组织的规则确定所有组织成员都要接受高层管理者设定的目标、制定决策、领导警察组织活动的法定权力。（2）所控制的资源。警察组织中的高层管理者控制着大量的组织资源（如经费、薪水、补贴等）用于层层往下分配，资源分配创造出一定的依赖关系。（3）对决策前提和信息的控制。警察组织中的管理者对决策提出指导原则和要点，对下层参与者的决策加以限制，并且运用所掌握的更多更重要的信息，在关键时刻进行释放以对决策施加关键性的影响。（4）居于警察组织的中心位置，在周围形成一个忠诚的网络或联盟来加强对警察组织的控制。① 因此当警察组织内的人员地位越高，就越必须站在高处思考和理解问题。

　　金字塔结构形态的警察组织，目前是比较常见的警察组织形态，其是一种典型的层级结构，是一种层层节制的体系。在这种结构中，组织中的每一个成员对自己的权责非常清楚，组织中的每一级，对下级都有指挥权，下级对上级都具有服从的义务。其优点是：结构严谨、等级森严、分工明确、便于统一行动、便于监控等。其缺点是：1）由于管理层次多，必然要导致机构臃肿、人员膨胀。2）人员膨胀必然造成管理成本上的上升。3）人浮于事，又必然带来扯皮现象增多和管理效率低下。4）管理层次多，势必造成信息传递不畅，甚至会出现信息在传递过程中失真。5）在金字塔型的警察组织形态内，升迁基本是循序渐进的，每一个职务或警衔的提升都需要警员的努力与奋斗，同时也表示了需要时间的投入。除非遇到极端特殊的情况，从警察组织底层到上层，没有数十年的时间是不可能达成的。而由于底层人数太多，这就决定了只有少数幸运的人才能到达顶层，可能导致相当多数的人工作缺乏主动性，以及工作的僵化。此外，绝大多数的权力集中在上层，底层人员自主性小，参与决策的程度低，这就会导致底层警务人员的创造潜能难以释放。

　　（二）扁平化结构

　　目前一直有一种流行的看法认为，不管什么形态的组织，其组织结构形态越扁平越好。而且当今世界各国政府都注重组织的扁平化与灵活性来推进改革，特别是在目前关于警察组织形态改革的讨论中，警察组织扁平化更是为许多专家学者所推崇。其中一个最具代表性的例子就是英国警察部门发起的"顾客利益至上"的质量改革，其核心是"制定警务标准，满足社区愿望"，旨在一改以前膨胀、腐败、低效的警察机构。这场改革认为警务工作应从强制性警务向服务型警务转化，既要考虑公众的需要和愿望，适应和满足外部公众的需求，又要使警察内部获得协

---

　　① 王雅莉. 公共部门管理［M］. 大连：东北财经大学出版社，2006：161.

调发展，促使警察机构高效运作。从这个例子中我们就可以看出扁平化理念的雏形。那么什么是扁平化的警察组织结构呢？根据斯泰西（Stacey）的说法，弹性化组织，指的是一种扁平化的组织结构，以此去除中层管理者与扩大控制幅度来改善垂直的关系。所谓组织扁平化，是指通过减少管理层次，压缩职能机构，使组织决策层与执行层之间的中间管理层级减少，促进信息的传递与沟通，以便使组织最大可能地将决策权延至底层，从而提高组织绩效而建立起来的一种紧凑而富有弹性的新型组织。扁平结构的优点有以下四点。

1）由于组织内的管理层次的减少，管理人员就相应地减少，这就可以大大降低组织运作的成本，还有助于实现工作内容的丰富化。

2）由于削减了中间的层次，缩短了上下层之间的距离，所以大大提高了信息传递的速度，而且不易失真，下级能够迅速、准确地执行高层的决策。

3）由于权力的下放，下级人员拥有较大的自主权，决策、执行面广，较为灵活，对环境的变化能够作出及时的反应。

4）组织的上层要有效地进行管理就必须十分审慎地选用其下属人员，这对改善和提高警察队伍人员的整体素质很有好处。

当然扁平结构也具有其局限性，首先，组织的扁平化使警察组织的主管不能有效地对下级进行控制，当然也就不能对下级进行充分、有效的指导和监督。其次，由于警察组织扁平化后，组织就会比较松散，集体统一行动的难度就会大大增加。最后，警察组织的领导层会从较多的下属那里取得信息，从而可能影响到最重要、最有价值的信息的及时利用，影响决策的做出。

（三）矩阵结构

水平分工和垂直分工虽然是最常见的分工方式，不过随着社会需求的变化，警察组织还会采用某些介于水平分工和垂直分工之间的组织形态。其中最常见的就是"矩阵结构"型的警察组织，这种结构是将警察组织在垂直和水平两个方向上进行机构的重新分化和整合，并结合功能性单位与特别计划所实行的特别结构。矩阵型的警察组织的优势是，这种警察组织具有很大的弹性和适应性，可以根据工作的需要，集中各种专门的知识和技能，短期内迅速完成重要的任务；由于在特定单位内集中了各种人才，便于专业知识和意见的交流；采用矩阵型的警察组织还可以加强各功能性单位之间的协调联系，同时避免各专业人员之间的偏见与本位主义，以提高效率。当然这种组织形态也并不是没有缺点，其中最主要的缺点就是，由于这种形态的警察组织同时受到水平分工和垂直分工的监督，当这两种监督力量出现不一致时，不但可能导致此单位的人员无所适从，还可能使彼此之间先前的优势丧失。

目前对于警察组织的讨论主要还是集中在使用金字塔型的警察组织结构还是使用扁平化的警察组织结构，通过对两种结构的分析确实可以看出在组织的控制幅度和应有的层级之间，存在着两难的困境。金字塔型的结构形态是不是就如目前学术界对其抨击的那样极恶，而扁平结构就那样的极善，可以得到众多的推崇呢？这两种结构形态，哪种更适合警察组织呢？前文已经提到，目前一种流行的看法认为，不管是什么类型的组织，其组织结构是越扁平越好。特别是在警务改革领域，许多专家学者都建议将警察组织扁平化。那么是不是扁平化的警察组织就是最好的组织？必须审慎地面对这个问题。不能忽略的一个事实是，目前绝大多数的行政组织，包括警察组织在内，其组织形态都还是金字塔型的组织。包括前段时间的重庆警务改革，以及河南的警务改革，看似进行了扁平化的改革，但其改革还是实质地存在于金字塔型的组织结构中，通过确定这当中的层级到底应该是两个层级、三个层级或更多的层级，实际是把扁平结构作为金字塔结构的一种修正或者是一种微调。主要还是解决警力的配置，从总体来看，金字塔型的结构没有变，只是在金字塔的底部进行了调整，以解决警力下沉的问题。

由此可见，警察组织的金字塔型形态，无论在短期或是在可预见的长期，不容易产生激烈变化的可能。笔者认为没有必要对警察组织到底适用金字塔型结构还是扁平结构进行区分，两种组织形态都有其优缺点，而金字塔型的警察组织结构对管理警察组织这样大规模的组织又是不得不进行的选择，否则难以实施有效的管理。这两种组织管理的形态都是管理组织的手段，它们本身不是目的，真正的目的是有效地对警察组织进行管理，所以可以在以金字塔型结构形态为基础的前提下，在金字塔内部引入扁平化结构的理念，以完善金字塔型的警察组织形态。但如果非要追求某一个原则的话，笔者认为，这首先需要看具体的警察组织所要达成的目标，其次是要观察这个警察组织的规模，如果警察组织的规模很小的话，金字塔型的结构明显不合适，因为建立金字塔结构所要解决的问题可能会比这个警察组织原来所要达成的目标还多。而如果一个警察组织的规模很大的话，那么金字塔型的组织结构就是必然的选择，否则难以进行有效的管理。此外，前文已经提到警察组织采用金字塔型的组织形态是最合适的，那么就会进一步引申出另一个问题，即采用金字塔型组织形态的警察组织到底应该分为多少层级？这个问题是没有明确答案的，还需要通过具体的警察组织来做具体分析。但一般来说，组织人数越少，组织层级就应该越少，越向扁平化发展；反之，组织层级就应该越多，组织也应越高耸。

二、警察组织内部的分工方式分析

没有任何一个组织是不分工的，即便是最简单的组织，像家庭，也不例外。那么为什么要在警察组织内部进行分工呢？理由很简单，其一是因为警察组织中的每个人不可能样样皆通，且每个人不可能同时出现在两个地方，同时做两件事。其二是因为对警察组织内部进行分工后，每一个成员在同一个工作上经过长时间的努力奋斗，就会在所属领域熟能生巧，从而减少工作失误、提高工作效率。最后，人员在某一岗位长期工作后更有可能因此提出各种改善建议或方案，使其在所做工作上更加专业。由此可见分工是警察组织必然的结果。此外，还有两个问题值得关注。首先，就警察组织的分工来说，到底是应该先招募人员，再决定具体分工事项；还是先有组织再招募人员？美国学者吉利克认为，由于每一个人的能力并不一致，所以就组织而言，理论上应该先招募人员，再决定具体事项。而通过分析我们不难发现，成立警察组织是为了达成一定的目标，所以还是应该先有警察组织，再对警察组织进行分工，最后再因事择人才是比较妥当的。另外还需要注意的一个问题是，警察组织的规模与内部分工也是有关系的。即一般当警察组织规模比较大时，内部的分工就更趋于精细。

警察组织内部的分工方式，是构成警察组织各要素的排列组合方式，具体来说，就是警察组织各机关、各部门以及各层次之间，为推行公务通过分工建立起来的一种相互关系模式。在警察组织内部的分工设计上，由于警察组织在结构形态上，更多采用的是金字塔型的结构，而这种结构形态本身就是典型的层层节制，因此，垂直分工是警察组织一种常见的分工方式。此外，随着社会的发展，警察组织的事务越来越多，分工也越来越细，为适应警察组织的专业化和技术化，警察组织的水平分工就产生了。综上所述，在警察组织内部分工上，基本上可以从两个层面加以讨论：垂直分工和水平分工。

（一）垂直分工

为了管理的方便，警察组织设有若干层级，结构呈金字塔型，其特点是将警察组织各种职位按纵向直线排列形成组织的层级，在组织中的指令是按照垂直方向从警察组织的最高层次向最低层次自上而下地传达和贯彻，各级管理人员对所属的一切事物全面负责。它是一种以警察行政首长完全行使行政权力作为组织动力和指挥、以服从关系为特征的组织结构模式。在垂直范围内的层级，通常就决定了各个在职者的角色、功能、权力、影响力、声望、地位、待遇等。层级越高者，接触的人物也就越复杂，决策时必须考虑的因素越多，影响的范围就越大，所作的决定也就越重要，职位也越稀少。一般而言，警察组织可以分为以下三个层级。

1）首脑机关。首脑机关又称决策层，其位于金字塔的顶层，作为领导，担任指挥，负责决策，并在特殊事件上充当仲裁的角色。在我国，充当首脑机关的单位是公安部。

2）幕僚机关。幕僚机关处在金字塔型的中间段，是警察组织的协调管理层，起到承上启下的作用。作为幕僚机关，其任务是搜集资料、提出建议以及作出辅助决策。在我国，充当幕僚机关的是各省、自治区、直辖市的公安厅。

3）执行机关。执行机关处于金字塔型的底层，是人数最多，规模最大的基层任务推行机关，是将相关政策付诸实践以及实际提供服务的执行层。在我国，执行机关主要是指各地、市、县（旗）、乡的基层公安局、派出所。

（二）水平分工

警察组织的水平分工，是将警察组织中处于同一等级的各组成部门通过平等、合作与协调来进行组合的一种方式。是将警察组织按照功能、内容、程序等来建立相关部门或单位的过程。其主要目的是明确各个部门的工作范围，以及让每个单位的管理人员都有管辖的权力和负责的义务，这种水平分工的方式其实也就是一种部门化的过程。

将警察组织进行水平分工，是因为警察组织的功能日益繁多、工作日益复杂以及警察组织规模的日益庞大。这样发展的结果，使得警察组织的专业化成为必要。同时，为了提高警察组织的效率将警察组织进行水平分工，可以加大基层警察组织的自主权，缩短了命令的传递链，也就提升了警察组织对环境的反应速度。

就警察组织的水平分工而论，主要有以下四种分工方式。

1）根据工作性质进行划分。警察组织为了完成相应的目标及任务，就需要将任务具体化后形成相应的业务，再根据业务成立专门的单位负责处理分工。此外，规模不一的警察组织专门的单位也不一样。一般来说，规模越大的警察组织，所区分的各种性质的单位种类也就越多。例如，可以把警察分为刑事警察、治安警察以及保安警察等。

2）根据工作程序进行划分。警察组织内部各个单位在处理各自事务时，都会按照一定的程序来进行。对警察组织按照一定程序进行划分，一方面是为了各个单位之间能够相互配合，提高效率；另一个重要的方面，按照一定的程序可以有效地实现程序正义，进而实现实体正义。例如，治安警察负责犯罪预防，刑事警察负责侦查，这就是一种分工。又比如，可以将刑警分为侦查警察和预审警察。

3）根据地域进行划分。根据地域划分是以警察管辖区域界线为划分标准划分警察组织，主要适用于警察组织管辖区比较分散且不容易由单一警察组织直接统一指挥的情况。例如，在一个特定的地域内，根据管辖权的地区分工，将一个公安局分为多个分局、派出所。

4）根据工作对象的不同进行划分。警察组织中各个单位以及相关人员所处理的事务都是特定的，各个警种都有其具体的工作对象。如将警察分为刑警、交警、外事警察等。

除了上述的分工方式外，警察组织内另一种常见的分工就是将警察组织分为内勤和外勤。内勤工作由于主要是以担任幕僚工作为主，所以又可以将其分为业务幕僚、支援幕僚和勤务幕僚。业务幕僚的主要工作是制订计划，执行考核，如警察局的行政科处；支援幕僚的主要工作是负责提供制订计划、执行与考核所需要的各种支援和资源，如人事、督查、技术科室；勤务幕僚主要是指各种因警察勤务运作、实施而建立的机构，如各类的指挥中心。外勤方面，是根据警察担负的外部任务而区别出来的警察组织的一种。在世界范围内，警察组织的外勤一般是通过警察局、派出所、驻在所、无线寻呼汽车来保持日常警戒，马上处理一切违法现象，并承担着确保民众日常生活的安全和稳定的任务。此外，在外勤方面，中央和地方在设计和名称上存在差异。在中央，若其功能具备幕僚作用的，该机构被命名为局，如刑侦局、治安局。这些局不仅担负有外勤任务，也担负内勤工作，为中央警察组织制订影响全国的政策、规划出谋划策。地方警察组织的外勤机构，一般不具有幕僚作用，只承担具体勤务的执行，在名称上一般被命名为总队、大队、支队。

第三节　我国警察组织结构分析

一、我国警察组织结构及分工方式

我国的警察组织是以金字塔型的层级结构为基础的，若干个警务职位和公安局按一定的方式排列组合成一个行政机构，若干个行政机构按照一定的方式排列组合成一级公安机关，各级公安机关按照一定的方式排列组合成整个警察组织体系。根据我国《公安机关组织管理条例》对公安机关结构设置作出的规定，从总的结构形态来看，我国的警察组织可分为中央公安机关、地方公安机关、专业公安机关、辅助机构、延伸机构。

（一）中央公安机关

根据《公安机关组织管理条例》的规定，公安部在国务院领导下，主管全国的公安工作，是全国公安工作的领导、指挥机关。公安部是全国公安系统的首脑机关，领导和管理全国公安工作。凡属全国性的侦查、治安等重大事项，以及公安队伍建设等法律规定属于公安部职权范围的事项，均由公安部作出决策，制定相关计划与规划，并组织、协调、指挥、监督地方公安机关贯彻实施。目前，公安部的组织构造如下：警务督察局（与纪检、监察局合署办公）；办公厅；政治部暨人事训练局、宣传局；国内安全保卫局；经济犯罪侦查局；治安管理局；边防管理局；刑事侦查局；出入境管理局；消防局；警卫局；公共信息网络监察局；行动技术局；监所管理局；交通管理局；法制局；外事局；装备财务局；禁毒局；科技局；信息通信局；离退休干部局；机关服务中心；机关党委；反邪教局和反恐怖局等部门。地方各级公安机关和专门公安机关均依其职能设立相应的工作部门。①

（二）地方公安机关

我国的地方公安机关可分为四级：省级公安机关、市级公安机关、县级公安机关和基层公安派出所。

1）省级公安机关。它包括了各省、自治区公安厅和直辖市的公安局。它们是各省人民政府的组成部分，是辖区内的重要职能部门，负责本省（自治区、直辖市）范围内的公安工作。省级公安机关内部设有与中央公安机关相对应业务的工作部门，其组织结构基本和公安部相同，此处不再赘述。

2）市级公安机关。它包括了省辖市公安局、自治州的公安处、直辖市所属区公安分局和行政公署公安处。各辖区的公安机关负责本辖区范围内的警务工作，其中地区行政公署公安处是省、自治区人民政府的派出机构——行政公署的组成部分，它负责专区内的警务工作。

市级公安机关的组织结构一般由以下部分组成。

政治部。负责指导公安机关的政治思想工作，开展各项队伍建设活动；负责管理公安机关和下属单位的机构编制和人事工作；负责公安教育行政管理工作；组织、指导公安宣传工作。

---

① 孙晓东，等. 警察行政学论纲［M］. 北京：中国人民公安大学出版社，2009：45.

办公室。负责向局直各部门、各警种、各级公安机关下达指示和命令；负责情报信息调研和综合分析等辅助决策任务，发挥参谋作用；承担文秘、信访、督查、统计、档案、收发、史志、保密工作等多项任务。

警务督察队。承担公安局督察机构办事职能；指导、监督各级公安机关的警务督察工作；对公安机关及人民警察依法履行职责、行使职权和遵守纪律情况进行监督。

装备财务处。负责公安机关业务经费管理、划拨工作；负责公安装备、被装及警衔标志的购置、管理核发；对各级公安机关公安业务经费使用情况进行监督、检查和编审；负责市局机关的财务、车辆、基建、营房维修、内务卫生、食堂和医疗的管理等后勤保障工作。

监所管理处。检查指导看守所、治安拘留所、收容教育所、强制戒毒所等强制场所的安全防范和人员的管理、教育转化工作；规范和指导监所基础设施建设；查处监所重大责任事故和事件；负责监所规章制度的监督检查落实；负责留所服刑人员的减刑、保外就医等申报材料的初审及收教人员的延长、缩短收教期限和治安拘留人员的提前解除拘留的审批工作。

出入境管理处。指导、承办居民因私出国（境）审批发照（证）工作、国籍管理工作；指导各地公安机关管理入境的外国人、华侨、港澳台居民等境外人员；指导、监督、承办持普通护照的外国人和中国公民违反出入境管理法律、法规案件的查处工作。承担因私出国（境）审批和入境人员的证件签发工作。

信息通信处。负责公安信息建设的发展规划并组织实施；对公安信息通信部门进行技术指导、人员培训；提供机关电视、电话会议、图像传输、综合数据查询等技术服务，负责局机关办公自动化建设及技术支持；管理公安无线电频率资源和其他通信资源；提供应急通信保障，维护局机关信息通信设备。

法制处。负责规划、指导公安法制工作；负责审核公安局机关执法方面的规范性文件；办理劳动教养、少年管教案件的审批和公安行政复议应诉和国家赔偿案件；参与重大疑难案件的研究，提供法律咨询；组织开展公安法制宣传教育和法律培训。

科技处。承担公安机关科技工作的规划、协调；组织科技攻关，管理科技建设项目，应用、推广、普及公安科技成果；负责科技信息的搜集与交流，管理、协调社会公共安全产品技术监督以及安全技术防范工作。

警卫处。负责组织实施警卫及重大会议、活动的安全保卫工作。

指挥情报中心。负责指导公安机关中心建设；处置"110"接警、处警，开展情报信息收集、研判。

机关党委。负责机关及直属单位的党群工作。

此外，市级公安机关的直属机构还包括：国内安全保卫支队、治安支队、刑事侦查支队、行动技术支队、巡逻特警支队、经济犯罪侦查支队、禁毒支队、交警支队和网络安全监察支队。

3）县级公安机关。即各县级市、县、自治县（旗）人民政府设立的公安局和在市辖区内设置的公安分局。其中市辖区的公安分局是由所属的市一级公安局根据警力配置的需要而设立。县级公安机关的组织分工与市级相似，只是级别降了一个等级。

4）基层公安派出所。其是县级公安机关的派出机构，受县级公安机关的领导。基层公安派出所一般设立于大中城市各街道办事处辖区内和县属的乡、镇，主要负责所属辖区内的公安事务。

（三）专业公安机关

专业公安机关是在某些专业部门建立的具有专门性的公安机关，其在业务上受中央公安机关的垂直领导，是公安体系的重要组成部分。专业公安机关在领导关系上主要实行上下级垂直领导，仅在部分业务上受地方公安机关的业务领导和监督。我国现有的专业公安机关主要有铁路、交通运输、民航、林业、海关公安机关。

1）铁路公安机关。铁路公安是国家派驻铁路、依法履行保护铁路运输安全畅通、保卫广大旅客生命财产安全、维护铁路辖区和沿线治安稳定等任务的治安行政和刑事司法力量，是全国公安机关的重要组成部分。2013年3月10日《国务院机构改革和职能转变方案》将铁道部分为国家铁路局和中国铁路总公司，这就需要重新明确铁路公安的归属问题。就目前来看，本着政企分开的原则，将铁路公安划归到中国铁路总公司的几率并不大，而最大的可能是由公安部直接管理。

原铁道部铁路公安的设置是，铁道部设公安局，各铁路局、铁路工程局设公安局（处），各站、段和货物、铁路工程单位设派出所。

2）交通运输公安机关。交通运输公安机关负责维护公共汽车客运站、港口、码头的治安秩序和运输中的治安秩序，管辖危害与破坏公路和水上交通运输及其设备安全的案件和在长途汽车、轮船和其他船舶上发生的违法犯罪案件，以及负责对违反规章制度造成严重后果的案件的立案和侦查。

交通运输部设公安局，公安局设有以下处室：办公室、二处（消防处、机关保卫处）、三处（刑侦处、治安处）、四处（政治处、警务督察处）。各省、自治区、直辖市交通行政管理部门设公安处。在交通部直属的长江航运局、各海运局、港务局设立公安局（处）；各港口、码头、较大型公路客货运公司车站设公安科或派出所。①

3）民航公安机关。中国民航总局设公安局，各民航管理局、航空公司设公安处。公安处下设处室：办公室、一处（空防安全处）、二处（安全检查处）、三处（治安消防刑侦处）、四处（警卫处）、五处（情报信息处）、六处（航空保安法规标准处）、政治部。民航公安机关的职责主要是负责起草民航安全保卫的相关法规、规章、政策、标准，编制民航安全保卫规划以及机场安全的保卫工作，打击破坏机场设施、劫持飞机等犯罪行为。

4）林业公安机关。林业公安机关是公安机关的组成部分，是公安机关派驻林区、保卫森林资源安全、维护林区社会治安秩序的武装性质的治安行政力量。

林业部设公安局，各省、自治区、直辖市林业行政管理部门设公安处。在森林集中连体地区设公安处，在重点地区设林业公安局、公安分局、公安科、派出所等。

5）海关总署公安机关。海关总署缉私局是中国公安机关的一个重

---

① 冯德文. 警察学概论 ［M］. 北京：中国人民公安大学出版社，2005：229－230.

要组成部分，其职能是：研究制定海关打击走私工作计划并组织实施，负责全国海关反走私形势分析工作；研究制定走私犯罪侦查工作的规章制度并组织实施，直接组织查办重特大走私犯罪案件；管理和指导全国海关缉私部门的行政执法工作等。海关总署缉私局设有以下处室：办公室、政治处、督察处、政治处、侦查处、查私处、情报处、法制处、海缉处、计装处等。

近年来部分地方正尝试由中央行业主管机关领导为主逐渐转向由省级或市级警察机关领导为主的改革。因此，专业公安机关在领导体制上就表现出不同程度的差异性。此外，我国的专业公安机关还设在油田、煤矿、水电站等大型国有企事业单位，但随着警察机关体制改革的深入，这些传统的专业公安机关已经或正在进行合并或撤销。这些单位的安全保卫将逐渐由民间警察力量所取代。①

（四）辅助机构

在警察组织体系中，还有一类单位不直接行使法定的警察职权，它们的任务是为主体警察组织提供服务起辅助性作用，如公安院校和装备研究单位。公安院校属于警察建制，可以为警察组织培养大批的高素质人才，以适应社会的进步。装备研究所主要承担研究和制造专供警察各项业务工作所需要的器材、装备以及促进侦查技术的革新等工作。公安院校和装备研究单位都是警察组织中不可或缺的一环，起到重要的作用。②

（五）延伸机构

从广义上讲，还有一类机构与公安机关共同构成了安全保卫的体系，即不属于警察机关的建制，但执行公安保卫任务或直接协助公安机关执行保卫任务的组织，包括人民解放军军事保卫机关、人民武装警察部队、机关学校和企事业单位的保卫组织以及群众性的治安组织。

---

① 师维. 警察法若干问题研究［M］. 北京：中国人民公安大学出版社，2012：95-96.
② 孙晓东，等. 警察行政学论纲［M］. 北京：中国人民公安大学出版社，2009：44.

二、我国警察组织结构存在的问题及改革构想

（一）我国警察组织结构存在的问题

前文已述，我国的警察组织结构是建立在严格的专业化分工基础上的金字塔型层级结构。但随着经济的发展，社会环境日益复杂，这种体制的弊端也日益暴露。其主要存在以下问题。

1）我国的警察制度脱胎、成型于革命时代，发展、成长于改革时代，并于 20 世纪 80 年代中期正式形成了"统一领导，分级管理，条块结合，以块为主"的颇具中国特色的体制模式。但条块结合，影响了公安机关的统一指挥和整体效能的发挥。"分级管理，条块结合"导致管理层次和机构设置过多过滥，造成警力资源的浪费。而我国的警力资源本来就很紧张，过度浪费警力，就更加大了一线警察的压力。比如，前段时间进行的河南警务机制改革的背景就是基于公安机关基层警力不足，警力倒挂的现实。河南省作为一个人口突破 1 亿的大省，全省共有 8 万多名正式的警察，警力是全省人口的 0.8‰，而全国的警力比例约在 1.2‰～1.3‰，从比例上看，河南的警力配备比在中下游。此外，大量的警力集中在分局，基层一线警力不足。在河南警务改革之前，新乡市的基层警力仅占总警力的 25%，三门峡市的基层总警力甚至只有 14.2%，而省会城市郑州也仅为 23%。① 而重庆在改革之前，基层警力也严重不足。据统计，重庆市公安局的警力比为千分之零点九，低于全国平均 1.2‰、北京 3.9‰、上海 3.2‰、天津 3‰的水平，位于全国倒数第二。

2）在警察组织内部人事管理缺乏自主权，"入口不严""出口不畅"，造成公安队伍整体素质不高，且财务保障不力，制约了公安工作的正常开展。警察组织机构缺乏弹性，对社会环境的适应能力还不够强，而层级过多也影响了行政效率。

3）在组织规模的设立上缺乏标准，机关中各职能部门之间的协调

---

① 徐志豪. 河南新型警务模式的学理探析［J］. 浙江警察学院学报，2011（1）.

性不够强，甚至存在相互扯皮的现象，警察机关之间、内部警种之间存在职权不清、权责不清的问题。而行政权力又过于集中，缺乏民主的参与。

4）内设机构不规范，警力设置不合理。我国县级公安机关原有的内设机构繁杂，警力分散，不仅难以形成工作合力，而且浪费了有限的警力资源。

5）中央控制不足，政令不畅；地方公安机关受控有余，职能不足；在政治生活、行政方面，往往因直接受益于同级政府，而导致过于重视地方利益，不愿上级的参与，使得正常业务工作受到影响；目前的警察组织构造越来越难以适应市场经济下动态的社会治安形势的要求及现实斗争的需要，而且一定程度上造成了刑事执法中的地方保护主义。

（二）我国警察组织改革的特点

警察组织的改革是以警察组织为改革对象，随着社会大环境的变化而相应的调整和完善行政组织机构设置的有组织、有计划的过程。明茨伯格指出，当今的组织结构在一定程度上还留有 19 世纪出现的层级制、官僚制和正规化的印记。今天的动态环境带来的挑战要求组织必须具备较强的灵活性和适应性，所以组织及其管理者们必须将组织刚性的机械系统转变为灵活的自然系统。

我国公安机关目前共进行了四次大的机构改革，即 1983 年的机构改革、1988 年的机构改革、1994 年的机构改革和 1998 年的机构改革。这四次机构改革按照"转变职能、理顺关系、精兵简政、提高效率"和"定职能、定编制、定人员"的要求实施。警察组织为了寻求组织的生存和发展必须不断地进行变革，其直接的目的是通过警察组织的改革来推动警察行政系统自身的效能，以提高警察行政管理能力。

目前，全国公安机关已陆续进行了多种改革。其中包括吉林辽源撤销分局和派出所，设立警察署的警务改革；黑龙江大庆撤销派出所，由公安分局行使县级公安机关和派出所的职权的改革；河南新乡取消分局，实行大派出所制的警务改革；重庆市公安局实施的肩负维护治安、管理交通、打击犯罪和服务群众四大职能的交巡警合一改革。虽然，这些改革有的已经失败，有的还在探索完善之中，但其都有一个共同点：

警力下沉，对金字塔型的层级结构进行扁平化的微调。

面对席卷全球的各国行政改革浪潮，警察部门没有理由强调其特殊性而固守旧法。警务改革应与各国政府改革步调一致。而我国既是最大的发展中国家也是一个社会主义国家，因而警察组织的改革也必须结合我国的具体国情而进行。

首先，需要规范基层公安机关的机构设置，精简机关层次结构和编制，压缩管理层级，充实作战实战部门，实现警力下沉。而只有规范了机构设置，做到精简机关，才能真正实现警力的下沉，减轻基层警察的压力。2007 年，公安部颁发了《关于县级公安机关机构设置的指导意见》，明确了县级公安机关机构设置的指导思想和原则，就规范县级公安机关机构设置问题提出了具体的意见。① 我国县级公安机关内设机构包括执法勤务机构和综合管理机构，各地可根据实际工作情况，增设若干选设机构。内设机构总数控制在 10 个左右，其中，选设机构最多不超过 3 个，并需经省级公安机关核准。派出所一般按照行政区划设置，原则上实行"一乡（镇、街道）一所"。社会治安任务相对较轻的乡镇，可若干乡镇设置一个派出所；不设派出所的乡镇要设置警务室。② 从前文可知，我国警察组织结构配备不当，一线警力明显配备不足；而国外的警察组织，一线的警力配置充足，少则60%，多则90%的警力安排在街道和社区，确保了快速反应和高效运作。因此，必须对警察组织从纵向上压缩层次，大幅裁撤合并中层管理机构和人员，尽可能地缩短组织高层与低层的沟通路径，使信息快速准确地传递，科学配置警力，改变组织模式，从而整合现有的警力资源，优化组织内部的资源配置。③ 在此方面的改革可以新乡警务改革为例，其主要发生了以下的变化：1）取消分局，管理由三层变两层。改革后，公安系统指挥层级由过去的市公安局、公安分局和派出所三层管理变为市公安局和派出所两级。新乡以前的六个城区公安分局和所属的 23 个派出所被整合为 12 个大派出所。2）实行大派出所制，做到警力的下沉。新乡取消公安分局后，

① 参见《关于县级公安机关机构设置的指导意见》（公安部发〔2007〕9 号）.
② 师维. 警察法若干问题研究 [M]. 北京：中国人民公安大学出版社，2012：98.
③ 方圆. 中国警察组织结构变革探析 [J]. 经济研究导刊，2010（22）.

800 多名机关警力下沉到一线，基层警察从 500 多名增加到 1400 多名，一线警力在总警力中的比例由改革前的23%提高到66%。改革前，大的派出所只有 20 余人，小的只有 10 人左右，而现在每个派出所均达到 120 人左右，基本形成了一个综合战斗实体和作战单元，确保第一时间有足够的警力来处置应对辖区内的各种相对严重的事件。并且新的大派出所设有"四队一室"，分别为案件侦查大队、治安管理大队、社区警务大队、交通巡防大队和警务综合室。其中警务综合室由原政工监督室、警务保障室、办公室、指挥中心和督察大队等部门组合而成，负责日常的行政工作。3）多警合一，一警多能。新乡市公安局对交警、巡特警、治安警、刑警等警种实行"四警合一"，每名警察同时具备四个警种的综合执法权。这样，新乡就构建了情报信息、打击犯罪、治安防控、交通管理、人口管理、城市管理和服务群众一体化的新型警务体制。① 新乡的警务改革精简了机构，解决了基层警力不足的问题，实现了警力的下沉。今后相关的警务改革可以借鉴新乡的案例来进行。

其次，权力配置上要简政放权，要由权力中心主义向服务中心主义转化，要扩大基层公安机关的参与权和决策权，给予其更多参与权力分配的机会，从而迅速回应公众的需求。权力配置向基层倾斜，最大限度地满足基层警务组织的要求，是世界警察组织变革的主要趋势。

（三）我国警察组织改革构想

前一节已经谈到，金字塔型的组织结构在短时间内是不会改变的，精简结构和警力下沉的扁平化改革也只是对金字塔型结构的一种微调。而通过参照现代企业管理制度，许多商业组织正在将他们的公司设计成学习型组织（learning organization），这种学习型组织促使了企业持续地尝试、持续地发展和增强能力。而通过借鉴企业的经验将学习型组织的思路应用到未来的警察组织改革中，未尝不是一种积极的探索。

1. 何谓学习型组织

学习型组织是指在严格的垂直层级的组织结构中寻求向灵活、分散的结构转变的过程，强调横向的协作、广泛的信息共享和适应性。学习

---

① 徐志豪. 河南新型警务模式的学理探析［J］. 浙江警察学院学报，2011（1）.

型组织具有扁平化的特征，即从最高的决策层到最低的操作层中间相隔的管理层级很少，让最下层单位拥有充分的自主权，并对产生的结果负责，从而形成以"地方为主"的扁平化组织结构①。

那么学习型的组织能否应用到警察组织之上呢？目前还没有先例。但是，有一个强有力的案例可以从侧面证明这种组织形态应用到警察组织上可能是有效的。那就是美国军队向学习型组织变化案例。美国军队是美国最后一个严格的层级制组织，今天的军队打的是一场全新的战争，这种新的战争要求有新的训练方法、新的装备和新的用兵之计。军队要打击以流动、快速转移和快速变化为特点的恐怖团伙，意味着初级军官必须熟知当地的情况，能够作出果断的抉择，能从试验和训练中学习。警察组织和部队一样，需要更大的灵活性和适应性。学习型的警察组织可以促进警察组织的沟通和协作，每个人都积极地去发现和解决问题，促使警察组织能够持续地尝试，持续地发展和增强能力。

2. 警察组织改革的方向

1）从纵向型结构向横向型结构转变。

传统的最常见的警察组织结构基本都是金字塔型从上到下的结构，是按照警务活动的相似性而将警察组织所要进行的活动加以归并和分组。这样的警察组织一般很少能形成跨职能部门的合作，整个警察组织的协调和控制是通过纵向的层级链，且决策权集中在高层管理者手中。虽然这种层级的结构为大型的警察组织中的监督和控制提供了一种有力的手段，但是随着社会环境的快速变化，不但整个层级链负荷过重，而且仅仅依靠高层管理人员很难对各种问题和危险作出快速的反应。

参照学习型组织的特征，警察组织应摒弃长长的层级链条，围绕横向的流程，而不是职能部门来创设新的结构。警察组织中，纵向的层级链明显缩短，仅仅保留少量的管理人员，具有灵活性的管理团队成为警察组织中的基本工作单位，各个单位可以共同灵活地进行各种警务活动。

---

① ［美］理查德·达夫特. 组织理论与设计（第 10 版）［M］. 北京：清华大学出版社，2010.

2）从执行常规的职务向承担经充分授权的角色转变。

原来的警察在警察组织中被分配的任务都是在一个范围狭小的领域，任务被分解为各个独立的专门化的部门，有关任务的知识和对任务的控制都集中在组织的高层，警务人员被要求遵照命令行事。而参照学习型组织，警察组织可以允许警察在其职权范围内具有自我处置问题的权力和责任，警察可以运用其自主权和能力取得某种结果或实现某一目标。在法律和内部规则的约束下，对任务的控制和对信息的掌握，可以鼓励每个警务人员与各个部门以及各个成员之间共同解决工作中的问题。

3）从正式控制的系统向信息高度共享的系统转变。

在规模较小的警察组织中，沟通通常是非正式的、面对面的，很少设有正式的控制和信息系统。这是因为较小警察组织的管理者常常在日常的警务活动中与下属们并肩工作。但是当警察组织规模较大的时候，高层管理者与基层警务人员的距离就拉大了，从而就需要警察组织内部设立正式的系统来处理日益增多的庞杂信息。

借鉴学习型组织的优势，为使警察组织保持一种最佳的运行状态，其信息应当是广泛共享的。警察组织努力恢复到那种规模较小的警察组织的状态，这样，大部分警务人员都掌握了组织的信息，从而能快速地采取行动。此外，警察组织还应当维持着与其他的政府部门、企事业单位甚至个体户之间的开放式的沟通。

4）从僵硬型文化向适应性文化转变。

警察组织要保持健康的状态，就需要一种能鼓励警务人员适应外部环境变化的文化。然而，目前许多警察组织面临的一个危险是，它的组织文化变成了僵硬式的，组织中的各种行为一成不变，逐渐僵化。通常取得很好破案成绩的警察组织，在几次成功后，就会在稳定的环境中一成不变，不知变通，但往往当社会治安环境开始急剧变化的时候，往日的经验就会失效，常常导致警务人员措手不及，不能及时处理好社会问题。这自然会引起群众的不满。

必须要在警察组织中建立一种开放、平等、持续地改进和变革的组织文化。警察组织的成员对组织的整个系统了如指掌，知道各方面如何配合，组织的各部分之间以及组织与社会环境、群众之间如何相互作用。整个警察组织的思想观念放在了弱化组织内的边界以及与其他组织之间的边界方面。另外，警察组织还应停止制造地位差距的活动，抛弃显示地位差别的标志物，而警察组织则成为提供关系网络的场所，使每个成员能够成为对组织有益的贡献者。

当然，由于警察组织的改革需要结合具体的国情和具体的组织情况，要求警察组织借鉴学习型的组织模式还是有一定困难的。但积极稳妥地对警察组织进行改革则是必然的，这不仅仅是第五次警务改革的需要，也是警察组织内部自身的需要，同时笔者相信这也是警察组织内部人员以及群众的需要。

第三章　警察组织的领导

第一节　领导及警察组织领导的概念

一、领导的概念

领导是社会发展的产物，是权力、地位的一种象征，并且随着社会分工越来越细，已经涉及社会生活的各个领域，例如，政界、军界、企业界、文化界等。警察组织作为执法机关，同时又作为服务机关，如何领导警察组织对社会的和谐与稳定有着至关重要的作用，尤其是在我国社会发展转型时期，其社会地位和意义更加明显。因此，研究警察组织的领导显得更加必要和紧迫。首先，什么是领导，是研究警察组织领导的关键，同时也是对警察组织领导进行系统研究不可缺少的一部分。领导是一个上位概念，而警察组织领导是一个下位概念，两者之间具有很大的关联性与相似性，因此，只要在一定程度上弄清了领导的内涵，也就弄清了警察组织领导的内涵。

（一）组织领导的理论学说

领导的内涵非常丰富，有时是指一种特殊的社会现象，有时是指领导者的行为，有时是指领导者这一角色，有时是指领导职位。无论在国外，还是在国内，不同角度的研究，有着不同的含义。在西方学术界主要从以下几个方面来对领导的内涵进行界定。

1）目标说。其代表人物主要是霍根（Hogan）、库恩斯（Coons）、海姆菲尔（Hemphill）等人，他们认为组织目标高于个人目标，领导就是劝服他人在一定时期内放弃个人目标，去实现更重要的组织目标或者指导集体成员的行动来实现共同目标。目标说有利于组织目标的实现，但是其功利主义色彩特别浓厚，更多地忽略了下属的利益，强调组织目标，这严重影响下属的士气和工作积极性，进一步制约组织的效率。

2）领导者中心说。从领导者的本身出发研究领导，利用领导者的价值观、人格、自身魅力等个人所有的特质去影响整个组织以及组织内部的成员，继而使整个组织按照领导者意图实现组织的目标，该理论反映了早期领导学理论的研究方向和主要特征。但是，其局限性也是不言而喻的，研究的方向单一，无法在变化的环境中获得发展。

3）互动说。其代表人物是西恩（E. H. Schein）、舒马洪（Schermer-horn）、卓斯（Drath）以及伯勒斯（Palus），认为领导就是一个互动的过程，这种互动不仅仅是领导者与被领导者的互动，也是领导者与外在环境的互动。互动说对领导者中心说作出了有利的补充，在一个组织内部，领导行为不只是受领导者的影响，外界环境对领导行为的影响也相当重要。当内部或者外界发生变化时，领导者就需要根据变化的情况，制定相应措施，并加以有效地实施，以实现预先制定的目标。

"领导"作为名词时，在英文中译为"leader"，专指担任领导的这一类人，而且这类人在一个组织当中扮演着重要角色，处于核心地位，管理着该集体或组织的成员，掌握着集体或组织中的重要权力，制定组织目标、实施目标的计划、策略、方法、方式等，决定着组织的生存与发展。领导作为一个动词时，其译为"lead"，从词的构成上来看，由"领"和"导"两个部分组成，根据现代汉语词典的理解，"领"具有带领、指引之意，而"导"具有引导之意，因此，领导就是指率领并引导朝一定方向前进的行为。

（二）警察组织领导的内涵

从"把领导看成是一种行动或行为"的角度来对警察组织领导进行界定，警察组织领导是指在一定的时间、空间以及其他条件下，领导者设定警察组织的目标，率领并引导警察组织和警察个体按照一定的计划或者方法来实现警察组织目标过程中一系列行为的总和。从而得出警察组织领导的以下四个特征。

1）警察组织领导的定义体现了其构成要素，主要包括领导者、被领导者、目标和客观环境。其中警察组织的目标是在一定的时间和空间等其他社会环境下而制定的，具有很强的针对性，面对不同的环境制定不同的目标，遇到不同的问题提出不同的解决方案，显得更加机动灵活和具有现实意义。

2）警察组织领导具有目的性，这是由警察组织的性质所决定的。从世界范围内而言，警察组织的主要的任务是维护国家安全，维护社会治安秩序，保护公民的人身安全、人身自由和合法财产，保护公共财产，预防、制止和惩罚违法犯罪活动。因此，决策的制定与执行都必须围绕国家和公共利益，而不是为了警察组织内部的个人利益或者是领导者的利益，这又严格区分了与其他组织领导的目的。

3）警察组织的领导是一系列行为的总和，反映了领导的基本职能，主要包括制订决策或者计划、对决策或者计划的实施、对警察组织和警察个体的领导与指挥、对警察组织内部之间和警察组织与警察组织外部的协调、对警察组织和警察个体的监督，以及领导的方式、方法等方面。

4）警察组织领导仍以领导者为核心。从其职能就可以看出，世界上许多国家的警察组织以领导者为核心，其目标、方针、计划的制定和实施反映了这一点。另外，警察组织的新领导也会按照自己的意愿安排工作任务，一般情况下不会遵循先前领导的思路行事，警察组织和警察个体也会随着新领导的领导方式和风格发生相应的变化。

二、领导与管理

领导作为人类社会发展的产物，是一种特殊的社会现象，受许多条件和环境的制约。在其产生和发展的过程中，领导学长期受到管理学的制约，研究管理学的不少学者们认为领导就是管理，把领导等同于管理；而有的认为领导严格区分于管理；还有的认为领导和管理存在着交叉。因此，对领导与管理的关系的不同认识，产生了不同的学说。

1）部分说。一是管理是领导研究体系中的组成部分，即领导是上位概念，管理是下位概念，领导属于高层次的思维模式，管理是具体的操作，领导大于管理。英国的约翰·阿代尔在《领导艺术》中就明确提出了管理是领导工作的一项职能。二是领导是管理研究体系中的组成部分，领导只是管理中的一个角色、功能，即管理大于领导。哈罗得·孔茨（Harold Koontz）和海因茨·韦里克（Heinz Weihrich）在《管理学》中提出，领导是管理的一个重要方面，是管理活动的一项职能。

2）相同说。代表人物是加拿大学者克里斯托弗·霍金森（Christopher Hodgkinson），他在《领导哲学》中指出，一些人认为"管理就是领导""领导就是管理"；领导者就是管理者，管理者就是领导者。

3）区别说。其代表人物有约翰·科特（John P. Kotter）、本尼斯、纳拉斯等人，认为领导和管理是有着显著区别的，并对部分说进行了批判。约翰·科特认为部分说忽略了领导行为本身有领导的执行过程以及领导过程中确定经营方向的特征。而本尼斯和纳拉斯认为管理者是把事情做正确的人，而领导者是做正确事情的人。领导关注的是方向、前景、目标、意图效果这类正确的事情，而管理者则致力于效率、方式和短期的效应。

4）互补说。代表人物主要有约翰·科特、安德鲁·J. 杜伯林等人，他们不仅看到了领导与管理之间有着显著的区别，而且也认为两者之间有着密切的联系。一个领导者必须具有领导能力和管理能力，二者缺一不可，管理有力而领导不足或者领导有力管理不足，均会导致不利的后果，有损组织的发展。

本书认为领导和管理存在着一些实质性的交叉，他们之间既有联系，也有区别。正因为有如此的关系，以至于在学术上存在多种学说。

（一）领导和管理的区别

1. 领导和管理的侧重点不同

管理通常侧重的是规范化和科学化，强调组织高效运转以及组织目标的实现，必须运用已存在的程序和制度来管理组织，是通过一定的程序，并利用社会上的各种资源和借助各种手段来提高做事的效率，最终达到组织高效运转，实现组织目标的目的。这种管理由于对象的不同而不同，它包括对人的管理和对事的管理。而领导与管理相反，更加侧重于创造和变革，打破原有的工作方式和工作程序，其工作具有高度的冒险性，同时这种精神能够激发整个组织以及组织成员的创造精神。

2. 领导和管理的作用不同

为了组织能够获得成功，有效地统帅和指挥一个组织或一个集体的全部活动，同时，为了组织的整体利益，领导者要解决好组织内部的矛盾，协调好各个部门之间的关系，并且加强和组织外部的沟通，使外部能够关心、理解、支持组织的活动，这样整个组织才能在不同的环境中和谐发展，因此，领导具有统帅全局的作用。管理的作用具有一定的局限性，其主要在于做好组织领导安排的工作，处理好一个部门的业务工作，重点追求某项工作的效益，容易忽略组织的整体利益。

3. 领导和管理的结果不同

领导的开创性和变革性，决定了领导的高风险性，其结果要么成功，要么失败，成功则意味着结果的开创性对组织产生了实质性的影响，同时对领导的工作目标、方式、方法给予了肯定，对组织成员也起到了鼓舞作用，对其他组织、部门也有了借鉴意义。总之，领导的结果可能是创历史性的。而管理的结果不具有创历史性，管理者循规蹈矩，遵循一定的程序，其主要目标是合理安排人事以及提高组织的运作效率，其结果是组织效率要么提高，要么降低，对组织的影响没有领导那么深远。

4. 领导具有超前性，管理具有当前性

领导必须对自己的组织作出长远的规划，制定目标和决策，其工作必须具有超前性或长远性。而管理则是通过对资源的程序化、科学化、合理化配置，完成已经规划好的目标，实现最大的效益，因此具有当前性。

5. 领导者与管理者的产生方式不同

领导者与管理者的产生方式是不同的，管理者可以通过在校的学习和在职的培训等方式掌握所需的管理知识，通过实践的锻炼，积累丰富的专业知识和工作技能。而领导者的领导能力不可能完全通过培养而得到提高，葛德纳对于这一问题同样持肯定的态度，他认为："大部分的领导特质可以训练，而无法教会的那一部分却十分重要"。大量的实证研究和统计表明："真正的领导者是通过竞争出来的，他们有着丰富的社会经验和社会阅历。"有关领导与管理的区别还有很多，例如，郑卫国教授认为："工作范围不同、创新精神不同"、领导者与管理者培训的内容和方法不同等。

（二）领导与管理的联系

领导与管理当然也存在着许多密切联系，因此导致领导与管理长期被看作同一个概念也无可厚非。前面所提到的互补说、部分说、相同说就有力地证明了领导与管理之间有着紧密的关系。约翰·科特认为："管理有力而领导不足，必然会形成以下三种情况：1）非常强调预期范围，注重细节之处，侧重回避风险，而很少注重长期性、客观性和敢冒风险的战略；2）过分注重专业化，选择合适人员从事各项工作，要求服从规定，而很少注重整体性、联合群众和投入精神；3）过分侧重抑制、控制和预见性，而对扩展、授权和鼓舞强调不够。领导有力而管理不足，并不比管理有力而领导不足的情况好，实际上有时更糟，主要表现在：1）强调长期愿景目标，而不重视近期计划和预算；2）产生一个强大的群体文化，不分专业，缺乏体系和规则；3）鼓动那些不愿意运用控制体制和解决问题的原则的人集结在一起，导致状况最终失控，甚至一发不可收拾。"因此，在组织中，组织的发展、目标的实现，英明的领导和有效的管理二者缺一不可，不能只单独强调领导或者管理，只有将两者结合起来，才有助于组织产生变革。

1. 领导与管理的目的相同

领导与管理的最终目的相同，都是以实现组织目标为目的的。领导就是领导者带领组织朝着既定的方向发展，而这个方向就是组织目标，是领导者预先制定的政策、计划，并通过对下属进行引导、激励、监督、沟通，使整个组织和个体能够发挥主观能动性和工作积极性来实现组织预期的目标；管理则是通过协调，依照一定的方式，充分合理地配置组织内外各种资源，使人、财、物等各类资源能得到合理的利用，从而实现既定目标。故而，可以看出，领导与管理的最终目的是一致的，都是为了确保组织有明确的目标并促进目标的达成。

2. 领导活动与管理活动具有相容性和互补性

领导活动与管理活动在社会活动中，两者是相互补充和融合的，管理目标的实现离不开领导行为的指导，领导行为的完善也离不开管理的实践。领导从宏观方面设定组织目标和计划以及组织的发展方向，并制定好实现该组织目标的一系列方法和措施，其具有原则性，针对不同的情况，可以采取不同的应对方式，显得更加灵活，但缺乏可操作性。管理则是从微观方面对既定的组织目标进一步细化，设计实现目标的具体事项，制定完善的管理方法和管理标准，合理配置现有的有限资源，使整个组织能够有效地高速运转。

3. 领导与管理都是以组织的存在为前提

领导是对一个组织或者一个集体的领导，是对内部各个成员角色的分工，管理是对组织或集体内部各个方面的管理。任何领导现象和管理现象的出现，都必须以组织或者集体（集团）为载体，必须以组织为依托，任何领导现象和管理现象都不可能脱离组织而单独存在，只有出现了组织以后，才可能为领导活动和管理活动提供发挥作用的空间，组织内部也才开始出现角色和职能的划分。由此，有的成为领导者，有的成为被领导者，有的成为管理者，而有的成为被管理者，但绝不可能存在单个人对自己的领导和管理，即使有这样的领导和管理，也不可能存在集体组织的利益和组织目标，不过是个人的利益和憧憬的实现。

第二节　警察组织领导研究

通过对西方领导理论的介绍，吸收国外先进的研究成果，对警察组织领导应当具备哪些条件有了更高的认识，对如何提高警察组织效能的途径有着巨大的借鉴意义。

一、警察组织领导具备的条件

警察组织作为国家机器，是一个国家的重要组成部分，严格区别于其他社会组织，当然它的领导者也应当是与众不同的，因为领导者的素质与能力决定了警察组织的生死存亡以及发展方向，可见，领导者的重要性是不言而喻的。领导者应当具备什么样的条件主要是由警察组织领导的工作性质、权力以及职责所决定的。领导特质理论和领导行为理论的研究，为研究警察组织领导应具备什么条件提供了方向。在我国，警察组织领导应当具备两个方面的条件，一方面是硬性条件，法律明确规定的不容更改的条件，主要是为了保证警察组织的政治性、先进性、专业性；另一方面是软性条件，并非是法律规定的，但是非常重要，其目的是保证执法公正与合理。

（一）警察组织领导的硬性条件

所谓警察组织领导的硬性条件，就是指警察组织的领导者必须具备法律明确规定的条件。警察组织作为特殊的团体，不仅体现在它的政治属性上，而且也体现在它的专业性上，硬性条件的规定也当然严于其他组织，作为警察组织的领导者必须具备这些方面的条件，硬性条件的缺失不仅仅直接影响警察组织的效率问题，更加影响警察组织的发展方向，甚至与国家的政策相违背。硬性条件不仅是领导者具备的条件，同时也是警察组织内部成员必需的条件，这一条件表明了警察组织领导必备条件与其他组织领导必备条件的差别。

根据《中华人民共和国人民警察法》（以下简称《人民警察法》）第26条规定的规定，担任人民警察应当具备下列条件：1）年满十八岁的人民；2）拥护中华人民共和国宪法；3）有良好的政治、业务素质和良好的品行；4）身体健康；5）具有高中毕业以上文化程度；6）自愿从事人民警察工作。有下列情形之一的，不得担任人民警察：1）曾因犯罪受过刑事处罚的；2）曾被开除公职的。以及第28条规定的条件，担任人民警察领导职务的人员，应当具备下列条件：1）具有法律专业知识；2）具有政法工作经验和一定的组织管理、指挥能力；3）具有大学专科以上学历；4）经人民警察院校培训，考试合格。这两条明确规定了哪些人能成为领导，哪些人不能成为领导，成为领导应当具备哪些条件，虽然第26条是对担任人民警察条件的规定，同时也是对警察组织领导条件的规定，领导者作为警察组织中的一员，与警察组织荣辱与共，对其当然有约束力。对于警察组织的领导而言，第28条是对第26条的补充性规定，它对警察组织领导具备的条件提出了更高的要求，作为警察组织的领导者不仅要具备第 26 条规定的条件，同时还要具备第 28 条规定的条件。因此，这些条件缺一不可。

硬性条件主要包括以下三个方面。

1）政治条件。警察组织作为特殊的团体，是阶级矛盾的产物，是统治阶级实施统治的暴力工具，为统治阶级的利益服务，那么它的政治属性极强。这样的政治属性就决定了警察组织的领导要有这方面的意识，而且还要比别人更高，严格按照统治阶级制定的方针、政策、路线执行。我国作为人民民主专政的社会主义国家，与资本主义国家相比，有着本质的区别，人民大众都是统治阶级，少数是被统治阶级，那么警察组织的领导是为了大多数人的利益而服务，这就要求整个警察组织（包括领导）都必须坚持马列主义、毛泽东思想、邓小平理论、"三个代表"的思想以及科学发展观，完全服从党的领导，听从党的指挥，全心全意为人民服务，对党、对人民绝对忠诚，坚持改革开放和四项基本原则，坚持正确的世界观、人生观、价值观等。

2）专业条件。担任警察组织的领导必须具有法律专业知识。警察组织作为执法主体，法律赋予了其极大的权力，管理着社会各方面事务，承担着解决社会矛盾、化解纠纷的责任，关系着警民之间关系的好坏，其使命和职责是不言而喻的，在执法时，必须严格依照法律的规定办事，不得超越法律的规定侵害他人的人身、财产利益，否则将承担相应的法律责任，体现最为明显的是公安机关在执行拘留、逮捕、惩罚犯罪过程中，必须严格依照刑事法律的规定，不得非法采取强制措施，不得用非人道的方式对待犯罪嫌疑人，保障犯罪嫌疑人应有的权利。因此，为了保证执法的公正性这就要求执法者必须具备相应的法律专业知识，从处理事务的手段、处理事务的方法、处理事务的程序，以及处理的结果上保证事务能够得到合法公正的处理。

3）工作经验和组织管理、指挥能力条件。这是警察组织领导有效性的要求之一，一个领导者有相关的且丰富的工作经验和一定的组织管理、指挥能力，对领导警察组织极为有利。在关心组织成员方面，该领导者懂得如何管理警察组织成员，与下属保持紧密联系，运用自己的影响力去影响整个组织成员，能够体会下属的心理需求，提升整个警察组织的士气，激发他们的工作热情，从而发挥他们的创造能力；在工作方面，能有效应对突发情况，该如何解决情况，怎样化解矛盾，怎样做才能得到满意的结果，对一个新手而言，在紧急情况下，很难做出一个好的计划、好的处理方案。因此，具备一定的政法工作经验和组织管理指挥能力对于警察组织的领导者极为重要，甚至决定了领导者的个人能力。

（二）警察组织领导的软性条件

所谓警察组织领导的软性条件是指警察组织的领导者应当具备的，但法律没有规定的条件，这一点对于领导者来说至关重要，比起硬性条件更加严格。从领导者的特质出发，不同学者对于领导者应当具有哪些软性条件有不同的看法，但主要有以下五个方面的特质。

1）正义感。正义意味着公平、公道、正直、正当，即处事公正，不偏不倚，平等地对待每一个人，是人类社会所推崇的崇高价值。这就要求领导者在警察组织内部，平等地对每一个部属，有功必奖，有错必究，不徇私枉法，不将自己的喜怒哀乐迁怒于他人。在组织外部，明确、坚持为人民服务的宗旨，关心群众，以群众为核心，积极投身于群众的事业当中，对群众的相同情况相同处理，不同情况不同处理，同情和保护弱者，提高服务态度，改进工作方法，真正地做到密切联系群众。因此，心怀正义是每一个领导者必须具备的最重要的品质，缺乏正义感的领导绝不是好的领导者，因为他失去了警察组织最坚实的基础——人民群众。

2）社会责任感。社会责任感，是指个人对社会其他人的关怀，愿意为他人作出贡献，并把这类行为当作自己的义务。只有有社会责任感的人，才能身怀正义之心，坚持正确的行事原则，为他人服务。作为领导者更应如此，不仅领导、管理、指挥着整个警察组织，而且与社会群体直接相联系。在行使权力时，不要把权力当成自己地位的象征，不要凌驾于社会公众之上，更不要把权力作为自己敛财的手段，而是要转换自己的思想，抛弃以自我为中心的传统观念，把为人民服务当成自己的一种义务，自己有责任去履行，既对下属承担责任，也要对广大人民群众承担责任。

3）沟通能力。沟通能力也是警察组织领导者必须具备的，能体现领导者的协调指挥能力。沟通包括组织内部各个部门之间的沟通、上下级之间的沟通、本部门与其他部门的沟通以及本部门与大众的沟通，沟通的对象是广泛的。内部各个部门之间的沟通，能合理有效地运用内部资源，促使资源得到合理利用；上下级之间的沟通，能够得到上级的支持，也能够鼓励下级；本部门与其他部门之间的沟通，能协助本部门工作，提供信息和资源，弥补本部门资源的不足；与大众建立平等、双向的沟通，能让社会群体理解支持本部门的工作，为警察组织提供良好的工作环境。因此，对领导者而言，具备沟通能力条件也是十分重要的。

4）开创精神。领导者是否具有开创精神决定着警察组织的发展方向。一个具有开创精神的领导者与一般的领导者有着显著的区别，他具有冒险精神，不安于现状，对工作充满激情，积极进取，并且具有极强的求知欲，因此，这样的领导者会运用非常规的领导方式、方法去努力实现组织目标，但是，这种非常规的领导方式也并不是随意而行，领导者会不断地收集警察组织内部和警察组织外部的相关信息，对收集来的信息进行认真分析、总结，为他的领导方式提供可靠的依据。与此同时，一个具有开创精神的领导者势必会带动和鼓励下属或部属积极开创，启发下属的智力。开创性精神能对警察组织产生实质性的影响，保持警察组织的优越性。

5）目标长远。长远目标即要经过长期的努力才能实现的目标，并非立竿见影、一蹴而就，切忌急功近利。警察组织的领导者应当从长远着眼，为组织规划出发展的蓝图，防止只注重眼前利益，而放弃长远目标。长远目标是一项复杂的系统工程，是警察组织的工作指南，是组织发展的方向，具有总方针的地位。长远目标的建设，要求领导者高瞻远瞩，对社会的发展、环境的变化有一定的预测，根据预测对组织未来的发展作出整体的规划。在工作中，领导者又要把长远目标分成若干阶段，在长远目标的指导下，在若干阶段上设置若干目标，把近期目标、中期目标、长期目标有效地结合起来，警察组织才能沿着目标方向迈进。

二、提升警察组织领导效能的途径

领导效能是研究任何领导理论的出发点和最终归宿点，同时也是对领导者个人领导能力的综合评价，领导是否有效，以及有效的程度，都要依靠领导效能来判断。何为领导效能？所谓领导效能，是指领导者在实施领导过程中的行为能力、工作状态和工作结果，即实现领导目标的领导能力和所获得的领导效率与领导效益的系统综合。由此可见，领导效能包括三个方面的要素：领导能力、领导效率、领导效益，它不仅要求在工作过程中有速度，而且在结果上要有效益。吸收领导特质理论、领导行为理论、领导权变理论以及领导转换理论等先进知识文化成果，为如何提高警察组织领导效能提供了切实有效的途径。

（一）领导者的选择

根据西方领导特质理论的研究成果，为选择警察组织领导提供了标准。领导者所具备的特质不仅是进入警察组织的条件，同时在很大程度上影响着领导效能。领导者处于组织的核心地位，组织、管理、指挥着整个组织，决定着组织的命运，整个组织以领导者为核心。因此，选择什么样特质的领导者不仅区别了哪些人能成为领导；哪些人不能成为领导；哪些人的领导是有效的；哪些人的领导是无效的，而且对警察组织的领导效能也有着重要的影响。领导者到底需要哪些特质呢？首先，领导者需要有正义感。正义感是一个领导者最重要的特质，同时也标志着领导者的社会责任，要求领导者不能徇私枉法、徇情枉法，符合大多数人的利益，有这种特质的领导在制订组织计划、目标以及组织、领导、指挥组织工作时，才能向正义的方向发展，更能受到民众的支持。其次，领导者需具有魅力。领导的本质就是影响力，领导者利用自己的人格魅力去影响整个警察组织以及组织成员，使下属自愿跟随领导者，心甘情愿为领导者效力。再次，领导者还需要有创新的特质。

（二）被领导者

被领导者的地位具有双重属性，在管理社会各方面事务时，被领导者充当着管理者的角色；在警察组织内部，他的人事、工作、绩效受领导者管理，处于被领导的地位。但是被领导者在被领导的过程中，并不是"绝对"处于从属、受支配的地位，而是与领导者相互作用，相互影响。领导者在影响被领导者时，领导者的领导效能在很大程度上受被领导者影响。

1）工作配合。尽管被领导者处于从属地位，但与领导者处于同一警察组织，有着共同的奋斗目标，另外，被领导者又是具体任务的执行者，这就要求被领导者忠实于领导者，积极支持、配合领导者的工作，不与领导者唱反调，认真贯彻、落实领导者的计划、路线，否则，势必造成工作效能低下。因此，被领导者必须做好以下几个方面：首先，在工作中，维护领导者的形象，实质上就是维护领导的权威；其次，对领导者的正确决策予以支持；再次，对于错误的决策，提出自己的建议。

2）任务执行。被领导者应当按照领导者的指示、计划，积极主动地执行任务，消极、不作为的方式严重影响领导的效能。在决策出现问题时，被领导者需要充分发挥主观能动性，工作灵活变通，不能一成不变地执行上级的决策，从而使结果变得合理，另外，也要防止为了执法合理，放弃领导者的指示。

3）信息反馈。领导者个人的能力始终有限，方案的设计不可能面面俱到，总会存在多多少少的问题，因此，在设计方案、计划、路线、策略时，被领导者需要有参与机会，提出自己的看法，对其中存在的问题予以指出，共同研究解决问题的方案。在执行计划、方案的过程中，被领导者需要对执行的情况、执行的效果、群众的反应、存在的问题及时向领导者反馈，让领导者能够对计划的执行情况作出合理、全面的预测。

（三）外部环境

警察组织处于社会之中，并不是一个孤立的群体，与上级、同级、下级、社会公众紧密相连。所以，一个良好的外部环境对警察组织而言极为重要。

1）与上级的关系。领导者处理好与上级的关系，获得上级的信任、支持是提高领导效能的重要条件。上级可以为下级提供经济、政策、人力资源等各方面的条件，减少工作阻碍，保证各项工作的顺利进行。故而，领导者在自己的工作岗位上必须谨慎，了解上级，自己能解决的问题不要推给上级，摆正心态，明确自己的权力范围，不得意忘形，做一个服从领导的下级。

2）与其他部门的关系。与其他部门保持良好的关系，是每一个领导者必须解决的问题。不同部门之间由于人力、物力、财力分配以及工作时间长短、工作压力、领导的重视程度的不同，导致不同部门之间出现竞争与仇视，各部门形成封闭的状态，资源不能充分利用，领导效能低下。针对这一现象，领导者必须在各司其职的基础上，与各部门联络感情，消除隔阂，出现分歧时沟通解决，建立信息共享机制，形成优势互补。

3）与下属的关系。人是一种最具有潜力的资源，与其他资源相比，他具有丰富的创造力，能创造出其他资源无法比拟的社会财富，因此领导者需对下属有大致的了解，根据工作的性质以及下属的个人特质来安排工作，分配任务。同时，作为领导者要宽容大度，包容下属的一些缺点，对下属充分的信任，用真诚打动下属，以换取人心，虔诚地对待下属。在奖励方面，按功行赏，按劳分配，精神与物质奖励相结合，以物质奖励为基础，以精神奖励为关键。

4）与社会公众的关系。警察组织与社会公众是处于不同地位的两个主体，警察组织属于管理者，外部公众既是被管理者，也是监督者，这也决定了两者出现冲突在所难免，因此，警察组织就需要与社会公众进行沟通。首先，警察组织工作透明化，通过不同形式的媒介向公众披露，接受群众的监督；其次，处理事务公平合理，符合公众利益；再次，建立社会公众利益诉求的表达渠道，认真处理公众的利益诉求。

（四）监督与评估

1）对警察组织的领导进行监督。对警察组织领导的监督，这是警察组织领导的性质所决定的，是现代民主政治的需要，也是社会管理的需要。任何权力缺乏有效的制约和监督，势必造成专制和独裁，严重的政治腐化现象，国家权力面临被滥用的危险，国家权力的权威性降低。因此有效的监督是保证领导的权力得以依法行使的有效方式。对警察组织领导的监督，既要求对警察组织的领导者本人进行监督，又要求对其领导行为进行监督，确保领导者的权力能够正确的行使。

2）对领导进行评估。领导是否有效，这需要对领导进行评估。这种评估是多方面的，包括领导者的能力大小、领导者的本身的特质、下属的积极性和创造性、制订的目标是否科学、实现目标的方式或方法是否得当、目标最终实现的程度、工作效率、整个警察组织的团结状况等，只有通过系统地对领导的各个方面进行认真仔细的评估，确定什么样特质的领导者、部署以及领导方式对领导效能产生积极影响。

参考文献：

［1］冯秋婷. 西方领导理论研究［M］. 北京：人民出版社，2008.

［2］刘建军. 领导学原理——科学与艺术［M］. 上海：复旦大学出版社，2007.

［3］董明. 领导艺术——一门可操作的学问［M］. 北京：科学出版社，2010.

［4］［美］芭芭拉·凯勒曼编，林颖，周颖等，译. 领导学多学科的视角［M］. 上海：格致出版社，上海人民出版社，2011.

［5］苏东水，彭贺. 中国管理学［M］. 上海：复旦大学出版社，2006.

［6］冯国珍，王云玺. 管理学［M］. 上海：复旦大学出版社，2006.

第四章　警察组织文化

第一节　警察组织文化的概述

一、组织文化及警察组织文化的基本概念

（一）组织文化的基本概念

谈到组织文化，则先要追究文化的起源，文化一词来源于古拉丁语，在我国最早出现这两个字是在《周易》中，"关乎人文，以化天下"，但是其含义都不是我们现在所认识的"文化"，随着社会经济的发展，古老的"文化"在现代的含义是人类在社会实践历史中所创造的物质财富和精神财富的总和。之所以研究文化，是因为有多种和多层次的文化影响着个人和组织的行为，从而直接影响到了组织人员的行为，对组织的效率产生着重要的影响。而组织文化则是组织物质财富和精神财富的总和，具有贯穿组织的属性，涉及组织的各个层面，其定义为：组织在长期的生存和发展过程中形成的，被组织成员认同并共同遵循的基本信念、价值标准和行为规范。如果要了解组织就应该首先了解管理，在管理学中对组织的定义是为实现管理者设定的目标和计划所形成的结构，西方组织学者和观察者发现组织文化在工作表现和长期效率上非常有效。而组织成功的关键在于管理者有效地使用各种资源的能力。因此在石伟主编的《组织文化》中对组织的定义是："组织是指在社会、经济、政治、文化等活动中，依照法定批准程序建立的具有独立法人资格

或法人授权管理的正式团体，包括政府机关、企事业单位、商业公司、社会团体、院校、学术机构、各类协会等。"随着社会的发展，组织的定义则更为广泛，对组织的研究将更好地提高组织的效率。

组织文化是管理学中对组织研究的后期才产生的，一直到 20 世纪 80 年代组织行为学才对组织文化进行研究，随着社会物质生活的提高，社会文化的发展带动了组织文化的发展，人们最初对组织文化的认识起源于对日本企业在 20 世纪 80 年代的工作效率的研究，后对于组织文化的研究也多用于企业，将组织文化作为提高工作效率的有效管理手段。现在企业都力求营造良好的组织文化氛围来推动企业的发展，并且取得了很好的效果。因而开始将组织文化用于其他的领域，警察作为一个特殊的组织也可以利用组织文化来推动警察组织的发展，这也是新时期警察发展的需要，而组织文化的研究又是一个综合的研究，其是结合文化人类学、组织行为学而进行的具体研究。组织文化学认为：组织文化是组织在其内外环境中长期形成的，以价值观为核心的行为规范、制度规范和外部形象的总和。因此在组织文化中最重要的是其组织的价值观。

（二）警察组织文化的概念

从组织文化的定义中我们可以得出警察组织文化的概念：警察组织在长期的警务实践活动中所形成的，由全体警员所共同遵守和推崇的警务理念以及警察的使命与核心价值观，是警察组织在长期活动中所自发形成的文化。虽然其不具有强制力，但是在警察组织内部以及对警员个体的行为都有着潜移默化的影响。警察文化就是警察这一社会群体的生存生活方式，属于行业文化范畴。警察文化是人民警察的警魂，是警察价值观的体现，是警察特有的思想、道德、作风、意志、品质、气质、风格、仪表等方面的总和。文化和领导力是紧密联系的，在组织成立时就应该确定组织的文化，在警察组织内部其分为横向领导和纵向领导，由于警察职业的特殊性，警察对服从的要求比其他的组织要高，因此警察组织文化对领导和警员的影响则更为重要。

在建立服务性政府的背景下，警察组织文化也是我国社会主义政治文明的体现。我国从古代开始作为统治阶级的工具的警察组织文化，到现阶段的全心全意为人民服务宗旨下的警察组织文化，是我国警察组织发展的一个历程，也是我国社会文明进步的一个缩影。因此关注警察组织的文化可以使我们更好地认识警察组织的本质及其社会功能。

二、研究警察组织文化的意义

（一）激励警员行为

研究警察组织文化可以对警员的行为起到激励的作用，因为在警察文化中，无论是其规章制度所体现的警察物质文化，还是警察自身产生的警察精神文化都可以对警察行为起到一定的激励作用，尤其是警察内部的团结、合作、凝聚力和责任感，都激励着警察的行为。

（二）规范警员行为

警察组织文化是对警员行为的一种引导，通过不断激励警察行为，趋利避害，从而不断地规范警员的行为，使其更好地实现为人民服务的宗旨。

（三）提高警员素质

在对警员行为的激励过程中不断地规范和完善警察行为，从而直接提高警员素质，使其不断适应日益发展的社会经济文化，并使用科学手段同违法犯罪行为做斗争。

（四）提高警察组织凝聚力

警察组织是一个特殊的政府组织，其不仅具有一般政府组织所具有的组织文化，最重要的是警察作为一个特殊职业所具有的危险性，决定了警察所具有的牺牲和奉献精神，警察队伍更需要团队的合作精神，这种合作并不是一般意义上的基于共同利益建立起来的，而是由警察组织的凝聚力推动的，正是由于这种凝聚力和奉献精神才使警察组织团结、合作，为实现共同的目标而不畏艰险。

（五）增强警民关系

就公民和警察之间的关系而论，现阶段我国公民与警察的关系有时并不是和谐共处的，其往往掺杂着各种内部矛盾，尤其是随着公民权利意识的提高，社会发展为公民提供的维权平台的增多，出现了冤假错案的翻案行为，并且间接地揭露了一些执法人员的违法行为。这直接影响了我国公民对警察形象的质疑，随着媒体的大幅报道，我国司法的形象也在公民心中地位减弱。同时，由于生活水平的提高，公民对物质及精神的生活质量要求提高，因此现在警察应当重新树立自身形象，服务公民。警察组织文化就很好地诠释了警察服务公民的职能，全心全意为人民服务，时刻把公民的利益放到首位，培养了警察的责任意识和奉献精神，因此警察组织文化对促进警民关系和谐共处在思想上起到了指导作用。

三、警察组织文化的特征

（一）升职文化

警察的升职是指由低的职务升到高的职务，同时它也意味着其工资和福利方面待遇的提高，职权和责任的相应提升。警察的升职文化往往同企业的升职文化有着很大的相似之处，但其往往受到国家公权力的限制，因此警察组织的升职又受国家相关法律和制度的制约，其升职范围同其他的国家公务员相同，必须遵循一定的方针和政策。而建立和完善我国的警察升职文化是我国警察队伍发展的一个重要前提，也是激励警察职员认真负责工作的重要途径，是新时期警察组织建设的重要议题。在此方面，可以参照我国香港地区的警察升迁文化，将警察职员平时的工作表现进行累计积分和综合积累，上级工作部门可以直接依照其积分对警察进行升迁，但同时要确保升迁制度和升迁过程的公平和公正。根据我国《国家公务员职务升降暂时规定》，人民警察升职的基本程序包括：1）公布职位空缺、任职条件，采取领导和群众相结合的办法，推荐预选对象。2）按照拟任职务所要求的条件，对预选对象进行资格审查，产生考察对象。考察对象人选数一般应多于职位空缺数。3）在年度考核的基础上对考察对象进行全面考察，择优提出拟晋升人选。由此可见我国警察的晋升往往是依靠政策和制度的要求，而缺乏对升迁制度文化的培养，致使警察内部竞争机制不完善，警员缺乏工作的积极性。

（二）绩效文化

绩效文化是一种行政文化。绩效这一概念来源于管理学，绩效文化是政法管理的灵魂，因此警察组织文化也反映了我国行政现代化的水平与综合品质。绩效是警察组织期望的结果，是衡量组织或者个人在一定时期的投入和产出的结果。因此绩效也可以分为个人绩效和组织绩效。个人绩效是组织绩效实现的基础，而我国警察机关面临着提高组织绩效的重要考验，对警察绩效的判断通常是主观的，不同管理者可能会作出不同的评价结果，提高警察绩效的重要途径就是依据管理学对绩效进行管理，并且其中最重要的方面就是培养组织的绩效文化，因而警察组织内部的绩效文化建设尤为重要。警察组织内部绩效文化的建立是为了提高警察组织内部的警员的绩效；发掘警察组织及其警员的创新力和潜能；激励警员的工作热情；发掘警察自身的潜能；使警员的工作满意度提高，团队合作精神提升，在工作中相互交流和沟通，进而提高整个警察组织的绩效。绩效文化的建设包括绩效管理和绩效考评文化的建设，通过培养绩效文化，使警察组织实现绩效的可持续发展，从而推动警察组织形成一个以绩效为导向的特殊的警察组织文化，营造警察组织内部的文化氛围。在此过程中要不断地完善警察绩效文化的基本理念，其基本理念同我国政府的绩效文化相似，首要的是公众满意理念，随着我国服务型政府的建立，警察组织的绩效文化也应该更加注重服务性，要建立在公众满意的基础之上，从维护最广大人民群众的根本利益出发，积极营造绩效文化的工作氛围。

（三）督察文化

《人民警察法》第 47 条规定："公安机关建立督察制度，对公安机关的人民警察执行法律、法规、遵守纪律的情况进行监督。"这是警察组织内部建立督查制度的重要法律依据，建立督查制度是警察组织改革的一项重要内容，除了以法律形式进行确定外，警察的督查制度更需要警员及其群众的相互理解，形成警察组织的督查文化，这其中群众的作用尤为重要。警察组织内部由专门的督查监督机构来监督警员执行法律法规和执行纪律的情况。其督查文化也就包括警察组织内部督查的程序、原则和效力方面的文化。其中警察组织督查的原则是：以事实为依据、以法律为准绳，重调查研究，坚持执法必严、违法必究，做到客观公平、公开、公正，这些原则不仅是对监督的客体——警员负责，同时也是对警察的执法客体——群众负责，只有这样才能保证警员更好地为群众服务，同时也可以提高整个警察组织的公众形象。但更为重要的一点是警察督查文化的培养可以加强警察督查的效力，使警察督查不仅仅是流于形式，而真正地起到监督和威慑的作用，确保警察法治化的进程。

（四）警察组织内部的精神文化

以上谈到的警察文化大多属于有形的，通过内部规章条文确定下来的文化形态，但是警察这一特殊群体内部还存在着一个隐形的精神形态上的文化，即高度的责任感、组织的凝聚力以及精神上的忠诚和奉献精神。这往往是警察组织文化的精髓，因为正是由于这一文化形态的存在，警察才会自主地为人民服务，并在服务中产生高度的荣誉感，进一步强化警察组织中的精神文化。由于警察工作性质的特殊性，尤其是战斗在一线的警察，担负着维护社会治安稳定的重要使命，在查处违法犯罪行为时，往往会遇到巨大的生命健康风险，因此其相互之间的信任度将直接影响到警察执行任务中的个人安危。因此必须要加强警察队伍内部的精神文化建设，丰富警察组织文化的形式，相互促进。

四、警察组织文化的具体表现形式

（一）与警察组织文化内涵有关的具体表现形式

1. 警察组织的特殊用语

警察组织作为一个特殊的执法权力主体，在执法过程中同群众有着紧密的联系。随着我国服务型政府的建立，公民的权利意识逐渐增强，因此更需要警察组织提升其特殊用语中的文明程度以及执法过程的文明程度，规范警察组织特殊用语，是建设警察组织文化的一个重要的阶段。警察组织同时要求全体警察在工作中使用文明用语，杜绝禁忌用语，切实改进工作作风，规范工作行为，提高工作效率，全面树立和提升警察的良好形象。随着警察执法用语规范化活动的蓬勃开展，不仅大大提升了警察的综合素质，促进了警察的公正廉洁执法，而且为塑造新时期人民警察的良好执法形象打下了坚实的基础。

2. 警察组织执法事件

随着我国媒体的发展，越来越多的警察组织执法事件被带到公众的视线范围内，其中也产生了很多不良的影响。例如当时贵州瓮安事件在全国范围内产生了很大影响，致使我国警察在公众视野中的形象急剧下降。因此一些警察组织吸取经验，建立舆情办公室，积极应对媒体对警察组织的相关事件的了解。充分利用媒体的作用，化解公众同警察组织的危机，重塑我国警察的形象，完善我国警察组织发生事件时的预警和预控机制。

3. 警察组织中的模范

警察组织的模范一般包括先进个人和集体。警察内部的先进个人是警察核心价值观的具体表现形式，他们是警察个体魅力和价值观的导向，向警察组织展示了其优秀的品格和工作业绩，体现了一个优秀的警察应当具备的精神风貌和行为方式，客观上可以促进警察核心价值观的建立和发展。在警察组织内部进行各种表彰、评比活动，例如"全国模范交警支队""优秀警察"等评比。先进典型把警察核心价值观内化为自身的品质，从而使警察群体中最有价值的灵魂得以保留和传承，进而形成良好的警察文化传统。先进典型为全体警察树立了榜样，使其知道应该怎样去做，而且这种示范作用不是生硬的，而是由被感动、被鼓舞、被吸引而形成的。因此，典型示范是价值观教育的一个重要途径，当前各级警察组织应当积极培育本警种、本部门、本地区的先进典型，通过报刊、广播、报告会等多种方式进一步扩大对先进典型的宣传，同时也向社会宣传警察队伍核心价值观，积极获得认同和拥护。

（二）与警察组织文化相关的物质载体

1. 警察组织中特定的仪式、程序

警察组织中特定的仪式和程序是我国执法机关特有的一种仪式和程序，也是警察权威的体现，警察机关的执法程序则可以体现其特殊性，我国法律保障警察机关的执法程序，并且对其特定的仪式提供物质保障，增强警察机关的权威性和公正公平性，这也是新时期对我国警察组织的更高要求，是建立服务型政府的重要途径。警察组织的仪式感增强了警员的归属感，展示了人民警察的风貌。

2. 警察组织举行的沙龙

我国警察组织举行各种沙龙，目的并不一致，有的是为了更好地学习上级的思想，保证警察组织内部的核心价值观以及政策路线符合我国各项政策和路线，维护社会稳定。但多数警察组织举行的各种沙龙是为了加强组织的凝聚力，加强警员之间的密切联系，在工作中缓解压力，相互配合。还有一部分沙龙多数是为了有较高级别的公安机关协同媒体对警察组织的内部人员或者团体进行表彰，不仅使公众理解警察工作的性质，减少警察工作中的阻碍力，更重要的是对先进人物在典礼中进行评选，激励警员向先进模范或者队伍学习，从而推动警察机关整体素质的提高，并且对提高警察机关的工作效率产生直接影响。

第二节　影响警察组织文化的因素

一、影响警察组织文化的内在因素

影响警察组织文化的因素包括内在因素和外在因素，警察组织文化建设是一个复杂的系统建设。影响警察组织文化的内在因素，是指在警察组织内部的文化建设对警察组织的影响，同时也是影响组织文化建设的最重要的因素。内部因素是指通过实施警察组织内部的各种活动，进而完善组织内部的文化机制，这是建设警察组织文化的主要途径。

（一）警察组织的领导

领导者在组织管理中的核心地位决定了其对核心价值观培育塑造的主导作用。美国沃顿商学院豪斯教授提出的"基于价值观的领导理论"认为，持有明确而崇高价值观的领导者向组织注入核心价值观，并以此作为种子孕育组织文化，在此过程中，通过沟通信仰、传递愿景和组织实践，强化核心价值观，使下属认可并内化组织核心价值观，形成持久的行为动机，激励下属努力实现组织目标。领导是一门艺术，作为警察组织的领导，其是警察组织文化的建设者和管理者，在警察组织文化建设中居于中心地位，其要促使警察组织文化不断地推广和发展，并且及时解决在组织发展的不同阶段所面临的不同问题。领导者的素质包括判断力、决策力和组织管理能力，但是作为警察组织这一特殊的主体，对其素质要求则更高，需要很好的组织协调能力和沟通能力。

（二）警察组织内部的相关制度

警察组织内部的相关制度大部分以规章制度的形式被固定下来。警察组织内部的规章制度是指警察在警察管理体制下实施警务活动所应当遵守的规章制度，是以强制手段约束警察的警务管理行为，调整警察机关内部的关系，使警察机关内部工作有序进行。其内部相关制度约束的客体是警察的行为，一般对外没有约束力。"内部相关的制度以法律、法规、行政规章或其他规范性文件的形式存在，具有鲜明的强制性特点。"①

（三）警察个体行为对警察组织文化的影响

警察组织是由警察个体组成的，因此警察个体的行为将会对警察组织文化产生重要影响。在警察组织内部，警员的行为将对警察之间的凝聚力、责任感和合作产生影响，如果警员之间相互合作，将起到事半功倍的结果，间接地增强了警员之间的凝聚力；反之，一个警员的个人主义情节过浓，则会直接或间接地影响到其他警员的行为，甚至在执行危险任务时对自己甚至是队友的生命安全造成威胁。警察组织是由以警员为单位的个体组成的，因此警察个体的素质及价值观念都对整个警察组织产生直接或者间接的影响。

二、影响警察组织文化的外在因素

警察组织文化的外部环境包括政治环境、经济环境、文化环境等。在这些复杂的环境中，警察组织应当分析和充分利用对警察组织有利的环境，规避不利的因素，这就要求警察组织对这些外部因素进行全面的了解。

---

① 梁长初. 我国公安大部门内部监督体制研究［D］. 湖南大学，2009，11.

（一）政治环境

警察机关作为执法机关，是国家统治阶级维护社会统治的工具，是为统治阶级服务的，因此警察组织具有很强的政治属性，并且同一国的政治紧密联系。自警察出现以来其自身就具有国家统治工具的属性，警察机关的阶级属性也是与生俱来的，警察机构是国家机构的一部分，其职能也是国家职能的体现。因此警察组织文化受到国家政治文化影响，一方面警察组织文化是我国政治文化的一部分，另一方面国家政治中的方针、政策直接对警察组织文化起到引导的作用，归根结底，警察组织文化存在于政治环境这一大环境下，其阶级属性也决定了政治文化会对警察组织的文化产生决定作用。

（二）法律环境

警察组织是在法律授权的范围下成立的，并且警察组织的行为也必须在法律授权的范围内实施，如果越权行使不仅可能会侵害到公民的合法权利，造成警察权力的滥用，甚至会造成警察执法权威的衰落，无论是在我国还是其他国家、地区，警察权失范行为都屡见不鲜。但是，我国现阶段关于警察组织的立法较少，不能完全合法有序地规范警察的行为，对于警察组织文化的建设也缺乏相应的法律法规依据。因此我国在警察组织文化建设上应当加强立法，使组织文化建设有法可依，使警察组织形成正确规范的组织文化，从而为警察执法行为规范提供有力的保障。

（三）组织所处的社会经济环境

在社会经济不断发展，经济全球化的大环境下，警察组织所处的外部环境则更为复杂。首先，警察组织所面临的犯罪行为更为复杂。网络传媒的发展，使警察组织的许多内部行为暴露在公众的视野之下，因此警察组织外部环境的复杂性就要求警察组织积极完善警察组织文化，以便适应不断变化的外部环境。其次，现代社会高科技产品层出不穷，警察组织可以利用这些高科技设备和手段及时发现和侦破犯罪行为，提高警察组织的工作效率。最后，社会经济发展、社会矛盾激化导致犯罪行为方式、犯罪种类和数量增加，因此警察组织要不断适应社会发展的需要，主动提升自身的素质，从而应对不断变化中的犯罪手段和犯罪行为。

第三节　我国现阶段警察文化分析

一、我国现阶段警察文化的内涵及价值观

（一）基本内涵

警察文化是警察组织群体在长期的警务活动实践中形成的警察行业观念形态文化。它是以价值体系为基础，以道德规范、行为准则、精神风貌为内容的一种建立文化认同的行业文化，是警察理想信念、价值观念和行为准则的总和。我国警察文化是在我国社会历史条件下，警察群体所形成的一种包含精神心理文化、内务管理文化、语言行为文化、装备设施文化和警用服饰文化等在内的多层面结构体系，是内在精神与外在形象的统一，是历史精神与时代思想的融合。它以警察为对象、以提高素质为核心、以为民服务为灵魂，是社会共性与警察个性的精神统一。就现代警察精神文化来说，其内涵可分为八个方面。一是价值观，就是文化的核心，它与一定时期群体共同的理想、信念密切相关。主要解决的是人生目的价值取向问题。警察是把切实担负起巩固共产党执政地位、维护国家长治久安、保障人民安居乐业的重责作为价值取向和人生目的。二是理想人格，就是在警察身上所体现的具有鲜明职业特征的理想人格。如许多优秀人民警察身上所表现出的无私无畏、忍辱负重为特点的人格力量，这不是常人可以比拟的。三是法治意识，法律也是一种文化，这已成为人们的共识。对于警察来说，宪法、《人民警察法》等法律赋予警察神圣职责和权力，就是依法行政、执法为民，因而必须具有自觉的法治意识。四是思维方式，警察传统的思维方式以直觉思维为主，如在侦查中的摄像、意象、思象、创象等都含有直觉思维，但在实践中直觉的形象思维和逻辑推理的抽象思维往往交叉使用才见成效。五是情感心理，警察因特殊的职业而使得家的温馨很少，对社会不正之

风也会出现困惑，甚至产生心理不平衡，但在敌情、案情、灾情、险情面前他们却以忘我的英雄行为，战胜了种种情感心理压力。六是审美情趣，人民警察群体的豪爽、正直、坦诚、友好、勇于献身等气质的形成，正好是警察特有的与职业相关的审美情趣的直接产物。因此，警察必须要加强艺术修养，提高辨别真善美与假恶丑的能力和水平，高尚的审美情趣才能形成良好的行为方式和作风。七是业务技术，这是警察履行职责的必备条件和手段。尤其是随着科学技术的发展，智能化犯罪活动越来越猖獗，因而，掌握和运用业务技术在社会生活进程中越来越显示出它的巨大作用。八是警体素质，过去我们就警体讲警体，很少去论及它的文化属性。其实，体育活动是人的创造性行为，是满足人的生存需要和精神需要的文化活动。从文化方面看，体育又是文化内涵的生动体现，通过体育，不仅获得体质的增强，而且对心理品质的培养和构建产生积极的影响，还能培育现代竞争意识，塑造完美的个性品质，乃至提高民族素质。

影响警察文化的最重要的一个方面是警察的价值观，因为警察的价值观一定程度上决定了警察个体的执法行为及其态度，影响到一个警察是否合法有效地进行执法行为，从而得到公众对这一警察个体的认可。

（二）警察价值观包含的基本内容

我国警察组织的核心价值观是以"忠诚、为民、公正、廉明、奉献"为主题的核心价值体系，其体现的是个人价值和社会价值的统一。个人的价值不能脱离社会而存在，警察的价值则更是如此，但其又有同其他个人价值的不同之处：警察价值更为注重其社会价值，把社会价值放在个人价值实现之前。但是在现阶段我国文化积极发展的时期，警察的核心价值观也呈现着多样性，不能一味地以主导价值观来约束警察的行为，并且也要提倡警察价值观的多样性，在把握核心价值观的主导作用下，积极倡导警察价值观的多样性。并且警察价值观应当符合我国政府全心全意为人民服务的工作理念。

二、我国现阶段警察文化建设的举措

建设警察文化，是公安机关贯彻落实党的十八大精神重要思想的必然要求，是社会经济发展条件下提高公安队伍整体素质的必然要求。良好的警察文化建设，对内有助于形成共同的价值观和队伍的团结一致，形成凝聚力、亲和力、约束力，增强归属感、荣誉感；对外有助于增强公安机关在社会的感召力、支持力、吸引力，增强公众对警察的亲切感、信任感，有利于现阶段重新塑造警察的形象。因此，我国现阶段的警察文化建设亟需在以下两个方面得到强化。

（一）立法

建立健全完善的规章制度，规范全体警察的行为，是警察行为文化的基本要求，对警察的正确价值观念和行为的形成发挥外在的驱动作用。要以贯彻执行《人民警察法》《公安机关人民警察内务条令》等法律法规为基础，用严格的制度从时间、空间上对警察的行为进行有效的规范、约束和引导，使警察自觉地遵守法律，在执法过程中严格遵照法律的程序，强化警察服从命令听从指挥的意识，确保警令畅通。要建立健全人事管理、目标管理、行为管理等方面的规章制度，完善警察聘用制、岗位责任制、低分培训末位调整等制度的实施，形成公平竞争、优胜劣汰、人尽其才，积极向上的竞争环境，激励焕发广大警察的潜能。

1. 制度建设

必须坚持和改进一系列行之有效的教育方法，与时俱进地对全体警察加强理想、信念、"三观"和公安职业道德教育，弘扬警察精神，树立道德榜样，塑造理想人格，造就一大批忠于职守、甘于奉献、勇于拼搏、敢于牺牲的优秀警察。这就要完善警察组织内部的各项制度，如警察晋升制度、警衔制度，这些制度都直接或间接地对警察自身的行为有着重要的影响。在此过程中建立同警察组织文化相适应的警察人力资源保障机制，这就涉及后文中所探讨的警察教育问题。

2. 机构建设

警察组织的机构建设是为了保证警察组织持续稳定的发展，是组织基于持续发展的愿景，尤其是警察组织人事制度和绩效考核制度的发展和完善将会直接影响到警员工作的积极性，它们是警察组织内部文化建设的表现形式，我国应该将其以法律法规的形式固定下来，使人事制度和绩效考核制度公平、公开、透明化，而不是所谓的暗箱操作，提高警察工作的积极性。这同时也是党的十八大精神中反腐倡廉的有效措施。而现阶段我国警察组织日趋扁平化，怎样为更好地服务人民提供机构的保障，拉近警察同公民之间的距离成为日后工作的重中之重。

（二）教育

全面提高警察的整体素质，是建设警察文化的重要内容和根本要求。首先，必须提高警察的政治素质、道德素质。其次，必须提高警察的文化、科技和法律素质。掌握文化、科技和法律知识是从警的基本素质，没有一定的科学文化素质和法律知识，公安业务工作的顺利展开，先进科学技术的掌握，法律、法规的正确理解、执行，一切都无从谈起。因此对于警察的教育也涉及多个方面，不仅仅包括警察技能的培训，也包括警察价值观的引导，尤其是随着我国政治经济同国际化的接轨，对警察素质的要求变得更高，因此不仅要提高警员进入机制的门槛，同时也应当对在职警员进行及时的培训，使警员紧跟社会时代的发展，这样才能更及时地发现并制止犯罪行为，达到服务社会的目的。再次，由于警员所处社会环境的复杂性，每天都可能会接触到社会的阴暗面，这就需要警察具有更强的心理承受能力，因此心理教育在此必不可少。如何正确地释放工作压力，是警员在一定时期持续有效工作的保障。同时警员在工作过程中也面临着各种不同的诱惑，这就需要正确引导警员的价值观，防止警察因被社会的阴暗行为腐蚀而最终滋生腐败。

随着科技的高速发展，犯罪的智能化提高，社会治安案件的种类增多，世界各国都面临着提高警察素质和战斗力的迫切需求。警察素质包括文化素质、业务素质、思想道德素质和身心素质。其建设不仅体现在对现有警察队伍素质的提高，更重要的是提高警察准入的门槛，加强我国警察学校时期的教育，使在校储备警察的素质培养具有专业性和实践性，完善在校警察学生的综合素质，两方面全面入手才能够保证警察素质的提升。

警察教育包括警察知识的教育和警察技能的培训。国外警察教育形式共有三类：一是以职业培训为主的模式。该类国家以英国为代表，警察内部没有学历教育，警察培训同晋升相关联。二是以学历教育为主的模式。该类以俄罗斯为代表，其教育机构有内务部、内务总局、州内务局和地方政府联合办的各类警察院校，可以开展包括硕士、博士在内的警察高等学历教育。三是培训与学历教育相结合的模式。该类以韩国为代表，由警察大学承担学历教育，警察综合学校承担警员的升职培训，这两者之间的结合使得警察的基础知识和职能技能都得到了有效的提高。

三、我国现阶段警察文化建设中存在的问题

（一）认识与实践的偏差问题

开展警察文化建设的真正目的是提高警察的内在素质。警察文化所依托的种种载体，大多不能直观地体现其真正目的，其效果可能不是立竿见影的。比如，试图通过举办一两次文艺活动来评判警察的艺术水平和艺术修养的程度是不现实的。一种比较稳定、带有鲜明个性的文化环境，不可能一朝形成，也不可能一蹴而就，需要长期规划，苦心经营。正因为如此，许多基层警察包括部分领导干部，对开展警察文化建设的现实意义认识不足，其中有的片面地认为警察文化建设是一种务虚、无效的劳作，是一种"摆式""花架子"，对其缺乏必要的认识；有的则觉得警察文化是通过漫长的工作实践点滴汇成的，认为这项工作并不属于他们的范畴，因而缺乏紧迫感；还有的则认为警察文化建设是少数"文化人"或者是文艺工作者的事情，与己无关，对公安机关开展的警察文化活动参与热情不高，缺乏责任感。因此，要加强警察文化建设必须先从解决思想认识的偏差入手，以"三个代表"重要思想为指针，重视警察文化建设，将警察文化建设提高到顺应先进文化发展方向，提高到关系公安工作和队伍建设现代化发展的战略高度，从而增强紧迫感和责任感。其次是形式与内容的割裂问题。警察文化需要一定的表现形式。比如开展一项文艺活动，通过文艺的形式反映公安工作的历史使命和人民警察工作、生活的各个侧面。每年公安部举办的春节文艺晚会，有许多节目让人感动，催人奋进，这就达到了形式与内容的完美结合。然而，许多基层公安机关把警察文化建设简单地理解为挂几幅画、写几条标语、搞几场篮球赛、摆几盆花的事情，将形式与内容割裂开来。如今，

警察话题已成为大众传媒关注的焦点。尤其是近几年，警察文学和警察题材的影视作品蜂拥而起，有关公安类的新闻报道更是充斥各大杂志和报纸的版面。但其中有不少作品受商品化的影响，为了迎合某种市民情趣或猎奇心态，夸大其词，捏造事实，扭曲了文化所表达的真实含义，致使内容与形式貌合神离。警察文化主要是创造一种含有文化因素的精神环境和健康向上的工作氛围，与警察文化建设相关的各种活动都应围绕警察文化环境和氛围的营造工作，深挖其文化内涵，以达到既有效地提高警察综合素质，又有利于树立警察良好形象的目的。

（二）制度设计问题

要搞好警察文化建设就必须有充足的经费保障。但就目前而言，绝大多数基层公安机关的经费保障都非常困难，投在警察文化建设方面的经费则少之又少。有的公安机关为了达标或应付上级检查，在本来就很有限的经费中抽出一部分资金搞文化建设，检查完毕后，由于缺乏后续资金的支持，致使硬件投入真正能发挥作用的很少。如有的派出所为搞"五小工程"，建成阅览室、图书室，而等上级检查过后则疏于管理，不舍得再追加投入，久而久之，图书、杂志残缺不齐，有的甚至蒙上了灰尘，图书室变成杂物室、储藏室，这种情况并不少见。其实，警察文化建设所需的投入相对而言并不很大，但其所产生的效果往往是无法用金钱来衡量的。有人曾说"文化建设是最经济的建设，也是高产出的建设"，但如何使有限的经费投入产生最大的效果，是基层公安机关必须思考的问题。因而，加强文化建设应本着循序渐进、量力而行、长远规划的原则，多做些基础的、能产生实效的工作，少做那些表面的、没有实际效用的工作，使有限的资源得到充分的利用。

四、完善我国现阶段警察文化建设的建议

建设警察文化是建立和发展新型人民警察公共关系的客观要求。警察公共关系是社会组织为寻求良好合作与和谐发展，通过形象塑造、传播管理、利益协调等方式，同相关的公众结成的一种社会关系。以往我国警察接触公众的机会较少，以致于公民看到警察即意味着有违法犯罪

行为发生，对警察产生畏惧甚至是抵制心理。随着社会的发展，公民对警察的认识不再是畏惧，而是认为警察是公民的服务者。因此，只有建设先进的警察文化，才能建立起适应新形势的新型的人民警察公共关系，才能建设一支高素质的人民警察队伍。

警察文化是对警察进行思想政治工作最有效的载体。思想政治工作借助警察文化的形式深入下去，这是新时期思想政治工作的新方法。在实践中，如果思想教育只是一成不变、照本宣科地讲空洞的大道理，不仅效果不好，而且会使警察产生厌倦和逆反心理。思想政治教育是永恒的，这一点不能动摇。关键是要通过什么形式把思想政治教育搞得实实在在，易于为广大警察所接受。通过开展丰富多彩、健康向上的警察文化，思想政治工作从内容到形式都更加深刻和丰富，更易为广大警察所接受，也就能有效地占领警察的思想阵地，从而更好地发挥思想政治工作的优势，教育广大警察自觉树立正确的世界观、人生观、价值观，形成良好的精神风貌。

建设警察文化是增强警察队伍凝聚力的重要途径。警察文化具有的同化和融合作用，能够有效地沟通警察的思想和感情，使他们对警察的价值取向等产生高度的认同感。警察机关具有一套从上到下一以贯之的运转体系和全天候的工作秩序、工作规律，这既是职业特点，也是一种职业养成。建设警察文化必须坚持从观念、思想、管理、科学文化等方面综合进行。将广大警察的思想意识和行为模式与警察文化的要求整合一致，努力营造浓厚的警察文化氛围。把握根本，加强新时期警察思想文化建设。培养警察正确的人生观、价值观是警察文化建设的根本目标。科技强警，努力提高警察科学文化素质。其具体措施如下。

（一）建设警察文化必须打开视野，拓展空间

借鉴西方国家警察文化的发展，结合我国的警务实践，不断推行警务文化改革。坚持继承与创新相结合。继承和创新是文化发展不可分割又相互促进的两个方面。继承是创新的基础，没有继承的创新就等于无源之水、无本之木；而创新又是继承的发展，离开了创新的继承就意味着停滞不前。我国的先进文化，是一种面向现代化、面向世界、面向未来的，民族的、科学的、大众的社会主义文化，它是中华民族五千年优

秀文化的传承和发展。作为社会主义先进文化重要组成部分的警察文化，必须继承中华优秀传统，弘扬其有益于社会进步的成分，有益于后人前进的因素。同时也要继承公安机关在长期历史的发展过程中形成的优秀文化传统，另外也要坚持立足本国与学习外国相结合。一方面，与其他行业文化一样，警察文化作为社会主义文化体系中的文化分支，天然地具有了中国传统文化的文化基因，无法避免地会带有以东方管理文化为背景的色彩。因此，先进警察文化在其建设和发展过程中，必须立足中国，自觉融于社会主义文化体系，使之置身于社会主义文化体系的大背景。警察文化是科学的警察认识观念和系统化的工作方式方法，在推动警察文化建设过程中，要坚持警察物质文化、行为文化、制度文化和精神文化四位一体，整体推进，协调发展，因此在我国现阶段发展警察文化必须立足我国警务实践，结合国外警察文化中的先进元素，不断完善适应我国实际的警察文化。

（二）在警察组织内部建立学习型组织

在知识更替加快的新时代，首先，必须确立终身学习的理念，使公安机关成为学习型的组织，不断促进警察汲取新知识，充实自己、完善自身。学习、掌握、利用现代科技和法律知识，加快高新技术在公安工作和队伍建设中的应用，推进公安工作方式的革新和转变。再次，必须提高警察的警体、心理等素质。严峻的治安形势，艰巨的公安保卫任务，时刻在考验警察的体力、心理。只有通过日常的、持久的警体、心理等方面的训练，才能保持警察有强壮的体魄、健康的心理。

（三）完善警察组织内部的激励机制

激励机制是调动警察机关内部警员工作积极性的有效方法。随着我国经济社会的发展，社会对警察素质的要求逐渐提高，但是警员的素质并没有相应的提高。主要是由于警员工作压力增大，其晋升机制又滞后，严重影响了警员工作的积极性，因此完善警察组织内部的激励机制，如晋升机制、奖励机制等是有效提高警员积极性的方法。

（四）完善警察文化建设的相关法律规章

对于警察文化建设我国缺乏相关法律法规的规定，在警察文化的确立上也仅仅关注警察组织全心全意为人民服务的目标，而很少关注警察文化建设中对警察自身素质的培养，因此我国现阶段亟须出台相关的规定为警察组织文化建设指明方向，并且进行有效地规范，其中最重要的是在制度建设上完善警察核心价值观，使其能够适应不断发展的社会经济，更重要的是能够适应社会转型这一背景下的警察职能的转变，完善警察内部的奖惩制度、升迁制度，不断激发警察所具有的潜能，鼓励其更好地为人民服务，为社会奉献。并且在规定中明确警察组织文化建设的绩效评估制度，在警察组织内部形成竞争意识，从而促进警察组织文化建设的有序发展。

（五）加强警察素质建设，建立社会发展相适应的警察职业教育

1. 警察学历教育要适应社会需求

警察学校是培养未来警察的摇篮，因此也一定程度上决定了一个地区的警察的素质，加强教师与教官队伍的建设，尤为重要。只有教员的理论素质和技能水平得到提高，才能培养出优秀的学员，从而从根本上提高培训质量。因此警察学历教育也应当适时更新。依照其侧重点将警员划分为实践倾向型警员和理论倾向型警员。对理论倾向型警员的学历要求较高，研究我国警务实践活动，以及世界警察的警务活动，使警务活动同世界接轨，积极吸取发达国家警察活动的有效方法实践，结合我国的国情和经济发展实际，形成适应我国警务发展的理论体系，为警务活动提供理论方向；实践倾向型警员则反之，但其教育应当同现代警务活动相适应，熟悉新型犯罪手段和犯罪工具，对自身技能不断更新，从而更好地适应社会发展的需要。

2. 警察在职教育

我国警察在职教育主要是警务技能培训，学历教育主要是公安函授学历以及远程学历，缺乏正规性和统一性。并且在警务实践中，警察严重缺乏一定的在职警察技能教育，只限于初任训练、专业训练和晋升训练，往往不具有持久性，不能从根本上提升警员的能力。尤其是数量庞大的基层警察，其直接影响到所能为公民提供服务的水平，以及警察在公民心中的形象和地位。因此要持续、有针对性地提高警察的技能水平，如对群体性事件的处理、危机警务的处理、纠纷调解能力等。

（六）营造良好的警察组织文化氛围

警察组织文化的建立如果仅仅通过一系列的法律方针政策推行是很难实现的，警察组织文化的建立是在潜移默化的过程中形成的，是以警员行为为主体的主动行为，而不是靠被动灌输的思想去实现，否则，这种警察组织文化也是短期的，并且是没有价值的，因此如果想要建立长期有效的警察组织文化就需要营造良好的警察组织文化氛围，使警员在这种文化氛围下自发形成持久积极的警察组织文化。

第二篇

警察人事篇

第五章　警察人事管理的基本理论

警察行政的成功关键在于警察人事管理制度的健全。孔子曰："为政在人。"英国管理学家罗杰·福尔斯说："管理的本质就是人的问题。"因此，只有科学合理的人事管理制度才能保证相应机关工作职能的有效发挥。对于警察行政而言，警察人事管理制度的重要性也是不言而喻的。在保证党对警察机关的绝对领导下，合理的警察人事管理制度对有效发挥警察机关的职能，调动警察个体积极性等方面起着重要作用。但是，随着我国经济社会的快速发展，民主政治的日益完善以及维护当下社会稳定的需要，警察机关在人事管理过程中遇到了新的问题和挑战，这些现实状况都促成了更加科学合理的警察人力资源管理制度在警察行政中的引进和运用。警察人力资源管理是在传统的警察人事管理的基础上发展起来的，因此，为了更好地理解和掌握警察人力资源管理制度，本节首先对警察人事管理的基本理论进行一下阐释。

一、警察人事管理的概念

（一）人事管理的概念

人事，即用人以治事，具体指人在处理事务过程中产生的人与人、人与事以及人与其所在组织之间的相互关系。社会是由人创造和组成的，人与人、人与事、人与组织之间的关系构成了社会这张大网。随着人类社会的发展和进步，人类改造社会的能力不断加强，人事关系也日趋复杂，为了维护社会关系的安定有序，人事管理也由此产生了。

人事管理是指对人事关系的管理，是对人在处理事务过程中产生的人与人、人与事以及人与组织之间的相互关系的管理，并在一定的管理理念和原则的指导下，运用组织、协调、控制、监督等手段，使这些关系相互协调以达到最佳的状态，进而保证组织职能的有效发挥和组织目标的最终实现。人事管理的主要内容包括人员招聘、选拔、录用、委派、工资和福利发放、人员的考核与奖惩，拟定绩效考评制度与方法、人事规章制度的制定、职工培训，还包括人员的档案管理，如员工进出、工资晋升、职务升降、岗位变动等。在这里需要强调的是，不能把人事管理简单地理解成专门对人或对事的管理，它强调的是人在处理事务过程中人与事之间的相互协调以及人的价值的实现，核心应该是"关系"。①

（二）警察人事管理的概念

警察人事是指警察机关为遴选优秀的警察人员并使之才有所用，所需要的各种理论技术以及实施程序。警察人事管理则是指警察机关通过运用科学的理论、原则和方法，根据警察个体的成长规律和发展特性，对其进行规划和组织，对警察机关内部的人事关系进行指导、协调和控制，以保证警察队伍人力资源高效利用的行政管理行为。

警察人事管理的内容可以用"进、管、出"三个字来概括。"进"指的是补充警察机关的工作人员，包括选任、委任、聘任、考任警察机关的各级各类人员，用以增强机关活力，满足警察机关的用人需求，更好地完成警察工作任务。"管"指的是对警察机关内部固定的各级各类警察个体进行各种各样的管理，包括警察的培训、流动、考核、晋升、奖惩、工资、福利等。"出"指的是警察个体退出现职工作岗位，不在警察机关继续工作，包括离休、退休、退职、离职、辞职等。

警察机关的人事管理部门在遵守国家的法律、政策和方针的前提下，根据警察机关自身的性质、特点和要求，应该在充分尊重警察个体潜能挖掘与身心发展的基础上，有针对性地健全警察机关的人事管理制度和方法，以明确警察机关人事管理的职责范围，使整个警察机关系统

---

① 主要是指公务员和行政管理人才为核心所构成的各种关系。参见郑宏. 学习型组织理论视野下的基层地税系统人才资源开发研究 [D]. 华中师范大学，2008，7.

的人事管理制度相互协调和统一，从而保证警察机关的各级组织、各个机构和各类人员的质量，提高警察队伍质量和素质，推进警察行政工作顺利有序进行。

二、警察人事管理的价值与目的

（一）警察人事管理的价值

相对于企业、事业单位和其他国家行政机关来说，警察机关是带有武装性质的国家暴力机关，社会的稳定与安全在很大程度上都依赖于警察机关职能的发挥。警察人事管理的价值就体现在既要充分发挥组织的最大效率，也要最大限度地发挥其民主价值。

1. 组织效率价值

警察人事管理离不开科学合理的方法与技术，以使警察个体之间、警察个体和组织之间相互协调，使警察个体达到标准化的安排，使每个警察个体的工作任务和职能得到具体的确定，这样才能保证警察组织运转的高效率，保证警察工作的顺利开展。

2. 民主政治价值

我国是民主的社会主义国家，近年来，民主政治不断向前推进，并得到了很大程度上的改善。警察机关作为我国民主政治体制中的一个重要行政机关，在人事管理上也要充分体现民主价值。警察机关要通过人性化和民主化的设计，使每个警察都能得到工作上的满足感，建立警察机关公平正义的组织文化，充分体现"以人为本"的理念，进而实现警察人事管理的民主政治价值。

（二）警察人事管理的目的

众所周知，警察的任务繁重而艰巨，而且警察工作的责任重大，关系到社会的稳定和人民的安全，对社会经济的健康有序发展也是至关重要。加强和完善传统警察人事管理，并使之逐步向更加科学合理的警察人力管理的方向过渡，是更好地完成警察任务，实现警察职能的必然要求。具体来说，警察人事管理的主要目的有以下三点。

1. 网罗人才

毫无疑问，警察机关需要各种优秀的并且想致力于警察事业的人才，在充分利用这些人才的基础上，希望能够达到一种"能者在位，贤者在职"的状态。警察机关对优秀人才的吸引力在很大程度上取决于警察人事管理制度的科学性和合理性。科学合理的警察人事管理制度能够为警察机关网罗人才，并且为其所用，使各种优秀人才充分发挥自身卓越的才智，造福于国家，奉献于社会。

2. 适才适位

警察个体之间的性格是各不相同的，智力和文化程度也有高有低，身体素质和办事能力也是不尽相同。因此，要想做到使每个警察都能够适应自己的职位和工作任务，必须要对警察个体有比较深刻而准确的了解。警察人事管理制度的设计就是要能够充分认识和了解每个警察个体的优势和劣势，做到适才适位，人事相宜。

3. 人尽其才

在确保警察机关拥有优秀人才，并且做到适才适位的基础上，既能实现警察个体的职业理想，也能充分地挖掘警察个体的工作潜能，才能调动警察个体的工作热情和积极性，使每个警察个体都能够在适合自己的岗位上展示出自己最大的才华，进而保证警察组织的高效运作。

基于以上对警察人事管理相关理论的概述，警察人事管理在应然状态下体现着它对警察组织运行的重要作用和价值。同时，在与其相适应的时代背景下也发挥了不可替代的功能。但是，随着社会经济的快速发展，人本主义的迅速传播，传统的警察人事管理已经不能适应警察行政的需要。因为，传统的警察人事管理往往以事为重心，为人找位，为事配人，强调单方面静态的制度控制和管理，就事论事，照章办事。而当今对人事管理的要求重心在于"人"，因此，为了保证警察机关人事管理工作能够适应当今社会经济和警察工作的现实要求，具有策略性的警察人力资源管理必须得到重视和运用。

第六章　警察人事管理的相关制度

第一节　警察的招募

一、警察的来源

（一）警察的招募方式

警察机关人员来源有三个种渠道：公开考试招录、转业军人安置及其他方式，其他方式包括特招、特聘、调任和转任等。

第一，通过考试公开招录警察的方式，分为普通社会招警和政法干警招录。公开考试的形式由省级警察机关统一组织实施，各省根据具体情况，制订适当的招录人数，确定适当的招录时间。并不是每年都组织招考，各地根据本地的实际情况会同省级人力资源和社会保障部门实施。公安方面的警察由省公安厅负责组织招录；狱警由省监狱管理局负责招录；法警分别由省一级的法院、检察院组织实施招录。

1984 年、1996 年，公安部均做出规定，招录警察可以面向社会、实行公开考试的方式，教育制度改革、大学毕业生停止分配后，为严把公安机关进人关，保证新录用警察的基本素质，进一步规范入警程序，公安部于 2000 年联合劳动部、人事部共同下发《关于地方公安机关录用人民警察实行省级统一招考的意见》的通知，取消市级、县级公安机关招录警察的规定，明确规定招录警察必须由省级警察机关统一实施，真正贯彻凡进必考的原则，随后各地公安机关逐步开展了省级统一招录警察考试，2006 年国务院颁布的《公安机关组织管理条例》第 25 条规定："县级以上地方人民政府公安机关人民警察录用考试，由省、自治区、直辖市公务员主管部门负责组织"，这进一步以法治的形式明确了警察的招录工作。随后，司法部也下发通知，要求监狱警察招录工作也实行省级统一招考，如河南省监狱管理局于 2007 年第一次面向社会公开招录监狱警察。21 世纪的第一个十年，各警察机关陆续招录大批警察，为警察队伍不断输进新的血液，为法治警察奠定了良好基础。这种招警方式在 2009 年后被称为普通社会招警。

2009 年中央政法委下发通知，要求各地开展政法干警招录，这是一种集公、检、法、司于一体的招警平台，充分体现了警察作为国家公务员的特殊性，也体现了警察大家庭的融合和进步。中央政法委作为主管单位，还专门开通了"政法干警招录培养体制改革试点招生服务网"，以进一步规范法警、狱警、公安等警察的招录工作。

第二，转业军人安置。当然此处所讲的转业安置也是需要参加考试的，考试合格者方能录用，尽管这种考试的难度不大，但转业军官也必须通过考试达到一定标准的才能进入警察机关。转业军人安置每年都会有，因为部队每年都有大批人员转业或退役。与之衔接的就是地方警察机关接收并安置。

第三，其他方式包括：特招、特聘、调任、转任等，这些都是在个别情况下个别单位实施招录的，对象为专业技术人员及科研教学人员，少数为警察机关的首长及高级警官。

特招、特聘是警察机关的重要招录方式，均成批成量进行，转任在警察机关中所占比例较小，随着管理完善和法治进步，以上三种途径的警察录用体制会更加严格和规范。

公开考试的招录方式是继 2006 年《中华人民共和国公务员法》（以下简称《公务员法》）颁布实施以来才逐步走向正轨的，以前并没有规范性文件。1999 年以前，国家对教育方面的人才一直进行着分配。警察机关的人员由各警察院校的毕业生分配而来，这种方式的警察来源是正统，可谓根红苗正。1998 年，各省内的中专性质的警察学校停止分配，1999 年大专、本科性质的警察院校也停止向警察机关分配毕业生。如此一来，各地竞相探索警察招录考试方式。如河南省 2002 年进行第一次面向社会的全省统一招录警察考试，随后 2005 年、2007 年分别进行省级统一招录警察考试。

（二）警察机关人员构成

尽管随着《公务员法》的颁布实施，2006 年后，警察机关新招录人员均为大学毕业生，新警招录进一步规范。但时至今日，所招录新警在 300 多万之众的整个警察机关中所占比例毕竟少数，故整个警察机关中的人员构成还是复杂的，原因就是《公务员法》颁布实施前的警察招录方式多样化。所以现在警察机关中的人员构成主要有以下七个方面：1）警察院校毕业生；2）普通大学毕业生；3）转业军官；4）退伍士兵；5）警察机关内部工人转正；6）其他单位转任、调任；7）特招人员、特聘专业技术人员等。其中，前三种人员占据警察机关的多数，是警察机关的主要来源。

二、警察的考选及招募

（一）我国警察的考选及招募制度

警察的考选必须坚持公开原则，坚持政策规定、程序方法和考录结果"三公开"原则。招录单位通过报纸、电台、广播、电视台、网络等新闻媒体发布公告，将考录原则、录用计划、招考范围、对象、条件、考试科目、考试考核成绩、录用结果等公之于众。

公开考试进行招录的方式包括以下十个程序。

1）准备阶段。省级警察机关录用人民警察必须在编制和增加计划内进行，科学编制拟招录人员计划，按照人事计划管理程序，填写《国家公务员（人民警察）录用计划审批表》，报同级人力资源和社会保障部门审定。招录工作结束后，对于拟录用的人民警察，由用人单位填写《国家公务员（人民警察）录用审批表》，报同级人社部门审批。

2）发布招考公告。主管部门在考前一定时间内，通过网络、报纸、电视、新闻、广播等媒体，面向一定区域或全社会，发布招考公告。公告内容包括职位、学历、性别、报考条件、考试科目、考试时间、招考单位联系方式等，以便让考生准确了解招考单位的招录情况。

3）考生报考。包括现场报名和网络报名。当今社会一般采取网络报名方式，这种方法具有快捷、高效等优点。

4）资格审查。一般包括现场确认或网络审查。现在基本采取在网络上对考生的电子信息进行审查，合格者自动获取报考序号。考生通过资格审查后进行交费，一般为网上银行交纳。

5）公开考试。考试形式分为笔试和面试。临近笔试时间，考生在网上打印自己的准考证，获知考试科目安排和考点位置，笔试的科目包括《申论》《行政能力测试》，有的还有《公安基础知识》或《民法》等基础知识。采用百分制计算报考人员的总成绩。

笔试结束一段时间后，招考单位公布进入面试人员的名单，并通知面试时间和地点。面试人员人数一般为拟招人员的3倍，依成绩高低逐级向下排列。面试由县级人社部门会同警察部门统一组织，多采用结构化面试方法，面试内容分为通用和体现职业特点两部分，主要测评报考人员基本的分析能力、组织协调能力、应变能力以及从事警察工作必备的言语表达能力和举止仪表等方面的素质。

6）体检。按笔试和面试的百分比计算出总成绩，然后以总成绩高低排序，拟招录人数1.5倍的人员进入体检，体检安排在人社部门指定的正规医院进行，合格者以总成绩由高至低定额确定拟录用人员。

7）政审。政治审查应该坚持审阅人事档案与实地考察相结合的方式，全面考核，择优录取，做到手续完备，证明材料真实可靠，保证人员质量。

8）公示。公示期间，如果受到举报，人社部门和招录单位政治部门将会组织调查，若发现拟录取人员存在问题或招录过程存在违法违规之处，将取消录用；若未被举报或未发现问题，将直接进入工作岗位。

最后还有见习、转正两个程序，笔者将在本章第三节中详细论述。

以上所述为公开考试的一般形式，普通社会招警、政法干警招录、转业军人安置招考等三种不同的招募形式之间稍有差异，因篇幅所限，笔者不再赘述。

（二）其他国家和地区警察的招募状况

1. 美国

美国警察属于政府公务员，福利待遇较好，招录的要求和标准较高。警察招募主要有五条标准，即必须是美国公民；具有高中（或相当于高中）以上学历；年龄 21 ~ 34 岁之间且相貌端正；上下班的路程越近越好；历史表现和品德修养水平良好。符合以上条件的公民，可以报名参加警方组织的书面考试，并接受严格的背景履历调查、心理测试、体能测试等，整体录取率一般不超过 10%，但对一些特殊专业性人才可以优先录用。在整个招录过程中，申请人不需要交纳任何费用。被警方录用后，还要接受近半年的警校培训，学习有关法律和执法程序规定、枪支及警械使用等知识，并参加为期 6 周的野外训练。对新警员学习培训的管理非常严格，实行淘汰制，奖惩分明，成绩不合格的一律辞退。工作后，还要参加岗位培训、专业培训和每年一次的短期轮训。

2. 德国

德国警察分联邦和州两类，分别由联邦内政部和州内政部管理，州警察的招募由各州内政部负责，根据警察内部人员变动情况来确定招警数量，制订招募计划，每年组织 1 ~ 2 次招警考试，考试组织工作由各地警察局承担。招考职位以初级警官为主，除初级警官外，每次招考都有一定比例的中级和高级警官职位也面向社会招考，除学历要求大学本科以上外，其他条件不变。凡报名参加考试的人员，要经过严格的笔试、体能测试、心理测试及面试，不合格者将被淘汰，大约1/10的报名者通过相关的入警考试，成为预备警官。预备警官首先要进行为期 3 年的入警培训，学习警察业务知识，进行大量的体育锻炼，并定期在各警察基层单位实习。培训期满实习合格者，参加州内政部统一组织的毕业考试，考试过关才能成为一名正式警察，否则仍将被淘汰，毕业考试合格者晋升为初级或中、高级警官，进入各警察基层部门。

3. 中国香港

香港警察的招募是公开并常年进行的。每年的招募工作一般集中在各学校放假期间。警务处在全港设有尖沙咀、屯门、沙田、金钟、旺角五个招募中心，不惜花费人力、物力，通过宣传媒介大张旗鼓地进行宣传工作，动员符合条件的青年加入香港警队。

招警的基本程序：投考者提出申请，经审核符合报考条件，警方向招募对象寄发《面试通知书》。

面试的初步程序是：测量体重、身高、视力，验证各种证明文件。对于员佐级警员的申请，面试是由总督察和两位督察组成的小组负责。面试内容包括从警动机、一般知识、语言表达、分析能力。通过此项考核后，则进行体能测试，如跑步、转身跑、单杠引体向上、立定跳远等，同时进行身体生理方面的常规检查。对于督察级应试人员考核相对复杂一些，要经过初试、面试、即席演讲、体能测验及管理能力测验等。报考督察级人员必须测试英文水平是否达到规定标准。

（三）我国警察考选及招募制度中存在的问题及改革建议

2000 年各地开始探索统一招录警察方式以来，至 2006 年，警察的招录方式，逐渐规范化，为全国警察机关招进大批有知识有能力的大学毕业生，各地招警均面向社会，这样有利于打破地区限制，促进人才多向流动，也进一步丰富了警察文化。大量有作为的青年加入，使队伍加快年轻化步伐，为警察机关带来生机和活力。未来，警察机关招募机制将会进一步完善。

1. 我国警察招募过程中存在问题

1）公开考录方式中，面试环节人为因素影响较多。这样，造成考生成绩与实际能力错位、警察机关的期望与实际招录新警脱钩。

2）转业军人入警前的岗前培训收效甚微。按照《转业军人安置办法》的规定，转业军人作为一种常规力量，每年源源不断涌进警察机关。进行职业再培训，对其顺利完成角色转变，进而正确履行警察职责、行使警察职权非常重要。但目前对转业军人的岗前培训流于形式，3 个月的培训，是休假式的，学不到实质业务；同时他们多数较年长，现实的年龄问题使人缺乏学习的激情，在客观上也造成难以掌握警察业务知识，难以培养警察角色意识的结果。

3）普通社会招警和政法干警招录交替进行，损害考生利益。政法干警招录本是为了规范警察招录程序，提升警察业务素质而开展的，考生被录取后成为正式警察，然后再进行为期 2 年的在校学习，毕业后以合格警察的标准进入工作岗位。在存在这种招录体制的情况下，相关单位，如公安、监狱方面还单独组织招录，经过 3 个月的岗前培训直接进入工作单位，以致造成这样一种现象：同学 2 年，其中一名通过政法干警成为警察初到岗位时，另一名通过普通社会招警入警的同学已经工作 2 年。这是明显的招录体制不公平造成的。

4）招警考试内容单一，与警察职业特点结合不够紧密，针对性不强，不能全面考察报名者的综合素质，未能体现对报考者体能、心理和综合素质等方面的特殊要求。

5）多数地区开展招警工作时对户口、年龄等方面的限制过严，加剧了地区保护，不利于高素质、高学历人才的流动和引进。

2. 警察招募的改革建议

所谓改革是针对存在的问题而有重点地提出的，就我国警察招募过程，应力求将社会招警与政法干警招录进一步融合，保留后者。

1）完善政法干警招录体制。政法干警招录体制是未来发展的方式，应加强重视和完善。

通过政法干警招录考试规定的各项程序后，考生正式成为一名准警察，需要在警察院校进行为期 2 年的学习。从目前的情况看，不少警察院校未能充分利用这两年的时间。所以，应进一步完善课程设置，进一步规范教学计划，使学生切实掌握基本的警务技能，具备基本的警务执法能力，能够做到上岗即能够有效开展工作。

2）面试过程中，应完善操作规范，力争使考生得分最大限度地合乎客观标准，反映考生的真才实学。

3）扩大宣传。警察的招募信息应尽力让社会公众，尤其让更大范围的年轻人知悉，让其了解警察，使警察机关能够吸收更多优秀年青人。

第二节　警衔制度

一、国外警衔制度介绍

警衔制度起源于西欧，是警察衔级制度的简称，是类似于军衔的区分警察职务、资历的级别体系。警衔是区分警察级别、表明警察职业身份的称号和标志，是国家授予每一个警察的崇高荣誉。

1892 年，法国和英国相继创建现代警察组织时，就对警察人员实行了衔级制度。此后，世界各国政府也都相继随之对警察实行了警衔制度，衔级制度虽不尽相同，但是逐渐形成了世界通行的警察管理制度。警衔制度为世界各国所采用，是由警察职业的武装性质和工作特点所决定的。实行警衔制度有利于国家对警察实施集中统一的领导、指挥和管理，有利于增强警察的荣誉感、责任感和组织纪律观念，有利于提高警察职业素质，兢兢业业地为国家尽职效力，同时也有利于警察队伍的现代化、正规化建设。

世界各国和地区的警衔主要分以下三类。

第一，将校尉型。与本国军衔完全一致，如朝鲜、越南、老挝、泰国、沙特阿拉伯、意大利、比利时、西班牙、埃及、利比里亚、秘鲁等国，实行这种警衔的数量不多。

第二，非将校尉型。在衔级的名称上，又可分为四种情况。

1) 以英国为代表的许多英联邦国家，采用警察总监、警司、警督、警长、警员等衔级，但等级设置的多少不同。

2) 以德国为代表的一些国家和地区，包括我国的台湾省，衔级名称比较简明。

3) 以日本为代表的少数国家，不分等，设九个衔级。

4) 以法国为代表的少数国家，把警察分为两类，国家警察和乡村宪兵警察，每类各设若干级。

第三，混合型。把军衔将校尉与警官、警员等结合起来使用，或者把担任的职务等级与警衔融为一体。美国、丹麦、冰岛、荷兰、尼泊尔、西萨摩亚等一些国家和我国的香港特区属于这种类型。

下面来介绍几种有代表性的国家的警衔。

（一）苏联警衔制度

苏联警察分为内勤和警察，内勤为上将、中将、少将、上校、中校、少校、大尉、上尉、中尉、少尉、准尉、上士、中士、下士、列兵，共4等15级；警察警衔最高级为中将，其他警衔与内勤相同，共4等14级。

（二）英国警衔制度

英国的警衔一般分为5等13级：

警察总监（Chief Officer）；

警司（Superintendent）／总警司（Chief Superintendent）；

督察（Inspector）／总督察（Chief Inspector）；

警长（Sergeant）；

警员（Constable）。

其他英联邦国家的警衔受英国影响也是设置5等，但具体级别则略有差异。例如，澳大利亚设置12级。

（三）美国警衔制度

美国警察没有全国统一的警衔，全国各州超过17 000个警署在组织上互不隶属干涉，各州、郡、市各行其是，大都把职务和警衔等融为一体。美国各地的警衔标志虽大同小异，但却不能一一对应，更不能与美军军衔对应，即使相同等级的称谓亦不一样。以下述两个城市警察为例。

1. 洛杉矶警察局（LAPD）警衔

警员（Police Officer）；

警探（Police Detective）；

警长（Police Sergeant）——3道折杠；

警督（Police Lieutenant）——1道银色横杠；

警监（Police Captain）——2道银色横杠；

指挥官（Police Commander）——1枚银色星徽；

副总警监（Police Deputy Chief）——2枚银色星徽；

助理总警监（Assistant Chief of Police）——3 枚银色星徽；

总警监（Chief of Police）——4 枚银色星徽。

在 LAPD 警衔系统中，从警员到警监，各级内还有不同档次。比如，警员分为一、二、三级，刚服役新警衔别为一级警员，依此类推。总警监只有一名，即 LAPD 局长，是 LAPD 最高首长。

2. 波士顿警察局（BPD）警衔

警员（Officer）；

警探（Detective）；

警长/侦缉探长（警司/调查警司）（Sergeant/Sergeant Detective）——3 道折杠；

警督/调查警督（Lieutenant /Lieutenent Detective）——1 道金色横杠；

警监/调查警监（Captain/Captain Detective）——2 道金色横杠；

副总警监（Deputy Superintendent）——2 枚金色星徽；

总警监（Superintendent）——3 枚金色星徽；

首席总警监（Superintendent In Chief）——4 枚金色星徽；

局长（Commissioner）（系文职，作为 BPD 局长，全体警察均向其负责）。

此外，德国警察衔级设 4 等：警监、警督、警长、警员，每等分为 4 级。日本警察警衔不分等，设 9 个衔级，即警视总监、警视监、警视长、警视正、警视、警部、警部补、巡查部长、巡查。

各国由于历史传统、文化发展方面的不同，而呈现不同的警衔制度，均具有自己国家的文化特色。

二、我国警衔制度介绍

（一）衔级构成

中华人民共和国人民警察实行警衔制度，警衔是区分警察等级、表明警察身份的称号、标志和国家给予警察的荣誉。警衔等级分为 5 等 13 级。5 个等级分别为：总警监、警监、警督、警司、警员。每个等级下面又为分不同的级别，如：一级、二级等，共计 13 个级别。具体情况见表 6 - 1。

表 6 - 1　5 等 13 级警衔列表

5 等		13 级		
1	总警监	总警监	副总警监	——
2	警　监	一级警监	二级警监	三级警监
3	警　督	一级警督	二级警督	三级警督
4	警　司	一级警司	二级警司	三级警司
5	警　员	一级警员	二级警员	——

此外警察院校在读学生有专门标志，但不是法定的一级警衔。

承载警衔的标志称为肩章，肩章样式包括三种：硬肩章、软肩章、套肩章。硬肩章和软肩章均成剑形，套肩章成长方形。硬肩章也叫硬衔，其他依次叫软衔、套衔。硬衔在春秋常服、冬常服和礼服上佩戴；软肩章在执勤服、衬衫上佩戴；套衔在多功能服、作训服上佩戴。警衔分为行政类和技术类。行政类警衔肩章版面为藏蓝色，技术类警衔肩章版面为蓝灰色。具体情况见表 6 - 2。

表 6 - 2　警衔的组成

总警监	警监	警督	警司	警员
总警监警衔：一枚银色橄榄枝环绕一周的国徽	一枚银色橄榄枝	两道银色横杠	一道银色横杠	无横杠
	一级警监：三枚银色四角星花	一级警督：三枚银色四角星花	一级警司：三枚银色四角星花	一级警员：二枚银色四角星花
副总警监警衔：一枚银色橄榄枝环绕半周的国徽	二级警监：二枚银色四角星花	二级警督：二枚银色四角星花	二级警司：二枚银色四角星花	二级警员：一枚银色四角星花
	三级警监：一枚银色四角星花	三级警督：一枚银色四角星花	三级警司：一枚银色四角星花	——

见习警察和学生未被授予警衔，佩戴的肩章样式是折杠，见习警察为两个折杠，在校学生为一个折杠，均向内折。

警衔高低与警官职务等级表现为相对应关系，但不是绝对对应关系，在实践中容易混淆。具体情况见表6-3和表6-4。

表6-3　行政类职务与对应警衔

	担任行政职务的警察以下列职务等级编制警衔	
	部级正职	总警监
	部级副职	副总警监
总警监：总警监、副总警监	厅（局）级正职	一级警监至二级警监
警监：一级、二级、三级	厅（局）级副职	二级警监至三级警监
警督：一级、二级、三级	处（局）级正职	三级警监至二级警督
警司：一级、二级、三级	处（局）级副职	一级警督至三级警督
警员：一级、二级	科（局）级正职	一级警督至一级警司
	科（局）级副职	二级警督至二级警司
	科员职	三级警督至三级警司
	办事员（警员）职	一级警司至二级警员

表6-4　技术类职务与对应警衔

警监：一级、二级、三级	担任技术职务的警察以下列职务等级编制警衔	
警督：一级、二级、三级	高级专业技术职务	一级警监至二级警督
警司：一级、二级、三级	中级专业技术职务	一级警督至二级警司
警员：一级、二级、	初级专业技术职务	三级警督至一级警员

这样就会出现"一职多衔、一衔多职、职衔交叉"的现象存在，但警察机关工作的开展是以行政职务的高低进行的，职务高的领导指挥职务低的，不太关注警衔高低，只有在开展集体行动或大规模活动，行政职务模糊不清时，才以警衔高低区分指挥权，警衔高的领导警衔低的，警衔低的警官必须服从警衔高的警官。实践中，这种情况非常少见。

此外，介绍两种特殊的情况，不妨将其称为两种准警察。

1）见习警察。刚入警的人民警察均有一年的见习期，见习期满由组织考察是否合格，合格者方进行授衔和宣誓，然后成为正式警察。见习期间的"准警察"也佩戴肩章，样式是两个折杠，俗称"两拐"。此样式不是一级警衔。

2）警察院校学生。警察院校的在读学生，无论从授课内容还是管理方面都与普通院校的学生存在较大差别，他们实行警务化管理，所以在校期间也都穿着制服、佩戴肩章，样式为一个折杠，俗称"拐"，一个折杠即称"一拐"，此方法源于军队中的列兵，但不是警衔中的一种类别。

（二）晋衔的有关制度规定

1. 授衔

授予警衔，以警察拟任或现任职务、德才表现、任职时间和工作年限为依据，须由相关部门的负责人批准并签发"授衔令"，才能获准合法佩戴警衔。

就公安机关的警察而言，授予总警监、副总警监、一级警监、二级警监的，由国务院总理批准授予；三级警监、警督由公安部部长批准授予；警司由省、自治区、直辖市公安厅（局）厅（局）长批准授予；警员由省、自治区、直辖市公安厅（局）政治部主任批准授予。公安部机关及其直属机构的警司、警员由公安部政治部主任批准授予；就人民法院的司法警察而言，警监、警督警察衔由最高人民法院院长批准授予；警司警衔由省、自治区、直辖市高级人民法院院长批准授予；警员警衔由省、自治区、直辖市高级人民法院政治部主任批准授予。

首次授衔的批准权限、晋升警衔的批准权限、降低警衔的批准权限均一样，按上述对应关系执行。

2. 晋升警衔

警衔晋升分为五种情况：选升、按期晋升、提前晋升、晋职晋升、延期晋升。

1）选升。一级警督以上的警衔晋级，根据其德才表现和工作实绩实行选升制度，也就是说当警衔升至一级警督后，经组织考察只有才干和工作业绩出众的少数人才晋级至三级警监以上警衔，否则就只能停留在一级警督的警衔上。该晋级条件适用负有领导指挥角色的高级警官及警察首长。

2）按期晋升。按期晋升具体指警察按法定期限和条件晋升警衔，晋级的期限为二级警员至一级警司，每晋升一级为 3 年；一级警司至一级警督，每晋升一级为 4 年。晋级的条件是遵守国家的法律、法规和政策，遵纪守法；胜任本职工作；联系群众，廉洁奉公，作风正派。

晋级期限届满，经考核合格的，应当逐级晋升，晋级的条件比较宽泛，警察在执法过程中，只要正确履行职责，达到法定期限后，一般能够如期晋升警衔。

3）提前晋升。提前晋升警衔针对在工作中有突出表现，取得显著功绩，做出特殊贡献的警官，不受 3 年期限、4 年期限规定的限制，可以提前晋升警衔。实务中，一般针对有立功表现并被授予一等功、二级英模、一级英模等表彰的人员。当然，并不是所有被授予一等功及荣誉称号的警察都有机会提前晋升警衔。

4）晋职晋升。由于职务提升，其警衔低于新任职务等级编制警衔的最低警衔的，应当晋升至新任职务等级编制警衔的最低警衔，该做法适用部分有才华、具有专长、进步较快的青年警官，也是为了准确贯彻警衔与行政职务相称的规定。

5）延期晋升。晋级期限届满，经考核不合格，不具备晋级条件的，应当延期晋升，延期期限一般是 1 年。

警衔晋升必须参加相应的人民警察院校培训，结业后参加统一组织的考试，合格者由干部培训学校颁发合格证书，报请前述行政首长批准，并签发授衔令后，方得正式晋升警衔。未参加培训或虽参训但结业考试成绩不合格的，延期 1 年晋升警衔。

第三节　警察人员的任用、升迁及考核

一、警察人员的任用、升迁的条件

（一）任用条件

人民警察是一类特殊的公务员，警察岗位较之其他公务活动岗位有着特殊之处，故国家对人民警察的任职、录用条件有特殊要求。其任用条件如下：

1）自愿从事警察工作；

2）身体健康；

3）有良好的政治、业务素质和良好的品行；

4）大专学历以上的成年公民；

5）未受过开除的行政处分、无刑事前科。

在此特别要说明的是警察任职的文化程度问题，现多为本科以上。随着各省警察院校陆续升本，招录警察时要求专科的为少数。这是顺应文化发展、社会进步的表现。《人民警察法》第 26 条规定，人民警察的文化程度应该在高中以上，该法于 1995 年 2 月 28 日颁布实施，鉴于当时国民教育程度的状况，以及各省市大量存在的警校属中专性质，故作了上述规定。但随着国民教育的发展，近年来，从各省招录警察的实际情况来看，所要求考录人员的文化程度均在大专及本科以上。

（二）升迁条件

警察人员升迁分为警衔升迁和职务升迁。

1）警衔升迁较简单，条件较宽松。警察个体满足一定期限就可以顺利晋升，如警司每 3 年晋升一级，警督每 4 年晋升一级等。如果警官职务或职级没有升迁的话，其警衔晋升亦有一定的限度，如科员晋升至三级警督后，其警衔停止晋升，副主任科员晋升至一级警督后，其警衔也停止继续晋升。所以，还必须考虑到职务的升迁情况。

2）警察职务升迁。职务升迁是件很复杂的事情。警察职务升迁，应当具备良好的思想政治素质、工作能力、文化程度、任职经历等方面的条件。升迁的具体条件由组织部门进行考察。

二、警察人员的任用、升迁的程序

（一）任用程序

通过考试的人员进行体检、政审，合格者进入一定的公示期，如果有群众或考生对个别人员提出异议，查证属实的，予以取消拟录取资格，由招录单位进行补录。顺利通过公示期的准警察将直接开始岗前首任培训,3 个月后前往工作岗位,开始 1 年的见习期,见习期满由用人单位组织进行宣誓,在国旗和警徽下宣读人民警察誓言。顺利转正后成为一名正式警察,随后上岗开展工作。

(二)升迁程序

警察人员的升迁程序方面依然分为警衔升迁、职务升迁两个方面。

1. 警衔升迁程序

警官工作至一定年限,参加警察培训学校组织的学习,考试合格者,经相应警察机构首长签发授衔令,警官得以成功晋升警衔。如果无法通过培训学校组织的考试,其升迁时间后延 1 年。就公安方面来讲,警司参加本市警察机构的培训学校,合格后经本省公安厅长签发授衔令,可以顺利晋升警衔;警督参加本省警察机构培训学校,合格后经公安部长签发授衔令,得以顺利晋升警衔。

2. 职务升迁程序

警察职务升迁应该贯彻,逐级晋升的原则,不得无故越级。其程序如下:

1)民主推荐,确定考察对象;

2)组织考察,研究提出任职建议方案,并根据需要在一定范围内进行酝酿;

3)按照管理权限讨论决定;

4)按照规定履行任职手续。

经过上述程序确定拟任职人选后,还要进行公示,公示期间若无反对意见,公示期满后,就任新的职务,第一年为任职试用期,经考察合格者,正式转正确定新的职务。

此外,警察机关内设机构厅局级正职以下领导职务出现空缺时,可以在本系统内通过竞争上岗的方式,产生任职人选;厅局级正职以下领导职务或副调研员以上及其他相当职务层次的非领导职务出现空缺,可以面向社会公开选拔。

三、我国警察人员的任用、升迁制度设计中存在的问题及改革建议

（一）警察人员任用、升迁程序中存在问题

1. 我国警察任用程序中存在的问题

1）初任培训设置不科学。

第一，培训时间短，目前预备警官岗前培训时间为 3 个月，这实则为整体公务员的培训，警察作为一种特殊的公务员，工作复杂，自由裁量广泛运用，其培训特点需适合警察的职业特点，适当延长时间，使预备警官最大程序地掌握警察业务和工作技巧，尽快进入警察角色。

第二，培训课程安排不合理，多以课堂口授为主，缺乏实践技术课程，偏重理论，与实务脱钩现象严重，实用性不强，预备警官进入岗位后，不能尽快适应工作。

第三，培训学校约束性不强，造成警员学习不认真，形成"学好学歹一个样"的心理，尽管有些培训学校也有末位淘汰机制，但这不是入警方面的淘汰，而是学校在培训方面的淘汰，警员顶多第二年重新参训，转正时间晚一年而已，没有发挥实质效果。

2）调任、转任过程中的考察流于形式。

对拟调入、转入警察组织的人员的考察依据公务员法律法规的规定，没有体现警察岗位的特殊性，尤其对领导干部的调入、转入工作由本级党委组织部考察，更无法体现警察职业特点的用人需求。

2. 我国警察升迁程序设置中存在的问题

1）升迁条件和程序设置不科学。

我国警界的升迁机制无法律、法规、规章等制度性保障，随意性较大，客观标准少，主观性较多，而且升迁程序未能做到公开透明，造成大量的暗箱操作，致使权钱交易泛滥，令有权有钱之人拥有较多的升迁机会；同时造成人才埋没和浪费。职务的不当晋升，会伤害追求进步警员的健康心态，伤害群体的工作积极性，还会形成晋升膨胀，官职贬值。

2）工作绩效被搁置一边，在升迁过程中无法真正发挥作用。

警察机构人员众多，是最庞大的一个行政部门，基层有才干的人往往无法被高层管理者发现，压职压级现象极其严重，职务晋升过程，管理层只考虑其熟悉的人员，绩效考核尚未发挥作用，无法发现、运用底层有真才实干的人员。

3）年龄大、资历深的基层警官升迁机会少。

警察机关由于人员众多，在职务晋升方面有着"年长淘汰规则"，年龄越大，被边缘化的程度越严重。尤其在一线执法部门，年岁大的警官基本不在考虑范围之内，以致更加伤害基层警官的工作积极性。

（二）改革建议

升迁制度是警察个人职业生涯的一部分，既是警察组织生命运行的一个细胞，更是警察个体生命运行的空间，该制度将警察个体发展与警察组织发展紧密联系在一起。所以警察组织务必重视正当合理升迁制度的建立，鼓励、帮助警察职业生涯的规划和发展。

建立职务正常升迁机制，警官升迁依据客观标准，令有才干的警员得以顺利晋升，使才尽其用；令资历深的警官拥有登上指挥平台的机会，不至于在职务晋升道路上，越老路越窄。

1. 引进公开考试制度

公开考试有助于考察警察个体的理论能力和知识水平。传统观点总是将警察执法列为一种体力活动，跑得快就能提高抓捕率、声音大就能压制群众意见进而快速解决群众问题。然而随着时代发展和法治进步，传统方法已变得不合时宜，变得愈加捉襟见肘，警务工作也应跟上文明进步，像其他工作一样讲究科学，讲究理论和观念创新。警察教育和警官在职培训方面的投入逐年增加，其是否在警察个体身上产生实效及产生多大的实效，需要以考试的方式予以考察，并进而重点使用这种警官，令其得以正常升迁，使其在更广阔的舞台上发挥所学警务知识。由此可见，对警察组织来说，升迁是有效配置警力的方式，对警察个体来讲，升迁是对有为者的奖励。

2. 引进公平竞争机制

法治警察形象的到来使我们愈加重视警察科学理论的引进和创新，

这是社会进步的反映。但无论如何，我们都不能否认警务活动是一项实践性很强的工作，这必然反映到经验层面上和操作层面上。这种状况要求加强警官的动手能力、工作表现能力、实务操作能力。如果说考试是对知识和理论的考察，那么工作过程中的竞争应当更加侧重对警务实践的考察，这有助于使工作能力强的警察个体在执法和接待群众过程中脱颖而出，获得更大的晋升机会。

3. 深入考察

警务工作过程中，一个很大的问题便是基层警察的工作状况无法反映到管理层。有时警务决策者无法看到基层警察在工作方面的努力程度。警察的付出和奉献，会被执法对象（多数是市民、百姓）感知到，在警察组织内部，也会被同事看在眼里。警察工作业绩本身应该作为升迁的考量因素。但是警察从事的是一种社会工作，有时也会是一种政治工作，业绩不会即刻反映到纸面上变成数字，故总是难以考量。在以数字论英雄的传统标尺中，基层警察难以被决策者察觉到，自然不会出现在准予升迁者名单中。底层中大量有知识、有能力的警察可能因此被埋没。所以，警务决策者在考量升迁规则时，应切实考察拟任职人员身边同事的评价，考察其工作岗位上的付出与奉献。

4. 建立正常的交流制度

在升迁无望的情况下，可以适时建立正常的交流制度。警察在专业技术岗位上，工作时间越久，技术越精湛，但在普通岗位上，工作时间久会形成职业倦怠感，如果无法解决警察的职务升迁问题，可考虑将警察交流至其他岗位，这样，可保持警察工作新鲜感和积极性。

5. 注重绩效考核

尽管各级警察组织若干年前业已开展绩效考核的实践，时至今日，仍流于旧式，没有合理的警力资源开发机制，无法在实质意义上激励人才，无法在较大范围内使高尚清廉、业务能力强的警察得到晋升。

第四节　警察人员的薪资及福利

一、薪资及福利的概念

（一）薪资

1. 基本工资

薪资是指根据一个组织的所有工作人员提供的服务，从而对他们该得的报酬总额、采取的报酬形式以及呈现的报酬结构——确定的过程。①

人民警察属于国家公务员范畴，实行国家公务员的工资制度，并享受国家规定的警衔津贴和其他津贴、补贴以及保险福利待遇。警察的工资是指警察以其知识和技能为国家提供安全服务后以货币形式从社会领取的劳动报酬，也可以说，是国家根据按劳分配原则以货币形式分配给警察人员消费的一种形式，是警察劳动创造价值的货币表现，是警察价值的社会表现。人民警察工资由基础工资、职务工资、工龄工资等组成，附加各种津贴、补贴、奖金等。基础工资、职务工资和工龄工资合称为基本工资，也即狭义工资。大约占总体工资（公务员合法形式总体收入）的一半。此外，文化程度、级别也影响工资水平，学历较高的工资相对高出一些，不过，差别数额不大；不同级别，工资差别较大，例如正科的工资比科员高出 1000 多元。

确定警察工资的原则有两个。

1）"高于地方、略低于军队"的原则②。警察人员作为一种特殊的公务员，其工资比一般公务员工资项目中多了一项警衔津贴。

2）基层高于机关。在警察组织内部，基层高于机关也是确定薪资待遇的一项原则。警察的业务主要由基层实施的，警察价值的展示也主

---

① 夏琳. 论在地勘单位中如何进行高效的薪资管理 [J]. 财经界，2013（10）：72.

② 1956 年，国家改革干部工资制度时，为警察制定了单独的工资标准体系，确定了警察工资"高于地方，略低于军队"的基本原则，"二十公"时，对此原则又做了进一步强调。当时此原则没有涉及司法警察、监狱警察等。

要由基层警察体现出来，基层较为辛苦，工作时间长、业务繁忙，付出较多，所以，这种辛劳表现在工资方面就是给予较大的收入回报。机关警察总体上算是内勤工作，远离执法，没有 24 小时值班的压力，主要做好服务保障性工作，不具有及时性，相对清闲。

2. 津贴

津贴是国家对警察在特殊劳动条件和工作环境中付出额外劳动消耗和生活费支出所给予的适当补偿，是工资的一种补充形式。

1）警衔津贴。警衔津贴是警察基本工资的一种补充形式，按照不同的警衔级别确定不同的标准，警察根据自己警衔，享受相应的津贴额度，衔级的差别因地区而不同，一个级别差别约为 200 元。以河南为例，一个衔级相差 175 元。

2）岗位津贴。

3）工作津贴。

4）值勤津贴。

5）地区津贴。不同的地区的警察，这项津贴不同，经济发展相对较好的地区，该项津贴高；环境恶劣的西部、边疆地区，该项津贴也高于内地。

3. 补贴

1）住房补贴。计划经济时代，各单位都是分配房屋，工资里面没有这项补贴，后来单位不再分配房屋，警察住房问题以货币形式发放。例如，河南省警察机关从 2000 年才拥有该项住房补贴。

2）生活补贴。生活补贴的数额相对较大，接近薪资总额的 1/4。此外，还有高温补贴、取暖补贴，交通警察还有灰尘补贴等种类，这类补贴数额不太大，有的还分季节性。

4. 奖金

分为平时奖励和年终奖。

（二）福利

警察的福利是国家为了提高人们的物质文化生活水平，而采取的一些措施或提供的物质待遇。福利补充了警察在特殊情况下的基本生活需要，调动了警察工作积极性，弥补了工资和津贴的不足，可以照顾到个

别警察的特别需要。良好的福利制度可以丰富警察的物质文化生活，增
强警察组织的凝聚力，提高警察个体的优越感。

1）社会保险。

2）医疗保险。

3）优抚，即优待和抚恤。

人民警察因公致残的，与因公致残的现役军人享受国家同样的抚恤
和优待，因公牺牲或者病故的，其家属与因公牺牲或者病故的现役军人
家属享受国家同样的抚恤和优待。

4）住房公积金。

公积金跟住房补贴不同，较住房补贴要高。警察个人交纳一部分金
额，单位向警察个人拨付同样的金额，存入警察个人银行账户，平时不
能随便取，只有在购房、租房或重大疾病时方能使用。

二、我国警察的薪资及福利制度

警察福利包括：医疗、保险、抚恤、补助及警察机构提供的各种服
务、优待等。

国家在立法层面上充分利用国家财力对警察福利待遇进行保障。涉
及法律方面、法规方面、规章方面的各项规定，基本上能够保障警察的
正常执法，保障了警察作为社会公民的正当权益。警察机关还成立了英
烈基金会等相应组织机构，以充分利用社会力量作为对警察福利待遇保
障的重要协助力量。

（一）薪资

我国警察是国家公务员体系的一个组成部分，警察实行国家公务员
工资制度，薪资项目包括基本工资、津贴、补贴和奖金，此外还包括警
衔津贴。警衔津贴是警察之外的其他国家公务员不具有的，该工资项体
现了警察的职业特点。

（二）休假

警察作为劳动人民的一员，享受国家规定的工时制度和休假制度。
第一，全体人民享有的共同节假，如春节、中秋节等，警察也享有；第

二，部分人员享有的节假中，如"三八"妇女节，女警休假半天，还能获得单位赠送的礼品，"五四"青年节，青年警察放假半天；第三，探亲假，两地分居者探望配偶每年一次不得超过 30 天，未婚者探望异地父母每年不得超过 20 天；第四，婚假、产假；第五，年假，此为正常休假，每年都有，工龄不同，休假天数不一样，一般为两周，新警最少，为 5 天，最长的为 21 天。

（三）医疗

警察跟其他公务员、企事业单位职工一样，参加基本医疗保险，国家在此基础上再给予一定补助。警察组织根据一定的条件每月在警员工资中扣除一定的医疗保险费，算作警员个人交纳，国家再补助同样的费用。医疗疾病时，门诊治疗报销75%，住院治疗可报销80%，在此意义上，我国警察实行部分付费医疗保障制度。

（四）伤亡抚恤

警察伤残的可以享受有关公（工）伤和抚恤待遇，生活不能自理、饮食起居确需扶助的离退休的部分警察可以享受护理费。伤残警察死亡后其家属可以领取一次性抚恤金，根据不同情况，有的可以按规定领取定期抚恤金及生活补助等。

警察人员只要年度考核合格，每年均能领取到 13 个月的工资，第13 个月的工资发放是对警察辛劳工作的奖励。

我国警察人员的薪资整体较低，远低于世界其他国家，而福利方面只对警察本人，没有惠及家属。就公安方面的警察福利来说，我国的投资占国家各项投资的 1%，发达国家平均为 3%～5%，发展中国家达9%，我国警察部门经费的严重短缺造成了警察福利长时间保持在一个较低的水平上。

三、中国香港以及其他国家或地区警察人员薪资及福利制度

世界各个国家或地区警察薪资一般采用职务、警衔与工资待遇挂钩的方法，警察薪资高于政府其他部门的公务人员。境外现代警察制度先于我国，相比之下，发展较为完善，有许多值得借鉴的地方。下文仅选

择以下六个有代表性的国家或地区简述警察的薪资及福利制度。

（一）中国香港

香港警察分为三类：纪律警察、文职警察、辅助警察。纪律警察指警员至警务处长等各种级别的警察，其薪资标准在政府所有种类的公务员中是最高的；文职警察的薪资相当于普通公务员；辅助警察，简称辅警，其出勤时间有限制，薪水是按小时计算，总体算下来，也不低。

香港警队保持旺盛的战斗力的源泉之一，就在于为警员提供良好的服务和待遇。包括以下几个方面：

1）提供个人服务。申请福利援助，如贷款、补助金等；探访住院警员；协助家属安排事宜；警察子女教育信托基金。

2）薪酬。这是最核心的部分，香港警队的薪酬有三个特点：一是严格按职级定薪起点；二是警队的薪酬增长趋势不能低于私营企业的薪酬平均增长率；三是警队的薪酬高于其他公务员的薪酬。警队的薪酬共有 59 个薪级点。以 1995 年修订薪级后为例，最低薪级点为 12 380 港元；最高薪级点为 157 250 港元。所有薪级点分为若干组，这些组与警队的职级是相对应的。

3）职业前途管理。职业前途管理，是按警队发展的需要，根据人员岗位的缺额情况进行调配。实行分级管理的原则，按初级警务人员和督察级警务人员两个层次管理。香港警队职业前途管理每年定时研究，全部职位公开，入选程序公开，条件公开，层层把关，透明度高，制度化、规范化，避免了人事管理的片面性，使每一个人都有机会晋升，可以调动警员的积极性。

香港警察享受优厚的福利待遇，包括：休假、病假、产假、各种津贴等。此外，香港警务人员还有房屋方面的福利，包括警察部门宿舍、公务员房屋福利及其他有关的房屋福利，包括：本地督察级宿舍、初级警务人员宿舍、为职位需要而设的宿舍、为行动需要而设的宿舍、公务员公屋配额、非实报实销金津贴、购屋贷款计划、等值扣租津贴、搬迁津贴，以及家具和用具津贴。警员 45 周岁可以提出退休，一般警务人员的退休年龄为 50 周岁，而年满 55 周岁则必须退休。

香港政府对警察在工资、福利和退休养老金、社会保险和康娱方面，都提供了丰厚的物质条件，足以保证这支队伍的稳定和廉洁。

（二）美国

美国对警务工作财政投入大、警队待遇高，警察工资随资历增长和职务晋升逐步提升，整体薪水待遇比其他部门公务员高 50% 以上，一般还可免交 15% 的所得税。除薪酬外，警察还享有警种专业津贴、加班费、医保、子女教育补助、购房补贴等多种津贴和福利。根据警龄，警察每年可享受 14～21 天的带薪假期，其中洛杉矶警察还拥有一年 5 个星期的带薪假期。各地警察均享受服务满 20 年便可以退休的待遇，退休金是在职时年薪的 50%。如果不愿退休，也可以继续工作，且服务时间每增加一年，退休金就增加 1%，但最多只能达到在职时年薪的 75%，退休时可以获得一次性 25 万美元的退休补偿金。退休后，个人及其直系亲属可终生享受医疗保险，在美国公务员体系中，只有警察享有这样的待遇。警察因公牺牲，最高可获得 250 万美元的抚恤金。

美国洛杉矶地区新警员的第一年年薪是 5.1 万美元，休斯敦地区为 4 万美元，其他地区工资略有高低。美国警察只要努力工作，无论级别高低，都有权享受多种免税或者减税福利待遇，还有丰厚的买房补贴、重大案件风险补贴、节假日加班补贴。

（三）英国

英国警察分为警察官、辅助警察、文职和交通督导员。其薪酬及其他待遇由内政部下设的警察协调委员会负责，薪酬高于其他公务员及公立大学教职人员。其他待遇含加班费、住房及补助、休假等，最低级别的警衔的警员工资每年从 2.5 万英镑至 3.2 万英镑不等。英国警察薪资每年都做调整，自动与物价上涨幅度保持一致。

警察除了以上基本工资外，还依据不同工作性质具备一些相应的补助，例如，任职资格补助和特殊优待补助。其他方面的待遇包含：加班费、住房、补助、休假等。工龄 2 年以内的警员，每年可享有 22 天休假；5 年以上的，可休 25 天；10 年以上的，可休 28 天；20 年以上的则可休 30 天。此外，任何级别的警察均有权兼职工作。警察的退休待遇也不错，一般情况下，警察可以在工作满 25 年并年满 50 周岁时，便可以领取退休金。

警察工资则来自中央和地方两级。英国郡级议会及地方警政当局提出并经内政大臣批准的各警局经费预算中，51%由内政大臣从国家税收中划拨给各地警局，郡级议会及地方警政当局则负责从地方税收中提供给所辖警局其余49%的经费。

（四）日本

日本警察厅的经费由国家预算支付，地方都道府县机关的经费主要由地方都道府县支付。但都道府县警察特定事务所需的经费，收国家预算支付，包括警视正以上警官的工资和津贴，都道府县警察学校的行政管理费和教育训练费，警用设施及警察专用电话的经费，直升机、车、船等警用装备的购置、保养和维修费用，刑侦科技鉴定费用，要人警卫方面的开支等。日本警察薪酬要高于一般公务员15%左右。

日本警察的福利主要有：休假、病假、退休补助、各种补贴。日本警察的休假包括年度休假、因病休假、特别休假和护理休假等。日本警察不论工龄长短，一年的年度休假均为20天，当年未休完，可累加至次年；警察因患病治疗，可享受病假；因结婚、生子等，可申请特别休假；因照顾配偶、父母、子女等可，申请护理休假。日本警察在休假方面比较人性化。

在补贴方面，日本警察享受：抚养补贴、居住补贴、通勤补贴、单身赴外地补贴等。

日本所有警察的工资，逐年自动增加。年工资增长率第一次为5%，以后增长率随工作年限增加而逐年下降，到20年增长率为1%，20年的资历工资增加一倍。

（五）俄罗斯

俄罗斯对联邦警察福利及优待方面也很可观。警察及其同住的家庭成员在支付房租、技术服务费、住宅中公用场所的维护和维修费、市政公用事业收费、广播电视收费、电话费，以及支付没有集中供暖的住房的燃料费上可获得50%的优惠；警察在联邦领域内可免费乘坐公交车以及农村地区的顺路车；警察安装住宅电话的费用由相应的预算资金补助

50%；子女入托和住宿可申请享受 50% 的优惠；俄罗斯警察工作的法定时间为每周 40 小时，超时工作增加津贴，并享受每年 30 天的带薪假期，还有额外增加的假期，气候条件恶劣地区工作的警察，其假期每年为 45 天，不受任职年限限制。

（六）德国

德国警察工资福利相对稳定。警员不论担任何种职务，同衔级者基本工资待遇完全相同。警察待遇比一般官员高。警察除基本待遇外，还有加班补贴、生活津贴、子女津贴、疾病特别补助、圣诞月津贴、休假特别奖金等。警察人员办理人身安全保险，保险费全部由政府负担。德国一般行政官员退休年龄为 65 周岁，警察退休年龄规定为 60 周岁，但按 65 周岁的标准发放退休工资。对于特殊岗位警员，退休时按其职衔的最高工资标准发放。对于因公殉职警员，除给予抚恤金外，可以领取高额保险金，以照顾家属生活。对于因公致残无法工作者，除给予长期医护外，还将其待遇晋升至最高，按月支付退休金。以德国巴伐利亚州为例，警察比政府官员每月多 126 欧元的补贴。初级警员每月 1 500 欧元纯收入，中级警员 2 000 欧元，高级警官不少于 3 000 欧元，且每年领 13 个月的工资。

此外，法国警察工资较为特殊，实行专门的工资等级制度，不同于国内其他公务员。这项工资等级制度，是按照国家警察的衔级确定的，高于同一级别的其他公务员。

四、我国警察人员的薪资及福利设计中存在的问题及改革建议

（一）警察薪资及福利制度存在的问题

1. 薪资整体偏低

警察的薪资整体偏低，已严重影响到警察个体的工作积极性。江浙沪等沿海一带及广东部分地区警察机关的薪资、福利较好，明显高于国内其他地区。鉴于经济发展方面的地区差异，广大中西部地区的警察机构工资水平明显低于其他社会组织。比如河南省的警察机关，市级以上警察机关的工资为 3 000 元左右，县级公安机关中的警察工资仅 1 000 多元，而

警察作为劳动力，其背后存在的是家庭，工资方面的合法收入无法满足家庭生活支出。尤其是在男性占多数的警察队伍中，男性作为家庭中的主要劳动力，其工资水平决定着家庭的生活水平，收入低必然造成家庭的生活水平低，警察的生活相当拮据，极大地影响了警察个体工作方面的热情。

警察机关作为管理社会的一种手段，是社会稳定的守夜人，是一个特殊的政府机构，相较其他政府机关更为重要。其个体的薪金水平严重影响着该机构健康运行。

1）影响警察个体的工作积极性。在一些基层派出所，警察的工资常被拖欠，且除去工资没有任何福利，收入无法满足警察家庭的需要，生活举步维艰。带着如此大的后顾之忧，警察无法安心工作，缺乏积极性，更丧失创新性，无法充分展现警察社会价值。城市警察面临物价上涨压力，工资购买力逐年下降，生活拮据，导致警察个体在工作方面应付搪塞，冷硬横推。生活负担重，警察工作情绪自然大，接待群众缺乏耐心。

2）影响纵容违法犯罪率。市场经济方面的违法犯罪、假食品药品等方面的泛滥，其中的一个重要原因是警察的查处不力、查办软弱，而警察之所以如此，除去腐败这个深层次因素外，还有就是警察个体在薪金等合法收入方面明显偏低，无法满足生活需要，使部分警察另生谋财之道，导致其与假货共生共存，查处后不查办，草草以罚款充盈口袋了之，无形中充当了假劣商品保护伞，纵容了违法犯罪。

3）影响警察权威。警察是维护秩序的专门力量，从社会管理角度看，警察是国家控制社会的手段和方法，警察权是国家政权运行的重要保障，警察执法代表着国家。民众对警察的态度和认同代表民众对国家的态度和认同。所以，警察是国家的代表。如此庄严的形象当今却受到毁损。警察收入低，令部分警察个体对职业缺乏认同感和优越感；警察收入低、装备落后，丧失依赖性和保障安全性，令民众轻视。

2. 警察组织内部薪资分配不合理

一线警察①工作最辛苦，加班加点状况普遍，24 小时值班备勤，高

---

① 一线警察多指工作在派出所、刑警队、巡警等基层组织中的警察，工作过程均直接跟民众打交道。

度紧张，偶尔享受少有的休息时间，也处于人下班而心不下班的状态，这种疲劳的状态是其他任何单位、企业所无法比拟的。而机关警察的工作状态为行政班，白天有确定的上下班时间，鲜有夜间轮值班情况，相较一线警察，其工作轻闲得多。但两者的薪资却一样，同酬不同工，收入分配缺失公平性。

3. 薪资不能准确体现劳动付出

基层警察加班加点现象频繁，国家规定的工时制度得不到贯彻，警察休息时间被严重剥夺。政府其他单位日工作时间为 8 小时，而基层警察日工作时间为 24 小时。一线警察劳动付出巨大，收入却跟"朝九晚五"的机关警察、内部勤务一样，超出正常时间的工作付出在收入方面得不到体现。节假日值班，补休又被剥夺，也得不到国家规定的 2 倍或 3 倍薪资补助。作为 8 小时工作制的例外，24 小时值班规定，令警察夜间劳作现象变得极为普遍，工作时间方面的例外规定，却得不到薪资方面例外规定的支撑。

公安部颁发的《公安机关组织管理条例》第 38 条规定："公安机关人民警察实行国家规定的工时制度和休假制度。公安机关人民警察在法定工作日之外工作的，应当补休；不能补休的，应当给予补助。"该项规定形同虚设，公安机关从来没有认真执行过。

国家规定"人民警察享受符合其职业特点的工资待遇"。警察职业特点包括：快速反应性、高危性、紧迫性，而在工资方面没有任何体现，只是比其他单位工作人员多出一项警衔补贴，大约 200 元。而这 200 元，远不能补偿警察工作的辛劳。

4. 立法过于原则，缺乏技术层面的可操作性

警察福利待遇方面的法治化水平不待提升，立法理念和立法技术方面也需改进。法律层次的警务保障只体现在《人民警察法》方面，规定太具弹性，需要有相关的配套规定或行政解释予以保障落实，但有关配套规定和行政解释一直未出台，导致有关规定难以实施；法规层次上的《公安机关组织管理条例》第六章规定了警察的待遇，6 个条文规定了警察的工资、保险、因公致残牺牲或病故、工时制度、休假制度、补休补助、退休制度等 8 个待遇，补休补助待遇的具体办法由人事部会同财

政部规定,其他 7 个待遇则要按国家国家有关规定执行。而这些"规定",均没有体现警察职业的特殊性,甚至有的是空白,至今没有出台。最终造成无法落实的后果。

尽管近年来警察福利保障不断加强,但某些从优待警政策没有很好执行。所以,一定要把涉及警察个体的工资、休假、福利、医疗、保险、抚恤和其他物质方面的优待保障用法律法规的形式进行规定。所有与警察福利待遇保障相关的内容均应纳入法治的视野。

5. 福利待遇未充分体现警察职业特点

警察工作状况受制于社会治安状况,不可预测,极无规律,致使警察时刻处于临战状态,通俗讲可谓白加黑,五加二,而警察薪资设计跟不具这种特点的其他公务员一样,这无异是对警察职业性质的忽视。随着文明的进步和人权意识的加强,警察的角色已经从传统的执法者转变成兼具服务功能的社会工作者,警察往往直接面对各行各业,各种层次的人和事,无论从工作量方面还是从劳动强度方面均超过国家其他公职人员,然而福利待遇方面却未能如实体现,致使警察的付出远远超过国家在薪资方面的补偿。

(二)改革建议

1)改革目前警察人员的工资制度,建立警察工资同社会经济发展相适应的正常增长机制。使警察人员能够享受改革开放的成果,使警察的唯一合法收入——工资,能够与职级、职业风险以及社会生活水平相适应。

2)建立超时工资制度。人民警察享受国家规定的工时制度,国家劳动法律法规规定的日工作时间为 8 小时。而警察工作,尤其一线警察长期处于超负荷工作状态,加班加点是一种常态,工作时间远远超出国家规定,其超时工作时间甚至超出正常工作时间的 1~2 倍。人民警察应当享受国家规定的符合其职业特点的工资待遇,而警察超时工作的现状和特点,理应享受正当的超时工资待遇。

3)切实落实加班加点后的补休或补助制度,严格贯彻国家规定的工时制度,解决警察节假日期间带着伤心、哀怨的工作状态,进而提高警官的工作积极性,增加警察队伍的凝聚力。

第五节　警察的绩效考核

一、警察的绩效考核的概念及意义

（一）绩效的概念

警察过去常讲"工作表现、工作成绩"，现在逐渐被绩效代替。"绩效"是个外来词，由英文"performance"翻译而来的，原文意思是"表现，表演的"。公司企业最早将其应用到内部管理中，具有开发人力资源的强大力量，后来政府部门开始采用，警察人员的绩效就是从这个过程引入并发展的。警察个体的绩效指警员在工作岗位上的表现，警察组织的绩效就是警察机构的整体表现。

从管理学的角度看，绩效是组织期望的结果，是组织为实现其目标在不同层面上的目标而进行的有效输出，包括个人绩效和组织绩效两个方面。还有人认为绩效是指员工在工作过程中所表现出来的与组织目标相关的并且能够被评价的工作业绩、工作能力和工作态度，其中工作业绩就是指工作的结果，工作能力和工作态度则是指工作的行为[①]。此定义概括了工作结果和工作能力两个方面。而警察绩效，就是指警察工作的产出或结果。包括警察的绩效和警察组织的绩效。

绩效考核是通过改善员工的表现来改善组织的整体成效。在实现组织管理目标的同时，提高员工的工作积极性、对组织的满意度、工作的成就感以及对未来的良性规划，最终达到组织和个人发展的"双赢"，使组织进入良性发展的循环。绩效考核的最终目的是提高工作效率，实质是发挥出组织中每位成员的潜力，使组织绩效最大化，将人力资源管理的作用发挥到极致。绩效考核属提高工作产出、改善工作质量的一种方法，力图在管理中寻求生产力。

警察绩效考核是指考核主体运用特定的指标、采取规定的方法、依

[①] 苏列英. 人力资源管理概论［M］. 西安：西安交通大学出版社，2010.

据规范的程序，对警察效益高低及质量优劣进行考察核定的活动，包括考核主体、考核指标、考核方法、考核程序、考核对象等几大要素。

值得注意的是，警察绩效考核不同于警察绩效管理，绩效管理是一个体系，是依据警员和上级领导之间达成的协议而实施的一个双向互动的沟通交流过程。绩效考核只是绩效管理过程中的一个重要环节而已。

（二）警察绩效考核的意义

警察绩效考核，就是充分运用行政管理、经济标杆等手段，规范不同部门、警种、岗位的警员的职责、任务和工作量，并以量化的形式对警察德、能、勤、绩、廉等方面实行综合考核、评定等级并按级奖惩，达到激发活力、提高效率、促进工作的目的。绩效考核是警察现代管理的重要组成部分，对警察工作以队伍建设具有导向、激励、约束、监督等多重功能，对警察务活动规范化建设具有强大的促进作用。

1）激发警官积极性和活力。

绩效考核提供了警察部门人力资源（也可称警力资源）开发的激励机制，成为警察奋斗的力量源泉，考核可以将警察植入至一个竞争且相互比照的环境中。

2）有利于对警察组织和警察的科学管理。

警察管理包括教育、培训、考核、职务任免、晋升、降级、奖惩、交流、回避、工资福利、辞职辞退、退休、行政处罚等。

3）绩效考核是警察组织管理的基础。

对警察人员的管理包括职位分类、规划、考核、奖惩、晋升、培训、工资福利等，诸多管理活动中，考核手段是其他各类手段的基础，考核结果是奖惩、职务升降、培训、福利增补的客观依据。

4）绩效考核便于了解警察个体的潜能和实际工作能力，便于发现人才。

警察部门内部人员远多于其他行政单位，管理层级又多，上层领导跟下级警员尤其基层警员接触、沟通少，上层很难做到对下级的了解，然而绩效考核可以办到，进而促进警察机关平等的用人机制的形成；此外还可以令警察领导层发现警察个体的优缺点，合理安排警员的职位和岗位。

二、警察的绩效考核的制度介绍

为建立现代警务管理机制，切实解决警察队伍中长期存在的"干多干少一个样"的情形，各级警察机关相继引入绩效考核体系，进而公开、公平、公正地评价警察组织和警察的绩效，最大限度地提高警员凝聚力，激发警员活力。警察的绩效考核尽管已开展多年，但由于警察职业的特殊性，目前还没有成熟统一的模式，各地均积极探索。下面介绍警察工作中普通的绩效考核办法。

（一）考核的指导思想

以正确政绩观为指导，以警察业务工作为重点，以全面推进警察队伍建设为目标，坚持"日常考评与集中考评相结合，以日常考评为主"的原则，科学考核和评价工作实绩，奖优罚劣，充分调动各级警察组织和警察个体的积极性，促进各项工作落实。

（二）考核的基本原则

1）实事求是、公平公正的原则。坚持实事求是，客观反映工作实际，实行考评标准、考评过程、考评结果三公开，以公开促公平、公正。

2）日常考评与集中考评相结合的原则。加强日常考评，以日常考评为主，结合年终集中考评，最后做出综合评定。

3）定量考评与定性考评相结合的原则。把各项目标尽可能地量化、细化，进行量化管理；确实不能量化的，分出等级，排出名次，确定分值。

4）重实绩、重民意的原则。注重人民群众和社会各界对警察工作的评价，注重执法质量和执法效果相结合。

5）突出重点、全面考评的原则。整体工作中，突出基层基础建设、防范工作开展。

（三）考核的对象

考核对象为警察组织、警察人员。

（四）考核的内容

1）警察业务：防范工作、侦破工作、消防工作、警卫工作、监区安全、押解安全等。

2）基层基础建设：监所建设、信息掌握、行动支援技术、警务协作等。

3）组织管理：机构设置、人力资源开发、反腐倡廉、警察业务审计等。

4）警务保障：法律保障、组织保障、技术设备、警务宣传等。

5）执法质量：（1）接处警；（2）办理行政、刑事案件；（3）公安行政管理活动；（4）巡逻查控、处置突发事件和群体性事件等现场执法活动；（5）执法规范化建设。

6）群众安全感：公共安全感、公共秩序的安全感、人身安全感、财产安全感、治安事故的安全感。

三、我国警察的绩效考核设计中存在的问题及改革建议

（一）存在的问题

1）绩效考核较多地运用在个体绩效的评估上。面对多个警官通过合作共同完成的复杂工作时，显得束手无力。这个时候大家的量化得分往往一致，无法精准确定孰优孰劣。

2）考核结果与奖惩尚未有效结合，未能作为警察的职务、级别、工资、培训、辞退、奖优罚劣的依据。考核结果不能反映警察德能勤绩廉等方面的实际情况，起不到奖优罚劣的作用；则难以选出优秀人才，其后果不见得比领导干部凭个人印象、好恶选人的方式更好；不能客观评价公务员的行为，依此树立的典型则不仅无法起积极示范作用，甚至会起不好的导向作用，引起其他人的反感。

3）考核内容无法准确反映警察工作业绩和努力程度。考核内容简单狭窄，没有涵盖民众对警察工作的满意度和社会对警察工作的评价，未能区别不同警种的工作方面的差别。

4）考核不精细，宽泛粗放。考核方法只是简单的填表格，而且仅

作为一种例行公事行为，对每个警察的考核形式一样，评价相差无几。面对以各种表格形式呈现的考核结果，察觉不出警察工作及对待群众方面的差异。在具体的考核中，只重考不重核，对警察个体的绩效考核缺少自评、互评、审核、复核等程序，只做单向管理，不注意信息反馈等双向沟通。

5）考核结果运用不当。考核结果运用大多限于奖励金额高低，且常得不到及时兑现，不涉及警察职位调整和人事变动，甚至完全脱离日常绩效成绩，仅由上级单位单方面决定，致使警察个体丧失对组织的信任。

6）缺乏有效沟通、未保持警察组织良性互动。

以上问题严重影响到警察工作积极性，妨碍警察职能的实现，影响到警民关系，以致造成警察组织无法吸引人才、留住人才、使用人才，丧失社会公众对警察组织的认同感。

（二）改革建议

警察的绩效考核应该能够激发警察个体的荣誉感、自豪感，令警察带着这份荣誉，自觉地接触民众，融入民众。对警察的考核结果，应该跟警察个体的工资、福利、津贴、选拔机制、保障机制、培训机制等结合起来。警察绩效应该正确平衡警官个人绩效和警察组织绩效，寻找能够鼓励警察在获取个人绩效的同时增加团队绩效的好方法。

1）绩效标准的设计需有层级性。不同岗位、不同级别的绩效标准应分别设计，涵盖所有职位的工作内容和工作特点。

2）绩效标准应适时调整。因为组织目标、资源分配、执法重点、政策倾向的不断变化，绩效标准也应跟随调整，以适应工作过程的动态发展。

3）强化考核的激励"功效"。将绩效考评作为衡量单位、个人的最主要杠杆之一，充分发挥考评的功效，坚决不让考评差的人员得到提拔晋升、表彰奖励的机会，真正使考评起到鼓励先进、促进工作的杠杆作用，避免人事管理中的人情影响。

4）量化警察个人工作实绩考核。对警察个人考评，主要是对警察的工作质量、工作效率所体现的工作技能进行考评。在工作质量上，主要考评警察工作是否有差错及差错率、工作差错有无造成不良影响及后果；在工作效率上，主要考评在一定工作时间内每一个警察所完成的工作数量，以警察业务性质、任务完成数及完成率为指标。

5）用真实"结果"考核绩效。从多年的考评实践可以看出，用于考评的"结果"一定是不能被造假的，要不然就失去意义。要对现有考评指标进行全面彻底清理，压缩考评指标总量，对可能被弄虚作假的指标一律取消不考。在指标设计上，数字化指标要科学慎重，整体把握、合理设计，不能让那些因基础工作做得好、各项工作做得早而发案少、打击处理少的警察吃亏。

6）细化分警种考核方案。绩效考核不能泛泛而论，必须按照具体警种的活动规律，配以相应的专门性指标，包括警种执法考评和基础工作的建设。

7）注重长效考核机制建设。避免短期考核倾向，进一步压缩以运动式执法为代表的暂时性指标体系，更加注重常规执法条件下考核指标的稳定性。同时，要在指标体系中融入执法中的过程价值，更多地体现民本价值与民意导向。

与时俱进是时代的要求，进一步完善组织与警察个体的绩效考核各项举措，调动和激发全体警察人员的工作积极性、创造性，是实现"内涵式发展、无增长改善"的必由之路，是推动警察机关健康发展，促进队伍与业务工作同进步、双丰收的动力之源。

第七章　警察人力资源管理

第一节　警察人力资源管理的基本理论

警察人力资源管理是当前进行警察人事、组织管理的一个重要的方面，在警察行政管理中占有十分重要的地位。当然，警察人力资源的概念并不是警察行政管理的首创，而是借鉴经济学术语在警察行政管理中的运用。警察人力资源管理在警察行政中的运用是改变传统的警察人事管理，提高警察工作效率的一个重要举措，通过运用科学的原则、方法和策略，改变了传统警察人事管理的方式，提高了警察工作的积极性，能够充分发掘警察个体的工作潜能，提高警察组织的工作效率。因此可以说，提倡和完善警察人力资源管理是警察行政管理的一次重大革命。

一、人力资源及警察人力资源的概念

（一）资源的概念

资源，一说是指能够为人们带来新的使用价值和价值的客观存在物。这一观点承认了资源所具有的价值属性，但是将资源归结为"客观存在物"在当前的知识经济时代似乎并不妥当，仍然属于自然经济阶段思维的产物。

目前，理论界普遍认为，资源系指在某一特定区域内，大到整个世界、国家或地区，小到某一个单位、组织或者部门，所拥有的物力、财力、人力以及运行所需的信息等各种要素。资源分为物质资源（或称自

然资源）和社会资源两大类，物质资源的内涵主要有上述定义所规定的"具有价值的客观存在物"，而社会资源则主要是人力资源、信息资源、知识资源等。

（二）人力资源的概念

著名管理学家彼得·德鲁克在其 1954 年出版的《管理的实践》一书中首次引入了"人力资源"这一概念。他认为，与其他资源相比，人力资源拥有其他资源所不具备的素质，即"协调能力、融合能力、判断力和想象力"。与彼得·德鲁克一样，我国学者在介绍人力资源时大多认为，人力资源是一个社会或组织所具有的劳动能力的人的体力和智力的总称，它反映的是人进行社会活动的能力，是一种存在于人类自身的、能够创造新的使用价值和价值的能动性资源，广义上包括现实的人力资源、潜在的人力资源和未来的人力资源三种，而狭义的人力资源则指能够直接投入到生产生活中的部分的现实的人力资源。这一概念认为人力资源应包含两个方面质的因素，即人的体力和智力。此外，相对于人力资源个体的体力和智力而言，一定数量的人力资源是社会生产必要的先决条件。①

在社会生产的各种资源中，包括人力资源、物力资源、财力资源等，人力资源是一切资源中最宝贵的资源，通常被认为是"第一资源"。这是因为人力资源所具有的其他资源所无可比拟的优势。正如彼得·德鲁克所言，人力资源具有协调能力、融合能力、判断力和想象力的优势。作为"第一资源"的人力资源除具有其他资源所具有的特质性、可用性、有限性的特点之余，还具有主观能动性、自主性、可再生性、时效性和社会性的特点。这种主观性表现在人作为生产生活和消费的承担者，能够在生产生活和消费的过程中起到积极性、主动性和创新性的关键作用。自主性与主观能动性是相关的，人力资源的自主性具有积极或消极的双重效果，这种积极或消极的效果在行为方式的选择上表现为作为或不作为。人力资源的这种双重特性要求在进行人力资源管理时要注意对劳动者的自主性的正确引导。通过人力资源的培训可以实现人力资

---

① 苏列英. 人力资源管理概论［M］. 西安：西安交通大学出版社，2011.

源的再生，同时，由于人的年龄、死亡或者健康等原因而导致的人力资源的消失使得人力资源又具有了时效性。人力资源的社会性表现在两个方面：一方面，社会是由个体组成的，人只有通过组织有目的的活动投入到社会中才能得以不断地发挥作用；另一方面，不同社会的不同组织形态、价值观念、行为方式、思维方法等都会影响着人力资源个体。因此，强调在进行人力资源管理时要考虑到个体对组织的影响，同时又要考虑组织对个体的影响。而这些特征是其他的资源形态所不具备的，也因此被称为"第一资源"。

（三）警察人力资源的概念

1. 警察人力资源的概念

与警察人力资源相关的一个概念就是警力。传统观点认为，警力是指警察的数量、质量和个体能力三个方面，其中最主要的是警察的数量，足够的警察人员数量是进行警察工作的前提。这也是传统思维中"人多力量大"思想固化的结果，也是传统的人事管理体制直接的体现。目前，这种观点主要存在于警察实践部门中。我们通常所说的警力资源，不仅包含警察的数量、质量和个体能力等方面的要求，同时，警力资源也体现着警察综合战斗的实力，包含警察人力、财力、物力及其相互作用效力在内的综合性范畴。其中，警察人力资源是警力资源中的一个要素，而且是最重要的，也是最积极、最活跃的要素。作为警力资源最主要的承载者和体现者，警察人力资源是唯一具有主动性和能动性的资源要素，在警力资源各要素中居于首要地位，是起着主导和关键作用的战略性资源。具体来说，警察人力资源包括现实从警人员和尚未从警的潜在准警察人员。现实从警人员是指各级警察机关拥有的具备从事警察职业的素质和条件并承担一定警务工作任务的人力资源集合；潜在的警察人力资源是指正在获得或是基本已经获得从事警察职业的素质和条件，但还未从事警察职业或是具有警察身份的人力资源集合。

2. 警察人力资源的特点

警察人力资源除具有人力资源所具有的特征之外，还具有自己的独特之处，主要表现在以下三个方面。

第一，警察人力资源具有专政性。警察机关是国家机器的重要组成部分，其存在的意义就在于维护和巩固统治阶级的统治地位，维护全社会的稳定与安全，警察机关是国家行使专政职能的重要工具，在国家行使专政职能过程中扮演着极为重要的角色。

第二，警察人力资源具有高危险性。警察工作的性质和内容决定了警察人力资源工作的高危险性。警察工作面临着暴力犯罪严峻、人民内部矛盾加剧的风险，警察自己的人身安全面临的危险也相应地增加。警察工作的高危险性是在其他行业中所不常见的。

第三，警察人力资源具有高度的责任性。与其他行业不同，警察机关是带有武装性质的国家暴力机关。警察职业肩负着维护国家安全和社会秩序的重任，承担着保护公民的人身安全、自由以及人民的合法财产的责任，同时，警察工作还要求对违法犯罪活动进行预防、制止和惩罚。因此，警察负有特殊的社会责任，这在其他的行业中是不会见到的。

二、警察人力资源管理的目标与意义

（一）现代警察人力资源管理转变的目的

警察组织的人力资源管理是指对警察的人力资源进行管理的活动，由于公共部门的组织人员在公共问题决策中居于主导地位，因此警察组织的人力资源管理是警察管理的核心组成部分，研究和探讨警察这类公共部门人力资源管理的目的等规律与科学方法有助于提高警察管理工作的效率和效果。

警察的人力资源管理的目标是由警察组织自身的性质和任务所决定的，警察组织的人力资源管理转变的基本目标是获取并开发警察组织各个部门所需求的各类、各层次的人才，以适应社会对警察组织的要求和需要，在警察组织和人员中建立起良好的沟通和谐关系，以满足警察组织不断发展的需要，同时也为警察个人提供良好的工作环境，以满足警察个人的成长和发展需要，具体的目标主要表现为以下四点。

1. 获取优秀的警务人才

警察人力资源管理部门通过各种渠道，根据警察组织的需要和计划获得适合和具有潜力的人才，实现人岗匹配。一方面要通过公开考试、公平竞争、择优录取的人才选拔方式选拔出高素质的优秀人才；另一方面，对现有的警察人员要积极运用绩效考核、及时嘉奖、委以重任等方式增加人员间的竞争和激励，鼓励人才要有不断进步和学习的动力，不断开发现有警察的潜力，以此来提高警察组织的人力资源质量，并在此示范上吸引更多优秀的人才。

2. 营造良好的警察工作环境

良好的警察人力资源管理环境是警察健康成长和合理使用的保障，也是高效开发警察资源的基础，只有拥有了良好的人力资源环境，才能很好地开发和管理警察的人力资源。良好的工作环境主要从这三个方面来看：一是法制化的行为规范，依照法律规范组织中的不良行为，科学的配置职责，明确其职能，确定其职权，通过人力资源管理的合理分配，建立起科学的人力资源管理体系，并逐渐进行完善，从而实现警察人力资源的管理职能；二是依照法律建立起科学的管理机制，一套科学的管理机制不仅可以提供一个公平、公正、客观的人力资源环境，也为警察人员提供了发展和提高的空间；三是要把先进的人力资源管理的理念应用在具体的管理措施和实际操作中，用理念指导实践，设计出科学的人力资源管理方案，并积极设计出具有激励机制的保障体系和发展方案。

3. 合理有效地管理人才

合理有效地管理人才是获取人才后一个重要的环节。管理人才是把获取的人才，通过对职位的合理分析，对人才的科学考核做到真正的人岗匹配、人尽其才，并在此基础上进行合理的绩效考核激励、奖励惩戒等。管理人才不是一个简单的过程，具体可以从这几个方面来实施：一是对现有获取的警察人员进行合理充分的使用，要在对职位进行科学分析的基础上对招入的新警察进行初次的考核评价，根据人岗匹配原则，将新成员安排到适合的岗位上，实现真正的人适其岗，适才适用，只有做到真正意义上的岗得其人才，才能做到最大限度地发挥警察潜力，提高其工作满意度，从而取得组织最佳的效率。只有用好了人才才能实现组织和人才的双方满意。二是对警察人力资源开展预测、开发项目，在合理使用人才的同时要加强职业的再教育和培训，只有在实践工作中不断学习，才能适应社会不断发展的需要，满足组织建立高素质警察队伍的需要，而不是固步自封、不求上进。三是完善警察的保障制度，健全警察的激励制度等基本留住人才的制度。完善警察保障制度和激励制度等基本制度是为了保障警察组织内部的基本人员稳定，防止人员大量流失和部门的人才紧急缺失的状况发生。警察组织要研究人力资源发展新的要求，在警察人力资源的流动规律和新的发展趋势的前提下，不断完善警察的人力资源管理机制，以满足社会对组织的需求，同时有效地防止优秀人才流失，保持组织旺盛的发展力。从上面的内容可以看出，有效的人才管理是由几个重要的部分所组成，每一个环节都马虎不得，它们环环相扣、相互促进、相互制约，只有将招录贤才、合理使用人才、科学培养人才、基本制度保障等各个环节都做好了，才能更好地留住人才。

4. 为社会发展提供有效的保障

我国现阶段的发展处于重要时期，在发展战略与结构上都有着不同程度的调整，在此时机，警察组织作为一种重要的社会服务机构，组织的管理水平和服务质量对实现社会的快速发展有着关键作用。一个高效便民的警察组织可以加速社会的发展，提高社会的经济发展水平。而一个组织要高效便民在很大程度上取决于组织的人力资源，高素质的警察人力资源是社会发展的一个必不可少的基础，所以需要重视警察的人力资源管理。只有把警察人力资源开发和管理提到重要的战略地位上，才能更多地培养出适应社会主义现代化发展的高素质人才，为全面建设小康社会提供坚强的人才保证。社会的发展需要稳定和谐地开展下去，警察组织的高效工作就是给社会的进步提供了一个基本有力的保障，只有警察工作的高效有力的保障才能给社会发展一片肥沃的土壤。

总而言之，警察部门的人力资源管理的目标是挑选、组织和激励公共部门的人力资源、科学决策和高效完成工作任务，从而达成公共组织的工作目标。在实际工作中，居于微观、中观和宏观等不同层次的警察组织的人力资源管理的具体职能定位也各有不同的侧重。这些需要在实际生活中把人力资源的理论灵活地运用起来。

（二）现代警察人力资源管理转变的意义

现代的人力资源管理的理念是随着市场经济的发展和社会的需要应

运而生的，对于传统的人事管理是取其优点，弃其缺点，同时在明确公共部门与市场化企业之间的差别下，改革转变现代的人力资源管理，使其适应当代的社会需要，提高组织的工作效率，同时更好地服务人民，这对我国警察管理来讲具有重大意义。

现代警察人力资源管理的转变对于警察个人、警察组织乃至整个社会来讲都具有重要的意义。从纵向上看，传统的人事管理已经不能满足当今社会的发展需要，在观念和关系理念等各个重要方面和现代人力资源管理都存在很大的差异。从横向比较来看，现代警察人力资源管理和公司等企业的人力资源管理具有一定程度上的差异，这种差异是由组织的性质和目标所决定的，所以现代的人力资源管理的出现是应运而生的，是历史的选择，对当今社会的发展也具有深远的意义。具体来说警察人力资源管理转变的意义主要是从以下五个方面来看。

1. 观念的改变，更新警察管理的理念

传统意义上将警察在组织中置于被动的位置，警察的主观能动性很少能发挥出来，现代警察人力资源相较于传统人事管理，对警察观念上已经对警察个体开始有了重新认识。现代警察人力资源将警察不仅仅视为单纯的成本而将其认为是一种资本性资源，人们开始认识到对警察的合理投资代替简单的消耗更能发挥警察自身的潜能。将警察置于战略性规划的不可缺少的一部分可以更好地达到破案等处理警务的效果。在管理上，警察的在职培训和岗位设计等概念已经开始出现在人们的视野当中，这都表明新的理念已经开始在实际的运用中发挥抽象的作用。现代的理念更加看重的是警察蕴藏的巨大的潜能，实现在警察组织这种公共组织中警察的职业设计，与组织的服务等目标相结合，虽然在实际的操作中还没有很好地将观念推广乃至很好地运用，但是随着社会不断发展的脚步，人们对先进知识的接受，相信在不久的将来，警察的职业发展会一如企业员工的发展一样，跟上时代的步伐。

2. 提高警察组织的工作效率

对组织来讲无外乎有三大资源：人力资源、物资资源与财力资源。相对于人力资源而言，物资资源与财力资源是死的资源，灵活性较差，有多少的物资资源和财力资源就只能做大致相匹配的绩效，而且归根结底，物资资源和财力资源都需要与人力资源相结合才能推进，从这个意义上讲，人力资源处于核心和关键位置，组织目标的实现很大程度上就是取决于人力资源的数量、质量以及对人力资源的开发运用等。从另一个角度讲，人的潜力是无法估量、具有弹性的，实现人岗匹配的同时，积极调动警察的工作激情，会产生完全不一样的工作结果。警察人力资源管理的改变会大大改变警察组织的工作效率。

3. 提高警察的工作满意度

现代的人力资源管理转变就是贯彻了以人为本的理念，并提出了"人力资源是第一资源"的口号，把人力资源提高到从未有过的重视高度，这将大大提高警察的自我认同感。同时，在现代人力资源转变的实际操作中将重视警察个体的理念贯彻到各个规范程序中，比如在薪酬制度上，以往的薪酬制度过于单一死板，注重组织成员的保障性，缺乏灵活性和激励机制，导致组织成员的工作积极性不高，造成人才流失的不良影响，而现代的人力资源薪酬体系不仅建立的是多元化的薪酬制度，对主要的管理者、技术人员等采取不同的薪酬标准，同时薪酬的设计较有弹性，摄入更多的激励机制和公平科学的奖惩制度。从薪酬的角度来看，现代的人力资源管理薪酬体系无疑给组织成员带来了更多的动力。除此之外，现代的人力资源管理也注重塑造组织人才成长的环境，尊重组织成员的个体主体地位和发展，在服务、保障、培训等一系列的职业管理中都大大提高了组织成员的工作满意度。

4. 有利于警察的职业规划，增加警察的归宿感

警察的工作相对比较繁琐和枯燥，过多的警察事务给警察带来的是超负荷的压力，很多警察长期处在高度紧张的生活当中。忙碌的工作并没有给警察带来很大的归宿感，相反，有的警察接受不了快节奏的生活，选择了转业。表面上看这是由繁忙带来的人员流失，实际上却是警察的归宿感不强造成的。在长期的警察工作中，警察的职业发展就注定是稳定而繁琐的，警察组织的目标和重心常常因为将关注点放在破案等工作绩效上而忽略了警察自身的感受，对一个进入警察队伍的新成员而言，工作是体现能力的一部分，学习和进步才能更好地增加其归宿感。社会在不断的发展过程中，随着全球化的到来，警察事务不会减少，甚

至会变得更多，无疑也会更加复杂，只有提高警察的学习能力，才能更快更好地做好警察工作，才能更佳地服务社会，在未来的全球化竞争中，比的就是谁学习得更快。只有让警察组织变成学习型组织才能适应社会的需要，才能满足人民对警察的要求。建立学习型组织也体现了"以人为本"思想，这也为警察带来了更广阔的空间。提高警察的素质使其更加能够胜任警察工作，与此同时，根据警察的个体差异，根据每个警察的个性特点，制订每个人的职业规划，为警察的职业生涯提供独一无二的愿景规划，提高警察对组织的认同程度，大大加大警察对组织的归宿感。

5. 提高服务水平，促进社会进步

警察是社会安全的保障，只有安全得到有效的保护，社会才能平安和谐地发展。警察组织作为一种特殊的公共服务机构，担任的是保护人民安全和社会稳定的重大职责，大小事务繁琐交错，任务不容懈怠，加上警察组织是国家最常见的机构组织，与群众有着最直接也最密切的联系，警察在面对工作处理问题时的精神面貌和处理方式极大地影响人民与政府之间的关系。现代的人力资源管理改善了原来老旧的管理体制，充分地做好了警察的个人工作，使得警察的精神面貌焕然一新，工作积极努力，主动热情地处理人民的问题，极大地改善警民之间的关系，从而影响人民与政府之间的关系。警察素质的提高不仅对警察自身的精神面貌带来了变化，也大大提高了警察组织的绩效，在刑事侦查等专业领域，警察的工作效率得到大幅度的改善，整体服务水平得到有效的提升，为社会稳定持续的发展提供了最有力的保障。

三、警察人力资源管理的概念及内容

（一）人力资源管理的概念

1. 人力资源管理的概念

人力资源管理这一概念于 1950 年首先出现于美国。20 世纪 70 年代以来，随着科学技术的迅猛发展和管理思想的日益革新，使更多的人认识到，传统的人事管理已不适应当今激烈的市场竞争环境和形势。企业之间的竞争归根到底是人才的竞争，于是人力资源管理受到了世界范围

内的广泛关注。我国于 20 世纪 80 年代中后期开始引入人力资源管理这一理念，但是由于受到我国当时相对封闭的政治体制以及计划经济体制的影响，到 20 世纪 90 年代初，人力资源管理在国内还没有得到普遍的认同。直到进入 21 世纪，我国改革开放深入推进以及民主政治体制不断完善，人力资源管理才在我国的企业、事业单位以及政府公共部门中都得到了相应的运用。但是我们在运用人力资源管理时要明确的是，人力资源管理并不是对人事管理的简单替代，而是对人的管理理念和管理方法的根本转变，是人事管理的一个质的飞跃。

具体说来，人力资源管理是指以人为中心，运用现代化的科学方法对人力资源的取得、开发、利用和保持等进行计划、组织、指挥和控制，使人力、物力保持最佳的比例，并且对人的思想、心理和行为进行恰当地诱导、控制和协调，充分发挥人的潜能，提高工作效率，实现组织目标的管理活动。

2. 人力资源管理的内容

人力资源管理的主要内容包括：制订人力资源计划；人力资源成本会计工作；岗位分析和工作设计；人力资源的招聘和选拔；雇佣管理和劳资关系；任职教育、培训和发展；工作绩效考核；员工职业规划；员工薪酬与福利保障设计；员工档案保管等方面。

3. 人力资源管理的主要特点

第一，人力资源管理把员工看作是企业或组织内部最为重要的因素，相对于物质资本来说，人力资本处于一种更加关键的地位。

第二，人力资源管理注重组织文化的建设，在充分推动个人发展的同时，强调个人目标与组织目标的相互协调一致，创造和形成两者之间共同的价值观念。

第三，人力资源管理在注重组织本身利益的情况下，也同样注重员工的利益，使二者能够达到一种"双赢"的状态，这样既能够培养员工的责任感和进取心，确立对组织的心理认同，也能够提高组织的工作效率。

（二）警察人力资源管理的概念

1. 警察人力资源管理的概念

警察人力资源管理是指警察机关运用科学的管理原则、方法和策略，对警察人力资源的取得、开发、利用和保持等进行计划、组织、指挥和控制，使警察组织内的人力、物力保持最佳的比例，并对警察个体的思想、心理和行为进行恰当的诱导、控制和协调，以充分发挥警察个体的潜能，提高组织工作效率，实现警察组织目标的管理活动。

2. 警察人力资源管理的理念

第一，以人为本的理念。当今民主政治提倡以人为本。警察人力资源管理中所贯穿的以人为本的管理理念确立了警察个体在管理活动过程中的自主性和主导性，便于警察机关在管理过程中去引导和开发警察个体的主动性、创造性和积极性，从而激发警察个体的工作热情，磨砺其意志品质，在使警察个体得到全面发展的同时，进而提高警察的工作效率，使警察的个人目标与组织目标协调一致，更好地履行警察组织职能，完成警察组织任务。

第二，依法管理的理念。我国正在积极地推进依法治国，建设法治国家成为我国发展的一个明确而又紧迫的目标。依法治国应该体现在国家管理的各个层面，警察人力资源管理也应该依法进行。警察人力资源管理依法开展就是要崇尚法律的权威，按照正当合法的程序进行，要排除上级领导个人意志在管理过程中的随意性，保证警察个体在组织中的发展不受强权的干涉，从而在更大程度上吸引优秀人才加入警察队伍，推进警察工作的顺利开展。

第三，终身学习的理念。当今社会正处于一个知识大爆炸的时代，任何人的生存都离不开学习以适应时代的发展，避免被社会所抛弃，警察同样如此。面对当今复杂的社会治安形势，以及各种各样新式的犯罪手段和犯罪形式，警察必须以丰富的知识和先进的科学技术武装自己才能够有效打击违法犯罪活动，维护社会的稳定。同时，警察组织内部的人员竞争机制也要求警察个体不断学习新知识、新技术和新本领，提升自己的竞争能力，以避免被淘汰的命运，实现自身在组织内部的发展。

（三）警察人力资源管理的原则及内容

1. 警察人力资源管理的原则

第一，法制化和制度化原则。警察人力资源管理要符合相应法律法规的规定，同时需要有一套符合警察组织性质、特点、任务和要求的规章制度。警察人力资源管理只有既遵守国家法律法规的规定，又遵循相应的警察组织内部的管理制度，才能做到有法可依，有章可循，有正确的方向指引。

第二，从严治警原则。由于警察工作性质和工作任务的特殊性，在警察人力资源管理的过程中，针对广大警察要严格教育，严格管理，严格训练，严格纪律，提高政治素质、业务素质和体能素质，增强警察队伍的战斗力，因为这是维护社会稳定，打击违法犯罪的必然要求。

第三，人事相宜原则。警察机关在进行警察人力资源管理的过程中要充分了解每个警察的特点，按照每个警察的自身特点来安排其所擅长的工作岗位，要做到用人之长，这既是对警察组织负责，也是对警察个体负责。同时，对具有较强能力的警察，在符合一定晋升程序和法律规定的前提下，要委任以较高的职位级别。只有按照人事相宜的原则进行管理，才能充分调动警察的积极性，更好地实现警察组织的目标。

第四，弹性管理原则。弹性管理原则是指在警察人力资源管理过程中，对于发生的各种可能性变化要留有一定的余地，保持适度的灵活性。弹性管理分为局部弹性和整体弹性。局部弹性就是在管理的某个环节上保持可以调节的弹性。整体弹性是指各个层次的管理系统应具有可塑性和适应能力。坚持弹性管理原则才能够在管理过程中做到具体问题具体分析，运用一定的自由裁量权来达到公平合理的管理效果。

第五，赏罚分明原则。警察人力资源管理中的奖惩制度是警察个体重要的工作动力。一方面，要严格遵守国家对警察奖惩制度所作的相关法律法规的规定；另一方面，要做到公平公正，一视同仁，只有这样才能激发警察个体的工作热情和积极性，推动警察工作顺利开展。

第六，开发与管理并进原则。警察人力资源管理主要针对的是警察人员的招收、录用、任用、考核、培训、奖惩、调动、报酬以及离职等全部的管理活动。警察人力资源开发则更加注重提高警察个体素质和整体质量，进而对警察人员进行教育和培训的活动。只有二者相互结合才能使人力资源的能量得到最大限度的发挥。

2. 警察人力资源管理的特点

第一，警察人力资源管理具有开发性。警察人力资源管理认为警察的劳动能力具有资本性，通过对警察人员的教育和培训，可以开发他们的潜力，促使警察的人力资本获得不断增值。

第二，警察人力资源管理具有前瞻性。警察人力资源管理在对未来社会经济发展所需要的警察人力资源的内容、需求和供给状况做出合理的预测和规划的基础上，根据警察组织的工作需求做出具体规划，从而使警察组织正常有效地运转。

第三，警察人力资源管理具有动态适应性。警察人力资源管理是一个动态的管理过程，它必须要适应社会经济发展的总体要求和维护社会稳定的大局，适时地调整警察人力资源管理的内容、方法和途径，并且还要针对警察组织内部的不同层次以及警察个体间的差异性采取不同的管理策略，在动态适应的过程中，使警察人力资源管理不断地得到完善。

3. 警察人力资源管理的内容

第一，人力资源规划。警察组织根据自身的实际工作需要和组织的发展目标，在充分认识人力资源现状的基础上，对警察人力资源的取得、开发、利用和保持等进行计划、组织、指挥和控制，使警察组织内的人力、物力保持最佳的比例，提高警察人力资源的使用效率，保证警察组织目标的实现。

第二，岗位分析和设计。岗位分析就是收集重要的工作信息，确定警察工作所需要的专业知识、技能以及从事警察工作所需的其他方面的要求。岗位设计就是在岗位分析的基础上，规定相关岗位的任务、责任、权力以及在组织中与其他岗位的关系并确定任职资格的过程。岗位分析和设计为警察组织结构设计的基础，也是警察人力资源管理规划的重要依据。

第三，选拔和录用。警察组织要想正常运转就必须招募到适合组织需要的人员。科学合理的招聘、选拔和录用不仅能够满足警察机关对于所需警察人员数量的要求，还能够增强警察人力资源优势，优化警察队伍结构，同时也能够促进警察个体间的良性竞争，进而提高警察组织的工作效率。

第四，教育、培训和开发。教育、培训和开发是提升警察人力资源价值的重要手段，能充分挖掘警察人员工作潜力，提高警察人员的知识和技能，促进警察人员形成良好的工作态度，提升警察的工作绩效，增强警察人力资源的贡献率。

第五，绩效考评。绩效考评是指对组织内的工作人员在一定的时间范围内对组织所做的贡献和工作中取得成绩进行考核和评价，并且及时地把考评结果进行反馈。警察机关把绩效考评作为警察人员培训、晋升和薪酬等方面决策的重要依据。

第六，薪酬管理。薪酬管理包括基本薪酬、绩效薪酬、奖金、津贴、补贴以及其他福利，同时还要对薪酬结构进行设计和管理。通过科学合理的薪酬管理，能够更好地稳定和发展警察组织队伍，增强警察人员的使命感，激发警察人员向组织所期望的目标努力。

第七，职业生涯规划。警察组织要对组织成员的工作和职业进行规划和设计，在职业生涯规划中要以人为中心，鼓励和关心警察个体的发展，使警察人员的需要与警察组织的目标相互协调，这样就能够激发警察人员的积极性和创造性，对组织绩效的提高和组织的发展都有重要的作用。

第二节　警察人力资源管理的基本环节

一、警察人力资源的获取与配置

警察人力资源的获取是指警察组织为了达成目标，通过招募、甄选、录用、配置、评估等过程，根据对空缺职位的评估来获取合适的人员，补充职位的空缺，实现警察内部人力资源合理配置的过程。这是警察组织采取一系列科学的手段，通过各种途径和可能性寻找到最合适或最可能胜任的人选，以充足的数量和优良的质量来满足警察组织人力资源的需要而对求职申请人进行审查、选拔的过程。警察人力资源的获取的各个阶段，甄选、招募、录用等都是不可分割的一个整体。

警察人力资源的获取主要从三个方面来看，第一个方面是对警察内部空缺职位的分析，对空缺职位做好了工作分析，制订出相应的工作说明书，为寻找合适和确定的警务人员提供基础，也为应聘者提供关于该工作岗位的详细信息。第二个方面是对应聘者做相应的了解，根据其特长和性格做出个性化的职业设计，为应聘者的应聘提供专业化的意见。第三个方面是从警察部门的人力资源规划来看，这是从宏观的角度来分析，是从大的组织规划的方面来决定要获取的警察部门的人力资源的职位和部门、数量、时限、类型等因素。

警察人力资源的配置是警察部门通过科学的方式和手段，将各个警察合理地安排到组织的合适位置上，使得每个警察发挥所长，是各个能力和类型的警察合理的运用，将警察组织的设备配置进行配合，真正实现"人、财、物"各个因素的有机结合和充分发挥，保证警察个人和组织能保质保量地完成自己的目标和任务。

警察人力资源的配置在整个人力资源环节占据着关键地位，只有人力资源的获取而没有做好配置就等于事倍功半。很明显同样的岗位，同样的人员，不同的配置会产生截然不同的效果。人力资源的配置在整个人力资源环节中又是承上启下的作用，是人力资源获取的后缀，又是人力资源管理的前奏，只有做好了人力资源的配置工作，才能将整个人力资源的目标圆满地进行下去。只有使合适的人干合适的事，人事相配，做到人尽其能、能尽其用、用尽其事、事尽其效才能达到整个人力资源管理的目的，提高整个组织的效率。

警察人力资源的获取与配置的概念有一些交叉。从广义上讲，人力资源的获取就包括了配置，而人力资源的配置也不仅是获取中的含义，还包括创造组织所需要的有利条件来有效利用获取的人才，可以把人力资源的获取和配置看成搭档关系，认为警察人力资源的获取是警察人力资源配置的前提和实现手段，而警察人力资源的配置是警察人力资源获取的目的和结果，它们都是整个人力资源管理不可缺少的一部分，为人力资源管理打下坚实的基础。

（一）警察人力资源获取与配置的原则

警察人力资源的获取与配置需要遵循一定的原则，这些原则贯穿整个获取与配置的始终，只有严格遵守原则才能把合格优秀的人才吸纳进来，在组织间进行合理有效的流动，实现警察组织高效运作，这些原则主要从八个方面来看。

1）平等原则。这一原则主要是针对求职者而言，对前来应聘的人员而言，无论其民族、身份、性别、宗教信仰、婚姻状况等如何，都要杜绝歧视或个别特权的存在，要保证竞争者有个良好的选拔环境，正常的优胜劣汰。

2）自主选择原则。警察组织在招录警察的时候要根据组织自己的实际情况，根据自己的发展需要做好长期短期的人力资源规划，根据本组织的规划选择自己需要的人才，在做好长期规划的同时也做好空缺岗位的工作分析，以供求职者合理选择。

3）法治原则。依法治国是我国发展社会主义市场经济的客观需要，也是我国促进社会和谐，维护国家长治久安的保证。警察组织作为我国特殊的公共部门，必须贯穿法治的思想。在警察组织中一切与国家的法律、法规和政策相抵触的行为都是无效的。

4）效率原则。虽然警察组织是特殊的公共组织，与最大限度获取经济利益的一般企事业组织不同，但是作为一种组织，它有自己的效率可言。效率是市场经济条件下一切经济活动的内在原则。而警察人力资源管理的效率原则表现为警察组织用尽可能少的财力和人力，选拔出适合警察队伍的高素质的人员，从而适应警察组织和需求岗位的需要。

5）因事择人原则。因事择人是为了避免人员膨胀、机构臃肿、效率低下、用人成本急剧上升而产生的原则。因事择人是为了强调选拔人才是以警察组织的需要、职位的需求为前提，从这个角度去选择合适的人员才能真正地实现事得其人、人适其事、人岗匹配等科学的配合。贯彻这个前提是为了避免因人设事的事情发生。

6）任人唯贤、德才兼备的原则。任人唯贤、德才兼备是我国一直坚持的选拔人才的方针，任人唯贤是德才兼备原则上确立起来的理论基础和思想基础，它主要是从如何选择人才的角度来关注，德才兼备是任人唯贤的具体化，体现的也是任人唯贤的具体要求。只有两者都统一了，才能做到大贤大用，小贤小用，不贤不用，唯才是举。

7）用人所长，容人所短原则。用人所长，就是要克服求全责备的想法，要审视个体的职业所长，并判断是否为职业所需。容人所短就是要接受个体的缺点，接受是要承认每个人的局限性，而不是一味地要求他全能，能够让其缺点在警察职业生涯中进行弥补和完善，这就是这条原则的意义所在。

8）合理流动原则。在人力资源的配置基本完成的同时要预防警察的流动过快，在坚持平等竞争、择优录取的原则的同时，要对能力超群的人才慎重录取，如果其能力大大超过岗位所需，很容易引起人员的流动过快。一般来说，组织有一定合理的人员流动是正常健康的，但一定人员流失过多造成流动过快的情况会带来组织的不稳定发展。应当将个体的能力与组织的稳定发展相结合进行综合判断。

（二）警察人力资源的甄选

警察的甄选就是指综合利用考察手段，对候选人进行各方位的检验，以优良的质量和充足的数量来满足警察组织人力资源的需要。招募进来的新成员与职位匹配程度高低不仅会影响警察自身的工作绩效，对组织也会造成很大的影响。警察人力资源的甄选包括资格审查、初选、笔试、面试、体能测试等各个环节，并不是每次甄选都必须按照这个步骤来进行，要根据情况灵活处理。

1. 甄选的内容

甄选的内容主要是从以下四个方面来考量。第一，知识的考量。知识是系统化的知识，对于警察这种专业性比较强的单位，其对专业知识的考量必不可少，应聘者的文凭和一些证书可以证明他所掌握的专业知识的深度和高度，但是知识的掌握并不能完全依靠文凭和证书来判断，所以要通过笔试、面试等多种方式进行考察。第二，能力的考验。对能力的考验更加抽象，有的认为文凭就是一种能力的体现，就仅仅依靠其进行判断，其实不然。能力能够通过面试、笔试表现出来，它是一种引起个体绩效差异的持久性个性心理特征，是一种在活动中表现出来的观察能力、分析能力、反应能力等，这些个人心理特征会决定应聘者适合的工作和发展的潜力。第三，个性的考察。个性是一个人相对稳定的性格特征，在相同的情况下不同个性特征的人会做出不同的反应。个性与工作绩效息息相关，也与工作的性质有很大的关联，了解好应聘者的个性对组织寻找到合适的人很关键。第四，动力因素。了解一个人进入组织的动力也很关键，警察能否很好地工作不仅与他的知识水平、能力水平以及个性有关，还取决于他想做好这份工作的意愿是否强烈，是否有足够的动力去努力工作。了解应聘者的动力因素能够了解到他的价值观和目的，可以影响到组织对他的激励方式，也可以对他进入组织后与组织的相容程度做个基本的判断。

2. 甄选的意义

甄选对于人力资源的获取具有很大的意义。当前来应聘的人员过多的时候，要保证人力资源获取的质量就必须进行有保证的甄选，也为应聘者选择合适的岗位。在甄选过程中可以通过对应聘者的了解，对其进行个性化的职业推断，也可以通过了解为今后形成良好的工作关系打下基础，有利于警察组织形成良好的人际关系。对于警察组织来说，甄选能够改善组织内部人力资源的质量，通过甄选过程为警察组织挑选高水平、高素质的新成员，这样不仅可以提高工作水平和工作效率，还可以降低培训费用，提高警察组织效率。

（三）警察人力资源的配置

在警察人力资源甄选与录用之后另一个重要的任务就是人员的配置，人员的配置就是在坚持"德才兼备、任人唯贤"的基础上，依照法定条件，通过法定程序授予警察一定的职称和职务，实现人事匹配。人员的配备主要包括人员的任免、人员的升降、人员的交流、人员的回避、人员的辞退这五个方面。

人员的任免是任职和免职的统称，是对于警员职务的管理。任职就是警察组织根据法律法规的有关规定，通过法律程序，对新进警员安排一定职位，确认职务关系。免职是警察组织根据有关规定，依照法律程序，免除警察的职位，解除职位关系。人员的升降包括晋升和降职，是为警察职位的纵向调整，人员的升降是正常的人事调整制度，是警察组织人力资源管理过程中的协调机制。整个人力资源管理的核心是挖掘人的潜能，寻求人与事相结合的最佳状态。人的能力与所任职务不可能一直适应，只有适时地进行职务调整，才能达到人与事结合的动态平衡。人员的交流是警察组织人力资源管理配置中正常的流动机制，公共部门之间是需要这种正常的交流的，只有坚持这种沟通才能达到人才的互通和有效的配置。人员的回避是为了预防警察以权谋私、徇私枉法而设置的某些限制，也是为了解除警察秉公办事的羁绊，为警察机关正常开展工作提供良好环境。

二、警察人力资源的激励管理

警察人力资源的激励是警察人力资源管理的关键环节，是一个调动警察工作积极性的过程。人的行为是由一个人内在的动机所决定的，而动机的形成又是由人的需要造成的，所以了解人的需要很重要。警察也一样，了解警察的不同需要并对其进行区别化的激励方式会收到意想不到的结果。当然，对于激励的过程不仅仅局限于对需求的刺激，行为的结果和反馈的信息也会对警察的认识产生影响，并对他以后的行为产生作用。管理学家和心理学家从不同的角度研究了怎样激励人的问题，并提出了许多激励理论，这些理论从不同的角度将其分为四类：内容型、行为改造型、过程型和综合型。

警察这种公共组织相对于其他的一些企事业单位来讲，更具有特殊性，从一般意义上来说，警察这种公共组织是以公共权力为基础，运用公共权力管理社会公共事务，谋取社会公共利益，具有法律和习惯赋予强制性权力的组织机构。在所有行使国家公权力的机关中，警察这类行政机关比较特别。警察的人力资源激励就是指警察部门采取科学的方法和策略，调动警察的工作积极性，使其朝着实现警察组织目标的方向前进的管理活动。

（一）警察人力资源激励的原则

为了保证警察人力资源的激励机制有效地进行，警察部门的激励必须遵循以下三条基本原则。

1. 外在激励与内在激励相结合的原则

激励在形式上可以分为外在激励与内在激励。外在激励就是通过外在条件的刺激来对人的动机产生影响，从而改变行为人的行为，进而提高行为人的工作积极性。而内在激励主要是从人自身出发，通过自我启发、自我反省等方式，充分发挥主观能动性，通过自我启发的方式真正从思想上提高认识，树立工作的信念。相比较而言，外在的激励能更加形象地规范出来，外在激励也多以规范的形式出现，通过建立制度和措施，鼓励或者限制警察的行为，而内在的激励过程显得比较漫长，自我认识本身就是一个漫长的过程，在这个阶段不能操之过急，否则会违背人类的客观规律和认识规律，取得适得其反的效果。从两种激励方式的不同表面形式来看，内在激励注重的是自觉性，从警察的自身出发，而外在激励是从外在的条件刺激出发，比较被动，但这两种激励方式并不是孤立无关的。通常警察在受到外部刺激的时候，会对自我的思想也产生冲击，从而由外在激励转化为内在激励。经过人的自我思考之后，对同样的事情就会产生不同的看法，对外部的刺激会解读出不同的感悟，这就是内部激励对外部激励的影响，由此可以看出，人的行为是外在因素和内在因素共同作用的结果，所以在实践中要重视这两种激励方式，从两个角度出发，综合使用两种手段，以此来达到强化激励的目标。

2. 物质激励和精神激励相结合原则

人的需求可以大致分为物质需求和精神需求，二者缺一不可。所谓物质激励就是通过物质的奖励手段，激励工作人员工作的方式。主要表现为发放工资、津贴、奖金等。精神激励是讲内在激励，是从对其工作绩效、公正晋升、公开表扬等方面进行激励。通常认为物质是生活的基础，精神是上层建筑，是建立在物质基础之上的，但是精神不是孤立的，也反作用于物质，两者相互关联不可分割，相辅相成。从目前我国的情况来看，对警察的激励还是以精神激励为主，对于物质的激励还是相对欠缺，虽然要重视对警察的道德思想方面的激励，但是也不能忽略了对警察实施物质上的激励，尤其在社会主义市场经济的体制下，每个独立的个体都在追求自己利益的最大化，警察作为特殊公共组织的公务员也不能例外，这种环境下对警察进行特殊的激励会有效地提高其工作积极性，对于警察来讲能改善其息息相关的生活环境、生活条件，使其更能安心踏实地工作。在激励的作用上，精神激励和物质激励的作用不同，两种各有优缺点，单位不能一味地强调一种方式的重要性而忽视了另一种方式，两者在现实中应该是相辅相成、缺一不可的。如何将这两种方式有力地结合起来是单位需要研究的话题，激励的过程中既要考虑警察的需求，也要考虑组织的需要，只有这样，才能把物质激励和精神激励相结合，使之成为警察组织管理的良性手段。

3. 正激励与负激励相结合原则

正激励就是指在警察的工作符合组织目标的时候，对警察所做的嘉奖。所谓的负激励就是在警察所做的工作不符合组织要求时所进行的惩罚性激励。正负激励是两个方向，都是有效而必需的，它们是从两个角度对警察的行为进行强化改造，可以说正激励是主动性的激励，对正确的行为进行强化嘉奖，鼓励警察继续做这样的行为，而负激励是被动的激励，是通过对不对的行为进行负面评价来抑制警察这类不佳的行为，使其改正错误。正激励和负激励都是必要而有效的两种方式，都会对警察的行为产生影响从而改善其在组织中的工作表现，这种正负激励的作用，不仅仅是对当事人有作用，对周围的工作人员也会产生影响，这种榜样的效应会给组织带来良好的风范，会产生隐性的行为规范作用，为周遭的警员树立起良好的形象做出示范。

当然，正负激励是分别主导两个方向，各司其职，针对的是员工的正确和错误的行为，如果只关注正激励的作用，只在员工正确的行为上给予示范，则会让更多的员工感受到正确行为的嘉奖而忽视了对不正确行为的修正；同样的道理，如果只关注负激励的效果，则只能对失范行为进行警示。可以看出，正负激励是相互配合，互相促进的两种激励方式，从不同的侧面对人的行为起到强化作用。只有这两种方式共同作用，树立起正面的榜样和反面的典型，才会形成一种良好的组织风气，产生无形的正面行为规范，使整个警察组织的行为导向更明确，更富有朝气，最终使得警察机关的管理更加完美。

（二）警察组织的激励机制

1. 薪酬激励机制

薪酬机制是人力资源管理中应用最广泛的激励方式，薪酬是警察工作行为的基本动力，合理的薪酬制度不但能够保障警察的生活，也能极好地提高工作人员的效率。20 世纪 90 年代我国公务员的薪酬水平普遍较低，与警务人员对社会奉献不成正比，随着社会的发展，国家对警察的薪酬适当地加高，现在我国警察的薪酬水平已经处于社会平均水平，警察的工作积极性得到了一定的提高，在一定程度上保障了警察队伍的稳定。薪酬的激励要与社会的发展水平相适应，在保障警察基本生活的前提下，适当地给予加薪的鼓励，较好的社会地位和收入水平，以及较好的工作环境能够吸引更多的社会人才投身到这个事业中来。一般的薪酬主要是由岗位工资、工龄与学历补贴、业绩工资、奖金以及一些福利构成，薪酬的激励主要是从业绩工资、奖金和福利方面来看，因为岗位工资和工龄与学历补贴较为稳定，而业绩工资，奖金和福利相对比较灵活，一旦工作做得佳绩，单位给予较高的业绩奖金对工作人员来讲还是有很大的刺激作用，警察组织作为一种特殊的公共部门，虽然是以服务公众为目的，以社会公益为目标，但其也会有自己的工作绩效，通过各种考核机制来确定，来保证达到组织的目标和任务。而奖金的给予与业绩工资有一定的相似之处，奖金是对出色完成任务的工作人员给予的奖励，鼓励工作人员努力工作达到绩效标准。福利是一种隐形的奖励，很多时候，好福利的单位能吸引更多的人才到组织中来。如何在各项工作中利用薪资的激励作用是我们一直研究的问题，能很好地将这种激励作用调动起来并将其完美地运用到警察组织中去，提高警察的积极性，增加组织的效益。

2. 晋升激励机制

当物质上得到基本满足的时候，警察更多的是追求个人职业上的发展。职务的晋升是警察个人职业生涯发展的重要途径。晋升是一种复杂的激励，晋升的激励意味着待遇职务的各种变化，但是最重要的还是成就和地位给警察带来的满足感。1995年我国开始实行职务工资制度，根据职务的大小来决定级别的高低，虽然职位的提高会提高工资的待遇，但是提高所占的比例在工资中还是占小份额，所以从这个程度上讲，晋升的激励更多的是满足警察对成就的追求，对地位的向往。警察一旦获得了晋升的机会，会觉得是组织对其工作能力和工作效率的肯定，会大大增加警察的满足感。此外，所谓人往高处走，晋升的好处带给警察的不仅仅是工作的转换，工作的成就感，对工作的肯定，还有机会的索取，更多发展和学习的机会也是晋升给警察带来的诱惑。

3. 奖惩激励机制

奖惩激励是警察组织在队伍的管理中运用奖惩措施对警察的工作积极性产生影响的一种方式，在所有的激励方式中，奖惩激励是运用得最广，效果最好的一种激励方式。奖惩激励分为两个部分：一个是奖励激励，一个是惩罚激励。所谓奖励激励就是说组织对单位中表现突出或有特殊贡献的警察给予一定的嘉奖，包括一定的荣誉赞扬或者物质上的奖励。奖励就是对警察某种行为或者成绩给予正面肯定，这种肯定包含着组织对其的表扬和同事对其的认可，对警察本身来说具有正面积极的作用，对周围的同事来说也有示范和情感上的刺激作用。惩罚制度是组织对工作中有过失的工作人员给予的负面评价和处分等，这种负面的警示能够减退或者遏制不良的行为出现，收到一定的预期效果。任何一个单位都有自己严格的奖惩制度，有效地利用这个杠杆，能产生意想不到的结果。

4. 目标激励机制

每个单位都有自己的目标，根据目标的不同有短期目标、长期目标之分。目标激励是指单位的领导根据实际情况制订出单位的奋斗目标，用美好的愿景来激发工作人员奋发努力的积极性。目标是一个单位所有人员奋斗的大方向，没有方向的努力犹如脱缰的野马肆意奔跑。在实际操作中，在设置单位目标的同时可以细化警察个人的目标，目标是激发警察行为的催化剂，警察一旦达到了自己的目标、组织的目标，就会滋生一种极大的满足感和成就感，可以使警察在某种层次的需要得到满足。

5. 竞争激励机制

现在警察组织已经引入了竞争机制，制定了相关的竞争政策，在招聘与晋升中使用了竞岗聘用的机制，一改计划配置的僵硬。竞争机制是行为激励法的一种方式，它是在单位中引入优胜劣汰的原则。竞争激励是一种横向的激励，是在竞争对手的较量中不断激励自己力争上游，从而脱颖而出。科学的激励本身就是有一种竞争精神，各种激励本身也能创造出一种良性的竞争环境，进而也形成一种竞争机制，从这个角度来看竞争与激励是相互影响、互相促进的。竞争能给警察带来工作的动力，能激发警察个体的工作热情，发挥创造力，产生巨大的工作效能，对现代的管理具有重要的意义。但是在强化竞争激励机制的同时要保证公平这个前提条件，可以说没有公平的保障，竞争激励机制将产生不了效应，因而要充分认识到公平感对于调动警察个体间的竞争意识的重要性。只有树立起正确的公平观念，才能充分发挥竞争的激励作用，达到提高工作积极性的作用。

6. 情感激励机制

情感激励是满足警察在情感上的需要而形成的激励机制，情感激励的范围很广，主要包括爱的激励、关怀激励、尊重方面的激励以及对文化认同上的激励等。人是感性的，除了在物质等一些实质意义上的需求外，更多的是情感上的需求，再加上人对物质的需求是基本的，物质激励的作用和效果是有限的，相比较而言，情感的激励却是无穷的。情感上的激励也包括警察对警察组织的认同感、归宿感方面的加强，对组织的认同感加强会激发警察为实现组织目标而努力工作，警察对组织的情感会加强警察的工作动力，增加警察组织内部人员的凝聚力，良好的工作环境会增加组织的效益。此外，情感上的激励也会协调警察个体间的关系，使警察有良好的工作情绪，很好地缓解警察工作中的压力，提高警察的情感适应能力。组织对警察个体的关怀激励也是情感激励的一种方式，互相体谅的组织能给警察带来全面的关心，使其与组织的关系变得更加和谐。

三、警察人力资源的开发与利用

（一）警察人力资源的开发与利用概述

警察人力资源的开发与利用是警察组织按照发展计划，合理有效地开发警察，使其能够发挥自己的最大潜能，为警察组织做出最大的贡献。警察人力资源的开发与利用严格来说是由两个部分组成，但是人力资源的开发和利用这两部分有同样的目标，内容互有侧重，虽然独立存在，但是互相关联、相辅相成。警察人力资源的开发是根据警察组织的特殊性和组织的任务而采取的对警察的针对性、专业性、技术性的教育和培养，所以跟一般的人力资源的开发不同。警察人力资源的利用是对在岗或新招聘的警员采取合理配置、调配、交流等手段，使警察人力资源得到充分的利用，实现警察组织与警察双赢的过程。

警察的人力资源开发与利用是一个开放的过程，影响这个过程的因素很多，主要有以下四个因素：第一，警察组织的文化背景。一般的组织都会存在自己的文化氛围，部门文化是一般的文化在部门中的内化过程，又是部门精神和价值观在部门成员中的贯彻与传承途径。第二，组织内环境。警察人力资源管理的任何一样工作都会受环境影响，人力资源的开发和利用也不例外，组织内的环境是人力资源开发与利用的最直接的环境，这里的环境也包括了组织的氛围、管理机制等，好的组织氛围、有效的管理机制对人力资源的开发与利用有促进作用，为人力资源创造有利的环境基础。第三，警务人员的素质。警务人员是警察人力资源开发与利用的直接作用对象，开发与利用的成功与否很大程度上与警务人员的素质有关联，素质好的警务人员能为组织大大地节约教育培训成本，能高效简洁地达到警察组织的目标，反之就会加大组织的负担，花大成本也未必能达到目的。第四，社会环境。社会环境是人力资源开发的客观条件，是与其相关的各种社会因素，包括政治因素、经济因素、技术要素等。一个国家的政权稳定是保障各个公共部门有序工作的根本条件，警察组织也不能脱离这个保障。如果社会经常陷入动荡，时局不稳，法律法规和方针政策总是变幻不定，警察组织就不可能做好人力资源的开发与利用的工作，与此同时也要考虑经济因素，经济是基础，人力资源的开发与利用也是建立在经济基础上的。

（二）警察人力资源开发与利用的重要性

1. 为警察组织的发展提供了人力方面的支持

管理大师德鲁克说："一个组织的目标在于使平常人做出不平常的事来。""对一个组织的考验就是要使平常人能够取得比他们看起来所能取得的成就更大的成就，要使其长远的长处能够发挥出来，并利用每个人的长处来帮助所有其他人取得成就。组织的任务还在于使其成员的缺点相互抵消。"警察组织作为特殊公共组织，是以人民大众为服务对象，直接代表政府的形象，所以对人才的要求更加严格。社会不断进步，这就需要警务人员与时俱进，尤为显得警察人才开发与利用的重要性。警察组织的发展目标和任务也具有多样性，这些多样的目标需要组织随时对资源进行整合，是个漫长的过程，只有警务人员不断地学习和进步才能保证达到组织的要求，人力资源的开发和利用为挖掘警务人员的潜能提供了渠道。

2. 为其他人力资源管理打下了基础

警察人力资源的开发与利用是整个警察人力资源管理必不可少的一部分，也是整个人力资源管理的基础。人力资源的开发与利用的效果直接影响整个人力资源管理活动的开展。人力资源有效的开发和利用可以实现组织的既定目标，保障组织中的人岗匹配、任人唯贤，也为警察个人的发展奠定了基础，对警察实行个性化的安置，在长期漫长的再教育培训中不断提高警察的素质，提高警务工作的效率，有重要作用。高素质的警务人员有利于警察组织开展其他人力资源的相关工作。

3. 有利于增强警察队伍的战斗力

警察人力资源的开发和利用是警察各部门开展各项工作和活动顺利进行的保障。警察组织工作的有效开展离不开自身的资源，警察组织的资源大致可以包括人力资源、物资资源和财力资源。在这三种资源中人力资源是最核心的资源，在三种资源中处于支配地位，人力资源的好坏直接影响组织对三种资源的利用。因此对人力资源的开发与利用就是对警察组织的核心资源的加强，直接改善警察的素质，提高警察的战斗力，从而进一步提高整个警察组织的工作效率。

4. 推动了警务工作的发展，提高了警察的工作效率

社会的进步和发展要求警察组织不断调整警察的部署，警察人力资源的开发给警察组织增添了新的元素，对新的人力资源的调整会对原来的人力资源部署产生改变，自然会引起人员的流动以及流失，但是同时也会改善整个警察组织的结构。从另一个角度上看，新的人力资源会带来新的元素、新的理念、新的管理思想，这都会对原有的人力资源产生冲击，带来矛盾，但是新的思想也会带来与时俱进的服务意识和竞争意识。这些结构和新的理念都推动着警务工作的发展。此外，警察人力资源的开发和利用也影响着警察对警察职业的认识和归宿感，通过人力资

源的开发和利用增强了警察对警察职业的认识，增强了警察对警察职业的归宿感和依赖感，会促使警察更加投入到警务工作中来，从根本上改变其服务态度和服务质量，从而提高警察的工作效率。

（三）建立以培训为基本方法的警察人力资源开发机制

警察的人力资源开发主要是通过对警察的培训和教育来实现的，如何做好警察在职业生涯中的培训是需要重视的问题，只有建立起以培训为主要工作的警察人力资源开发机制，才能不断地提高警察的素质和竞争力。警察人力资源的培训是指警察组织根据法律法规的规定，运用一定的形式，有组织有计划地对警察进行各方面的教育和训练活动。对于警察的培训工作并不单一，在培训的再教育过程中主要是对以下三个方面进行加强。第一是政治素质的加强。归根到底，警察是国家的办事机构，执行的是保护国家安全，维护社会稳定的重要职责，每个警察代表的都是国家和政府的形象，因此警察的政治素养必须过硬，对于其政治理论等方面的加强不能松懈。第二是法律观念和法律意识的培训。我国是社会主义法治国家，国家行政机关必须依法行政，将法治观念贯彻进任何行政行为中，而不是随心所欲地滥用手中的权力。然而目前警察整体的法治观念还不强，必须加大警察法治知识的学习。警察法律素养的高低将直接关系到警察个体工作中是否依法行政。第三是专业知识方面的学习。社会变化进步很快，知识成为经济、社会发展的重要工具，警察需要不断钻研专业新知识，才能进行技能的更新，才能适应社会的需要，跟上时代的步伐。

在警察人力资源开发中的培训是十分重要的，充分认识人力资源开发中培训的重要性有助于警察在人力资源管理中，以正确的观念和态度从事这一重要工作，积极完善培训制度、体系、技术和方法。人力资源开发培训的重要性主要从以下三个方面来看。第一是社会的发展、科技的进步、知识时代的到来使警察人员面临前所未有的挑战。警察如果固守过时的学习理论，运用淘汰的学习方法，也终将被时代所淘汰。警察只有接受新的教育和培训，用知识将自己更好地武装起来，才能适应社会的变化，跟上时代的步伐。第二是社会和组织对警察产生的客观上的要求也迫使警察不得不接受新的知识。社会的变革自然会给整个社会带来新的思想和变化，组织作为社会的一个成员也终将适应时代的节奏。社会的变革、组织的变化对警察提出了更加严格的要求，人力资源的培训将警察的步调与社会的节奏协调一致，共同进步，更好地为社会服务。第三是社会问题的日益增多也给警察带来了压力，使得警察人力资源的培训成了客观需要，面对日益复杂多变的困难，警察唯有根据形势与发展的需要，通过培训，不断地完善自己的知识、能力和素质，才能更好地履行国家的职责。

（四）警察组织人力资源的合理利用

警察组织人力资源的合理利用与人力资源的开发是个互动的过程，由于社会环境、组织环境以及各种因素的变化，不仅要加强对警察组织人才的知识技能结构进行培训改造，也要对整个组织的内部人才结构进行适当的调整，这种调整就是所说的对人才的合理利用。组织对于人才的合理利用主要是从以下两个方面来看。第一对原有的警察人员进行合理的调配。警察组织对原有的警察人员的调配是指根据组织的需要或警察工作人员的意愿，根据法定程序，对工作人员调换工作岗位的一系列活动。合理的调配就是在警察组织内部做适当的修正，对于保障真正做到人岗匹配，人适其岗有重要的作用，能使警察组织的人力资源得到充分的利用，也能改善组织的结构，提高警察组织的工作效率。第二是对新进的警察进行合理的配置。在对人员进行一系列考核、了解、录取的基础上把新进成员安置到合适的岗位上，在这个过程中要明确岗位工作的职责和权利，这是配置工作的首要条件，配置是个双向匹配过程，既要使得工作适合警察，也要让警察适合这个岗位，尽量做到适人适岗。此外还要认识到人力资源的配置是个动态的过程，在初次配置完成后要注意观察新进警察与岗位的契合度，及时调整不能胜任岗位工作的人员。

第三节　传统警察人事管理与警察人力资源比较分析

随着社会经济的快速发展，我国已经进入到了"人力资源管理和开发"的时代。传统的人事管理制度已经不能适应当今经营管理活动的要求，为了更好地促进经济社会的快速发展，推进各种企业、事业单位以及政府公共部门组织目标的实现，完善和发展人力资源管理意义重大。警察机关也同样如此，为了更好地体现警察人力资源管理的优势，在此对传统的警察人事管理和警察人力资源管理进行一下比较分析。

一、传统警察人事管理与警察人力资源管理的相同性

警察人力资源管理是在传统的警察人事管理的基础上发展起来的，也是为适应社会经济发展的要求所倡导实施的，二者的相同性主要在以下三个方面有所体现。

（一）管理任务

警察机关作为带有武装性质的国家暴力机关，在国家行政系统中具有特殊性，对警察组织内部人员的管理也更加严格和复杂，但是传统的警察人事管理和当今的警察人力资源管理，在管理任务方面有着相同性。无论是传统人事管理还是人力资源管理都把人员的招考聘用、考核奖惩、职务升降、考勤、工资福利、档案管理、教育培训等作为基本的管理任务。

（二）管理对象

传统警察人事管理和警察人力资源管理的管理对象都是人，都对组织成员在处理事务过程中产生的人与人、人与事以及人与组织之间的相互关系进行管理。在管理过程中，都要了解人的能力和潜能是否符合工作岗位的要求，都要对组织成员进行合理配置，达到人事相宜的状态。

（三）管理目的

传统的警察人事管理和警察人力资源管理在完善组织管理和保证单位组织目标实现的目的上是一致的，在经济社会快速发展的今天，为了使警察组织能够适应社会现实状况的要求，要特别注意加强利用"人"这一宝贵的能动资源，促进社会财富的创造和组织利益的满足。

二、传统警察人事管理与警察人力资源管理的差异性

虽然人力资源管理是在传统人事管理的基础上发展起来的，但是二

者产生于不同的时代背景，所满足的是不同时代的要求，所以显示出了二者的不同之处，在警察机关对组织成员的管理方面主要有以下七点。

（一）管理观念

现代人力资源管理把人力看成是一种重要的资本性资源，认为人力资源能够创造价值，将人视为单位的生产力和动力来源。而传统的人事管理在一定程度上把人力看成是一种成本负担，注重对人的使用和控制，尽量降低人力投资，管理工作都是以"事"为中心开展，只见事不见人。在警察组织管理中这种差异性更加明显。由于警察组织任务繁重，警察个体被过度地控制和使用，但由于财政和经费的限制，对警察个体生存与发展需要的投入很少，还是那种封建衙门似的管理观念。可见，现代人力资源管理比传统人事管理更具有科学的预见性，管理观念更能体现出对个人生存发展需求的关注与尊重。

（二）管理模式

众所周知，传统人事管理是一种"被动反应型"的管理模式，警察机关内部的管理也同样如此。这种管理模式以"事"为中心开展管理工作，并且人事部门对于管理的制度、方法、策略等缺乏主动性和发言权，一般情况下都是按照单位领导的意志办事。现代人力资源管理则是一种"主动开发型"的管理模式。运用现代化的科学方法对人力资源的取得、开发、利用和保持等进行主动的计划、组织、指挥和控制，在管理的整个过程中注重挖掘人的潜能、激发人的创造力。同时，人力资源管理要求主动地去发现问题的所在，寻找对策，得出解决的办法。人力资源管理的这种模式无疑对警察组织健康有序的发展和组织目标的实现有重大的推动作用。

（三）管理方法

传统的人事管理在管理过程中把人员的招聘、录用、培训、考核、奖惩、晋升、调动、退休等都孤立地分割开来，造成管理的内容和事项相互脱节，缺乏连续性、协调性和科学性。在传统的警察人事管理中也是同样如此。同时，传统的警察人事管理不重视人员的开发和利用，最多只是为了工作的需要而加强体能和业务技术的训练，比如搏击、射击等。这样很容易造成人才浪费、才能压制，严重阻碍了工作效率的提升和警察的个人发展。现代警察人力资源管理则把人员的招聘、录用、培训、考核、奖惩、晋升、调动、退休等管理联系起来，把全部人员作为一个整体进行统一的动态性管理，同时注重个人才能的挖掘，注重个人危机意识、竞争意识和责任意识的培养。

（四）管理内容

传统的人事管理内容主要包括档案管理，如记录员工进出、工资晋升、职务升降、岗位变动及奖惩等情况；人员招聘、选拔、委派、工资发放等具体工作；奖酬制度的设计与管理、拟定绩效考评制度与方法、人事规章制度的制定、职工培训活动的组织等方面的工作。管理的内容比较固定和简单，传统的警察人事管理也大体如此。警察人力资源管理不仅包括了以上的管理内容，而且还要根据警察机关的发展目标，制订人力资源发展规划、科学合理组织和使用人力资源、进行警察人员的教育和培训、帮助警察个体实施个人职业生涯规划、建立科学的绩效评估机制，使人力资源得到充分有效的开发利用。

（五）管理重心

传统的警察人事管理主要以事为中心，过分强调人适应工作，重事不重人，管理活动局限于给人找个工作岗位，忽视对于人的开发利用，把注视的焦点都集中于工作任务的完成和组织目标的实现，这对于从事警察工作的警察个体有着极大的危害性。传统的人事管理不能按照每个警察人员的特点和条件为其安排适合自己的工作岗位。警察人力资源管理以人为中心，把人看作是一种宝贵的资源，注重对人的潜能的开发和利用，为警察个体的发展提供和创造各种有利条件，而不再把人看成是管理和控制的工具，这样既是对警察个体更好的生存和发展负责，也是为更好地完成组织任务，实现组织目标负责。

（六）管理关系

在传统的警察人事管理中，管理者与被管理者是一种对立型的管理关系，警察个体间的地位和层次明显，具有压制性，这显然不利于激发警察个体的工作热情和工作的主动性。在警察人力资源管理中，强调以人为中心开展工作，这是一种和谐型、合作型的管理关系，强调人际关系的融合，强调人与人之间的平等，强调团队合作精神，从而达到组织目标和警察个体目标的实现。

（七）绩效考核

传统警察人事管理的绩效考核缺乏公开、公平、公正原则的体现。在这一管理体系下，传统警察人事管理的绩效考核方法单一，只限于定性的描述，不能明显地区分每个警察个体的业绩状况和工作优劣，使绩效考核失去了应有的意义，这就使得考核缺乏科学性和合理性。警察人力资源管理的绩效考核要求将考核的结果与人力资源管理过程中的人员培训、薪酬管理、职业生涯管理等环节挂钩，同时要做到全面考核和科学考核，并将考核结果及时地反馈给警察个体，将绩效考核的结果将作为警察人员聘用、奖惩、晋升的重要依据。这样也就能使警察个体的工作成果得到充分的尊重，从而使绩效考核更加的公平公正。

第四节　我国警察人力资源管理中存在的问题及完善途径

一、我国警察人力资源管理的主要问题

我国警察的人力资源管理经过一系列的改革和演化达到了一定改进成效，但就目前来看，我国警察的人力资源管理方面仍旧存在不少的问题，这不无结合当代我国的国情和国内外的大环境的原因，更重要的是从我国人力资源管理产生的环境来看，我国的人力资源管理经历了漫长的发展。

（一）警察人力资源管理观念更新不完全

真正树立起先进的警察人力资源管理的概念，并将其原则贯穿于人力资源管理的每个环节，将有效改善警察组织内部的工作气氛，有效提高警察组织的工作效率，也为警察自身提供一个更广阔的发展舞台，实现真正意义上的双赢。但是就目前的情况来看，虽然现代的人力资源的口号和名词已经渐渐进入人们的视线，但是对于其概念的深入理解却并

没有达到理想的效果，警察内部很多人仍然打着人力资源管理的口号，实质却是沿袭传统的人事观念的本质，对于人力资源的整个过程仍然归结为简单的"进、管、出"三个部分，把人视为简单的资源，不知道如何以人为本，真正做到有效开发警察的潜力从而增加警察组织的效力。这些都可以看出人力资源管理的概念更新得并不到位。除此之外，警察组织因为其性质的特殊性，"官本位"的思想依然存在，这就不得不影响到我国警察组织聘用制等一些改革创新制度的工作开展，造成警察内部工作人员的因循守旧，缺乏创新意识和竞争意识，警察组织的活力效率得不到有效的提高。再加上人力资源在警察组织的重视程度不高，对于人力资源的改革就越加显得缓慢。

（二）警察人力资源管理方式老旧

从国外一些发达国家公共部门的改革经验可以看出，公共部门特别是政府等部门实行改革的时候，应该以市场为导向，在公共部门内部形成具有竞争性的人力资源管理体制，在经验的整合过程中，逐步建立和完善公共人力资源管理的体制，使得新的公共管理理念真正渗透到管理体制中去。而我国目前的人力资源管理方式仍然很老旧，强调对人力资源的监督、控制，在严格的规划和程序下把人力资源当成完成工作的工具。在对警察的管理上依旧强调死板的监督执行模式，不体现以人为本的精髓，对警察的保障和再教育等各项管理活动不重视，降低了警察的发展潜力，达不到合理使用人力资源的目的。在组织的长效规划中，只注重短期目标，较少进行有效的长期计划，缺乏战略性的规划，造成浪费组织资源的现象。

（三）警察人力资源开发、培训机制不完善

我国警察繁重的工作给警察的生活带来的是压力重重和忙忙碌碌，如此重的负荷，警察通常会感觉到疲惫不堪，前途暗淡。与此同时，警察组织的目光通常关注在每天解决不完的工作问题上，很少将目光转移到警察的开发培训上，造成过度使用现有警察资源，组织工作低下的恶性循环。在警察组织内部，对培训的认识不到位，很多领导虽然知道培训是人力资源开发的重要手段，但是把培训经费当成是组织的成本而不

是长远的投资，有的领导就算清楚人力资源培训的重要性，但是过于追求眼前的效益，缺少长远的眼光而耽误培训的进程。再加上警察组织没有建立起科学系统的培训机制，当前虽然也有越来越多的培训出现在警察的工作中，但是缺乏一个有机的培训机制，没有形成完整的培训系统，每个阶段的培训工作得不到保障。

（四）对警察的激励管理欠缺

我国自从 1993 年实行公务员制以来，公务员制度已经取代了传统的干部制度，但是公务员的激励制度基本上沿袭了传统的干部制度的做法。这种以精神激励为主的干部制激励制度在过去确实发挥了不可替代的作用，为我国的建设做出了贡献。但是随着社会的发展，特别是市场经济地位的确定，由社会进步带来的工作上的压力增加，公务员的社会地位有所下降，公务员的收入相对减少，市场以利益作为追逐对象，降低的社会地位加上社会利益驱使下的不满足，使得精神激励的作用明显减小，越来越不能适应社会的需要，并且日益暴露出其弊端，从这个角度来看，我国警察的激励机制的改革越来越迫切了。

二、完善我国警察人力资源管理的途径研究

（一）全面更新推广警察人力资源管理理念

更新推广人力资源的管理理念最主要的就是要确立人力资源管理中"以人为本"的思想，树立"以人为本"的思想就是要摒弃人力资源管理中过旧的思想和做法，排除各种传统保守的思想，尤其是"官本位"等因循守旧的想法。鼓励人们接受新的、先进的、适应社会的警察的人力资源管理理念。"以人为本"就是要注重人才的开发，舍得给人才培训，制订个性化的职业道路，在整个人力资源管理过程中随时修正个人发展路线，力求最大限度地发挥警察的潜力和创造力，给警察组织带来实质上的效益。充分注重对人才的培养，以人才的能力来决定选拔和任用，给警察组织内部营造一种良性的竞争气氛，一改警察组织一潭死水的局面，给组织带去活力。"以人为本"的管理思想就是要体现出对人才的尊重，在全面落实好激励、保障、服务、培训等方面的管理工作，

努力营造出适合警察发展的舒适的环境，促进警察自我的不断发展，也保障警察工作的顺利进行。

（二）完善警察人力资源管理机制

这里的完善警察人力资源的管理机制主要是要求做好警察的人力资源分类管理、警察的开发管理以及警察的激励管理、薪酬管理，还有警察的竞争管理和监督管理。做好警察的人力资源分类管理主要是根据工作的不同性质、不同要求对不同工种的警察分别管理，有利于做好警察人力资源的多层次、多角度的开发和管理，从而实现警察的最佳配置。警察的开发管理是做好警察的人才规划等各个环节，在整个警察人力资源管理过程注重挖掘个人潜力，开发创新能力。激烈和竞争管理是给组织带来活力的有力途径，打破论资排辈的陈旧思想，实行能者上任的公平机制。警察的薪酬管理的完善主要是改善薪酬不平等、结构不合理的现象，力求达到以能力论薪资的水平。警察的监督管理是保证警察正确合理使用手中执法权的重要保障，警察只有在法律规定的范围内实行自己的执法权才能不越过界限，保障公众的合法利益，真正体现为人民服务的宗旨。

（三）重视警察的人力资源开发、培训、再教育

对警察的人力资源的开发、培训、再教育有利于警察潜能的开发，能够最大限度地发挥警察人才的能力，因为人力资源在组织中的核心资源地位，人力资源的有效开发还能有助于财力资源、物质资源等各种资源的整合，从而有效地提高组织的绩效。警察部门对警察的开发培训再教育必须以组织的实际需要，结合组织的长远规划目标，立足于警察本身的个性特点和条件，通过提供各种培训交流学习机会，全面提高警察的综合素质，将警察组织培养成学习型组织，形成良好的学习氛围。以不断适应社会的需要。对于开发培训再教育的方法要科学、全面，并设置评估考核机制，保障开发培训再教育的有效实行以及事后的积极反馈，了解活动的目的达成情况，也提高一切活动的有效性。

（四）重塑和完善我国警察的激励机制

重塑和完善我国警察的激励机制需要从多方面入手，既包括选择合理有效的激励手段，也包括一个完整的人力资源激励过程。激励主要是在警察已经进入到警察组织以后的管理活动中呈现出来的。人是多重和复杂的，这就决定了激励的具体方法和手段的多元性，实践证明，只有在明白警察的需要的前提下，综合运用多种激励方法才能达到最大的激励作用。常用的激励方法主要有目标激励、奖惩激励、参与激励、成就激励以及感情激励。在激励的过程中也有一定的监督保障方法，为激励的有效进行保驾护航，这些激励过程中的管理包括激励导向、激励检测、资源分配以及信息反馈。在激励进行的过程中还要合理有度地掌握好各项相关指数，比如激励的时机，对于时机的把握可以影响警察的激励效果，实践表明，适时的激励可以达到最佳的激励效果，收到事半功倍的结果。

第三篇

警察教育篇

第八章　警察教育的基本理论范畴

第一节　警察教育的概念及意义

一、警察教育的概念

警察教育用英语有两种不同的表达方式："police education" 翻译为"警察教育"①，其侧重知识的传播；"police training" 翻译为"警察训练"，其更侧重于技能的训练。那么如何选择 "education" 和 "training"，这就谈到了对"教育"一词的理解了。

什么是教育？传统的教育学认为教育是根据一定社会、阶层的要求进行的有目的地传授知识和技能，培养良好的思想品德，发展智能和体能。对于这种狭义的"教育"观念来说，"教育"具有比较明显的局限性，也并不能实现受教育者的全面发展的目的。所以，作为一项培养人的活动，只要是有目的地增进受教育者的知识技能，影响人的思想品德，不论系统与否，有组织与否，都可以被称为教育。

由于"教育"所包含内容的侧重点不同，对于警察教育的概念而言也有 "education" 和 "training" 两种不同的理解。

对于东方综合模式的国家在警察教育中主要是传授从事特定职业的必备知识和培养实用技能。警察教育偏重理论灌输，轻实战训练，以注

---

① 肖郎，施峥. 中国近代高等警察教育综论 [J]. 浙江大学学报，人文社会科学版，2002（5）.

入式的教学方法为主。以我国 2006 年全国自学考试全国统考课程为例，监所管理专业必考的 13 门课程是：宪法学、法理学、刑法原理与实务、犯罪学、刑事诉讼原理与实务、教育改造学、警察管理学、民商法原理与实务、监狱学基础理论、狱政管理学、劳教学基础理论、劳教管理学、监所企业管理。这样的课程设置，除了迫使学生记忆一些固定的结论之外，能力训练少之又少。这种只是以传播知识为主的警察教育面临着一些弊端和困境：现行的警察教育培训中教学内容与方式滞后于公安实践和信息时代的发展。学生被动地接受知识，工作实践中最为常用的技能只是在书本中出现；知识老化现象突出，新知识、新观点、新信息进入教材的过程缓慢，案例教学、情景模拟教学基本上处于点缀状态。

对于英美等盎格鲁 – 萨克森警察体制国家来说比较重视实践教学，教育内容结合实际突出针对性、实用性，在教学中不仅讲理论，还联系实际，强化模拟训练，提高实际应用能力。警察教育中不仅包含理论教育还包括警察体能、技能训练。以美国警察的职业化培训为例，自 1908 年，美国加利福尼亚州伯克利市警察局局长奥古斯都·沃尔默创立了美国第一所警察训练学校开始，美国一些大城市警察局也陆续建立了自己的警察培训机构，如芝加哥警察局培训机构、纽约警察局培训机构、加利福尼亚州伯克利警察学校等①。从培训内容看，美国的警察教育培训学校重视解决刑事执法方面的问题，诸如警察机构的政策与执法程序、巡逻方法、交通管理、警用器械的使用、紧急抢救、强制措施、体能训练、街头实习等。美国警察教育培训模式的优势在于：培训内容贴近警务实践。

对于警察教育而言，其不但具有教育的普遍属性，同时也有广义与狭义之分。广义的警察教育包括由公安、司法行政系统为培养公安、监狱管理、劳动教养等方面的人才以及承担相应人员训练任务的教育活动；狭义的警察教育仅指公安院校对公安人才的教育与训练。但是，随着现代警务理念的传播，越来越多的国家兼采理论传播和时间训练。在美国警察训练中，除了 4 ~ 6 个月的时间学习法律知识、警察业务和警

---

① 金莲. 关于警察教育培训改革的探讨 [J]. 云南警官学院报，2009 (5)：3.

察技能之外，还要进行 1~17 周的专业技能训练。韩国警察大学学生所接受的警察教育也如此：学生除了完成一般课程外，还要完成指定的技能性、实践性课程以及到实践部门实习①。这种包含了专业技能、思想品德、实践技能等综合内容的教育活动成为警察教育的主要内涵。

二、警察教育的意义

（一）警察教育对生产力具有反作用

一方面，生产力的发展推动着警察教育的发展，另一方面警察教育对生产力有反作用。人是生产力中为最基本、最活跃的因素。国家能否长治久安，经济建设能否可持续发展，从一定意义上说，关键在于人，这里所说的人是指社会事业建设者、劳动者，是拥护社会主义制度的人民，有了这样的接班人，国家才能更好地发展，而培养无私奉献、掌握现代科学技术的人民警察，必然依赖警察教育。通过培养具有警察专业素养的警察队伍，国家才能为集中力量发展社会生产力提供和平稳定的社会环境，从而促进生产力平稳快速的发展。

（二）警察教育对政治、经济有重大影响和作用

警察教育一经形成便会产生一种社会力量，便会具有自身的相对独立性，能对政治、经济产生巨大的反作用。首先，警察教育培养一些警察专门人才，能够担负国家赋予的防范、惩罚犯罪和管理社会治安的职责。我国仍处于社会主义初级阶段，警察教育要坚持马列主义、毛泽东思想和邓小平理论的指导，培养一批高素质的警察队伍以实现我国建设成富强、民主、文明、和谐的社会的目标。通过不同种类、层次和不同形式的警察教育的熏陶而建立起来的警察队伍在履行党和人民赋予的职责的过程中，会更加忠诚地保卫和实践以宪法为核心的法律制度，同时创造、丰富和完善国家维护社会治安所需的法律体系。其次，在社会主义市场经济条件下，警察院校应该将教学、科研和生产相结合，高等警察院校不但应成为警察教育的培训中心，更应该成为警察科技的生产中

---

① 金莲. 关于警察教育培训改革的探讨 [J]. 云南警官学院报，2009 (5)：3.

心。在新时期，警察教育要全面贯彻党的教育方针，要想实现自我发展、自我完善就必须走警察教学、科研和生产相结合的道路。因此，警察教育对经济有重要反作用。

（三）警察教育对人的作用

受教育者的发展受遗传和环境的影响，但是教育对于受教育者来说，起着主导作用。警察教育尤其是学校的警察教育是一种有目的、有计划、有组织地对受教育者进行培养的活动。这种活动通过法律法规、行政手段、道德手段对受教育者进行强有力的灌输和影响。教育主体——警察院校的培养教育活动要按照既定的目标，遵循培养客体的身心发展规律，运用科学的教育方法，充分利用现代化教育训练场所和教学器材，将受教育者培养成新时代人民卫士。这种集中的、目的明确的、高强度的教育活动足以克服遗传和环境的消极影响，所以警察教育对于受教育者的发展来说处于主导地位。

第二节　警察教育的内容及形式

一、警察教育的内容

（一）思想教育

思想是行动的预演，必须牢固树立起与警察工作性质和职业要求相适应的思想，才能实现最高层次的自我需求和期望目标。思想是指客观反映在人的意识中经过思维活动而产生的结果，是人类一切行为的基础。警察教育过程中要培养受教育者树立正确的价值观、人生观，树立规范的法律意识。

对警察的人生观和价值观进行准确的定位，对于警察的工作态度和行为取向起着直接决定作用。当选择了警察这一职业时，其就必须树立以实现警察的光荣职责、树立献身法律和社会之需、服务国家和人民的坚定信念、放弃甚至牺牲部分个人意志和利益的追求，将个人价值同社会价值的实现统一于警察的责任和荣誉的价值观。由于警察工作的对象主要是人，警察教育中要培养受教育者的社区警务理念、服务理念。

直至现今，仍有许多人把警察定位为无产阶级专政的工具，警察教育深深地受着这种工具主义警察观的影响，在警察素质的培养上过分地突出对"政治素质"的强调，忽视作为执法者应该具备的公平正义、权力制约、人权、自由平等等法治思想教育。如杨振山教授所言："新中国的法学教育不仅未摆脱'官本位'的阴影，反而通过'专政工具'的理论将学习法律进入仕途、掌握统治权的观念加以正当化、合法化，导致许多法律工作者不仅未确立平等、自由、正义的观念，有的甚至视法律为'掌中之物'，成为其为所欲为的凭借。"① 受到这种教育目的影响的学生在职业活动中往往过于追求和运用权力，而不是追求和运用真理，只知道尊敬权力，不知道尊重他人。法学教育如此，作为与法学教育最具亲缘关系，甚至可以说是法学教育一部分的警察教育亦如此。

1. 树立法律信仰

现阶段，我国法律体系已比较完善，法律实施现状却令人担忧。谈到法律，中国公民并不抱过多期许，认为它并不能起到太大或决定性作用。作为执法者认为公众不守法，而一般公众则认为法律不起作用或作用不够是因为执法者带头破坏法律。目前，对警察行为指责最多的是不依法执法。除了没有建立起有效的监督制约机制外，另一个重要的原因在于对法律信仰不够。在法治社会，"法律必须被信仰，否则它形同虚设"②。通过法治教育焕发出警察对正义等善的追求，使外在的制度约束转化为人的内心信念，形成一种无形的力量，当公平正义的价值遭到破坏时能有所抵抗、有所坚持，从而引导、控制和激励警察的职业活动始终沿着公平正义的目标。

必须使警察内心真正树立起尊重和信仰法律的观念，才能从根本上改变目前部分警察藐视法律、无视法律、侵犯民众权利的现状。如果要求公安机关在执法过程中严格依法行事，在执法过程中保障人权，就不能继续忽视对警察尊重和信仰法律之信念的培养，尊重和信仰法律是警

---

① 杨振山. 国法学教育沿革之研究 [J]. 政法论坛，2000（4）：1.

② [美]伯尔曼，梁治平，译. 法律与宗教 [M]. 北京：生活·读书·新知三联书店，1991：5.

察应当具备的最基本的素质。只有警察内心确立了尊重和信仰法律的信念，才会反思自己的执法活动，发现执法过程中的违法行为，或者注重实体公正而轻视程序规范的做法，以及其他违反现代法治精神的行为，从而自觉加以纠正。

因此，首先，警察院校的课程设置应该将法律课程作为重要组成部分，教学过程中应当将依法治警、控制权力、以民为本、私权优先等理念贯穿始终。不仅要掌握法律规定，还要知晓法律背后所蕴含的精神。其次，构建体现公平正义精神的校园文化，尤其是学生管理工作，公正对待每一个学生，及时表彰学习、品德优秀的学生，让校园充满公平正义的精神，使置身于其中的学生不仅知晓法律等人文知识，更要使学生浸润于人文精神氛围之中。

2. 强化权力制约意识

"权力制约"是防止越权行事或滥用职权的制度保障。① 古今中外的无数事实已经证明，公权力一旦失去控制，就会自发地膨胀，甚至有可能违背民意，追求自己的利益，严重者则会导致腐败。如果不对公权力予以严格的限制和必要的制约，它就会像一匹脱缰的野马，肆意纵横，严重侵害民众的利益。树立权力制观念，对于执法人员而言，就是要严格按照法定的权限行事，自觉接受必要的监督与制约。对于警察权力来说，维护社会秩序的任务越繁重，警察的权力就越大。警察权力越强大，民众的自由度就要减少，其权利就越容易受到侵犯。为了保障民众的自由和权利，必须要通过法律程序对警察的权利加以限制，使其权力的行使可以预见、监督和控制。

通过警察教育，使警察确立起程序优位的思想，树立"确保遵从规则的因素如信任、公正、可靠性和归属感，远较强制力重要"② 的观念，用公正执法唤起人们对规则的情感和认同，而不是通过权力甚至武力威吓、压制，从而引导民众对规则普遍地信服和遵守，用清末法学家沈家

---

① 叶氢. 关于公安学学科建设的几点思考 [J]. 公安大学学报，1999 (5)：5.

② [美] 伯尔曼，梁治平，译. 法律与宗教 [M]. 北京：生活·读书·新知三联书店，1991：43.

本的话说，就是"化民之道，固在政教，不在刑威"①。同时，不仅自己要自觉掌控手中的权力，还要自觉抵制外界对警察权力的不当干涉，使权力的运作符合公平正义的原则，为增进民众福祉服务，使其成为推动社会进步的重要手段。

3. 树立人权保障观念

警察职业的对抗性要求警察多以干涉、限制、取缔、留置、拘留、逮捕等为强制手段，先天具有侵犯人权的倾向。也就是说，警察权对于人权而言，是一把双刃剑，它在保障公民权利免遭犯罪侵害的同时，还时刻威胁着公民的权利。而且，在向来具有重公共利益轻个体权利的中国，警察权在追求维护公共利益的同时，甚至可以无视公民个体的权利。因此，在国人的观念里，执法似乎只是对刑事犯罪开战，人权只是律师和非政府人权组织设在警方执法道路上的绊脚石，这种观念至今仍然根深蒂固。

警察教育中，开发人权培训教材，开设人权课程仅仅是一个方面，另一方面还应横向地把人权包含在有关使用武力、讯问、刑事拘留和逮捕等法律和专业课程中，将人权保护内化为警察的自觉意识，"只有从内心真正认识到尊重和保护人权的必要性，并把它变成自己的职业良知和责任感，警察才能切实承担起保护人权的职责，即使遇到法律不完善的地方，也能尽职尽责，不做侵犯人权的事情"②，从而造就人权的忠实捍卫者。

（二）品德教育

品德是个体社会行为的内在调节机制，是个体依据一定社会的道德原则或规范行动时，表现出来的稳定的心理特征和倾向，在个体的个性体系中居于核心地位。人民警察的品德是人民警察调节自身各项行为的内在机制，突出表现为实施工作行为时与一定的社会道德原则或规范相适应的辩证关系。因此，警察品德的优劣，将非常显著地影响警务工作。

---

① 沈家本. 九朝律考［M］. 北京：商务印书馆，2010：79.

② 徐海晋. 警察公共关系理论与实务［M］. 北京：人民公安出版社，2007：49.

进行警察品德教育首先要明确以下三个问题。

1）端正入警动机是警察院校学生品德素质教育中必须解决的一个首要问题。警察院校学生正确的入警动机就应当是为打击犯罪、保护人民、维护社会稳定、促进社会和谐而从警。然而，当前警察院校有相当数量的学生其入警动机并非完全都是如此，而是有着明显的实用化、功利化的倾向。突出的表现就是部分学生认为警察有特殊的权力，将来可以利用权力为自己谋取利益，把从警作为获取功利的条件。由此可见，要把学生培养成一名合格的人民警察，引导学生端正入警动机乃是警察院校对学生进行品德素质教育中必须解决的一个首要问题。

2）热爱祖国忠于人民是警察院校学生品德素质教育中必须强化的政治素质。胡锦涛同志在同第二十次全国公安会议部分代表座谈时强调指出："要把坚持政治建警放在公安队伍建设首位，把忠诚作为警魂。"可见警察机关和人民警察不变的警魂即是忠诚。警察机关的性质和所承担的政治和社会责任，又决定了警察院校培养的人才，首先必须在政治上忠诚可靠。警察院校培养出来的学生，不但要成为公安业务方面的专家，更要做到"四个忠于"，真正成为党和人民的忠诚卫士。这就进一步强调了警察院校必须牢牢抓住政治建校这一主旨，把热爱祖国忠于人民作为学生必须具备的政治素质，来加强学生的品德素质教育。

3）立警为公的奉献精神是警察院校学生品德素质教育中必须突出的重点。人民警察是维护国家稳定和经济发展的重要力量，肩负着依法治国、建设社会主义法治国家的神圣使命。这就要求人民警察必须牢固树立立警为公、执法为民的奉献精神。奉献就是积极自觉地为社会做贡献。奉献精神是伟大而崇高的，是人民警察最基本的品德素质。这种奉献精神既包含着崇高的境界，也蕴含着不同的层次，既表现在国家和人民需要的关键时刻人民警察不怕牺牲，挺身而出，也融会和渗透在人民警察日常的警务活动之中。人民警察打击犯罪活动，保卫国家安全，维护人民利益的任务本身就包含了奉献与牺牲的道德要求。人民警察的奉献精神主要体现在立警为公、执法为民的过程中。立警为公、执法为民是人民警察的时代主题曲，它源于立党为公、执政为民，是公安机关立警的根基、执法的准则、力量的源泉，是公安工作和队伍建设的生命线。立警为公、执法为民是新世纪新形势下人民警察精神的体现。立警为公、执法为民就是要求人民警察端正执法思想，转变执法观念，把执法为民的思想根植于思想处，贯穿到执法活动的过程中，切实做到权为民所用，情为民所系。

警察道德教育是通过说服、启示、诱导等手段向警察传输警察道德规范，使其自觉遵守这些规范的一种道德建设的方法。警察道德教育是一种组织化、自觉度较高的道德建设形式，它有着比社会舆论更为明确的系统性和方向性，比制度伦理更富有弹性和灵活性。它不是以外在强制的形式发生作用，而是以其全面而系统的道德资源，通过循循诱导的形式，让警察道德规范内在化，使警察自觉地按照道德准则要求自己，从而实现自我约束的目的。从现实生活来看，不论是遏制警察私欲、杜绝以权谋私，还是忠于职守、为民谋利，都取决于警察自身的道德意识和道德勇气。积极的道德意识并非与生俱来，不管是道德认识的形成、道德情感的培养，还是道德信念的树立、道德意志的锻炼都只能来源于学习教育和道德实践。因此，警察教育需要通过多层次多方式的道德教育途径。

目前警察院校的道德教育主要分为两大部分：一部分是理论教育，由教学单位主要通过人民警察职业道德等"学科"课程，以及公共基础课程和专业课程的课堂教学向学生传授和灌输道德价值和规范；另一部分是行为教育，由学生管理单位按照警察院校警务化管理规定，主要通过一日生活、团队活动、社会实践等"活动"课程指导和规范学生的道德实践及日常生活行为，以此训练学生的综合道德能力和对社会、职业的适应性。在警察品德教育中应注意以下三点。其一，调整传统警察道德教育目标模式，把培养警察的道德主体性、独立人格精神和独立自主的道德能力引进警察道德教育的目标系统中，实现从培养"道德的执行者"[①] 到有创造个性的道德人转变。在多元价值观的社会转型时期，警察道德教育的目的并不是要求警察简单地接受和认同主导的职业道德原

---

① 张子荣. 试论中国特色警学理论的基础研究构成 ［J］. 甘肃政法学院学报，2011 (118)：5.

则和道德规范，而是要求警察不仅能够"内化"职业道德原则、道德规范的基本精神，而且要求警察能够在特定的价值冲突情境中创造性地运用道德原则、道德规范，使之成为一种实践理性。因此，提高警察的道德主体能力和培养独立的道德人格精神应纳入警察道德教育的目标系统。只有这样才能在多元道德冲突中既利于发展人、完善人，又利于警察道德的发展和进步。其二，转换传统警察道德教育的内容模式，将非主流的、道德上容许的价值观念纳入警察道德教育的内容体系。警察道德是一个多层次、多要素的价值体系，警察个体所信奉的道德价值和规范也是分不同层次的，因此，除了传统警察德育过程中选择、筛选的先进警察道德观念之外，也客观地存在着非主导的、在道德上容许的、可接受的价值观念。这种客观存在的不一致在社会转型时期更加明显。这种不一致不仅造成警察个体对警察道德价值体系认同上的困难，而且导致了警察德育效能上的两面性，即警察德育既使警察个体对先进警察道德观念的服膺提供条件，具有重要效能，同时又可能使人丧失对道德容许观念的适应、宽容能力，从而造成职业适应的困难，造成警察德育对个体道德水平上的效能降低。为此，就必须调整、充实传统警察道德德育内容，将警察道德上正当、容许的道德要素纳入内容体系。其三，改革传统警察道德教育的方法模式，将主体性原则作为在警察德育中必须遵循的原则。为此，就必须改变过去那种以灌输为重心，以说教为特征的方法模式，把道德灌输与尊重教育对象的理智能力和自主意识结合起来，并突出激励和引导。

然而，由于警察德育的对象——警察是处于社会实践活动中活生生的个体，因而，具有较少强制力的警察德育的成效还取决于警察个体对道德的选择。因此，在警察道德建设中，不能仅诉诸单一的警察道德教育，还必须通过制度伦理建设等手段来硬性约束警察的职业行为。

所谓制度伦理建设，就是指将警察品德律令明文化、制度化乃至法律化，把一些警察品德规范纳入职业制度体系之中，使之成为伦理道德制度，从而获得了制度地位上的明确与认可，减少了道德实施的随意性和人为因素。制度伦理建设意味着警察品德的调控机制实现了从非强制性向强制性的转变，从而使道德的功能发挥有了强有力的机制保障。制度伦理建设还意味着警察道德规范并不一定要转化为警察内心的良心和义务感，转化为警察的自我调解、自我约束和自我评价才能发挥作用。在这里，道德良心变成了制度约束，不管警察是否真心接受都必须遵守和履行。由此可见，制度伦理建设使警察品德实现了存在形式的制度化、调节手段的强制化和作用方式的他律化。这些转变的实现，一方面使警察品德的社会地位更加明确，另一方面使警察道德的践行获得了制度的保障，拓宽了警察品德功能发挥的路径。

（三）智能教育

1. 通识教育

教育的目标是培养完整的人，即具有远大眼光、通融识见、博雅精神和优美情感的人。[①] 在通识教育理念下，学生通过综合、全面、融会贯通地了解人类知识的总体状况，在发展全面的人格素质的同时，对当代社会的重要课题能够从比较开阔的、跨学科的视角进行思考、判断。为了实现上述目标，必须恰当地组织通识教育课程。通识教育课程主要包括政治理论课程、工具类课程、人文学科课程、社会科学课程、自然科学课程。政治理论课程主要包括中国特色社会主义理论、马克思主义基本理论在当代中国的发展等，目的是打牢马克思主义理论与实践的基础，对我国的意识形态、政治制度的选择等有深刻的体认，坚定具有中国特色的社会主义的立场；[②] 学会用政治、经济等方法来观察、思考和处理现实生活中的各种问题。自然科学课程包括物理学、化学、生物学、环境科学、法庭科学等，目的是让学生了解自然现象、自然规律及宇宙既有序又共生的本质，培养学生求真务实的科学态度、科学精神和科学方法。课程内容可适度联系警察职业，甚至还可开设一些专业人文课程。工具类课程包括数学、计算机技术、外国语等，目的是让学生能清晰而有效地思考，有效地领会和表达自己的思想和情感，有效地利用逻辑推理，数量分析，计算机技术分析、处理有关问题。人文学科课程包括文学、历史、哲学、艺术等，目的是培养学生的认知分辨能力、批

---

① 汤啸天. 关于我国警察教育训练的思考 [J]. 山东警察学院学报，2007（5）：1.
② 袁广林. 我国警察培养模式重构 [J]. 山东警察学院学报，2008（2）：4.

判能力、领悟鉴赏能力，了解各种文化传统和各种文学艺术的表现形式、表现力，体悟人类生存的目的、意义、价值，增强生命意识和人性关怀。社会科学课程包括政治学、社会学、人类学、经济学、心理学等，目的是增强学生对政治体制、社会机制、社会现实的认识，了解我们赖以生存的社会，认识当今社会中人类各种行为的依据和结果。上述课程是一个庞大的体系，如何保证一定的广度和深度，需要精心设计。根据我国国情和借鉴刑事司法学院通识教育经验，政治理论课程、工具类课程、人文学科课程（文史哲）共同必修，社会科学、自然科学分类必修。

2. 专业教育

根据前述培养目标的要求，专业教育课程改革的整体思路有两条：一是增加法学课程的比重，突显警察作为执法者的特殊需要；二是减少按专业设置的警察科学课程，淡化专业界限，提高学生的专业适应性。

法学课程。前已论及，目前，由于我国对警察是执法者认识不够，造成法学课程种类少，课时少，学生法律基础知识薄弱，与对警察执法实践的要求不相适应。从历史上看，警察教育中法学类课程在清末占65.5%，北洋政府时期占1/3强，在民国政府时期仍占1/5～1/4，韩国警察大学占29.3%。[①] 因此，增加法律知识的传授是警察作为执法者的本质要求，主要应包括法理学、宪法学、刑法学、刑事诉讼法学、行政法与行政诉讼法学、民法学。在内容取舍上，以警察工作的实际需要构建各类课程内容，突出诉讼法学课程，使学生掌握程序法的规定，增强依法律程序办案的意识和水平。

警察科学课程。警察科学课程在警察培养中占有重要位置，是警察教育得以存在的理由。警察部门为各专业拟订的专业主干课程，如治安学专业主干课程包括治安学总论、治安案件查处、危险物品管理、治安秩序管理、公共安全危机管理、保卫学、行政法与行政诉讼法学（已包含在法学课程内）、管理学8门课程，侦查学专业主干课程包括国内安全保卫学、刑事侦查学、侦查讯问学、经济犯罪侦查学、禁毒概论、犯

① 王大伟. 西方警察科学引进之回眸 [J]. 山东公安专科学校学报, 1999 (46): 2.

罪现场勘查、痕迹检验、技术侦查8门课程。这里还有一些需要进一步研究的问题，一是由于警察院校的培养目标是应用型复合人才，要解决实际工作中的具体问题，而方法层面的课程比较薄弱，如群众工作的方法、调查研究的方法、处置突发事件的方法、制订各种预案的方法、社区巡逻的方法、采取各种行政强制措施的方法等。二是很多专业课程名称都冠之以学，如保卫学、国内安全保卫学、侦查讯问学等，而这些课程只是对警察工作的一种解释与总结，操作性很强，并非真正意义上的系统知识，而且冠之学的称谓，教材中就需要有一系列与学有关的问题要讨论，如研究对象、研究方法、学科体系、与其他学科之间的关系等，从培养应用型人才角度看，赋予学的称谓既无意义、也没必要。本意是以此提高课程的理论层次，而实际效果是降低了课程的质量。三是内容交叉重复问题仍然存在。如刑事侦查学、侦查讯问学与经济犯罪侦查学等，既然称之为学，这些课程在原理方面应该是相通的，必然造成内容的交叉重复。四是主干课程仍然偏多，这些主干课程加必须开设的警察学基础理论、犯罪学以及各专业互开的增加专业适应性的课程，必然造成警察科学课程膨胀，主干课程还可以进一步综合，以4～6门为宜。此外，增加选修课程的数量，按照教育部在《关于进一步加强高等学校本科教学工作的若干意见》第5条要求，"加大选修课程开设比例，积极推进弹性学习制度建设"，为学生提供更多自主选择的学习机会。选修课程内容突出多学科交叉性、前沿性，扩展学生视野，提高适应能力。

（四）体能教育

《体育大辞典》中认为：体能是体质的重要组成部分。是人体各器官系统的机能在身体活动中表现出来的能力。包括力量、速度、灵敏、耐力和柔韧等基本身体素质，以及人体的基本活动和运动能力（如走、跑、跳、投掷、攀登、爬越、悬垂和支撑等）。体能的发展程度是衡量体质水平的一个重要标志。然而在学界仍然存在着诸如"体力说""能力说""内外说"[1] 等不同的观点。然而关系到警察体能，我们可以认

---

[1]　陈博. 论体能与警察体能［J］. 山西师大体育学院学报，2011（8）：4.

为警察体能可分为四类：与健康有关的体能、与动作技能有关的体能、与心理有关的体能、与适应能力有关的体能。

与健康有关的体能主要包括：心血管适应力、柔韧性、肌肉力量、肌肉耐力、身体成分。

与动作技能有关的体能主要包括：速度、心肺耐力、力量爆发力、灵敏性、神经肌肉协调性、平衡性。

与心理有关的体能，指体能要素与心理要素符合的程度及指标。与心理有关体能指标通常是检测三个符合度，即体能要素与心理发展水平的符合度、体能要素与个性心理品质的符合度、体能要素与心理健康的符合度。

与适应能力有关的体能主要包括：一是适应环境的体能，对气候变化的体能适应、对环境变化的体能适应；二是抵抗疾病的体能，患病与体能恢复状况、对生理性改变的体能适应、防御疾病、抵抗疲劳的体能。

这四类体能成分并非各自为政，而是紧密联系、彼此制约、交互地组成完整的体能结构。警察体能训练的主要内容是在达到与健康体能要求的基础上，发展与职业要求相关的体能能力。根据《公安机关人民警察训练条令》，警察体能训练内容概括了训练宗旨、训练分类、训练内容、训练机构、训练管理等，并强调训练工作须坚持从实际需要出发，坚持为警务实战服务，确保训练的质量。由此可见，警察体能的训练目标决定了警察体能的训练原则、训练模式及训练内容。

1）体能基本常识。是指人们运用体育实践中所获得的认知经验，研究和指导体能训练的普通知识和基本方法。它包含体能的含义和训练内容，训练的基本途径和手段，训练的特点、任务、原则和方法，训练的组织形式、计划和考核，以及预防运动损伤措施等。通过教师对知识点的传授、解惑和锻炼者的自学、阅读、感受和体验，有助于推进体能训练活动的普及和开展，有助于促进体能的全面发展和运动能力及运动水平的提高，有利于增强体质、增进健康，预防和减少运动损伤的发生等。

2）体能基础训练。基础体能训练往往源于最常见的身体素质、竞技运动和心理素质等内容，通常多采用一般的运动训练方法、手段进行有针对性的训练。主要以发展身体素质，提高运动能力为目标。通过一般的身体素质训练，培养锻炼者的运动兴趣和爱好，满足其各种运动的愿望和需要；通过各种身体运动，增强和增进锻炼者的体质、健康，实现终身体育锻炼的目标。在实施警察体能基础训练的过程中，训练的科目，应多选择一些锻炼者已熟知或已掌握了的训练动作及技能，重点诠释和解决一些一知半解的或未知的常识和动作技术。通过科学、系统的训练，挖掘其娴熟应用或操作一般运动能力的潜能，进而提高体能训练的效果。

3）身体素质训练。发展身体素质的训练主要有力量、速度、耐力、柔韧、灵敏等。这些身体素质的训练既是全面发展警察体能水平的内容之一，也是促进警察运动能力提高的基础。但身体素质训练因运动性质的特点不同，故训练时应有所侧重，即"对症下药"。如发展静止用力练习时，力量要素特别突出；发展持续跑练习时，耐力要素特别突出等。只要客观地研究、分析素质训练的诸要素，针对体能训练对象的身体状况等，合理安排训练计划，采用科学练习手段，就能获得有效的训练效果。

4）运动能力训练。运动能力是身体素质、基本活动的能力。通常运动能力主要是经过后天的训练程度得以改善和提高的，如速度跑、耐久跑、跳跃、攀登、游泳等，都要通过系统的训练，才能使有机体产生训练适应而获得或提高。但不同的训练项目、不同的训练对象及不同的训练时期，应考虑到锻炼者的实际状况，开展全面训练，并有所侧重，使锻炼者的运动能力与所要达到的运动目标相适应。

5）心理素质训练。一般心理训练目的在于提高练习者完成运动时所需要的心理品质和心理技能。主要训练内容有：心理适应力、承受力、毅力、自信心、应激力、注意力等。主要任务是：培养人的个性特征和改善运动知觉过程，加强运动记忆力、想象力、思维创造力和意志品质，掌握各种运动心理技能（如运动表象技能、应激控制技能、目标设置技能、注意技能等）。在体能训练中，需要将一般心理素质与身体素质、运动技术、战术训练结合起来练，在运动中克服心理障碍，磨砺顽强意志品质和培养优良的运动心理素质。

6）综合运动能力训练。所谓综合运动能力训练，是指在体能训练中，将不同的身体素质的练习种类和不同的运动性质练习组合在一起进行训练的方式，亦称"综合身体素质和综合运动能力的训练"。这种综合性的训练方式或手段区别于单一发展速度素质的疾跑运动或发展耐力素质的持续跑的训练。如警察越障碍训练，运动中以奔跑、跳跃、支撑、攀越、平衡等运动形式来完成动作，运动的过程中无一不包含着速度、力量、柔韧、灵敏和耐力等身体素质的体现。实践表明，警察越障碍训练是以全面发展身体素质和运动能力为目标的综合体能训练项目之一。

二、警察教育的形式

（一）养成教育

公安院校的学生行为养成事无巨细，注重积累，强调规范化。警务化管理是以养成为目标，实行一日生活制度，其内容均为常规性、细小性活动，是每日必须坚持和实施的，包括起床、操课、内务卫生、就餐、值勤、业务课、政治课和就寝等方方面面，每项活动都有严格而具体的考核标准，实行量化管理，保证了制度实施的效果。对学生行为规范的养成不是一蹴而就的，需要长期教育，由于每个人学习生活环境、人际交往等外部环境的不同，在学生良好习惯养成的过程中会受到各种因素的影响，因而行为规范的养成就变得反复，在反复中不断达到新要求。但也不是所有学生都可以依靠情感、知识的教导就可以养成良好习惯，且在养成过程中必然会发生违反行为规范的行为，因而还需要对公安院校的学生进行严格的警务技术培训、高密度的体能训练和严格的考试考核，以及末位淘汰等强制性规定。在警察教育中，养成教育可以通过以下四个途径实现：

1. 培育核心价值观，实现教育育人

警察机关的性质和职业特殊性决定了人民警察必须要"忠于党、忠于祖国、忠于人民、忠于法律"，决定了警察教育必须将"忠诚、为民、公正、廉洁"的人民警察核心价值观作为思想政治教育的起点和重点。因为当代人民警察核心价值观是警察机关建设社会主义核心价值体系的重要内容，并从根本上反映着人民警察的价值追求、使命任务和职业特性，对人民警察的思想道德和行为方式起着主导作用。要把人民警察核心价值观教育贯穿于警务化管理的始终，贯穿于教书育人的始终，帮助学生树立正确的理想信念，培养强烈的忠诚意识、正义感、社会责任感和奉献精神，使其成为共产主义远大理想和中国特色社会主义的坚定信仰者，社会主义法治理念的坚强捍卫者，科学发展观的忠实执行者，社会主义荣辱观的自觉实践者，和谐社会建设的积极促进者。

2. 创设校园文化氛围，实现文化育人

文化是人存在的一种样式，大学文化作为社会文化的重要组成部分，在培养人上发挥着不可替代的作用。文化氛围的力量永远大于教育者的力量，富有警察特色的校园文化对学生品德、行为养成具有熏陶作用、导向作用、激励作用和愉悦作用。学校必须精心营造警察软硬件文化环境，一是打造现实环境，在教室、图书馆、宿舍、食堂、操场、警体馆和校史馆等校园场所通过宣扬校友的英模事迹、警营趣事和行业规范用语等，使学生在潜移默化中接受和吸收文化；二是营造舆论环境，在校园网中开设警察文化论坛，创办警察文化刊物，通过开设警察文化校园广播等多种途径，给学生创造发表言论与交流的平台；三是形成文化群，"文化育人"的归宿还是习惯的养成，决定习惯养成的是价值取向，也就是丰富的警察文化内涵，警察院校的警察文化由课程文化、课堂文化、实战文化、英模文化、教师文化、学生文化、家长文化、制度文化和管理文化等组成的文化群。警务化管理以文化为载体，要充分利各种文化要素，将内容渗透于课堂教育、日常管理、社团活动、校园文化建设等各种警营文化活动中，形成良好的文化氛围，以增强学生对警察文化的认同感和对警察职业的使命感，实现职业文化与养成教育的有机融合，实现人才培养模式的可持续发展。

3. 强化纪律作风，实现管理育人

纪律是警务化管理的命脉，强化纪律意识，是维护和提高警察战斗力和集体凝聚力的基础，是培养人民警察实现巩固党的执政地位、维护国家长治久安、保障人民安居乐业的重要保证。管理是公安院校最重要的活动之一，是其他工作得以运行和发展的支撑。警务化管理是通过严抓纪律，实行严格教育、严格训练、严格管理，目的是培养学生坚定的政治方向，令行禁止的纪律作风，服从管理、听从指挥的职业素养，全心全意为人民服务的宗旨意识和忠于职守、甘于奉献的道德品质，是警察工作和警察队伍建设的客观要求，也是养成教育的根本途径。强化纪律作风，必须将警务化管理全面贯彻到学生生活学习的每一个环节，使警务化管理做到内容的合理化、制度的规范化、任务具体化和方法科学化。

4. 倡导自我教育，实现自励育人

自我教育是学生根据警务化管理目标自觉主动地把社会、学校和家庭要求的思想和职业道德规范在内心加以接受和体验，并通过实践转化为个体稳定的、自觉的行为能力。[①] 自我教育是养成教育的内在动因，实现学生自我教育必须创新教育模式，进一步拓宽和深化养成教育平台。一是要正确引导学生独立性和自觉性的发展，在悦纳自我的基础上引导学生自我认识，不断纠正自我行为偏差，了解自我在平时的生活、学习中所存在的缺陷和不足，不断地进行自我行为偏差纠正，从而逐渐实现完善自我、发展自我的目的；二是要引导学生学会自我评价，自我评价是自我教育的重要方面，它既能使学生学会检视自己的行为，得到自我评价的反馈信息，又能加深对自己行为的认识和批判，总结经验和改进不足，进一步提升自我教育水平；三是进行自我激励，学生行为养成是一个长期过程，需要强大的感情支持，并能实现心理的满足，渴望得到外界以及自己对自身的肯定，进而激励自己，并将其作为前进的动力。

警察院校警务化管理本质上是学生的素质养成教育模式，是培育学生警察意识和警察素质的重要途径。警察院校只有在警务化管理模式下，狠抓养成教育，循序渐进地培育学生警察意识和警察素质，才能培养出以党的事业、人民利益、宪法法律至上，具有忧患意识、责任意识、发展意识、创新意识和廉洁意识，全心全意为人民服务的新时代人

---

① 朱金礼. 当前社会矛盾化解存在的问题和建议 [J]. 决策探索，2012：65.

民警察，才能实现警察教育的可持续发展。

（二）学历教育

学历教育模式有两种形式：一是警察系统举办学历教育，二是政法院校刑事司法学院或公安学院或侦查学院举办的警察学历教育。警察系统举办学历教育模式是我国目前警察培养的主导模式。它是由警察系统自办高校——高职高专、专业学院和专科大学等，举办3年（专科）或4年（本科）以理论知识教育为主的教育形式。它是计划经济体制下各行业为提高本系统人员学历层次的产物，实行的是教育行政机关和警察机关双重领导，以警察机关领导为主的管理体制。它存在的一个理由就是警务专业的特殊性、保密性强，对警察政治素质有特殊的要求。持这一观点的学者认为，警察系统自办高校培养的学生政权意识强、政治立场坚定、组织纪律性强，比普通高校培养的学生可靠、实用。该模式主要以专业为基本教育单位，以"学科体系"为中心，普遍采取课堂式、书本式传授的教学方法，注重学理分析，强调政治思想、政治纪律教育，教育评价也是着眼于系统理论知识的掌握和政治思想的表现。该种培养模式由于专业面窄、文化底蕴薄弱、理论脱离实践而受到挑战。为了弥补警察院校普通教育薄弱的弊端，这种模式又派生出一种亚模式，即2+2模式，即把警察本科前两年基础教育转给社会普通本科院校，警察院校全力搞好突出警察特色的后两年本科段的专业教育，此种模式在欲升本科的专科学校已有实践，其目的是为升本创造条件，是一种权宜之计。警察本科院校没有实行这一模式。也有人提出，警察本科院校也可以普遍推行这一模式，警察本科院校各警察专业通过考试从各自相关专业的大专毕业生和非警察专业本科二年级学生中进行专升本招生，进行两年本科段的警察专业教育，并形象地称之为社会院校"炼钢"，警察院校"铸剑"。虽然这种模式在一定程度上弥补了警察院校基础教育薄弱的问题，但理论与实践相脱离的问题仍然难以解决。此外，学历教育还有一种模式——政法院校刑事司法学院或公安学院或侦查学院举办的刑事司法教育或警察教育。全国5所政法大学都设有侦查、治安、物证技术专业，它们不仅为整个政法系统培养人才，每年也为工商、海关、税务、纪检、审计等部门培养人才。培养警察虽然也是其目标之一，但由于其招生人数较少，只有很小一部分毕业生到警察部门工作，因而不是警察培养的主导模式。该种办学模式有浓厚的法律氛围、人文环境，培养的学生文化基础厚实，最大的问题是理论与实践相脱离，由于体制上的原因，比警察系统举办的学历教育更难以克服。

（三）进修教育

近几年来，警察教育已经初步形成职前预备警官培养、初任培训、晋升培训、专业培训等环节紧密相连的模式，对初入警察队伍的学员而言，无论其已经取得何种学位，只要投身警察队伍，就必须首先接受为期一年半的集中训练，为其警察职业意识和终身教育意识的形成奠定基础。可见，无论在哪个阶段，人民警察都要面对不同形式的进修教育，将教育训练贯穿于人民警察的整个从警生涯。

第一，预备警官培养以及初任培训。新警培训作为警察机关人民警察继续教育的一种重要形式，是指对新录用的人民警察进行的以熟悉警察工作基本业务知识，提高警体技能，培养警察意识为目的的一种教育培训。在目前政法院校招录培养体制改革背景下，新录用的警察机关人民警察来源非常广泛，既有警察政法院校的毕业生，又有地方普通院校的大学生，还有退役军人，因此，新警培训更多的是警察业务知识的学习和警察意识的培养。

第二，晋升培训。这方面的教育培训分为一般警察的警衔晋升培训和领导干部的职务晋升培训。这两种晋升培训都以提高符合晋升条件警官的管理水平和更新知识技能为目的，使其在今后的工作中能更好地适应新形势下警察工作的实际需要。其培训的内容主要集中在政治理论、管理知识、领导科学、实用法学等方面。

第三，专业培训。这种培训主要是以警察业务培训为主，对各警种岗位工作中引入的新技术、新方法、新业务进行学习，使警察尽快适应岗位工作的新变化，更新必要的岗位知识。这种学习培训有时是针对全体警员的，有时是针对某一专业警种。

通过入职教育或新警培训使之掌握警察职业所必需的岗位基本技能，确保新录用警察成为一名合格警察。专业之所以成为专业，就是因为从事这种专业的人，在进入这个领域之前，必须接受相当长时间的专业培训，以掌握从事这种专业必需的基本理论和基本技能，同时把这种专业所要求的专业自律操守内化到自己的意识中，从而做到"知行合一"。

晋升培训是确保已经完成了角色转化的人民警察进一步提升自己，在更广阔的舞台上创造出更大的业绩，更好地践行"立警为民，执法为民"，实现警察机关"情为民所系，权为民所用，利为民所谋"的核心价值理念。专业培训（短期培训）是适应急剧变化的时代发展和不断进步的科学技术的需求，使人民警察更好地运用新技术、新方法以履行法律所赋予的维护社会治安秩序的职责，同时也是警察职业发展对警察个体提出的与时俱进的要求。

（四）常年训练

警察的体能训练必须坚持系统训练原则，要提高体能就必须持续地、循序渐进地进行系统训练。生理学研究认为人体生物要适应变化的负荷需要有一个过程，同时，人体在训练负荷下的生物适应过程不仅是长期的，也是阶段性的。另外，人体生物体能的提高有一个不稳定的特点，训练的中止可以引起训练效应的消失。因此，要不间断地、有规律地进行系统训练。在分散训练基础上定期进行集中封闭训练，使警察体能处于持续上升或持续稳定的状态。

警察的训练可以分为日常性分散累积训练与阶段性集中训练两种。日常性分散累积，是指警察按照个体的情况，自主、分散完成的以体能为主的日常性训练。① 我国县以上警察机关应当逐步建立训练基地，以打卡的方式督促警察妥善安排工作、训练与休息，完成每季度（或者每半年）应当累积的训练量。经济条件不具备的地区，可以在若干年内采取累计跑步时间（或者里程）的办法进行过渡。阶段性集中训练应当是综合性的，以理论学习和技能传授为主。

总之，警察体能的提高不是一朝一夕能完成的，它是一项"长期工程"。因此，要在体能训练的认识、体能训练的方法、原则以及体能训练的相关机制上（组织领导机制、保障机制、奖惩机制）立足于长远，

---

① 汤啸天. 关于我国警察教育训练的思考 ［J］. 山东警察学院学报，2007（5）：3.

切实搞好体能训练的系统设计，制订好常年的体能训练计划，不能把体能训练当成一项无足轻重的训练，不能把体能训练简单地认为就是"安排几次考核、几次演练、跑几圈"。一定要树立体能训练科学的发展观，真正把体能训练作为一项重要内容常抓不懈，日积月累、循序渐进、持之以恒，充分调动警察训练的积极性，变被动为主动，培养自觉锻炼的好习惯，使之经常化、科学化、制度化，逐步建立"以体能训练为基础，以全面提高警察实战技能、战斗力为目标"[1] 的长效机制。

第三节 警察教育的原则

加强对人民警察的教育培训，是提高公安机关队伍素质和战斗力的关键。根据《公安机关人民警察培训暂行规定》的要求，加强对人民警察的教育，大力发展警察教育的学历教育模式，教育体系、布局、学制进行进一步调整。重点抓好领导干部、中青年干部和专业技术骨干的培训，全面展开警衔培训，加强警察专业技术，技能培训，提升人民警察的执法水平和施展本领，使公安队伍的文化、业务、身体素质和实战能力有较大的提高。

一、警察教育制度应当具有自身的特色点与完整的体系

中国近代高等警察教育在经历了最初的单一模仿与盲目照搬之后，逐渐走上了多元化借鉴的发展道路，这既是国门洞开之后，国人虚心求教、勇于探索的表现，更是在客观上使生存环境并不理想的中国高等警察教育能够参考和吸取别国成功的经验，少走弯路，从而在较短的时间内赶上世界高等警察教育发展的步伐。

我国警察院校传统上实行普通院校和成人院校分开设置的模式，在招生、分配、教学、管理等方面都不利于突出警察特色，难以满足培养人才和培训在职警察的需要，所以要逐步建立普通教育和成人教育合一

---

[1]　周勇智，李兆艾，刁怀记. 对基层警察体育锻炼及身体状况情况的调查［J］. 警察实战训练研究，2009（10）：32.

的办学模式。既要承担学历教育，又要承担在职警察培训任务，把警察院校办成及时培养新警察的摇篮和培训在职警察的基地。同时也要健全和完善警察本科院校、专科院校的教育培训体系。

二、警察教育制度应当与警察的升迁制度相配合

长期以来，我国警察院校将重点放在了学历教育上，抽不出更多的精力顾及在职培训，且我国的在职培训还存在着层次不清的问题，如警衔晋升培训，由于内地在职衔对应中存在着混乱现象，同一衔级（如三级警督）中的警察职级差别较大，既有一般警察和科所队长，又有县、市局副局长等，因此在培训上无法区别不同对象进行培训。

以北京、上海、深圳警察机关为例，其根据警察职业特点和警察入警后的个人职业发展轨迹，从新警入警到岗位调整、警衔晋升、职务晋升及业务技能和知识更新，建立了一套"逢晋必训、逢晋必考"的激励约束机制，完善了警察职业生涯的阶梯式培训体系。北京市公安局严格实行对拟晋升上一级领导职务的警察进行"三优"（优秀领导干部、优秀骨干、优秀警察）任职培训，并按10%的比例确定淘汰率，取得资格后方能任职。深圳市公安局对通过竞争上岗拟担任领导职务的警察，在任职前先组织职前培训，并严格进行理论知识、体能、警务技能考试考核，培训考核不合格的不能任职。① 由于实行了严格的激励约束、末位淘汰机制，极大地调动了广大参训学员的积极性、主动性，形成了主动学、主动练、主动考的良好氛围。警衔晋升培训不同于岗位培训，是伴随着警察工作过程中的一种长期的继续教育，多年的实践证明，这项教育是提高人民警察政治思想素质和业务素质的有效途径，它的发展状况直接影响到本地区人民警察的作战能力，因此警察教育制度应当与警衔晋升挂钩。

按公安部训练条令规定，警察警衔晋升的训练分层次进行，晋升警监的训练由公安部承担，省以下地方公安机关则承担一级警督以下衔级

---

① 黄天才. 我国发达地区警察训练工作的先进经验与启示［J］. 武汉公安干部学院学报，2010（2）：3.

的训练，大体上可分为司以下及司内晋升训练、司升督训练、督内晋升训练三个层次及交管类、治安类（含巡警、管理类）、侦查类、经侦类、国保类、监管类等若干个类别的警衔晋升训练。

近些年来，我国地方公安机关各层级警衔晋升训练的内容，主要根据提高当地公安队伍的政治、业务、实战技能和体能素质，特别是公安基层一线警察的综合战斗力的需要来安排，并结合当前公安部、省公安厅及市公安局的工作部署，以"干什么，练什么，缺什么，补什么"[①]为原则，强调贴近实战，讲求实效，并随着每年新的法律、法规、工作指引相继出台，及时加入新的训练内容。

为突出训练的实用性，就目前实际情况看，各层次各种类的警衔晋升训练应加大警务技能、实战训练的分量，其比例可考虑占到全部课程的 40%～60%。训练的基本内容一般有：盘查和搜身、清查和搜索、拦追堵截、车辆查控，以及在犯罪嫌疑人持枪、持爆炸物情况下的缉捕和排除等。有的地区还根据"战训合一、轮训轮值"[②]以及开展正规化训练的阶段性需要，注重训练学员增强法律意识、程序意识和安全意识，并在单兵训练的基础上逐步进行综合演练，并根据各种刑事案件的发案特点，注重进行入室抓捕战术演练及考核等。也有些地区根据当地夜间案件、群体性事件不断增多的特点，为提高警察的应变能力，训练中开设了紧急集合和夜间射击及防暴队形、盾牌及警棍使用等训练科目，均收到好的效果。

为更好落实"战训合一、轮训轮值"制度，可考虑在一些实战训练中把规范出警装备配置列为训练要求，为此可采取两个措施：一是学员报到时检查是否按调训通知带齐规定装备；二是报到当天向每个学员配发防暴头盔、警拐、盾牌、枪套、枪绳、手铐和备勤装备袋等，要求学员在训练期间按要求佩戴齐全的装备开展训练，熟悉相应装备的使用，并列入考核内容。

---

① 习近平. 在中央党校建校 80 周年庆祝大会暨 2013 年春季学期开学典礼上的讲话，2013 年 4 月.

② 关于加强和改进公安教育训练工作的意见，2009 年 4 月.

三、警察的中高级干部，必须进行充分的教育

随着干部的日益年轻化，以及干部数量的日益增多，公安领导干部尤其是中高级干部的培训已进入了一个新的时期。2009 年 11 月，公安部党委颁布《关于加强和改进公安教育训练工作的意见》，进一步突出了公安教育训练工作的地位和作用，尤其是对抓好领导干部的教育培训进行了专门的强调和规划。2010 年 6 月，公安部制定《全国公安机关2010—2012 年警察培训规划》，以党的十七大和十七届四中全会精神为指导，深入贯彻落实科学发展观，以警务实战需求为导向，以提高公安机关维护国家安全和社会稳定的能力水平为目标，在全警培训的基础上，进一步突出中高级领导干部培训。提升领导干部政治理论素养，拓宽知识结构，培养世界眼光，增强战略思维，着力提高科学管理、带好队伍、抓好工作的水平。

为此，必须坚持以《干部教育培训工作条例（试行）》为指导，坚持与时俱进、改革创新，把提高培训的科学化水平作为中高级领导干部培训制度改革的着力点，牢固树立"提高理论素养、掌握必备知识、强化党性锻炼、提高执政能力"的全新培训理念。在培训教学方面，努力构建"分类别、分层次"的教学体系，进一步创新培训内容，改进培训方式方法，整合培训资源，强化培训管理，优化培训队伍，以满足培训对象多样化的需求。切实改变学员被动接受学习的局面，增强学习的主动性和实际效果。在培训机构建设方面，进一步理顺和完善干部教育培训协调运行机制，推动培训机构从相对封闭向开放择优转变。在培训管理方面，要进一步完善需求分析、质量管理、激励约束、成果反馈等机制，积极引入现代培训理念和培训技术，推动培训管理从粗放型向精细化转变。在培训队伍建设方面，采取开放式办学，寻求优势资源互补，寻求高层次人才资源共享。通过全方位、立体化的综合改革，建立起与科学发展相适应、与干部队伍建设相适应、与干部制度改革相适应的充满生机与活力的干部教育培训体系。

四、警察教育的水平应当高于其他国家行政机关的工作人员

警察是国家机器的重要组成部分，代表着国家行使治安行政管理和部分刑事司法权力，为制止和惩治违法犯罪、保障人民安居乐业、巩固共产党的执政地位做出了突出贡献，但警察在执法过程中也暴露出诸多问题，如执法缺少人性、服务意识较差、职务犯罪严重、违反法律程序执法等。从某种意义上这反映了警察在执法能力上存在着严重缺陷。强大的国家离不开强大的警察，警察的综合素质水平体现了国家风貌，因而警察教育显得格外重要，而且对公安机关工作人员的教育严格程度应当远远高于普通公务员。

首先，知识社会条件下对社会行政管理者的高素质要求。当今世界各国都在为迎接知识社会的到来做充分准备，各行各业都需要创新性人才，在知识社会和知识经济时代，人作为知识社会的主体，通过不断地自我完善和发展，最终提高社会整体的素质水平，作为社会管理者的人民警察，在社会整体水平普遍提高的情形下，提高自身素质成为必然。

其次，打击违法犯罪、保障社会安定要求人民警察必须具备高素质。在知识密集的社会，生产和管理在很大程度上有赖于管理者运用现代管理的知识和能力，作为国家行使司法、行政管理力量的人民警察，必须以自身的高素质有效地实施社会治安秩序的控制和管理，有针对性地研究违法犯罪的成因、类型，制订科学的防治犯罪的对策，从而更强有力地打击违法犯罪行为，使社会秩序正常运转。

而警察教育是培养高素质社会管理者的有效途径，通过警察教育培训，培养人民警察的奉献意识和服务意识，知识层面的扩充可以提高警察高素质管理的水平，可以产生社会行政管理的高效率。人民警察管理水平的提高与发展仰仗于警察教育培训的实施。

第九章　各国警察教育制度

在警察行政体系当中，警察教育应当被摆在举足轻重的位置上，只有教育理念、培训方法不断地改进提升，才有望为警察队伍提供源源不断的后续力量。同时也应该认识到任何故步自封、坐井窥天的事物是无法取得长远的发展和突破性成果的，所以警察教育应该是一个开放性的话题，必须广泛地去了解其他国家、地区的警察培训情况，学习其先进的教育理念、培训方法，以彼之长补己之短，深入优化、完善我国警察教育体系，以促进我国警察教育培训工作健康、长远的发展，最终为建立一支高素质的警察队伍服务。

第一节　美国警察教育制度

总体说来，美国作为一个联邦国家造就了其较为多元化的警察教育体系，它没有一个统一的主管部门来负责全国的警察教育和培训工作，这也使美国的警察教育有了它自身的特色。警察教育从大的方向上可以分为学历教育和职业培训两种方式，但是各国在教育上的侧重点各有不同，例如美国警察教育属于盎格鲁－撒克逊警察体系，同英国基本相似，在整个教育体系当中比较侧重于职业培训。

一、美国警察教育培训制度

（一）学历教育

在美国没有专门的警察学院为警察提供专门的学历教育，而是由一些普通的高校通过设立刑事司法、警察科学、犯罪等不同专业来达到本科、硕士、博士等学历教育要求。例如，加州大学伯克利分校，在1916年开设了美国高等教育史上最早的警察课程。圣霍斯大学于1932年设立了最早的授予警察专业学位的专业。美国高等院校警察学历教育发展至今，全美能够为警察学和犯罪学提供专业学士或硕士学历教育的高等院校将近有700所。

（二）职业培训

美国在警察教育中侧重于职业培训部分，它主要由各联邦、各州、各市县分别设立警察学院或培训中心，负责警察的职业培训。为了提高警察现有知识和专业技能，美国的每一位警察都必须不定期地参加职业培训，才能继续任职或升职。在美国，职业培训是提高警察能力、进行警察教育的一个主要手段。

（三）警察教育内容

美国的警察教育培训从其内容上来划分大体可以分为三个方面：新警察入职的初级培训、为提高在职警察专业技能和学术水平的高级培训和警察的晋升培训。

1. 初级教育

初级培训主要包含两个方面，一个是针对新招募的警察进行的入职前的职前培训。每一个新招募的警员在正式入职之前都要在警察院校或者培训中心进行为期6个月左右的警政学习。它的训练内容一般是从实际出发，旨在新警员入职以后能够胜任警察工作需要，它的课程包含巡逻技巧、警用器材的使用、记录、打字、犯罪侦查等实际需求内容。

另一个是针对在职警员进行的在职培训，旨在不断提高在职警员的工作能力，使其能够在岗位上继续留任或升任。在职培训也是在警察院校或培训中心进行的专业培训，大概为期1年，它的培训内容一般是理论结合实践，让警员探讨平时在工作中遇到的问题，以期可以提高整个警察队伍的理论和实践能力。

2. 高级教育

美国的警察高级教育主要是警察中的高学历教育，注重进行理论研究，它的目的是提高警察的学术水平。高级教育包含警察学的硕士学位教育和博士学位教育，在职进修获得硕士学位以后可以再进修博士学位，这些进修博士学位的警察一般都是高级警官，他们学习的大部分内容都是一些理论知识，比如哲学、历史、社会学等理论内容，因为这些警员大多进行警察管理工作。

3. 晋升教育

晋升教育与之前的初级教育和高级教育都不同，它不再是为培养警察具体的实际工作能力或学术水平，它的主要目标则是为联邦调查局培养各种专门性人才。参与晋升教育的警员也不再在警察院校和培训中心接受学习，而是由联邦调查局国家学院和联邦执行法培训中心承担晋升教育。晋升教育也不再是每一个警员必须参加的学习，它对警员的选拔提出了专门的要求。其中要参加联邦调查局晋升教育的警员必须要有主管单位的推介，具备 5 年以上的警龄，年龄在 25～51 岁，而联邦执法中心的要求则是年满 23 周岁，具有学士学位，并且已婚的美国公民。

二、美国警察教育制度的特点

（一）警察内部与社会力量相结合的教育体系

美国作为一个多文化、多种族交汇的联邦制国家，它的警察教学体系也显示出了它的多元化，所以美国警察教育系统中并没有一个统一的教育部门来主管全国的警察培训工作。美国警察教育的一大特点就是整个教育体系是由警察内部的警察学院、培训中心和社会上的各高等院校设置相应的警察学、犯罪学等专业相结合来完成整个警察的职业培训和学历教育工作。

（二）警察教育突出实践教学

美国在警察教育上更注重实践教学而非单纯的理论研究，它往往从教学的理论出发结合警察工作的实践，使得理论和实践相结合，显示着教学的专业性、实用性、可操作性。在美国警察培训的过程中时时凸显着"实践教学"的理念，在课程的设置上包括像文书的制作、询问的技巧、巡逻的方法等运用于实践的课程；在平时培训上大量采用情境教学和实战模拟的方法，将每一个警员根据不同的警种、不同的要求进行情境模拟训练，例如设置一个抢劫的犯罪现场将学员置身于该情境当中，让学员自己去学习处置，以充分培养警员处理犯罪、维护公共秩序等实践工作能力。另外，美国的警察教学还非常注重教导学员运用最先进的现代化警用器械、设备，不断提高培训的科技含量，以适应警察队伍的现代化发展。

（三）重视正规化的职业教育

纵观现代的警察教育可以发现，警察内部高学历教育已经成为一种趋势，在警察队伍中拥有硕士学位、博士学位的警察比例不断提高，像中国、中国台湾地区、俄罗斯等都已授权教育机构可以授予硕士和博士学位。相对于这些国家或地区，美国警察的高学历教育也在不断提升，但总体而言美国依然是一个更加重视警察正规化职业教育的国家。在美国，对于警员的培训都有明确的规定，比如对新招募的警员进行的入职培训一般规定为 4 ~ 6 个月，经过训练考试合格之后方可入职，对于在职警察进行的专业技能在职培训，一般规定为 1 ~ 17 周。为了不断提高警察的业务能力、知识水平，美国警察教育就有明确的规定：在职警察每年都必须进行教育培训，每一个要得到升迁的警察也必须到相关的警察院校进行教育培训，任何警察如果每年不进行培训将不得留任，当然一个将要升迁的警察如果不进行培训也将无法晋升。总而言之，美国警察实行终身职业培训教育，同时也贯彻逢升必训的原则，具有一套比较完整、正规化的职业教育模式。

第二节　俄罗斯警察教育制度

俄罗斯可以说是当今世界上当之无愧的教育大国，其受教育的人数、教育的普及率都是居世界之首的。基于俄罗斯较高的教育水平和教育普及率，俄罗斯警察教育也随着整个国家教育水平的不断改革与提高而日渐增强，所以俄罗斯警察教育以学历教育为主，从它的教育比例以及数量上来说都是属于世界前列的。同时纵观俄罗斯的整个历史进程可以发现，俄罗斯是一个激进与改革并存的国家，在整个国家的政治、经济发展过程中不断地经历着改革的考验，这种传承而来的思维、生活模式，使其各个行业都遵循着改革的历史轨迹，所以警察教育的发展也毫不例外。在现阶段俄罗斯警察教育体系当中，俄罗斯不但保留了其传统的管理教学方法，发扬其原有优秀的教育传统，并且不断地引进西方发达国家先进的教育理念、管理方法，不断进行改革与融合，使得俄罗斯警察教育体系得到持续地改革与完善。

一、俄罗斯警察教育的概况

现今俄罗斯拥有一个庞大的警察教育体系，在这种良好的教育体系之下，使得俄罗斯拥有了一支庞大的警察队伍。在俄罗斯，警察与居民的比例可以达到 1∶70，这是许多国家都望尘莫及的。从教育模式上来说，俄罗斯以学历教育为主，当然在职业教育上，也有它的特点。

（一）职业教育

俄罗斯不断出台的新政策在不同程度上都在支持着警察在职教育的发展，根据俄罗斯新的国家标准："警务活动必须由具有法学专业的人士参加，警察都必须受过法律或相关专业的培训才能上岗"。这样的硬性规定就使得许多警察在加入警察队伍之后，必须接受专门的警察在职培训。有这样的需求使得俄罗斯警察在职教育发展成了多样化的形式，主要包含面授教育、函授教育以及远程教育三种。

1. 面授教育

随着国际国内各种形势的日趋紧张化，各国都有对各级干部提出更高的要求，在俄罗斯更是不例外。从 2007 年开始，俄罗斯内务部便开始实施一项涉及范围广、培训力度大、课程变化更新快的干部轮流大培训工作。内务部挑选来自各个不同州的正副手干部，对其进行专业技能、组织管理能力、体能等各方面的训练，这其中涉及各个警种，人数巨大。例如，仅 2007 年内务部就已召集 9 469 名正副手干部参加进修教育。

2. 函授教育

所谓的函授教育是指运用现代的通讯方式，学生利用业余时间通过自学课程内容。在每一学期函授学校也会进行短期的集中学习，最后学生通过严格的考试，考试成绩合格者被授予国家承认的学历。在俄罗斯警察教育体系中一直坚持开展函授教育，其方式也是通过设置一些专门的函授专业进行招生，例如会计学、信息系统与技术、社会教育学等。并且这些教育课程、专业也在不断地改革与完善。

3. 远程教育

远程教育就是指运用视听技术将课程内容传送至课堂外，是将传统教学形式与多媒体技术优化组合的教育方式，它相对于面授教育，可以跨地区、跨时空，学习场所和形式也可以灵活多变。现如今俄罗斯内务部把远程教育充分应用于干部的教育培训，已在内务部建立了一个内务部远程教育体系，每年大约可以培养 27 000 人。

远程教育作为一项被积极推广的教育方式，具备独特的优势。它可以让资源的利用得到最大化，因为它可以将教育资源通过网络和视听技术跨越时空的限制不断地被重复利用。内务部可以把最优秀的教师资源、最先进的教学成果通过网络传送至全国各地各个干部在职培训部门。到目前，俄罗斯内务部已将远程教育体系连接至全俄 200 多个职业教育机构，这也使得内务部在干部培训方面的经费预算缩减了一半。

（二）学历教育

俄罗斯的警察教育以学历教育为主，其学历教育包括本科教育、研究生教育。

本科教育主要有两种形式：一种是普通的警察院校，学生一入学就等于入警，随着年级的提高晋升警衔；另一种是毕业后需要定向回派出所工作的学生，这些学生在高考前便已在当地派出所进行登记注册，当其从警察院校毕业之后，就必须回到原入学前登记注册的派出所工作。

俄罗斯对于警察研究生的教育方式可以说比较独特，它分为预算内指标与预算外指标。预算内指标是指考生原本就是警察，当他们考入警察院校的研究生时就可以算作预算内指标，而他们毕业以后就会被分配到内务机关参加工作；而预算外指标是指考生原本不是警察人员，当考入警察院校的研究生时，他们可以就读警察研究生，但是在他们毕业以后仍然不能当警察，这就叫作预算外指标。

俄罗斯警察大学课程与专业设置都比较具体和详细，这里以俄罗斯内务部莫斯科警察大学课程设置表（见表9-1）为例来进行一个了解。

表9-1　莫斯科警察大学课程设置表

专业	技能	学制	专业方向	培养目标	所在系、部
法学	律师	5年，面授；6年，函授	刑法	内务机关预防侦查员	侦查系、函授、夜大和分校
			民法	内务机关法律部门专家	国际法系
			国家法	内务部联邦移民局专家	国际法系
			国际法	内务机关从事国际事务警官	国际法系
行政执法与刑事执法	律师	4年，面授；4年6个月，函授；5年6个月，函授；5年6个月，函授与夜大面授	业务搜查刑事搜查	刑警专家	刑警专家培养系、函授系、夜大、分校
			内务机关管理	派出所警察	函授系、夜大、分校
			道路交通管理	治安警察专家	治安警察专家培养系、函授系、夜大、分校
		3年，面授（前提是受过护法活动专业中等职业教育）3年6个月，函授	内务机关业务搜查活动	刑警专家	刑警专家培训系、函授系、夜大、分校
			内务机关管理—派出所管理	治安警察专家	治安警察专家培养系、函授系、夜大、分校
			中等职业技术教育的基础上面授学习国家与法理，体能培训中等法律教育基础上函授学习国家与法理、俄罗斯历史		

续表

专业	技能	学制	专业方向	培养目标	所在系、部
法医学	法医	5年，面授	刑事鉴定技术	刑事司法鉴定人才	刑事司法鉴定系
会计与统计	经济学	5年，面授；4年，函授（受过高等教育的面授可缩至4年）	会计、税务监督和司法会计检验	经济案件侦查员	经济系、函授系、夜大、分校
信息安全防护	信息安防技术	5年，面授	信息防护与技术		
心理学	心理学教师	5年，面授	社会心理学	内务机关心理保障部门人才	
行政执法与刑事执法	律师	中等职业教育，学期2年，4个月实习或3年函授	内务机关业务搜查与管理		

二、俄罗斯警察教育的特点

俄罗斯警察教育体系比较完善，它总体属于偏重学历教育的培养模式，它的教育机构不同于美国那种没有统一的教育部门来主管全国的警察培训工作，俄罗斯由内务部下设的教育培训局，统一领导全国的警察教育培训工作。自成体系的教育系统使得俄罗斯警察教育有着不同于一般国家的特点。

（一）以学历教育为主，具备完备的教育机构

现今世界警察教育一般可分为三种模式：第一种是以职业教育为主的教育模式，比如英国、美国等，在这种教育模式下，从普通高等院校获得的本科、硕士，甚至博士学位，但并不是他们能进入警察行业的充分条件，他们还必须经过招募考试，再通过一系列的职业培训才能真正地从警或晋升；第二种是以学历教育为主的培养模式，它的主要代表就

是俄罗斯；第三种是将学历教育和职业教育相结合的模式，它的典型代表是韩国。

作为以学历教育为主的代表，俄罗斯在警察教育上具有完备的教育机构以及科学、详细的专业、学位设置。在俄罗斯，上至内务部、内务总局，下至俄罗斯各州内务局以及地方政府建立的高等院校、教育机构和司法培训班等不同种类的教育机构，还划分为内务部高级警官学院、警官大学、警察专科培训学校、培训中心这四个级别。同时在这基础之上构建专门的综合性警察大学，以适应培养高素质警官的需求。到如今，俄罗斯大约有 85 所警察教育的高等院校，这其中大部分都属于综合性大学，例如，俄罗斯莫斯科警察大学、圣彼得堡警察大学、下诺夫格罗得警察大学、西伯利亚司法学院等，主要以区域分块模式管理、设置，基本覆盖全俄罗斯的警察教育体系。也正是因为拥有完备的教育体系以及以学历为主的教育模式，在俄罗斯有明确的国家规定：凡警察必须是警官学校的毕业生。

俄罗斯是一个注重改革和发展的国家，拥有一个完备的警察教育机构必然使得它在学科的建设过程中，具备了完善的课程、院系、专业等设置。以莫斯科警察大学为例，仅法学这一学科就拥有刑事专家培养系、刑事检验专家培养系、治安警察专家培养系、侦查员系、移民事务专家培养系、国际法系、经济和司法检验学院系 7 个系，涉及执法活动、司法检验、法学等不同专业。同时这些院校、研究院、专门进修学校可以开展包括本科、硕士、副博士、博士学历在内的警察高等学历教育。

（二）受教育比例高，教学方法灵活

俄罗斯是一个教育大国，较高的教育普及率是它的一大特点之一，在俄罗斯的警察队伍当中受教育的比例也是非常高的。根据俄罗斯政府公布的数据，在 2008 年的时候，全警队受专业培训的人数就已经高达 67.7%，在这中间受过专门的法学专业教育培训的警员已达到全警队人数比例的 40%。尤其在侦查部门，这些一线干警的受教育比例更是高达 84.9%。不仅仅是警员，同时，在警察教育的教师队伍中，教师的高学历比例也是非常高的。在俄罗斯警察院校的教师队伍中，大多数人员都

是具备副博士学位的，其 3 000 多名教师当中，就包含 35 名院士，250 多名教师拥有博士学位，2 000 多名教学人员具有副博士学位。由此可见，在俄罗斯整个警察教育体系当中，它的学历教育已经达到一个相对较高的水平。

俄罗斯具有悠久的警察教育历史，且它的高等院校一直追求普遍性改革，像警察教育的课程设置、教学方法、教学理念都在寻求不断的改进。到现在俄罗斯已经形成了一个独具特色的教学模式，它的教学方法灵活多样。比如之前已经提到，除了传统的面授教育之外，俄罗斯还积极地推进远程教育、函授教育等。它的教学机构除了遍布全国的一个个正规化警察院校之外，还有许多分校、夜大。现在，俄罗斯推行一种"双机制教育模式"，所谓的双机制是指将面授与函授两者相结合的模式。具体来说就是一个警察在前两年接受面授教育，之后就可以被授予文凭到警察部门工作。在工作之后，如果这个警察想要获得高级文凭，他可以选择在工作的同时继续接受三年的函授教育。这种"双机制教育模式"可以节约学员大量的时间，让他们能合理地安排工作与学习，有效地利用资源，同时也满足警察不断提升自身的学历需求。是一种灵活又新颖的教学模式。

（三）注重实践的教学模式

贴近实践的教学方法是现如今警察教育的一大特色，俄罗斯当然也不例外。俄罗斯有明确的规定，一个在职警察每年需要进行的体能与技能训练不得少于 180 个小时。在高等院校的警察教育中，每个学生每年都必须进行 500 发的实弹训练以及体能与技能的训练。同时俄罗斯在警察教育的过程中有四项创造性的实战制度，分别是警察到高校任教、教师到警察部门锻炼、毕业生回校座谈、学生到实战部门实习。

俄罗斯的警察与警察院校的教师在岗位编制上都属于公务员性质，这一点就很好地解决了实战部门的警察与中高等警察院校教师之间的双向交流。将理论与实践紧密地结合，警察可以及时地将实践的经验传授至高校，而高校老师也可以适时到实战部门锻炼，避免他们理论脱离实践。毕业生回校讲座也是一个比较有特色的制度，这不仅是毕业生将其在工作中遇到的问题、经验反馈回学校交流，同时也是一项对教育质量的评价体系。毕业生一般工作 1 年后将回学校讲座，在这个过程当中学校、老师可以了解到学生在实践工作中的情况，同时也可以反思学校的课堂教育是否存在问题，以便及时地进行修正。

　　学生到实战部门实习应当被认为是最富有特色的一项制度，俄罗斯这项学生到实战部门实习的制度不仅仅是通常意义上认为的学生在放假或毕业之际的专门一段时间内到实践部门学习，参与案件的侦办等活动。它有一项特别的规定，非常值得学习和借鉴。在俄罗斯的警察院校中，学生是"入校便入警"，学生在学校需要负责日常的巡逻、执勤、管理等。总之学校除教学以外的日常管理和辅助工作都是由学生自主完成的，比如，课堂考勤、维持学校秩序等工作。这完全不同于国家聘用职工制度，在我国警察院校里随处可见监督老师、保安员、管理员等工作人员的身影，学生在学校一般只负责学习而已。但是在俄罗斯这些都是由学生义务完成的，这样的实践活动也大大丰富和提高了学生的实践能力，同时也可以为学校节约大量的经费。

第三节　韩国警察教育制度

　　韩国与我国有着相似的历史文化背景，借鉴韩国警察教育的成功方法和经验将更有利于我国警察教育的消化吸收。韩国的教育体制也属于中央统一管理体制，教育模式也同我国相似。当今社会国际国内形势复杂多变，警察也需要不断地适应时代的发展，传统意义上培养警察作为应用型人才已不能满足现代警察部门的需要。所以，现代意义上的警察人才不能只是定位于掌握某一应用型技能的单一概念，而是必须包含具有专业的应用技能以及拥有较深厚的人文素养和较高的学历要求。这是现今警察教育发展的大致趋势，以职业教育为主的美国、英国、德国等国家警察教育中已经开始不断地融入学历教育，而像以学历教育为主的俄罗斯则开始不断地提升警察职业教育。由此可见，警察的学历教育和职业培训应当协调统一、并肩发展。而韩国的警察教育正是第三种教育模式，即学历教育和职业教育相结合的教育模式。

一、韩国警察教育制度概览

韩国的警察教育由韩国警察厅统一制定全国警察教育的各种规划，专门负责不同警察院校设置、教学计划、毕业分配等各项工作，其他的政府部门一般都不得干涉。韩国警察教育和培训由中央和地方的警察机关实行集中统一的管理，全部的经费则由中央负责。

韩国主要通过以下三种途径来招收警察：第一，通过考试招收巡警学生，在中央警察学校培训半年以后，任用为等级最低的警察、巡警（三级警司）。第二，通过考试招收报考的干部，在综合警察学校培训一年以后，任用为等级最低的警察干部、警卫（三级警督）；第三，通过考试进入警察大学，通过 4 年的本科学习，获得学士学位，然后进入警察部门成为警卫（三级警督）。

在韩国实行学历和在职培训相结合的教学模式，具体而言主要有韩国警察大学负责学历和韩国警察综合学校负责在职培训。另外还有韩国中央警察大学负责新警的培训工作，可谓分工明确。

（一）学历教育

韩国学历教育主要由韩国警察大学负责，韩国警察大学是由原韩国警察干部训练学校改制而来，从 1981 年正式开始招生，属于韩国一流的大学，学校环境优美、设施齐备，教学质量优异。它的创校目的是：1）培养有坚定的国家信念，为民奉献的警察；2）传授和研究警察专业必要的学术理论和应用方法；3）适应社会发展，培养掌握警察知识与警察实务能力的专业人才；4）培养具有指挥才能，诚实、正直的警察。它的校训是：祖国、正义、名誉，建立起学生对国家、对社会的使命感。通过韩国警察大学这一系列明确的定位，它的教学质量也得到了社会的一致公认。

韩国警察大学是一所四年制的学历教育大学，学生需要通过全国统一的考试（相当于我国的高考制度）与面试，高考的录取分数一般接近于韩国最高学府首尔大学的录取分数，每年招收 120 个学生，男女比例为 10：1，每一个学生都要经过严格的筛选才能进入该校。入学之后，学生统一着警服，实施军事化的管理，以及所有学生的费用包括学费、书费、食宿费、服装费全部实行公费，统一由政府供给，学生每月还有生活补贴，另外每人配发一台笔记本电脑和电子词典。韩国警察大学共设法学、治安管理、警察行政、刑事诉讼法 4 个专业。四年的学制也有明确的课程安排，总计 5 508 个学时，每一个课程内容都有明确详细的时间分配，例如专业基础课共计 1 352 学时，占总学时 24.5%；外国语 881 个学时，占 16% 的学时等。课程内容设置也丰富多样，除了常规的法学、行政学、警察学以外，还包含柔道、剑道、游泳、驾驶等技能课程。

韩国警察大学的另一项富有特色的制度就是季节学期，这一项制度主要是为了学生能够增加技能而特别开设的暑假学习期，主要时间安排在每年的 6~9 月，根据年龄的不同会有不同的课程安排，这些课程安排主要都是警察应当具备的基本技能。一年级的课程设置包含计算机、英语托福、射击、擒拿术；二年级会包含托福特讲、英语会话、游泳以及实习；三年级课程包括英语会话、射击、驾驶以及到警察分局实习；四年级的夏季季节学期会包括侦查实习、侦查研究所和侦查教育。时间一般为 4 周，除了二年级的实习期为 2 周。

另一方面韩国警察大学还设置了种类繁多的活动，以丰富学生的课余生活。例如绘画、书法、高尔夫球、茶道、马术等，并且经常组织学生参加各种仪式以培养警察特有的风度仪表。在平时上课前，几百个学生都穿着统一的制服，戴白手套、穿黑皮鞋，围着教学楼前行走一圈，并且学校要求每一个学生不论是站姿还是坐姿都必须要按照明文规定。尤其值得一提的是，韩国警察大学的毕业仪式，尤为庄严、正规，大总统、行政自治部长官、警察厅厅长都将参加阅兵仪式，所以学校以及学生都会投入大量的精力。

（二）在职培训

在职培训主要由韩国警察综合学校负责，韩国警察综合学校位于韩国的仁川市，是一所综合性的警察培训学校。在韩国警察被划分为 11 个等级，包括：治安总监（总警监，即警察厅厅长）、治安正监（副总监）、治安监（一级警监）、警务官（二级警监）、总警（三级警监）、警正（一级警督）、警监（二级警督）、警卫（三级警督）、警查（一级警司）、警长（二级警司）、巡警（三级警司），而警察综合学校正是根据不同的等级划分来设置培训内容的。它的培训人员一般可以划分为两大类，一种是即将要正式进入警察部门前的人员，例如，针对一般大学本科毕业于法学与行政学，又通过了警察考试成为后备干部力量的人员，以及从韩国警察大学毕业之后的学生，在进入警察部门之前分别要在韩国警察综合学校进行为期1年和2个月的培训；另一种是根据不同的警衔层次进行专门的警察职业教育培训。

韩国警察综合学校的职业教育一般是针对警监以下警衔的人员进行的（包含三级警监），而警监以上的高级警官的职业培训则是由警察大学负责。警察综合学校在培训的过程中，会根据不同的警衔层次设置不同的课程内容、教学时间安排、教学方法等。例如比较一个总警（三级警监）班和警正（一级警督）班的区别，就可以有大致的了解。在培训的时间安排上，总警班的培训时间为20周，时间安排比较具体详细，前4周为一个入学阶段，中间12周是一个理论研究、学习阶段，最后4周是一个总结、实践的阶段。而警正班的培训时间相对来说比较短，只有8周。在教学内容安排上，总警班有警察的修养、专业业务知识、专题研讨、行政工作实践操作、指挥官家庭基本教养与社会奉仕活动（服务老人）、身心锻炼和开拓视野这6大类内容，每一类下面又有具体的科目分类，非常详细而具体。例如，警察修养课程包含改变思想意识的课程、刑事政策学习课程、对经济发展认识的课程、社会文化课程、安全保障与祖国统一的课程这样5块内容，而每一块内容下面又可以包含种类繁多的各种课目。警正班的课程内容安排也非常繁多，虽然有一些相同的课程，但基本区别于总警班的内容，也没有总警班那样详细的层级划分。它的课程内容有：国民政府国政改革方向、儒家精神与国民伦理、确立有效的民生治安对策、警察与地域社会、警察官的语言艺术、市民如何看待警察等，其内容似乎更加贴近民生与实践。

二、韩国警察教育制度的特点

韩国是我国的邻邦，也是一个十分注重警察教育的国家，在韩国有一个口号："警察的形象改变要从警察大学开始，警察改革的步伐是从警察大学迈起，以先进正确的教育方式，培养公正廉洁的警察。"

（一）学历教育与职业教育体系分明

警察学历教育和职业培训两者是相辅相成、辩证统一的，将学历教育与职业教育并重，也是当今世界警察教育发展的趋势。韩国是这一教育模式的典型代表，它不仅将两者协同发展，在实行过程中更是体系分明、分工明确。警察大学主要负责学历教育，警察综合学校负责职业培训，中央警察大学负责新警培训，或许再也没有一个国家的警察教育体系有韩国那么清晰明了了。

（二）经费保障充分，学生待遇好

韩国是一个非常重视警察教育的国家，警察教育按照教育法进行，使得警察教育也有法可依，其管理由警察厅统一负责，财政经费由中央承担，这一切都使得警察教育可以有充分的保障。韩国在警察教育上拨付的经费非常充裕，现今它已占警察经费的5%，警察大学每年的各种经费共175亿韩元，大约相当于1亿2 500万人民币，可谓相当充裕。学校所有的教学设施、武器装备、场地建设等等费用也全部由国家承担。学生在校学习全部为公费制，生活费、服装、住宿、学费等一系列也全部由国家保障。学生毕业后也不再需要经过国家公务员考试，可直接授予警卫警衔，进入警察部门工作。在这样优越的条件保障之下，警察大学的教师依然保持着勤俭节约的作风，而学生也没有松懈、怠慢学习，反而更加清晰地认识到待遇越好，责任越大，学习更加努力。

（三）注重培养学生的自治管理能力

韩国警察教育是"入学即入警"，每一个学生进入警校以后进行的是军事化的管理，教师也会像对待一个真正的警察一样严格要求学生，像站、立、坐都有具体的规定。学校在教学管理上采取双轨制，也就是学校管理（学生处和指挥官）和学生自治相结合的管理方式。学生干部被赋予极大的信任和权力，例如，警察大学实行的是无人监考制度，这是基于对一个未来警察的极大信任，他们相信作为一个执法者，应当做到洁身自好。但如果在考试中确实发现了作弊者，那么学生自治干部将有权力向学校惩戒委员会提出开除意见，学校也会充分尊重学生干部的意见，一般作弊的学生都会予以开除。警察大学这种教育模式不仅是培养学生的自治管理能力，也是提高学生素质以及对自身责任感的教育，这正是我国警察教育欠缺的。

（四）课程设置丰富，学习要求严格

韩国对警察学院的教育可谓相当严格，不管是职业教育还是学历教育，课程内容丰富多样。例如韩国警察大学不仅开设一般大学的课程，还会为了培养警察干部而开设独具特色的警察学科，同时学生还必须完成校长指定课程。课时安排也会比一般大学多将近 2 倍，一般大学的课时一般为 3 000 学时，而警察大学的授课学时为 5 508 学时，使得警察大学为了完成课时内容，学生的假期会比一般大学的学生少，学校不得不利用季节学期（假期）来完成比普通大学多出来的学时，所以对警察学员的学习要求可谓严格。

第四节　日本警察教育制度

日本警察队伍的执行能力在世界上享有盛誉，这不得不归功于日本具有特色的实务式教育体系。日本是较早建立警察教育体系的国家，其警察教育尤其是它的职业培养，极具代表性和借鉴性。同样作为一个亚洲国家，研究文化、历史等都具有相似性的日本警察教育制度，对我国现今大力发展警察教育，构建转型式警察教育体系具有很大的借鉴意义。

一、日本警察教育制度概览

日本警察教育实行中央集权制，警察教育自成体系，由国家统一领导、统一管理、规划警察教育的层次、目标、机构设置等。从整体上来看，日本警察教育分为学校教育、委托教育、一般教育三种，其中学校教育又可细分为高级教育、中级教育、初级教育三个类别，初级警察教育主要是指地方或县级地方警察本部所设立的警察教育机构对所属的警察进行的教育，特殊情形下还可以对警察本部以下的人员进行相关的现任专科教育。中级警察教育主要包括：对警部补考试合格的巡查部长进行 5 个月的教育，刑事正科、一般初级干部科、刑事初级干部科、现任补修科和专科。高级警察教育主要通过建立警察大学来完成，例如，日本警察大学校，此外日本全国 47 个都、道、府、县均设有警察学校，警察厅又将这 47 个都、道、府、县统一规划成为 7 个管区，这 7 个管区设立有 7 个警察局，7 个管区警察局也相应地设有 7 个管区警察学校，另外还有一个皇宫警察学校隶属于皇宫警察本部（皇宫警察本部以皇宫为中心，肩负着皇家财产的警备和对皇族生活起居、海外旅行的警卫重任），从而形成了全日本完善的警察教育体系。警察教育经费也全部由国家财政直接拨付。

日本是一个以职业教育模式为主的国家，它的警察教育根据警衔层次来划分进行，警衔从高到低分为 9 个级别，分别是：警视总监、警视监、警视长、警视正、警视、警部、警部补、巡查部长、巡查。警衔的分布也有严格的控制，大致呈金字塔型分布，警视总监、警视监、警视长、警视正为高级警官，在整个警察队伍中约占 3%，警视、警部、警部补警衔大约占警队总人数的 40%，而巡查部长、巡查这一类的初级警官人数则占警队总数的 60% 左右。这种比例结构也造就了日本警察教育机构设置为高级、中级、初级三个对应的教育培训层次。

日本警察教育有法可依，规定详细而具体。主管警察教育的公安委员会根据《警察法》和《警察法实施条例》制定了《警察教育规则》，而警察厅则更进一步地制定了更为详细的《警察教育细则》，对警察教育的内容、目的、方法等做出具体规定。警察录用体制相对完备，根据相关法例的规定，日本招募警察要经过全国统一的警察录用考试。对报考人员也有详细的要求：第一，必须是日本国民，无违禁财产，没有组织或没有参加过旨在破坏日本宪法和日本政府的政党或团体，没有前科；第二，具有高中毕业以上学历，不满 28 周岁；女警要求未婚，身高 160 厘米以上，体重 48 公斤以上，裸视 0.6 以上或矫正 1.0 以上，五官端正，健康。在通过考试录用之后，新警员必须进行职业培训，根据学历的不同，培训时间也会不同，一般大学毕业生培训时间为 15 个月，高中毕业或同等学力的新警培训时间为 21 个月。之后经过派出所实习，再回校综合学习毕业之后，才能分配到警察部门工作。

二、日本警察教育制度的特点

（一）警察教育强调实用性

日本警察教育可谓独具特色，尤其是其教育培训强调实用性，这使日本拥有了一支高素质警察队伍，创造了"安全神话"。在日本警察教育培训中，一切都强调从实际出发，注重教育的针对性和实用性。在教学内容上，日本一般会选择具有资深经验的警员来给学员上课，他们的授课方式常常与实际紧密联系，结合案例分析来引导学员思考和提高分析能力。在新警实习培训过程中，每一个新警都必须到派出所进行实习，在实习过程中，学员将会有警察对其进行一对一的实战指导，以提高新警实战能力。

（二）循序渐进的晋升制度

在日本每一个警察从被录用那一天开始，就必须从基层巡查开始做起。同时每一个警察从从警之日起就明确地知道，他要经过几年的工作实践，具备什么样的条件，才能参加考试得到晋升。只有脚踏实地一步步走，一级级考，一年年的工作、考试、学习不断循环，才能得到不断的提升。这种明确而循序渐进式的晋升制度有利于充分调动警察工作的积极性，因为他可以明确自己的目标，可以看到前景的希望，只要他想晋升，就会努力地提升自己、积极主动地工作和学习。这种晋升制度是非常明确而循序渐进的，例如一个新警察被授予的警衔只能是巡查，他的上一级警衔是巡查部长，一个大学学历的警察需要经过 2 年，高中或其他同等学力的警察则要经过 4 年，才能晋升至巡查部长。巡查部长再往上一级是警部补，大学毕业生需要经过 2 年，而其他学历则需经过 4 年。警部补再往上晋升为警部一般都需要 4 年时间，学历将不再造成任何不同。警部再往上晋升叫警视，这一阶段大约需要 10 年的时间。以此类推，可以看到日本警察晋升制度这一循序渐进的方式。

（三）注重教官的选拔

日本在警察教育中不是单纯地寻求理论知识丰富的教授进行授课，往往是到实战部门挑选最优秀、最资深、实战经验丰富的警官来担任教官。警察厅于2001年10月10日颁布了《府县警察学校等教官选拔纲要》和《府县警察学校等教官选拔纲要的运用》两个文件，明确规定"任用高素质、具有出色能力且富有人格魅力的警官为皇家警察学校、警视厅警察学校及道府县警察学校的教官，是提高每一位警察职员能力、加强支撑警察活动的警力基础必不可缺，也是整个日本警察组织必须认真解决的问题"。日本选拔教官的标准非常严格，必须具备能力要素、品格要素、体力要素、教育经历以及年龄的要求。每一个要素都有详细的规定，例如，能力要素要求为具备警部、警部补或皇宫警部、皇宫警部补警衔级别的警官且该警衔级别要1年以上；具有将来能够承担府县警察等教育的素质能力；工作成绩优秀、具有教授承担课程科目所必需的实际工作经验；具有法学方面的能力及专业方面的实际工作能力。

（四）偏重职业教育

日本警察教育十分注重职业培训，确切意义上说到目前为止，日本尚没有警察学历教育。日本的警察教育从更准确的定义上来说可以称之为"进修"，每一个警察从入警开始就在不断地接受职业培训，每一级警衔的晋升都必然经历职业培训，所谓"逢晋必训"。虽然日本的警察教育也有学校教育部分，但是这种学校教育并不是专门的学历教育，其实也是一种职业培训，它培训的对象都是干部层警官。具体可见表9-2，对日本警察大学培训课程表做详细的了解。

表9-2　日本警察大学培训课程表

课程	时间	内容
警察运营科	2～3周	对已被预定任用为警察厅科长、县警察本部部长等级别人员进行教育培训
警部任用科	3～6个月	对晋升为警部的警官（含预定晋升人员）进行培训，使之具备作为警察署科长所必需的知识技能
课长助理任用科	2周	对晋升为警部的警官（含预定晋升人员）进行培训，使之具备作为警察署科长所必需的知识技能

续表

课程	时间	内容
初任干部科 I 类	6 个月	对通过国家高级公务员录用 I 类考试，被录用的警官进行培训，使之具备作为干部所需基础知识
行政实物科	4 周	对通过国家公务员考试 II 类晋升为警部的警官进行教育培训
术科负责人培训科	4 个月	对警察术科（柔道、剑道、逮捕术及体育）的指导人员（含预定指导人员）进行培训
教官培训科	1 个月	对已被预定为警察学校教官的警部或警部补（含相当于此职务的一般职员）进行培训，使之掌握作为教官所必需的知识技能
专业、研究科	视需要	对警部补警衔级别以上的警官（含与此级别相当的一般职员）进行专业性的教育培训，使之掌握有关特定领域的高级知识技能，并进行相关专业领域的研究

第五节　中国警察教育的发展历史

一、中国警察教育的开端

中国近代警察教育始于清末，1901～1911 年，清政府在日本人的参与下，逐渐建立了一套比较完备的警察教育体系，不但培养了大量的警务人员，也培养了一批警察师资队伍，积累了一些办学经验，为清末以及后来的北京政府和国民政府的警察教育奠定了基础。

1901 年（光绪二十七年），清廷为了应"创办警察之序"，在创办京师警察机构的同时，委派全权大臣庆亲王奕劻与日本人川岛速浪（顺天府日本警务衙门事务长官）订立合同，开办了京师警务学堂。这是我国警察教育的开端。它的办学模式、所培养的最早警务人才，对中国近代警察制度建设都有一定影响。《警务学堂章程》规定了警务学堂的办学主旨，学堂开始以短期培训为主，以解决清政府对警务人才的急需。

初期警务学堂以训练巡警为主，每期 3 个月，学员的来源一是招考，二是由步军各营和八旗衙门报送，直到 1903 年学堂为即将展开的全国警政建设培养人才，开始设高等专科，专门培养警官。学堂分为初、中、高三等，学习内容分学科和操科，学科教授一些关于警察学方面的基础知识，操科教授警体方面的基本技能，学期长短、内容有所删减。

1905 年（光绪三十一年），清廷设立巡警部，产生了中国最早的中央警察机关，培养警政高级人才更是迫在眉睫，1906 年（光绪三十二年），清廷正式兴办警察高等教育，将原有的京师警务学堂改设为京师高等巡警学堂。从此，我国警察教育权也脱离外人的操纵，进入自主发展阶段。伴随京师警察教育的展开，各省也遵照清政府创设地方巡警学堂的通令，开办了高等巡警学堂和巡警教练所。各省都注意发挥警察教育在警政建设中的先导作用，在正式创办巡警之前，着手开办警察教育，并通过教育培训，转变警察观念，培养警察意识，提升警察素质，特别强调巡警为专门之学，需由学堂出身。

从 1901 年（光绪二十七年）到 1911 年（宣统三年），我国从无到有，逐渐建立起一套较完整的警察教育体系。"其设教场合有高等巡警学堂、有警务研究所，各厅州县有警务教练所，本埠各区有补习讲堂。"除普通警察教育外，清政府还开办了一些特种警察教育，如水上警察、铁路警察、军事警察、侦探警察，等等。尽管这个时期的警察制度建设和警察机构设置简略，警察职能分工粗糙，警察教育也比较粗陋，有明显的照搬痕迹，但是，作为中国最初的警察教育，适应了为刚刚设立的警察机构培养具备初步警务知识的警务人员之需。它不仅培养了一批具有一定警察知识和业务水平的骨干力量，而且积累了一些经验教训，为清政府、民国时期的警政建设奠定了基础。因此，它的产生无论是对中国近代化的历史进程还是中国近代政治文明的建设，意义和影响都是不可忽视的。

二、民国时期的警察教育

民国时期，原有的高等巡警学堂渐次演变为内务部警察学校、警察传习所、内政部警察高等学校。

内务部警察学校是根据袁世凯 1912 年 11 月 29 日签署的《警察学校组指令》设立的，学校分为甲、乙两种，甲种学生来源于中学毕业生或具有同等学力之人，以 200 人为定额，学制 3 年，一切费用由学生自理；乙种学生由警察行政长官推荐入学，学制 1 年半。课程设置简单，组织松散。至 1914 年结束。

为了培养从事警察教育的师资力量，当时北京政府又创办了被称之为特殊警察教育的警察传习所。内务部地方警察传习所于 1915 年 1 月在北京设立，学员必须是富于实际经验的在职警职人员和曾修警法学科、熟悉地方情形的人员，由各省巡按使和京兆尹分别选送，内务部也有权特送。学员毕业后被分配到各省设立的警察传习所担任教员，或者就任督察委员，分赴所属各地巡视警务。内务部地方警察传习所存在时间仅仅 1 期。

在内务部地方警察传习所学员毕业之前，内务部于 1916 年 11 月经总统批准，颁行《各省警察传习所章程》，要求各省在 1917 年 7 月以前一律设立警察传习所。各省警察传习所设于各省省会，直辖于各省警务处处长，未设立警务处的，直辖于各省省长。传习所主要以现任警佐及巡官为招收对象，由省长或警务处处长于所属厅县保送。学员毕业后，依其原有资格，分别任用，一般被分配到基层警察教练所担任教职，或者出任督查委员，分赴所属各地巡视警务。通过内务部地方警察传习所和各省警察传习所，培养和提拔大批警察骨干，派往全国各地，初步达到以实现其"统一全国警政"的目的，但这只是北洋政府在一个时期内采取的暂时措施，并不是一个固定制度。

北京政府培养高等警官的专门学校是创设于 1917 年 2 月 22 日的警官高等学校，其前身是北京政府初期成立的内务部警察学校。警官高等学校被视为北京政府时期施行警察教育的最高学府，以教授警察实地应用各学科，养成警察官吏高等学识为宗旨，其施教方针也不同于一般警校，特别强调要培养学生"因时应变之能力"，并要求学生熟知法律有良好的品行修养——"尊品格，重自修"；要求学生应学习相应的军事警务课程，具备使用武器和擒拿格斗的能力。按照规定，学员在毕业前要轮流到京师警察署实习一个月。警官高等学校组织机构严密，教育计划规范，有严格的招生、教学和成绩考核方法，注重对学校风纪的管理，按照军事学校的办法对学员实行严格的控制和管理，尤其严禁一切学员参加政治党派，从事任何政治活动。

南京国民政府北伐后，各省民政厅多设警官学校或警官训练所，虽然培养警官甚多，但教育分歧程度各异，对警察教育仍无整个计划。1936 年，国民政府为统一全国警官教育，于 1934 年南迁至南京的内政部警官高等学校与浙江省警官学校合并，并于同年 9 月 1 日成立中央警官学校，同时各省警官学校及训练所一律停办。校址设于南京马群镇，办理两年制及三年制正科教育。在教育方针上实行所谓"三化"教育，即思想政治化，做到统一意志、服从领袖；行动军事化，达到迅速确实、秘密静肃；学术科学化，强调考察实验，精确缜密。1937 年，抗日战争全面展开，学校随国民政府西迁重庆。除正科教育外，增设特种警察训练班及特科警官训练班。1945 年抗日战争结束后，中央警官学校迁回南京，为配合建警需要，扩大并办理军官转警训练与各种专业训练。1949 年，随着中国人民解放军节节胜利，国民党败退至台湾地区，中央警官学校也迁至台湾地区，1950 年复校，现为中国台湾地区的最高警察学府。

三、中国共产党早期的警察教育培训

中国共产党在成立伊始以及土地革命、抗日战争、解放战争时期举办了多种形式的专业训练班。这些专业训练班适应革命事业的需要，培训的对象为工农保卫干部，党组织的地下情报人员，苏区政治保卫干部，红军、八路军保卫干部，解放区公安干部，工厂企业保卫人员。培训工作主要由各级各类情报、保卫组织承担，并集中党内优秀的专业人才为之授课。

早期的共产党人非常重视对工人、农民的教育。工人纠察队、农民梭镖队是在长期革命斗争中逐步发展起来的一支革命的保卫力量，革命思想教育、保卫、军事专业知识构成了工人纠察队学习的内容。1926 年 4 月，广东省罢工工人纠察队学习的主要课程就有世界职工运动、中国职工运动、帝国主义侵略史。

土地革命时期，为保卫党中央的安全，中央在上海建立政治保卫机构——中央特科，由周恩来直接领导。中央特科成立之初，举办了多期特别训练班。周恩来、项英等中央领导曾向学员作了多次政治报告，陈赓等人则把自己在苏联学习到的侦破、审讯、刺杀、爆破、秘密联络等技术向学员们作了仔细讲解，培养党的情报保卫干部掌握专门知识和技术。为了避免暴露，参加培训的学员进行射击、无线电通信等训练时，都采取了防侦听等措施。我党最早负责保卫工作的领导人周恩来对进入中央特科工作的人员进行了严格的政治素质考察，把树立坚定的政治立场、自觉的纪律意识和勇于为革命献身的精神作为加强纪律教育的主要内容。

为了提高红军保卫干部的素质，加强保卫力量，20世纪30年代的苏维埃政府国家政治保卫局经常举办"保卫干部训练班""侦查干部训练班""游击区保卫干部训练班""县保卫局长科长班"等训练班。抗日根据地和解放区的公安保卫机关，也举办过各种训练班。中央社会部的保卫干部训练班仅抗战时期就曾在延安举办了9期。那时各训练班都十分重视共产主义理想、信念教育和纪律教育，十分注重培养学员的革命纪律性。

抗战胜利后，伴随解放区的发展，公安警务人才的培养工作逐渐提上日程。当时的中共华东中央局决定，创办共产党领导的一所培养训练公安警务人才的专门学校——华东警官学校。学校由华东局和山东省公安总局领导。华东局委员，新四军和山东军区政治部主任舒同兼任校长。从公安机关和部队保卫部门调训学员200余名，设警官队、学警队，同年11月结业。第二年国民党对山东解放区发动重点进攻，该校停办。1948年7月，中共中央华北局社会部为适应华北地区大中城市街坊都接管和组建公安机关的需要，在中共中央所在地河北省建屏县西冶村、东冶村创办华北保卫干部训练班，为人民公安机关培养中下级干部，由当时华北局社会部副部长杨奇清兼任校长。1949年1月，为适应形势发展的需要，该校扩建为华北公安干部学校，2月迁入北京，后改名为中央公安干部学校。学校主要进行两个阶段的教育，其一是政治教育，其二是业务教育。政治教育主要是学习马克思列宁主义、毛泽东思想的基本理论，也包括对学员进行政治审查，考察学员的家庭、历史、社会关系状况。其政治教育的一个重要内容就是结合公安实际，进行世界观、人生观的教育，培育公安工作的责任感。当时的业务教育，主要是讲授当时公安工作面临的形势、任务和工作方针、政策等，着重讲基本知识。中央公安干部学校先后办了 4 期，共培训了 2 500 多人，在一定程度上满足了公安部和北京、天津等地公安部门初建时期对干部的需求。同期，各大战略区也相继成立警官学校。我党早期的保卫干部的教育培训，为我党早期的保卫事业培养了一批专业人才，为新中国成立培养和储备了一大批公安、政法领导干部和业务骨干。

四、新中国成立后公安教育培训历史

中国公安教育培训，既是整个国民教育的一个重要方面，又是中国公安事业的重要组成部分。它是马克思列宁主义、毛泽东思想、邓小平理论、"三个代表"重要思想和科学发展观与中国公安工作实践相结合的产物。

中国公安教育培训，从广义上讲，是指公安机关一切通过教育、培训手段增进人民警察的知识、技能、影响人民警察思想品德活动的活动。在此所指的公安教育培训，主要是公安院校的教育培训，即指由公安部门主管的教育部门，根据我国的国情，按照党和国家以及公安部对公安工作的要求，贯彻公安教育方针、政策、规划，组织各级公安院校对全国公安队伍所进行的有计划的教育、培训工作。

中国的公安院校是公安机关不可分割的组成部分，其主要任务是为各级公安机关培养和输送德、智、体全面发展的保卫社会主义现代化建设所需要的各种合格的专门人才，同时通过科学实验和研究，直接为公安工作服务。

中国公安教育培训，有着自己的特殊规律性。它在长期的公安工作实践中，逐步形成具有中国公安特色的教育培训体系。回顾中国公安教育培训历史，大致可以分为五个阶段。第一个阶段为 1949～1965 年，新中国这一时期的公安教育培训可以说是处于创立与探索阶段，公安教育培训的基本任务是适应革命形式和公安机关的组建和发展的需要，公安

教育培训基本上是以在职警察培训为主，包括进行大规模短期培训以及专业技能培训，教育培训的内容主要以政治、业务教育为主。这种短期训练，为公安战线培养、输送了一大批新生力量。当时在公安部的统一领导下，按照地域布局与区域公安工作发展相适应的原则，各地合理规划、积极集聚办学力量，形成了一个布局合理，互为补充、协调运作的公安教育培训新体系。这些公安干校不仅在师资力量、教材建设、教学的软硬件建设方面为后来公安专业大专、本科教育奠定了一定的基础，积累了丰富的办学经验，而且基本满足了当时各地公安人员参加职业培训的需要。

第二个阶段为 1966～1977 年，是中国公安教育培训遭受破坏与停滞阶段。此阶段"文化大革命"给国家和人民带来了深重的灾难，也使人民公安事业遭到了极大的破坏，特别在运动初期，公安机关被砸烂，许多公安战士受到严重冲击。公安教育与培训则更是重灾区，全国公安教育培训工作受到极大冲击，公安院校整体萎缩，公安教育基本处于停滞、瘫痪状态。这 10 年是中国公安教育培训遭受严重破坏与停滞不前的阶段，公安教育培训的停滞，客观上形成了公安人才的断层，严重地制约了公安工作的持续、健康发展，在很大程度上影响了"文化大革命"后的公安教育训练工作。

第三个阶段为 1978～1985 年，是中国公安教育培训恢复与发展阶段。1976 年粉碎"四人帮"以后，特别是党的十一届三中全会以后，中共中央对干部提出了革命化、年轻化、知识化、专业化的要求。"形势要求整个公安队伍，不仅在政治上绝对可靠，具有高度的政治觉悟，高尚的道德风尚，严明的组织纪律，良好的工作作风和树立全心全意为人民服务的宗旨，而且要懂得党的政策和国家法律，要懂得公安业务、现代的科学技术、具有较高的文化水平。但是，目前我国大多数公安干警尚没有经过正规的公安专业教育或训练，在整个公安干警中，初中以下文化程度比重很高。"因此，从战略高度认清公安教育工作的重要地位和作用，把公安教育培训事业搞上去，就成为当务之急。公安教育在两个方面做出了重要的迈进。一是在职警察学历教育和业务培训迅速发展，根据中共中央对干部队伍"四化"的要求，各级公安机关重视提高广大警察的政治素质、业务素质和文化素质，采取多种形式加强在职警察教育。建立公安管理干部学院，发展成人高等公安教育，建立成人中等人民警察学校，在高等、中等公安警察院校开办了干部专修科和中专班，组织在职警察参加业余大专、中专学习，鼓励自学成才，普遍举办短期专业轮训班，举办警察文化补习班等。二是创建发展中等、高等公安专业教育。高等、中等公安教育的建立揭开了公安教育史上普通学历教育的新篇章，对提高警察队伍的素质具有重要意义，1978～1985 年，全国建立了公安部直属的 4 所公安本科院校，省、自治区、直辖市所属的 11 所公安高等专科学校，此时，中国的公安教育培训基本上处于恢复重建并快速发展阶段。

第四个阶段为 1986～1999 年，这是中国公安教育培训不断加强与完善阶段。到了国家"七五""八五"期间，公安部和各级公安机关认真贯彻落实《中国教育改革和发展纲要》、中共中央《关于加强公安工作的决定》中提出的"发展和健全公安教育事业"，以及《人民警察法》有关"国家发展人民警察教育事业，对人民警察有计划地进行政治思想、法制、警察业务教育训练"等规定，公安教育培训体系得到不断加强与完善，取得了显著的成绩，初步建立了分级管理、分级培训，多层次、多类型、多规格、多形式培养公安专门人才的公安教育培训体系。这一阶段我国公安教育培训全面加强与巩固，形成了公安学历教育与在职警察培训教育较为完善的体系。

第五个阶段为中国公安教育培训改革与创新阶段，从 2001 年至今。随着我国改革开放的不断深入和社会主义市场经济的迅速发展，公安工作面临的任务日益繁重和艰巨。新形势、新任务对公安教育培训工作也提出了新的要求。从此，中国公安教育培训逐步进入了改革创新的发展阶段。第一，进一步明确了公安培训工作指导思想，即以邓小平建设有中国特色社会主义理论为指针，全面贯彻党的教育方针，按照科教强警的战略部署，深化改革，加强发展公安警察院校教育，强化在职人民警察的教育培训，努力培养造就一支高素质、适应公安工作发展需要的公安队伍。第二，制定了公安机关人民警察训练条令。为适应公安工作和公安队伍建设的需要，加强公安机关人民警察的训练工作，提高公安队伍的整体素质，2001 年 11 月，公安部印发了《公安机关人民警察训练条令》，规范了在职警察的初任训练专业训练和晋升训练，强调公安机关人民警察训练合格方可任职、晋升职务或者授予警衔、晋升警衔。第三，强化警务实战训练。第四，开展全国警察大练兵。第五，推动全国警察苦练基本功。第六，公安学历教育长足发展，包括各地相继开办本科公安院校，使本专科教育实现了跨越式发展，提高公安高等教育的层次，强化实践教学模式，变革政法院校招录培养体制。

第六节　中国警察教育现状

公安工作担负着巩固中国共产党执政地位，维护国家长治久安，保障人民安居乐业的重大政治责任和社会责任，而公安教育是建设一支高素质公安队伍的根本保障，具有基础性、长远性的战略地位。虽然我国公安教育正规化发展起步较晚，但自 1949 年 11 月 5 日中央人民政府公安部成立之日起，党中央领导就充分认识到社会治安和犯罪形式的复杂性，从而认识到建设一支强有力的高效公安队伍，加强警察教育训练，提高警察队伍的战斗力的必要性，因此公安教育一直受到党中央的高度重视。首届公安部部长罗瑞卿曾多次指出："公安学校是公安干部的重要来源，公安学校是建设公安队伍的一个重要组成部分和措施。"胡锦涛也曾指出："在全部公安工作中，队伍建设是根本，也是保证。"

一、中国警察教育制度概览

现今我国警察教育也采用学历教育和职业培训相结合的模式，其中学历教育可以分为普通学历教育和成人学历教育见图 9 - 1。普通学历教育包含博士研究生、硕士研究生、本科、专科这四个学位层次；成人学历教育包含在职警察专升本、函授、夜大、自考等。职业教育主要是指警察在职培训，比如初任培训、晋升培训等。

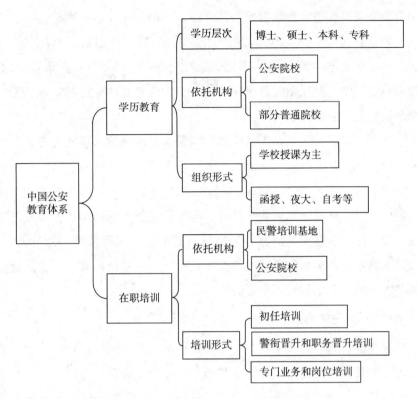

图 9-1　中国警察教育体系图

（一）中国警察学历教育

中国警察学历教育本质上属于学科型的专业设置教育，根据教育部2005年的统计资料显示，警察类本科层次学历教育已开设12个专业，其中警察学类下设治安学、侦查学、犯罪学、警察情报学、禁毒学、警犬技术、经济犯罪侦查、警察管理学8个专业类别；警察技术类下设刑事科学技术、视听技术、交通管理工程、安全防范工程4个相关专业。4年的本科教育旨在使学生具备扎实的基础理论知识、警察基本技能、健康的心理和强健的体魄，提高其综合素质。警察专科教育主要由地方警察专科学校进行，专业类别丰富，有侦查学、警察管理专业、监狱管理、劳教管理、禁毒学、司法文秘等专业，为警察队伍输送了大批实务型的优秀人民警察。

1993年中国人民公安大学创先开设了刑法、诉讼法硕士点，至此中国警察高等院校研究生学历教育拉开序幕。2004 年中国人民公安大学正式开始招收博士研究生。到目前为止，我国警察类院校已开设刑法学、犯罪学、法医学、侦查学等 31 个硕士学位专业，82 个专业培养方向，以及诉讼法学、刑法学等博士专业，整个学历教育体系已基本涵盖警察学理论与实务发展需求。

在职学历教育主要是为了满足在职警察对提高学历层次的需求，它的主要类型包含专升本、函授、夜大、自考等，形式比较多样，可采取自学、面授、远程教育等方式。参加在职学历教育的学员在规定的学历时间内考试合格，达到毕业条件时，将授予国家承认的学历，经教育部统一电子注册。在职学历教育为警察机关培养了大批各类实用性人才，已成为警察队伍提高学历层次与专业技能不可或缺的形式，对提高警察机关人才整体素质起到了重要的作用。

（二）中国警察职业培训

在职培训顾名思义是针对在职警察进行的，我国警察在职培训主要分为三大类，包括初任培训、专业培训和晋升培训。

初任培训的对象为新招入的本、专科毕业生，新任用为正科级以下和新任用为副处级以上职务的警察。初任培训中本、专科毕业生主要进行入警教育。正科级以下警察的初任培训包括政治理论、法律法规、警察业务、技能和体能的训练，为期 3 个月以上。新录用副处级以上职务警察的初任培训包括政治理论、警察实用法律法规、警察业务、指挥管理、警务技能和体能训练，为期 2 个月以上。

专业培训有对担任副处级以上职务警察培训和不同业务岗位专项培训。对担任副处级以上职务警察进行的专业培训为每 3 年一次，为期 1 个月以上，重点在于更新工作理念，提高领导层理论与实际指挥能力。专项培训一般表现出不同警种和岗位需求的特色，例如，奥运安保培训班、现场勘查班、痕迹检验班等。

（三）中国警察主要教育机构

当前，我国警察教育机构主要分为三大块，一是独立的警察类院校，二是普通高等院校设立警察性质院系，三是专门的警察机构培训中心，根据 2010 年的数据统计，警察教育机构总计 2 102 所，其中部属院校 5 所，包含 3 所本科院校和 2 所专科院校；省属本科类警察院校 8 所，专科类 22 所；普通高等院校警察性质院系 8 所；地（市）警察类院校和训练中心 468 所；县（市）警察机关所属训练学校 1 592 所。

1. 警察类院校

我国警察类院校属于国民教育体系，区别于韩国、日本等由警察部门领导，具体可分为公安部部属院校和地方院校。部属院校有中国人民公安大学、中国刑事警察学院、铁道警官高等专科学校、中国人民武装警察部队学院和公安海警高等专科学校。其中，中国人民公安大学创建于 1948 年，是公安部直属普通高等院校暨公安部高级警官学院。一贯秉承"从严治警，从严治校"的校训，坚持为警察工作服务，培养高层次的警察类专业人才，学校已为中国警察政法机关培养、输送了 14 万余名领导干部、业务骨干和专门人才，被誉为"共和国警官的摇篮"。

中国人民公安大学已形成有博士研究生、硕士研究生、本科生、成人高等教育、警官在职培训等一系列完备的教育方式的教学体系。中国人民公安大学设有博士后流动站，拥有诉讼法学博士学位、法学一级学科、刑法学、行政管理等 17 个二级学科硕士学位及法律硕士学位的授予权。本科专业涵盖治安、侦查、禁毒、刑事科学技术等 10 个专业，并长期为公安部承办专业的在职警察培训，如全国公安机关新闻发言人培训研讨班，全国省地公安国保指挥员培训班，全国省会、副省级城市及部分地市分管国保业务局局长培训班等。

除部属警察类院校外，还有 31 所地方高等警察院校，包含本科和专科两个学历教育层次。其中本科层次 9 所，包括北京人民警察学院、江苏警官学院、浙江警官学院、湖北警官学院、福建警官学院、山东警官学院、广东警官学院、四川警官学院和云南警官学院；专科层次院校 22 所，如上海公安专科学校、辽宁警官高等专科学校等旨在培养各级各类警察的专门院校。除以上专门培养本、专科学历层次的警察类院校以外，在我国还存在着大量的警察职业学校，他们面向基层警察机关培养中专学历的警察专门人才。例如，湖南省永州市人民警察学校就是一所专门的全日制中等专业学校。这些公安职业学校同时还负责一些警察的职业培训工作。

2. 普通高等院校警察性质院系

我国警察学历教育采用以专门的警察类院校教育为主，普通高等院校专业教育为辅的模式，所以普通高等院校在警察教育中的作用也不容忽视。这种模式主要与警察教育办学形式不断变化的趋势相适应。世界警察教育的发展趋势已显示出封闭式的独立警察教育已不能适应时代的发展，因此将部分警察教育向综合性的高等院校转移对于提高警察学历层次尤其是学术水平，必将发挥重要的作用。我国的 8 所普通高等院校警察性质院系分别是：中国政法大学刑事司法学院、西南政法大学刑事侦查学院、中南财经政法大学公安学院、甘肃政法学院公安学院、西北政法大学公安学院、华东政法大学治安系、江汉大学公安学院以及黑龙江大学公安学院。

例如，西南政法大学刑事侦查学院。1979 年经公安部报教育部批准，在西南政法学院设立我国第一个侦查学本科专业。1985 年，以侦查学专业为基础成立了侦查学系，1999 年组建为刑事侦查学院，现有侦查学（含职务犯罪侦查专门化班）、刑事科学技术、治安学和经济犯罪侦查四个本科专业，侦查学、警察科学两个硕士点。目前在读本科生1 501人，硕士研究生 174 人。下辖有司法鉴定权的司法鉴定中心（通过 CNAS 认证，为十大国家级鉴定机构之一）；《现代侦查》《侦查》两个期刊编辑部；法庭科学研究中心、警察科学研究所、重庆高校物证技术工程研究中心和证据技术实验教学中心（国家级）四个研究机构；中央与地方共建项目——现代警务实验室。侦查学为国家级特色专业，刑事科学技术为重庆市特色专业，侦查学专业为国家级人才培养试验区，侦查学教学团队为重庆市级教学团队。西南政法大学刑事侦查学院主要为国家警察机关、国家安全机关、检察机关、海关、民航、交通、铁道部门的公安局、军队保卫部门、教学科研等部门培养实践和教学科研等方面人才。

3. 警察机构培训中心

警察机构培训中心是专门为在职警察提供职业培训的机构，并不提供学历教育，而是旨在对在职警察提供教育培训，使警察及时更新工作理念、不断提高业务水平。警察机构培训中心可以分为公安部直属培训中心和地方警察机关领导下的培训中心。例如，公安部警务实战训练基地就是公安部直属负责警察机关警务实战训练的基地；而甘肃省公安厅警官培训学校隶属于甘肃省，主要负责甘肃全省警察在职培训业务，平均每年为甘肃省培训学员 1 800 人次。

（四）中国港澳台地区警察教育概况

中国的港澳台地区基于和中国大陆不一样的政治形态、法律制度等，彼此之间警察教育状况也各有千秋，它们作为中国的一部分，独特的警察教育形式也值得研究和学习。

香港警队成立于 1842 年，属于世界历史上成立时间最早的警队之一。香港警队负责执行传统的警务工作，如保护市民的生命财产、防止和侦查犯罪案件及维持治安等，在特殊时期，香港警队甚至会有类似军队的职能。其警察总部设有 5 个部门，包括行动处、刑事及保安处、人事及训练处、监管处和财务政务策划处。其中人事及训练处负责领导警队的教育培训工作，下辖香港警察学院以及不同部门专门的训练机构。香港警察教育只为警队提供职业培训，不承担学历教育的内容，培训类别分为新警培训和在职培训。

新警培训针对新招募的警员，普通的新警需具备"中五"（相当于内地高中）学历，需在香港警察学院进行为期 27 周的入职培训。警察学院为新警员开设理论课程、枪械射击训练课程、体能训练课程、急救训练课程四个方式的训练内容，使新警察能够迅速掌握成为一名警察的基本素质和技能。另一种新警是由具有大专以上学历的人员直接报考或由警察晋升见习督察职位，需在警察学院进行为期 36 周的入职训练。课程内容较新警察更深入复杂，除基础知识、警务技能外还会增加领导实践和管理技巧方面的训练课程。

在职培训是深受香港警队重视的项目，为了不断提高警队的整体素质，香港警队对警察在职培训有详细明确的规定，以保证在职的各类警务人员都能接受各种形式的教育培训。第一种是总区训练日，是主要针对督察以下所有一线警务人员进行的定期训练，训练日每两个月举行 1 次，每年至少举行 5 次，培训内容根据需求而定。第二种是进修培训，是指警察在其职位上担任一定期限之后，需要返回警察学院再次学习培训，以增进新知识，了解新形势，适应工作发展的需求。例如，警长在任职的第 3 年、第 6 年和第 11 年，要返回警察学院接受一期在职培训。第三种是专业技术培训，针对不同岗位的需求，警员需要掌握不同的专业技能，香港警队就对警务人员实行对口的专业技术培训。比如对刑事侦缉警员进行警察侦缉课程培训。这种培训针对性强，应用性好，深受警察的欢迎。第四种是晋升培训，晋升训练是警察得到晋升必须经历的程序，围绕新职位需要的专业知识技能开设课程，以适应新职位的要求，在训练之后通过考核方能晋升。第五种是深造训练。香港警队鼓励在职警察去获得更高的学位和学历，比如，利用业余时间选修大学课程获得学位，或者鼓励警察去海外深造，使其开拓视野，增长才干。

澳门特区是一个具有良好社会治安的地区，这与其拥有一支优秀的警察队伍密不可分。澳门特区的警察教育由澳门特区保安部队高等学校、治安警察学校和司法警察学校负责。保安部队高等学校是一所大专学历的高等学府，主要负责警官和消防官培训以及各种职业培训工作。它涉及的培训类别有，警官和消防官培训、警司进修培训、指挥及领导培训（培训对象为被挑选为领导的警官或消防官）、保安学员培训（培训对象主要为基层警员或消防员）和治安警察局、消防局基层职务晋升培训。治安警察学校是一所专门的警察培训机构，旨在为警察提供在职培训。司法警察学校主要针对司法警察进行培训。它们都不属于学历教育，是针对警察工作职务需求开设的职业教育。

台湾地区是中国领土不可分割的一部分，在社会治安与犯罪日趋复杂的今天，中国台湾地区的警察教育也是值得探讨的话题。中国台湾地区的警察教育有台湾"中央警察大学"和台湾"警察专科学校"。"中央警察大学"是中国台湾地区警察教育的最高学府，设有本科、硕士研究生和博士研究生，同时还招收具有两年警龄的在职警察攻读两年制专科，毕业时授予大专文凭。除以上学历教育之外还为警察部门提供在职教育、深造教育和面向警察及社会大众的推广教育。台湾"警察专科学校"为台湾警察提供初级教育，培训内容主要为对新招收的普通警察进行2 年基础分科教育和 1 年常规教育，对普通警察进行在职培训和对警长进行进修教育。

二、中国警察教育培训的学制及主要特点

学制通常是和学历教育模式相适应的一个概念。学历教育具有一定的时限，有时间和条件实现完整的、系统的警察专业的教育，从而能培养出高质量的专门人才。学历教育具有一定的时间性，专科一般为 3 年，本科一般为 4 年，硕士研究生、博士研究生一般为 3 年。中国警察教育培训主要有以下四个特点。

（一）注重警察政治素质的培养和提高

警察院校和警察培训机构作为培训警察和警官的摇篮，必须突出思想政治教育，特别应注重对警察政治素质的培养和提高，这是警察教育区别于普通院校教育的鲜明特点。我国警察教育历来强调政治素质为先的人才培养目标，把"政治合格、对党忠诚、服务人民"作为警察人才培养的首要和基本标准。因此，警察教育培训的首要任务就是培养警察的政治素质、职业意识和职业道德。

（二）具有鲜明特色的职业化教育

警察作为社会职业中的一种，其职业本身具有社会性、规范性、服务性等特征。因此，警察教育培训应从提高警察的职业素质和职业能力出发，突出职业特点和岗位需求。一方面，从提高党的执政能力和警察队伍建设的要求出发，开展政治、经济、管理、科技、人文相结合的全面素质教育，提高警察的科技、人文素质和管理能力，使其具备合理的知识结构和较高的综合素质。另一方面，从人才培养规律和警察职业发展要求来看，警察必须具备较强的岗位任职能力和创新能力，认真贯彻"三个必训"制度，建立以"职业培训为重心"的公安教育培训体系，提高警察的法律素质和侦查、治安管理、人口管理、勤务手段等综合业务能力，培养警察适应岗位转换的能力和职业发展潜力。

（三）独特的办学模式

中国警察教育培训模式呈现多层次、多形式特点，除大学专科、大学本科、研究生等普通高等学历教育和在职成人学历教育外，还负担着

各种短期警察职业技能培训任务。警察院校除负担着人才培训、社会服务功能外，还有科研功能。警察院校完善了教学、科研、警务实战相结合的办学模式，真正把职业教育办成了大学模式，在世界警察教育培训中形成了独特的学历教育和在职培训相结合的模式。

（四）能力本位的人才培养

中国的警察教育培训终坚持能力本位的教育理念。能力本位可以从普通警察和高级警官两个层面理解。警察首先应具备国家公务员九个方面的通用能力，即政治鉴别能力、依法行政能力、公共服务能力、调查研究能力、学习能力、沟通协调能力、创新能力、应对突发事件能力和心理调适能力。警察院校的主要任务是培养警察一线需要的实战能力强的应用型普通警察。警察的能力包括政治能力、警察执法能力、治安管理能力、侦查破案能力、处置突发性事件的能力、社会工作能力、现场控制犯罪嫌疑人的能力、接处警能力、人际交往能力、语言表达能力、工作环境适应能力、更新知识能力、探索创新能力等各种能力。从知识本位和学科本位向能力本位的转变是推动高级警官培训工作发展的内在要求，在领导岗位上担负领导职责的高级警官，又必须具备这一角色的核心能力，如科学判断形势、把握警察工作全局、胜任警务战略决策指挥、掌握现代警务管理的科学知识和理念、自我发展和提高能力等。警察院校应始终坚持能力本位的教育理念，以提高学生的综合能力为教育主线，全方位育人，全面提高学生的综合素质。

参考文献：

[1] 王彦吉主编. 中外警察教育与培训 [M]. 北京：中国人民公安大学出版社，2010.

[2] 王大伟主编. 欧美警察科学原理：世界警务革命向何处去 [M]. 北京：中国人民公安大学出版社，2007.

[3] 莫斯科大学联合编写. 俄罗斯内务部莫斯科大学 [M]. 莫斯科：莫斯科大学出版社，2000.

第十章　我国警察教育的改革建议

一、我国警察教育存在的问题

（一）我国警察教育职业培训机构出现的问题

我国的警察职业培训由普通全日制院校与成人院校两类机构担当。普通全日制院校分为普通本科院校、普通专科学校和中等专业学校；成人院校分为成人专科学校、成人中专学校、警察干部学校和指挥学校。我国的警察院校大都具有双重任务：一是承担普通全日制学历教育，二是实施在职警察职业培训。由于警察学历教育现正走向逐步取消的道路，所以警察职业培训成为整个公安教育工作的中心环节。本科院校培训具有系统的基础理论知识和较高公安专业水平的专门人才，并承担高级警官晋升培训、专业技术人员和专业教师的培训任务；专科学校培训掌握基础理论知识和基本公安专业技术的应用型人才，并承担中级警官晋升和业务骨干的培训任务；中专学校培训初步掌握警察业务知识和技能的基层警察，并承担初级警官的培训任务。我国的警察职业培训主要由各级警察院校承担，警察职业培训机构实行公安部门与教育部门的双重领导体制，并以公安部门为主，它是国民教育的组成部分，这就决定了我国警察职业培训机构受到较多限制。目前对培训机构的定位也不明确，它既是警察机关的组成部分，又是国民教育的一个分支，这导致警察院校办学特色不够突出。比如在办学模式上，许多地方警察院校都按照普通高等院校的模式实施教育，除了学生着警服以及学习内容上有些警察类课程之外，其他方面与普通院校的差别很小。很多警察院校还招收非警察专业学生，对这类学生的培养几乎按照普通高校的模式进行。再如警察院校的教师仍然要向教育部门申请职称评定，与其他普通院校的教师并无差别。而且警察院校在人员配备、教学、经费、学制等方面均受到国家教育部门的制约，教学上和管理上缺少警察教育特色，这严重影响了公安警察职业培训工作。

（二）警察职业培训内容"一刀切"问题

我国绝大多数警察院校的学历教育依据警察工作岗位的性质设置刑事侦查、刑事技术、治安管理、道路交通管理专业，其课程体系由文化理论课、专业基础课、专业课组成。而警察职业培训课程结构基本上是学历教育的"翻版"，也是按专业岗位组织相应的分科课程。这种课程设计思路和课程结构已受到越来越多的挑战。

根据《公安机关人民警察训练条令》的规定，公安机关人民警察的培训实行的是分级分类培训。分级培训包括分职级和分衔级两种，分类培训包括初任培训、专业培训和晋升培训，其中晋升培训包括职务晋升和警衔晋升培训。这种分级分类的培训模式已经实施多年，为警察机关培训了大批优秀警察。警察的政治、业务、体能素质和实战技能因此得到了较大的提高。但反思警察机关分级分类培训的整个过程，尤其是在对培训学员跟踪调查后，笔者发现《公安机关人民警察训练条令》所设计的分级分类培训模式在实践中暴露出一些不足。一是培训内容交叉重叠。如副处级以上领导岗位的警察专业训练内容与正科级、副处级职务警察的职务晋升训练内容或三级警督警衔、二级警督警衔的警察警衔晋升训练内容基本一致，唯一的区别在于前者开设了领导科学课程，而后者开设了警务技能课程。职务晋升与警衔晋升也同样存在交叉重叠。二是每个层次、每个类别的培训定位不清。《公安机关人民警察训练条令》虽然规定了分级分类培训，也规定了不同层次、不同类别的培训内容，但没有对培训要求和应达到的标准作出明确的规定，导致在实际执行中出现走形式、应付了事的情况。只要参加培训就能发合格证，思想上没有震撼，业务上没有提高，技能上没有长进，"追不上、说不过、打不赢"的现象依然没有得到根本性的解决。

所有这些问题应引起警察机关教育训练部门的高度重视，加强警察机关警察分级分类培训的研究，切实提高培训的针对性和实效性。

同时现代社会治安形势和世界警务运作机制变革对警察素质结构提出了新的要求，"宽口径、厚基础、强能力的复合型警察更能适应警察实战需要"。2003 年 11 月 11 日，孙明山在全国警察训练工作现场会上的讲话中强调："建立健全各级各类警察训练课程体系，提高训练工作的针对性和实效性。要坚持分级分类训练的原则，制定各级各类警察职位标准和训练规范，形成按职、衔分级，按警种分类，目标明确，专业突出的警察训练课程体系，使不同层级、不同岗位的警察都能得到相应的职业核心能力训练。"《中共中央关于进一步加强和改进公安工作的决定》要求加强教育训练工作，建立适应实战需要的训练体系，积极创新教育训练机制，改进教育训练方法，全面落实"三个必训"制度，提高公安警察的政治、业务、体能素质和实战技能。2008 年 1 月 11 日，孟建柱在全国公安厅局长会议上对公安机关教育培训工作提出，公安系统要建立健全教育训练制度体系、基础体系，创新教育训练内容形式，积极探索构建符合公安实际、具有公安特色的"大教育""大培训"工作体系，切实提高公安警察的综合素质和实战本领。因此，加强对不同类型警察培训课程体系的研究，既是警察培训工作发展的大势所趋，也是警察工作和队伍建设发展的迫切要求。

（三）警察职业培训师资力量及办学投入问题分析

我国公安警察培训机构的教师绝大多数为专职教师，约占教职工总数的 40%。教师队伍主要由警察院校部分本科、硕士以及博士毕业生、社会院校调入的教师以及警察部门选调的干部组成。教师中具有高级职称的有 1 200 人，占教师总数的 14%，具有中级职称的 4 000 人，占 45%。目前，我国公安警察院校教师队伍有了一定的发展，但教师队伍的文化结构、专业结构还不尽合理，既有理论水平又有实际专业经验的教师人数较少，存在严重的断层情况，大多数警察专业教师没有成为本专业的"行家里手"。总体情况是专业教师量少质弱，现状十分令人担忧。有一部分骨干教师，长期从事专业教学工作，教学经验比较丰富，专业基础理论比较扎实，但长期脱离警察工作的实际，教学中缺乏针对性和灵活性，很难反映警察现实工作中的新情况和新经验。另有一部分教师是从警察机关调入的，比较熟悉业务，有较丰富的实践经验，但由于原有文化程度不高，对警察业务知识缺乏理论上的升华。还有一部分青年教师是近几年从公安警察院校、地方高校毕业的，对于警察业务更缺乏感性知识。造成这种教师队伍断层的原因是多方面的，最主要的还是认识上不够重视，警察院校教师这个职业还没有真正被人们尊重。在《人民警察法》出台之前，警察教育的地位、警察院校教师的地位在认识上模糊不清，在法律上也没有得到承认和保障。近年来，公安部对警察教育给予了高度重视，《人民警察法》也明确了警察教育事业是警察工作的重要组成部分，警察院校是警察机关的组成部分，并对警察院校教师的地位作了明确规定。但在实践中，仍存在无形中把警察院校和警察机关割裂开来，把警察院校教师和行政警察区分开来，这也造成许多既有实践经验、又有理论水平的优秀警察不愿意到警察院校教书。这个问题不解决，教学质量的提高就很难得到保证。同时，警察院校教学经费不足，设施和设备相对落后，教师待遇偏低，也在一定程度上制约和影响了学校的发展。我国各级各类警察职业培训机构都存在经费紧张、设备落后的问题，这与世界上许多国家用大量资金支持警察院校的状况形成鲜明对比。这一方面说明主管部门还没有充分意识到相关投入的长远战略意义，另一方面也表明警察院校参与教育市场化竞争乏力。

（四）警察职业培训中交叉、重复培训问题

当前我国警察在职业培训中存在严重的交叉、重复培训状况。公安机关是负责社会治安行政管理和刑事执法的、具有武装性质且不同于一般行政机关的政府组成部分，担负着维护政治和社会稳定、为经济建设和改革开放保驾护航的重要任务。作为公务员的警察除了承担繁重的公安保卫任务外，还必须面对提高自身素质以适应新的斗争形势的培训任务。由于各级党委、政府管理公务员培训的部门较多，加之协调不够，致使警察教育培训中的交叉培训和重复培训现象十分严重。具体表现在以下三个方面。

1）警察系统内和警察系统外组织的新警察初任培训与公务员初任培训存在交叉、重复。警察系统内新警察初任培训由各省公安厅统一组织，警察机关长期以来对新录用警察、军队转业干部和从非警察机关调

入的主任科员级别以下的人员坚持实行"逢进必训""先培训、后上岗"的制度，没有参加培训或培训不合格者不予授予警衔、不予上岗。培训时间不少于 3 个月，培训内容为政治理论、公安业务基础、警务技能和公务员常识，从培训内容到培训时间、培训管理等都有一套完善的制度。警察系统外的公务员初任培训由地方人事局组织，凡新进警察机关的警察都要参加培训，培训时间为 10 天至 1 个月不等，培训内容为公务员常识，而这些培训内容在新警察初任培训中都已经讲过。

2）警察系统内与警察系统外组织的警察职务和警衔晋升培训与公务员任职培训的交叉、重复。公安警察晋升副科级以上领导职务、非领导职务和晋升警衔实行"逢晋必训""先培训，后晋升"的制度，没有参加培训或培训不合格者不予晋升。同时，按期对担任领导职务的公安警察进行岗位培训，根据不同职级分别由公安部、各省公安厅、各市、州公安局组织培训。其中，领导干部任职培训时间为 2 ~ 3 个月，领导干部岗位培训时间为 1 个月，警衔晋升培训时间为 20 ~ 40 天，培训内容为政治理论、领导艺术、公安执法管理、指挥决策等。警察系统外组织的公务员任职培训种类繁多，组织培训的地方部门也较多，有省一级、市（州）一级和县一级的政法委、组织部、人事局等，包括由人事局组织的晋升领导职务和非领导职务培训，组织部组织的担任处、科级领导职务的干部培训，组织部组织的中青年干部培训，政法委组织的政法干部培训等。培训时间为 5 天、7 天、10 天至 3 个月不等，培训内容普遍比较单一，一般为行政管理、时事政治等。这种系统内外的交叉、重复培训使警察机关警力不足的矛盾更加突出。截至 2002 年年底，四川省共有在编警察 58 192 人，据不完全统计，四川省每年被抽调参加各种培训的警察达 5 万余人次，其中系统内培训 1 万余人次，系统外培训 4 万余人次，接近警察总数。在警力比率较高的成都市（万分之十三左右），许多警察除了要参加一次本系统组织的培训以外，市委政法委、组织部、市人事局、司法局等部门和单位每年强制性的抽调不同职级和层次的警察参加处（科）级干部培训、晋升领导职务和非领导职务培训、青年干部培训等，造成严重的工学矛盾和警力不足状况。

3）警察系统内与警察系统外组织的警察更新知识培训与公务员更新知识培训的交叉、重复。公安系统内组织的警察更新知识培训由政工部门和业务警种分别组织。政工部门组织的培训有公务员知识培训、法律培训和依法行政培训等，培训时间为 15 天；业务警种组织的培训一般为与岗位业务紧密相关的技能和知识更新培训，凡涉及岗位业务所需的新知识、新技能都要组织培训，如专项斗争、法律法规、岗位技能等培训，培训时间为 7～15 天不等。警察系统外组织的公务员更新知识培训由地方组织部、人事局和政法委组织，培训时间为 3～20 天不等，培训内容根据形势变化而定，如公务员全员培训、依法行政培训，还有全部警察都必须参加的计算机培训、依法行政培训、普通话培训等。大多数内容不但与警察机关组织的更新知识培训重复，而且不能与警察实际工作相结合。交叉、重复培训造成警察机关的经费困难。作为政府职能部门的国家专政机关，各级警察机关的经费一直由各级财政划拨。有些财政较困难的县的公安局，为了保证办案经费的正常运转，连警察的工资都不能按时发放，差旅费几年得不到报销。由于长期没有专项培训经费，警察系统内部组织的培训一直拿业务经费补贴。而系统外组织的培训由于种类繁多，抽调人员多，经费缺口相当大。以乐山市公安局为例，其近两年来几乎所有科、所、队长和骨干警察都分期分批参加了由政法系统组织的政法警察培训班，时间一般为 2 周以上，每人每期培训费平均 100 元。此外还有约 70% 的警察参加了由政府部门组织的计算机、普通话、英语培训班，每项培训时间为 10～15 天，单项收费平均每人 300 元。仅以上培训，全市总计每年用去培训费约 110 万元。

二、对我国警察教育的改革建议

（一）明确警察教育培训的发展方向

警察教育培训要以培养大量应用型警务人才为主要目标，实现教育培训中心向在职警察培训的转移，大力发展在职警察培训，并构筑警察高等学历教育"高地"。

1）要突出警察在职培训，逐步实现警察高等专科学校的转制。从国家教育发展的大趋势、警察工作和队伍建设实践的迫切要求，以及完善终身教育的发展方向来看，对于一支拥有170多万名警察的警察队伍来说，整合教育培训资源，实现警察教育培训的中心的转移，突出警察在职培训，势在必行。（1）充分利用社会教育资源承担警察的职前学历教育。在进一步畅通渠道的基础上，发挥社会教育资源在人才培养上"宽口径、厚基础、高素质"的优势和办学上的规模效应，使之成为今后警察机关招募新警察的主渠道，以此降低警察教育培训在警察职前学历教育上的投入和成本，集中现有的警察教育培训资源投入警察的在职培训。（2）在完成中专层次警察学校转制的基础上，逐步实现地方警察高等专科学校办学重心向在职警察培训的转移。在公安部的统一规划和领导下，根据各地经济和社会发展水平的差异，在保持专科学历规格的基础上，分步骤、有计划地压缩和停止各地警察高等专科学校的职前学历教育招生，逐步将各地警察高等专科学校转制为在职警察培训中心。（3）继续坚持在职警察承认学历教育。利用各地警察高等专科学校的专科学历规格，继续保留和争取地方国民教育经费保障，继续开展在职警察的成人专科、本科学历教育。同时，结合社会大学生从警的初任培训，进行第二学历教育。

2）突出警察特色，构筑警察高等学历教育"高地"。警察学历教育是警察教育培训的一个重要组成部分，是我国警察教育区别于国外的优势所在。我国确实需要有自己的学历教育体系和科研力量。警察学历教育的发展要体现"高、精、尖"。所谓"高"，就是要以部属本科院校为龙头，在全国范围内有重点地扶持建立若干具有专业特色的警察本科院校，合理布局，整合资源，发挥规模效应，辐射周边省份；所谓"精"，就是要以教学为依托，汇聚专家学者，加强警察科研，抓好学科建设，发挥理论库和思想库的作用，不断创新和发展具有中国特色的警察理论，服务警察工作实践。

（二）改革警察教育体制，发展职业教育

我国警察教育的主模块是学历教育，其网络的终端即各类警察院校。这就决定了我国警察教育中极大比例是国民教育的组成部分，在学校设置、办学模式、专业设置、教学、招生等多方面均受到国家教育部门的制约，在教学与管理上都难以突出警察专业特色，无法满足警察队伍建设要求和警务工作实践的需要。若要使我国警察教育培训具有实效性的效果，就必须改革现有的教育体制，将警察教育的主模块定位于非学历教育，将主要的人力、财力、物力从学历教育中剥离出来，自成警察培训体系，发展职业教育，强化培训机制。应在原教育评估的基础上，重新拟定不同层次的考核标准，组织实施全国性的公安警察教育质量、水平评估。以评估为契机，有意识地转并一批院校，撤销一批院校，发展一批院校，逐步建立起初级警官学校、中级警官学校、高级警官学校这样层次分明、职能清晰的警察院校体系，彻底改变目前过于分散、小而全，在低水平上重复建设的状况。同时，筛选一批基础较好的学校加大投入，优先发展，使这些具有一定专业特色的公安警察院校，逐步成为某一专业方面的"领头雁"。同时要转变警察教育培训理念。由于人们长期以来存在着以学历教育为重的教育思想，学历教育的课程设置合理，教学计划严密，有较好的师资安排。而培训历来被看作补充，其计划性、系统性、层次性得不到足够重视，师资质量也难以保证。比较美国警察教育培训体系可切实感觉到我国警察在职教育培训流于形式，并造成了人力、财力、物力的严重浪费。因此，必须树立教育培训新理念，积极发展具有中国特色的警察职业教育。

（三）大力强化对学生实战能力的培养

警察工作的社会性、广泛性、实践性、操作性以及在职培训自身鲜明的特点，更决定了其采用"以教师为中心"的传统课堂教学模式是行不通的。因此，也必须用"学生为主体，教师为主导"的现代教学思想指导在职培训工作。在教学过程中，必须根据警察工作的特点，结合不同的培训对象，有针对性地利用灵活多样的教学方法和手段，使内容变得有趣和有吸引力，以求趣、求乐、求实际为出发点，创设宽松和谐的教学环境，引导学生进行实践，鼓励学生提问，鼓励学生辩论，鼓励学生有主见、有创见，积极创造条件来充分调动学员参与教学，从而实现警察的培训目标。

警察是武装性质的执法力量，警务工作的特殊性决定了警察教育的特殊性，警察教育的特殊性最主要的体现就是警察院校学生要有较强的实战能力。当前，我国警察教育必须继续坚持政治建警的原则，坚持主动服从警务实践需要的指导思想，坚持实战型人才的培养目标，坚持"从严治警、从严治校"的方针，坚持遵循教育规律，突出警务特色，全面提高教学科研水平、队伍建设水平、内部管理水平、硬件建设水平、为实战服务的水平，努力提高教学质量。要高度重视对学生实战应用能力的培养，通过全面推进素质教育，强化课堂教学及实验、实习和课外训练等教学环节，注重培养学生政治鉴别能力、依法行政能力、应对突发事件的能力、多谋善断的决策能力、沟通协调能力、自主获取知识的学习能力、与时俱进的创新能力、心理调适能力。同时，积极借鉴有关国家和地区培训教育的经验，以实战需求为导向，以实战能力培养为重点，创新和改进培训教育，扩大培训教育的规模，使培训教育适应警务工作的要求。

（四）建设一支专业化的师资队伍

师资是指学校在编的具有教师专业技术职务的人员，包括教学、科研、管理岗位上的所有教师。教师在整个教学活动中起着主导作用。教师素质的高低决定着教学质量的好坏，也是保障和提高教学质量的第一环节。因此，要搞好警察教育培训，同样不能忽视教师的作用。教师既是课程内容的设计者，又是教学中的实际操作者，故加强师资建设，提高教师素质十分关键。当前，我国警察培训学校的师资力量，有相当一部分是没有实践经验的院校毕业生，理论功底扎实而实践经验又比较丰富的优秀教师实在太少。随着警察教育培训工作不断向正规化、规范化发展，其对师资队伍的要求也越来越高。目前，我国培训学校的水平还不能适应形势发展，特别是还不能适应实战训练的教学要求。因此，就专业教师而言，一方面，要选择具备基本理论功底、实际操作水平或工作能力的教师来担任在职培训的工作；另一方面，还要注重对教师的培养，激励教师参加各种学术交流和学习深造，同时创造条件让他们深入实战部门，在警察工作的第一线"充电"，把握更多的新问题、新情况，积极积累实战经验，瞄准培训、教学的热点、焦点。同时还可以从实战单位选聘有教学能力的业务骨干定期到警察院校担任教官，有条件的可以对兼职教师进行理论或教学技能专项培训，优先充实到教师队伍，并且让教师和教官互补长短，实现师资队伍整体水平的提高。

应当尽快改变我国警察院校教师来源的单一性。笔者建议尽快建立一整套切实可行的一线警察实战机关与警察院校之间的双向人才交流制度。一方面，选拔既有丰富实践经验，又有较高理论水平的警务专家到院校任教；另一方面，警察院校教师则定期到各级警察机关挂职，熟悉各项警察业务工作，了解基层警察实践需要，尽快提高教师的职业化程度和实战经验，形成有效的"实战—任教—实战"双向交流模式，保证警察教育培训的良好效果。

第四篇

警察总务管理篇

第十一章　警察总务管理的基本理论范畴

无论是政府部门还是企事业单位、社会组织，都需要相应的总务管理部门以维持组织的高效运转，其是保障组织良性运作与持续发展的基础。总务管理一般是指为推进组织各项业务，达成组织成立的目标任务，对组织机构行政管理资源进行有效配置和控制，以维持其基本运转、实现其目标的方式方法、程序及手段，包括人力、财物、资金、装备等。在这一意义上，警察总务管理是指为保障警察职能的实现，通过科学的方法，对人力、财力、物力等警务资源优化配置的技术、程序和方法的总称，包括机关事务管理、采购管理、营膳管理、后勤管理、财务管理等。① 没有强有力的警察总务管理，警务活动就难以有效开展，也就难以实现警察组织的职责与使命。

第一节　警察总务管理概述

一、警察总务管理的含义

总务管理，也可以称之为公务管理、机关管理。按照对"office"一词的解释，总务管理包含了如下意思：1）为他人服务或劳役；2）政府机关所派遣的官职或者职位；3）专门人员执行事务的具体场所；4）从事文书工作的办公场所。基于以上理解，从总务管理的实质上来看，可以认为总务管理是为确保政府机关或者企事业单位等组织职能的实现，

① 邱华君. 警察学［M］. 台北：千华数位文化股份有限公司，2006：513.

为组织的业务部门提供服务和保障的各项工作的总称。此外，从公共行政的角度来看，总务管理具有以下含义：1）为保障公务部门和公务人员完成其任务或者执行职务的各项工作；2）与普通群众、公司企业洽谈业务相互区别的公务活动；3）与公共行政部门的具体业务部门相互区别的一种服务性、保障性的工作。

综上，总务管理是指一种行政技术活动，即利用科学方法有计划、高效率地规划、管理、联系、协调和运作组织的各个内设机构、组成人员、财务以及经费，并作出合理资源配置，最终实现组织目标任务。具体而言是指合理安排机关的办公场所、配置合适的设备、保持优美的工作环境，以及系统地处理公文案卷。总体而言，所谓总务管理，是指机关组织为拓展其业务、实现机关使命，利用科学方法对行政管理资源作出最有效的配置、处理的技术、程序等活动的总称。

随着组织管理的精心化、专业化管理发展，警察总务管理的内涵和外延也发生了较大的变化，并逐步分化形成不同的机构和部门。广义上而言，警察总务管理是指对警察机关履行职责和行使职权提供全方位的服务、支持和保证，如公文管理、事务管理、人力资源保障、教育培训、纪检、后勤保障、经费保障、审计、装备保障、科学技术保障等。狭义上而言，警察总务管理，一般是指机关事务和后勤、财务方面的保障，主要包括文书管理、事务管理、出纳部门、采购部门、后勤保障等。在现代警务实践当中，警察总务管理甚至还存在更狭义的理解。本书采用的是狭义上的警察总务管理。

警察总务管理是伴随警察组织的源起而源起，伴随警察组织的发展而发展的。现代警务中，警察总务管理也是随着现代警务的发展逐步发展起来的。不同警察管理体制的国家，警察总务管理模式也会有所不同。警察总务管理在警务工作中具有十分重要的作用和意义。警察总务管理是警察依法行使职权的先决条件，是警察有效履行职责的有力保证，是促进警察队伍建设的重要环节，是现代警务活动成败的"关键少数"。同时，警察总务管理也是考察分析社会治安状况的指标体系的重要组成部分。美国、日本及西欧各国在制定社会发展规划时，都将对"警察部门的投入"这一指标纳入其中。联合国在考察各国社会治安的文件及统计中也将"安全费用等"作为一项重要指标。

正确理解警察总务管理必须明确以下三点：1）坚持警察总务管理的标准化和规范化原则。所有警务活动是一种公务行为，总务管理作为与警察执法执勤活动相对的公务行为，同样必须遵照法律法规、依照相关的规定和标准，这是公务活动、警务活动法制化、标准化、规范化的必要条件。因此，警察总务管理必须遵循标准化和规范化原则。2）坚持警察总务管理的目标原则。警务活动的目的在于维护国家安全和社会治安秩序，保护公民合法权益，保护公共财产，预防、制止和惩治违法犯罪行为，警察总务管理必须反映警务活动的目的。3）坚持警察总务管理的合理化和科学化原则。警察总务管理是对人力、财力、物力等的管理，要实现管理效果的最大化、资源配置的最优化，警察总务管理就必须具有合理性，符合科学的方式方法。

二、警察总务管理的特点

（一）规定性

规定性是现代警务中警察总务管理的基本特点。警察活动属于公务活动，公务活动就必须做到有章可循，具有规定性。特别需要指出的是，警务活动点多面广，涉及国家的长治久安、人民生活的安居乐业，其规定性特征更是具有特殊性。世界各国警务都非常重视警察总务管理的规定性，要求警察总务管理符合法律法规的规定、符合一定的规则和程序、符合警务活动的规律和特点。例如，为依法保障警务工作的顺利开展，许多国家往往首先制定法律，确保警务活动依法而行，英美等国基于反恐形势的需要，先后修改和制定了一系列法律。我国也提出依法治警，其中一项重要内容就是依法保障，如《人民警察法》对警务保障的原则、措施和条件等作了明确的规定：在总则部分第5条规定了"人民警察依法执行职务，受法律保护"的原则；在第五章对警务保障内容作了具体规定。

（二）全面性

警察总务管理涉及面广，内容丰富，方式、措施多种多样，无论是警务工作的顶层设计、相关的制度机制的构建，还是具体的警察执法执勤等活动，都需要相应的警察总务管理予以支撑或者服务。警察总务管理不仅包括后勤保障等系列工作本身，还渗透于现代警务活动各个环节。同时，警察总务管理的各个环节相辅相成、相互协同、缺一不可，是一个有机结合的整体，其对警务工作的好坏在某种程度上具有决定性的影响。警察总务管理工作必须从警务工作的全局出发，总体规划、统一部署、兼顾局部、统筹协调、分步实施、有序推进，这样才能促进警务工作的有效开展，实现警务资源的最大化。

（三）科学性

科学性是警察总务管理的核心特征之一。警察总务管理本质上对人力、财力、物力的科学化、合理化的调配和统筹安排，以资源的合理配置为目的。因此，警察总务管理必须遵循科学性、合理性。同时，警察总务管理的规定性要求也要求警察总务管理具有科学性，从而确保管理的合理、有效。各区域、各层级的警察总务管理在有很大程度的共性的同时，人力、财力、物力等资源也具有其自身的特质，这既有国家整体统筹方面的原因，也有地方自身的原因，这就使得警察总务管理在一定程度上体现出了差异性。因此，根据国家统筹和地方差异性，对自身总务管理进行科学化、合理化安排就成为警察总务管理的一个重要方面。警务活动本身的内涵和标准是随着时代的发展而变化的，也是随着社会治安形势的变化而发展的，这决定了警察总务管理内涵和标准要随着发展变化而赋予其新的内容，以确保警察总务管理有效支撑警务活动，提高服务和保障能力。①

（四）有效性

有效性体现在警察总务管理的及时、持续、优质、高效四个方面。有效性是管理的永恒主题，也是保障的根本目的。实现服务、保障有力是警察总务管理的根本要求。警察总务管理的有效性直接影响着警察机关的生存和警务工作的发展。如何通过规范、全面、科学的警察总务管

---

① 顾民生. 综合警务卷 [M]. 北京：群众出版社，2001：87.

理行为，服务和保障警务活动的有效运行是警察总务管理的关键。尤其是，在当前社会环境和治安形势复杂多变、警察行政管理的要求越来越高的情况下，如何确保警察总务管理有效适应警务活动是警察总务管理研究和实践中的重大课题。可以说，有效性是警察总务管理追求的终极目标，是警务活动的根本保障。

三、警察总务管理的依据

警察总务管理作为当前警察建设的重要内容，是保证各项警察工作改革、创新和警察建设发展的力量支撑。由于我国的警察机关肩负着维护社会安全稳定、服务经济社会发展、保障人民安居乐业的重要使命。为了保障警务活动有效运行，强化警察机关驾驭社会治安局势的能力，必然需要建立一系列科学规范的警察总务管理制度和高效集约的运作模式，主要包括警务决策保障、警务实战保障和警察队伍保障三大方面。具体而言，需要有高效的警务参谋机构和事务管理机构，需要有相应的警力保障、法制保障、科技保障、监督保障、后勤保障等。警察总务管理是强有力地支撑警务活动有效运行，保障警察机关职能实现，加强警察组织建设的重要内容。

（一）理论依据

从管理学角度来看，为了确保组织的有效性，必须对组织资源进行合理配置。现代社会，组织的表现形式各不相同，社会功能也有所差异，但是其组织的基本构成要素是相同的。在组织内部，一般包括五个要素：1）人，包括管理或者保障的主体与客体；2）物和技术，包括管理或保障的客体、手段和条件；3）机构，反映着管理或者保障的分工关系和运作方式；4）信息，是管理或保障的媒介、依据，同时也是管理或保障的客体；5）目的宗旨，说明了组织存在的现实作用和为什么要有该组织的存在。此外，组织作为社会的细胞，社会环境对组织也影响较大。因此，一个组织的建立与发展，既要具备五个基本的内部要素，又要受到一系列外部环境的影响和制约。而警察总务管理就是在这样的组织中，通过对组织中人力、财力、物力等基本内部要素或者资源的合理配置，使其发挥效用，实现组织目标运行的系列活动。

组织资源的有效配置过程，对于社会存在的各种组织都具有普遍性。警察组织不仅不能例外，还有其自身的特殊性。警察总务管理的意义和作用较其他一般的组织机构更为显著。特别是在现代化社会经济高速发展、科学技术日新月异的大环境下，加强警察总务管理建设，确保警察机关功能的有效实现，促进警务活动有效开展显得更为迫切。从经济学"资源稀缺性"理论来看，如何对有限的资源作出选择，能得到最优配置，是实现资源合理化利用的关键。经济学者认为稀缺性是人类社会必须面对的一个永恒话题，资源是稀缺的，所以必须对资源作出选择，通过选择使有限的资源得以合理配置。警察总务管理在很大程度上也是基于这一原理来开展活动的，它通过对警察机关的各项资源进行有效配置和使用来保证其作用的发挥。因此，高效合理的警察总务管理制度的建立，就是在一定程度上通过解决警察机关资源稀缺性问题，达到警察机关资源的优化配置，从而实现警察机关的职能。

（二）法律依据

一项制度建设要想长期发挥作用，法律的保障至关重要。从法律制度层面给予最终的保障，是实现组织功能的最有效方法。《人民警察法》于1995年2月18日第八届全国人民代表大会常务委员会第十二次会议通过，其中第五章第32～41条的内容，具体规定了警察的警察总务管理内容，以及国家保障警察的人力、物力、财力的需要和发展，为警察总务管理机制提供了法律依据。如《人民警察法》第36条第1款、第2款规定："人民警察的警用标志、制式服装和警械，由国务院公安部门统一监制，会同其他有关国家机关管理，其他个人和组织不得非法制造、贩卖。人民警察的警用标志、制式服装和警械、证件为人民警察专用，其他个人和组织不得持有和使用。"根据《中华人民共和国刑法》（以下简称《刑法》）第281条的规定，非法生产、买卖人民警察制式服装、车辆号牌等专用标志、警械，情节严重的，处3年以下有期徒刑、拘役或者管制，并处或者单处罚金；单位犯前款罪的，对单位判处罚金，并对其直接负责的主管人员和其他直接责任人员，依照前款的规定处罚。《人民警察法》第37条规定："国家保障人民警察的经费。人民警察的经费，按照事权划分的原则，分别列入中央和地方的财政预算。"《人民警察法》第 38 条规定了警察工作所必需的通讯、训练设备和交通、消防以及派出所、监管场所等基础设施，各级人民政府应当列入基本建设规划和城乡建设总体规划。《人民警察法》第 39 条还对加强警察装备的现代化建设作出规定。

同时，国家相关法律法规还对警察总务管理的文书管理、事务管理、出纳管理、采购管理、后勤管理等其他相关工作都作了详细规定，具体内容见本编其他章节。

（三）政策依据

维护社会稳定，打击违法犯罪活动，保障公民的人身安全和财产不受侵犯是警察机关的职责。警察机关作为政府的职能部门有其特殊性，警察管理训练、各个机构设置、部门分工、工作方式、考核监督、各项装备保障，都离不开相应的制度和政策的支持和保障。因此，国家对警务保障工作要求明确，强调对警察的工作从人力、财力、物力全方面保障，确保警察活动的顺利进行。例如，国家部署"公安机关信息化建设"，加强和创新社会管理，强力推进全国公安机关信息化建设与应用；提出"全国县级公安机关公用经费保障标准'三年为期'工作目标"，保障各地经费保障标准落实到位，极大地提高了县级警察机关保障能力，为建立警察经费保障机制奠定了坚实基础；制定警察装备建设"十二五"规划重点项目，内容涵盖了警察机关履职所需的主要装备，涉及所有警种和部门，项目任务书不仅涉及警察装备的配备建设，还涉及警察装备研发和列装的统筹协调、配套发展。这是对警察装备建设实施顶层设计的过程，是推进"210 工程"中装备建设的关键环节，对于规范警察装备管理、实现警察装备的按需求、有重点发展具有重要意义。

第二节　警察总务管理的内容

现代警务机制的建立，必须要有与之相配套的"人力、财力、物力"共同作用。随着我国社会经济的不断进步，科学技术的飞速发展，政府职能的加快转变，各项制度机制也必须随之逐渐完善。这为警察总务管理带来了机遇和挑战。

警察总务管理涉及面广，其内容和外延在不同发展阶段通过不同研究视角呈现出差异。《人民警察法》对警察总务管理作出了详细的规定，通过立法对警察总务管理涉及的内容进行了全方位、多角度的规定。从广义上来讲，根据《人民警察法》第五章第 32 ~ 41 条之规定，警察总务管理主要包括以下几个方面。1）人民警察的警用标志、制式服装和警械，由国务院公安部门统一监制，会同其他有关国家机关管理，其他个人和组织不得非法制造、贩卖。人民警察的警用标志、制式服装、警械、证件为人民警察专用，其他个人和组织不得持有和使用。2）国家保障人民警察的经费。人民警察的经费，按照事权划分的原则，分别列入中央和地方的财政预算。3）人民警察工作所必需的通信、训练设施和交通、消防及派出所、监管场所等基础设施，各级人民政府应当列入基本建设规划和城乡建设总体规划。4）国家加强人民警察装备的现代化建设，努力推广、应用先进的科技成果。5）人民警察实行国家公务员的工资制度，并享受国家规定的警衔津贴和其他津贴、补贴以及保险福利待遇。6）人民警察因公致残的，与因公致残的现役军人享受国家同样的抚恤和优待。人民警察因公牺牲或者病故的，其家属与因公牺牲或者病故的现役军人家属享受国家同样的抚恤和优待。

同时，国家相关法律法规还对警察总务管理的文书管理、事务管理、出纳管理、采购管理、后勤管理等其他相关工作都作了详细的规定。我国的规定涉及方面广泛，内容丰富，包含了执法保障、后勤装备保障、经费保障、基础设施保障、科技保障、工资待遇保障乃至对人民警察的优待和抚恤。由于广义的警察总务管理涵盖的范围较大，人力、财力、物力各个方面都有涉及，因此在研究的时候要面面俱到是有困难的，而且本书对人力资源、警察教育等方面的问题有专编论述，所以本章主要从以下四个方面对警察总务管理进行简要论述。

一、警察采购

警察采购是指警察机关使用财政性资金，采购货物、进行工程建设和服务的行为。各种工程、货物、服务单项采购，除涉及机密外，必须依法实行政府采购。凡达到公开招标数额标准的货物和服务采购，都必须采取公开招标方式。

《公安部政府采购管理办法》及其实施细则，对警察机关的政府采购活动进行了规范。按照该办法及其实施细则，警察机关的采购方式主要有：1）公开招标；2）邀请招标；3）竞争性谈判；4）单一来源采购；5）询价以及财政部确定的其他采购方式。其中，公开招标是政府采购的主要方式。我国现行警察机关采购管理体制是按照《公安部政府采购管理办法》及实施细则、《中华人民共和国政府采购法》（以下简称《政府采购法》）、《中华人民共和国招标投标法》（以下简称《招标投标法》）等法规建立起来的，即装备财务局政府采购办公室为警察机关采购主管机构，设立政府集中采购机构为执行机构，实行集中采购与分散采购相结合的混合采购模式。招投标程序为：招标→投标→评标→决标→签订合同。招标人采用公开招标方式的，应当发布招标公告。招标公告应当载明招标人的名称和地址、招标项目的性质、数量、实施地点和时间以及获取招标文件的办法等事项。招标人采用邀请招标方式的，应当向 3 个以上具备承担招标项目的能力、资信良好的特定的法人或其他组织发出投标邀请书。

此外，法律为了保障招投标过程的公正性，对发生在供应商与警察机关之间关于政府采购活动的争议，可以依照《政府采购法》等法律法规的规定，向有关机关提出异议和申诉。投诉人对政府采购监督管理部门的投诉处理决定不服，或者政府采购监督管理部门逾期未作处理的，可以依法申请行政复议，或者向人民法院提起行政诉讼。

二、警察后勤

我国关于警察机关后勤管理的规定并没有以专门的法律法规予以确定，而是主要散见于《人民警察法》《中华人民共和国枪支管理法》（以下简称《枪支管理法》）、《中华人民共和国人民警察使用警械和武器条例》（以下简称《人民警察使用警械和武器条例》）等法律法规中。台湾地区学者邱华君认为："警察后勤之目的为建立警力与支援任务之重要因素，主要在于适时、适地、适质，适量支援警政任务之遂行，力求满足警察执政能力之需求、维持或增强其持续警力。"因此，警察后勤是推动警察行政的基础，健全的警察后勤是有效发挥警察行政力量的主要条件，也是警政革新进步的动力。

本篇对警察后勤内容的研究主要从以下五个方面展开：警用装备管理、警察服装管理、警察公务用房管理、警用武器管理、警察机关公共财产管理。

1）警用装备管理。警察的装备，主要是指用于警察工作的武器、警械、交通工具、通信设备、资料档案设备、电子计算机系统、闭路安检监控系统等。这些装备是警察克敌制胜执法活动的基础硬件。要确保警用装备能够在一线警察执行任务时发挥最高的效能，就得注重警用装备的日常保养维护，《公安机关人民警察内务条令》第43条规定："公安机关应当建立严格的装备管理制度，加强装备的日常管理，保证装备经常处于良好状态。"该条例对保养维护的内容作了明确规定，要求专人对装备进行定期的检查、保养维护，保证每月、每季度、每半年对装备的使用和损坏程度进行详细的登记。

2）警察服装管理。警察的服装是警察区别于普通群众最显著的外在特征，是警察身份和执法的重要标志，体现着一个国家警察的风貌。新中国成立以来，先后对警察制服进行了八次改革，现在使用的是九九式藏蓝色警服。警察制式服装，是指警察按照规定穿着的统一式样的服装，包括常服、值勤服、作训服、多功能服、制式衬衣及警帽、领带、腰带、纽扣等。不同场合下警察穿着不同，但都应该穿着规范。警察制服专属于警察，由警察部门统一监制并组织实施管理、统一配发，并指定企业进行生产；非法生产、销售警察服装的依法处罚。

3）警察公务用房管理。公安派出所、看守所、拘留所、公安监管场所都属于警察公务用房，这些警察日常工作的地方，既是他们为民众提供服务的场所，也是警察形象展示的"窗口"。它们在选址与规划布局、建设规模与建筑标准以及维护上都有严格标准，既要符合警察机关的特殊要求，也要合理利用国家资产。

4）警用武器管理。我国对枪支弹药实行管制政策，警察枪支弹药使用严格遵守《人民警察使用警械和武器条例》。警用武器包括手枪、警用冲锋枪、步枪、警用霰弹枪、气枪、警用手榴弹、喷射器、警用枪榴弹发射器、警用榴弹发射器、警棍、电击器及柔性器材、手铐、强光电筒及其他武器和弹药。警察根据任务需要才能佩戴枪支，领取枪支必须凭公务用枪（持枪）证。枪支的管理、作业都有法律规定。

5）警察机关公共财产管理。警察机关的运转需要充足的经费作为保障，警察机关公共财产管理主要就是对公共经费的划拨、使用和审核进行流程化管理，以保证机关人员的行政经费、警用装备购置经费以及基础设施建设经费。

三、经费管理

充足的经费是保障警察机关各项工作顺利展开的物质基础，任用警察、购买武器装备，均需要以充足的经费为保障。警察的经费包括机关人员的行政经费以及购置装备、器材、进行必要的基础设施建设所需的经费等。同时，对警察的经费进行有效的管理，是警务保障的一个重要方面。为了确保警察最大限度地发挥其职能作用，更好地服务于改革开放和现代化建设，警察基本的、必需的经费投入，应当明确并得到切实保证。

新中国成立以来，财政部和公安部根据我国经济政治形势的发展变化，多次对警察经费管理模式进行了适时的调整和改进。总体来说，在不同的政治经济环境下，警察经费管理模式主要分为以下四种。1）"统一核定、领取报销"的模式。2）"垂直管理"的模式。3）"中央、地方两级管理"的模式。4）"多级管理"的模式。我国《人民警察法》第 37 条也明确规定："国家保障人民警察的经费。人民警察的经费，按照事权划分的原则，分别列入中央和地方的财政预算。"

四、机关事务管理

警察机关事务管理的内容是十分广泛和丰富的，其管理手段也多种多样。在实施机关事务管理时应树立系统观念，善于利用系统原理和方法，以人为本，围绕对人的服务展开科学管理。同时，要注重时效性，注重信息收集管理，推动机关事务管理的现代化和规范化。① 机关事务管理有包括以下内容：

1）调查研究。有效的警务决策是警务工作不断改进、有效运行的关键环节，同时也是警察机关事务管理的重要内容之一。在警察总务管理中，建立相应的调查研究工作机制十分重要，其是确保国家方针政策得到有效贯彻落实、符合各地警察组织工作实际、应对经济社会发展形势变化的基本工作方法和有效途径。

2）信息工作。信息是在警察工作及其实践活动中产生并应用的，其与警察实践密切相连。信息是对特定内容的客观陈述和反映，是描述不同时期、不同阶段以及特定时间空间的警察工作及警察工作对象的状态。随着经济社会的动态化、信息化发展，对警察总务管理智能化、信息化程度要求也越来越高。信息工作是警察工作的基础，掌握并应用信息，关系到警察组织效率的高低。

3）文书处理工作。公文是公务活动的产物和工具，它是警察机关在行政活动中形成的，具有规范的形式和法定的效力，也是警察机关依法行政的手段和凭证。公文的产生、制作、使用及其保管都有着特定的要求和程序。公文处理是公文的形成到运转，再到留存档案或者销毁的过程。公文对警令的上传下达，对警务活动高效运转具有重要的意义，必须做到准确、及时、高效。警察机关的公文处理工作是机关事务管理的主要业务之一，它反映着机关、单位内部、文书收发、办理、归档的整个运转过程，保证着机关内部全部文书和各项工作有条不紊地运转，保证决策的有效性。

4）警察档案工作。警察档案工作是警察机关档案部门和档案工作人员按照《中华人民共和国档案法》（以下简称《档案法》）及有关规定对档案进行的管理工作。记录着警察在预防和打击犯罪活动、执法行政管理职能活动中形成的、保存备查的文字、图表、音像等方式和载体的历史记录。

5）保密工作。警察机关的保密工作渗透到各个部门、各个单位、

---

① 魏永忠，孙穆群. 公安机关事务管理 ［M］. 北京：中国人民公安大学出版社，2007：8.

各项任务。警察机关的保密工作是国家保密工作的一部分，体现在各个方面的公安业务工作中。做好保密工作就是要维护国家安全和利益，坚持保密工作原则，严格执行保密法规，为各项警察工作的顺利展开提供保障与服务。

6）会务活动。警察机关开展政治教育活动、经济事务、文化活动和任务执行都离不开会务活动。因此，规范有序的警察会务也是警察活动顺利进行的保障。

第十二章　警察机关采购管理

第一节　警察机关采购管理的基本理论

一、警察机关采购的概念与分类

（一）采购的概念

人类社会的任何一个发展阶段都有与之相适应的生产力水平。生产力是指人类征服自然、改变自然的能力，包括劳动者、劳动资料、劳动对象。生产资料是任何社会进行物质生产所必备的物质条件，是生产过程中的劳动资料和劳动对象的总和。人类社会生产资料从物物交换发展到以货币充当一般等价物的模式。购买即是使用货币换取商品的交易过程。采购与购买并不是完全一致的概念。采购比购买的概念更为专业，内涵更广泛，包括选择、购买、储运、运输、接受和检验等。采购（purchasing），是指个人或单位在一定的条件下从供应市场获取产品或服务作为自己的资源，为满足自身需要或保证生产、经营活动正常开展的一项经营活动。①

广义的采购，除指以购买的方式占有物品外，也包括以租赁、借贷、交换、征收等方式取得物品或劳务的使用权或所有权。狭义的采购，是指以购买的方式，由买方支付一定的对价，向卖方换取物品的行

---

① 《政府采购法》起草小组编. 政府采购法实用手册［M］. 北京：中国财政经济出版社，2002：300.

为过程，在买卖双方的交易过程中，一定会发生所有权的转移及占有。购买者支付货币取得商品，出售者交出商品取得货币。采购是任何生产活动和消费活动的前提，是供应链的重要组成部分，包括采购理念、流程和系统。

采购的基本含义包括以下三个方面：1）采购都是从资源市场获取资源的过程；2）采购既是物流过程、商品过程，也是信息流和现金流的过程；3）采购是一种经济活动或行为。采购的主体非常广泛，任何单位、企业、组织和个人都可以成为采购的主体。本书中的采购主体，主要指政府，采购活动主要为政府采购。

世界各地对政府采购都有明确的规定。如政府采购协定（Agreement on Government Procurement，GPA）规定：任何以契约方式进行的采购，包括购买或租赁，而不论有无附带购买选择权，且包括兼含产品与服务于一采购的情形，并包括工程与财务的采购。① 《美国联邦采购规则》（Federal Acquisition Regulation）规定：采购指为供联邦政府使用，并由联邦政府以预算拨款，以供买卖或租赁，以契约的方式取得物品或服务（含工程在内）的行为。② 至于该物品或服务是否为已存在或犹待创造、开发、展示及评估者，在所不问。台湾地区"政府采购法"规定：所称采购，指工程之定作、财物之卖售、定制、承租及劳务之委任或雇佣等但并未包括变卖财物。③ 我国《政府采购法》规定："本法所称采购，是指以合同方式有偿取得货物、工程和服务的行为，包括购买、租赁、委托、雇用等。"

（二）采购的分类

1）根据采购的集中程度不同，可将采购划分为集中采购、分散采购和半集中半分散采购。集中采购是指采购人将集中采购目录以内的货物、工程和服务委托集中采购机构代理采购、实施部门集中采购或依法

---

① 商务部世界贸易组织司主编. 政府采购协定 [M]. 北京：中国财政经济出版社，2009：89.

② 陈晓云.《美国联邦采购法概览》http://article. chinalawinfo. com/ArticleHtml/Article_50009. shtml. 北大法律信息网，2008 年发布.

③ 邱华君. 警察学 [M]. 台北："中华书局"，2000：37.

自行实施采购的行为；分散采购是指采购人将集中采购目录以外、采购限额标准以上的货物、工程和服务，依法自行实施采购或委托政府采购代理机构采购的行为。在规定限额以上或采购目录范围内的采购应采用集中采购方式。在规定限额以下或采购目录范围之外的采购一般由采购人分散采购。各地推行的定点采购属于半集中半分散采购，即先由政府集中招标采购，确定品牌或供应商，然后由采购人根据采购计划向指定的供应商采购。

2）按采购对象的不同，可以将采购划分为工程采购、货物采购和服务采购三类。工程，是指建设构筑物和建筑物的工程，包括新建、改建、扩建、装修、拆除、修缮，以及与建设工程相关的勘察、设计、施工、监理等。货物，是指各种形态和种类的物品，包括有形物和无形物；商标专用权、著作权、专利权等知识产权视同为货物。服务，指除货物和工程以外的政府采购对象，包括各类专业服务、信息网络开发服务、金融保险服务、运输服务，以及维修与维护服务等。

3）根据政府采购机构的参与程度不同，可将采购划分为政府采购机构（集中采购机构）直接组织的采购和委托招投标机构（政府采购社会代理机构）采购两种方式。前者适用于技术规范和要求相对稳定，批量大，规模效益显著提高的商品、服务和小型工程采购；后者适用于技术性能复杂且升级换代快的大型设备、专用设备和高新技术产品以及大型建筑工程的采购。

4）根据采购的公开程度不同，采购可以划分为公开招标采购、邀请招标采购、竞争性谈判采购、询价采购和单一来源采购五种方式。公开招标采购是指采购人以招标公告的形式邀请不特定的供应商投标的采购方式。邀请招标采购是指采购人依法以投标邀请书的形式从符合相应资格条件的供应商中随机邀请3家以上特定的供应商参加投标的采购方式。以上两种采购方式适用于各级人民政府或财政部门规定的限额标准以上的单项或批量采购项目。竞争性谈判采购是指直接邀请3家以上合格供应商就采购事宜进行谈判的采购方式。询价采购是指考虑价格因素，要求采购人向3家以上供应商发出询价单，对一次性报出的价格进行比较，最后按照符合采购需求、质量和服务相等且报价最低的原则，确定成交供应商的方式。单一来源采购是指采购人直接与唯一的供应商进行谈判，签订合同的采购方式。

5）另外，还可以根据供应商所在地域的不同，将采购划分为国际性招标采购和国内招标采购；按采购手段的先进性的不同，划分为传统采购方式和现代采购方式；按招标阶段的不同，可以划分为单阶段招标采购和双阶段招标采购。

（三）警察采购

1. 概念

警察采购是指警察机关使用财政性资金采购依法制定的集中采购目录以内的，或者采购限额标准以上的货物、工程和服务的行为。各局工程、货物、服务单项采购或批量采购金额达到国务院规定的公开招标数额标准以上的采购项目，除涉及机密外，必须实行政府采购。

2. 特点

1）采购资金来源的公共性。警察机关采购的资金来源为财政性资金。财政性资金，包括财政预算资金和纳入财政管理的其他资金，这些资金来源于税收和警务机关及其所属的事业单位依法收取的费用，以及履行警务职责所获得的收入，其资金来源具有公共性质。

2）采购主体的特定性。警察机关采购的主体为依法享有警察权并履行警察职能的机构。在我国，主要包括公安部及各省公安厅、各市县公安局及其派出机关。其他任何机关和个人不能成为警察机关采购的主体。

3）采购活动的经济性和非营利性。警察机关采购是非商业性的采购，它不以营利为目标，也不是"为卖而买"，而是通过购买为警察机关公共支出提供消费品或向社会提供公共利益。由于警察机关采购的资金来源于财政性资金，来源于纳税人，所以要求警察机关采购活动在使用这些资金时要不断提高资金使用效率。①

4）采购流程规范性和公开性。警察机关采购不是简单的"一手交

---

① 刘汉屏，李安泽. 政府采购理论与政策研究［M］. 北京：中国财政经济出版社，2004：5.

钱，一手交货"，而是按照《政府采购法》《公安部政府采购管理办法》等一系列法律法规的规定，根据采购规模、采购对象及采购时间要求的不同，采用不同的采购方式和采购程序，使每项采购活动都要规范运作，体现公开、公平、竞争原则，接受有关机关和社会大众的监督。警察机关采购的流程主要包括：（1）确定采购需求，包括编报采购预算和采购计划；（2）确定采购组织形式，实行集中采购或分散采购；（3）依法选定采购方式；（4）按法定采购方式、程序组织采购活动；（5）采购合同的签订、履行和验收；（6）申请支付采购资金；（7）政府采购文件的保存；（8）采购效果评估等。

5）采购的强制性。警察机关采购的项目及资金计划必须编入年度政府采购预算，并经本级财政部门和人大审核批准方可实施。未编报政府采购实施计划的临时性采购项目或追加预算的采购项目，由采购人提出申请，经财政部门按照权限批准后，才能组织实施。

采购的强制性还体现在符合警察机关采购规定条件的项目必须强制纳入政警察机关采购范围。《公安部集中采购目录》的采购项目必须实行集中采购。同时，在采购方式上也规定首选采购方式为公开招标，采用其他方式必须经采购监督管理部门的批准。

3. 警察机关采购方式

警察机关采购方式是指在警察机关采购活动中，警察机关采购人或集中采购机构为了从供应商手中获取工程、货物或服务而采取的方式。警察机关的采购活动是一种政府行为，必须遵守一定的活动规范。为了加强对公安部机关政府采购工作的管理，规范政府采购行为，根据《政府采购法》《招标投标法》《中央国家机关全面推行政府采购制度的实施方案》和财政部有关规章制度，结合公安部的实际情况，制定了《公安部政府采购管理办法》及其实施细则，对警察机关的政府采购活动进行了规范。其中规定了警察机关的采购方式主要有：公开招标；邀请招标；竞争性谈判；单一来源采购；询价以及财政部确定的其他采购方式。采购方式是采购的关键环节，本章分招标性警察采购和非招标性警察采购进行重点论述（详见本章第二节、第三节）。

二、警察机关采购管理

采购管理是研究在工程定作及财务取得与劳务的获得过程中，统筹兼顾事前的规划（planning）、事中的执行（doing）以及事后的控制（seeing）来建立政府采购制度、依据，公开采购程序，提升采购效率与功能，确保采购品质的目的。采购管理体制是指规范和处理监管人、采购人、采购执行机构和供应商之间关系的一整套制度体系。① 科学的采购管理体制就是处理好采购由谁管理、由谁采购、由谁验收、由谁付款、由谁监督、由谁仲裁等一系列问题。建立一整套主体明确、权责清晰、运转高效、管理科学和符合市场经济良性运转的采购管理体制具有重要的现实意义。一方面，明确管理主体有利于增强财政预算的约束力和透明度，减少盲目采购和重复采购，提高资金的使用效益，以确保财政职能更好地转变和发挥；另一方面，按照职责分明、运行有序的原则，科学界定采购人、采购机构、采购监督管理部门、供应商和评审专家的权利、义务和责任，有利于实现内部协调和权力制衡，促进采购规范有序运行。

我国现行警察机关采购管理体制是按照《公安部政府采购管理办法》及实施细则、《政府采购法》《招标投标法》等法规建立起来的，即装备财务局政府采购办公室为警察机关采购主管机构，设立政府集中采购机构为执行机构，实行集中采购与分散采购相结合的混合采购模式。其主要特征是：1）实行集中采购目录和采购限额标准制度，凡列入财政部或公安部集中采购目录的项目，各单位不得自行采购；确需自行采购的，报装备财务局批准后，方可执行。2）《公安部集中采购目录》的采购项目必须实行集中采购。《公安部集中采购目录》之外的采购项目，达到采购限额标准的，实行分散采购；没有达到警察机关采购限额标准的，采购人才可以采取其他采购方式。

---

① 中华人民共和国财政部国库司. 政府采购［M］. 北京：中国方正出版社，2004：26.

三、警察机关采购管理中的当事人

采购管理的目的在于透过公平、公正的采购程序，寻求适当的供应商，以适当的价格提供适当品质与数量的工程、财物和劳务。警察机关的政府采购行为包括政府采购的管理行为和执行行为。采购管理中的当事人是警察机关政府采购的执行行为主体，是指参加警察机关政府采购活动的各类合法主体，都是直接参与警察机关政府采购商业活动的各类机构，不包括警察机关政府采购的监督管理部门。根据我国《政府采购法》第14条的规定，政府采购当事人是指在政府采购活动中享有权利和承担义务的各类主体，包括采购人、供应商和采购代理机构等。《公安部政府采购管理办法》及实施细则中并没有明确规定警察机关政府采购中的当事人，但其制定依据包括《政府采购法》，其未明确规定的事项应当依照《政府采购法》及相关法律法规进行。所以，警察机关政府采购管理中的当事人也应包括采购人、供应商和采购代理机构等。明确采购管理中的当事人，才能根据不同主体的行为特征作出相应的规定，明确各主体参加政府采购活动的权利和义务。在警察机关政府采购管理过程中涉及的关系人主要有以下几种。

（一）采购人

采购人，是指依法进行政府采购活动的公安部部机关、公安部直属行政事业单位和公安部所属学会、协会、基金会。根据《公安部政府采购管理办法》第2条的规定，该办法适用于公安部部机关、部直属行政事业单位和部属学会、协会、基金会，使用财政资金（预算内资金、预算外资金和自筹资金）在国内采购货物、工程和服务，应按照该办法执行。

（二）政府采购代理机构

警察机关政府采购代理机构是指公安部设立的集中采购机构和经认定资格的采购代理机构。集中采购机构性质属于非营利事业法人，根据采购人的委托办理采购事宜。认定资格的采购代理机构是指经省级以上财政部门认定资格的，从事政府采购货物、工程和服务采购代理业务的社会中介机构。取得认证资格的社会中介机构包括取得招投标代理资格的招标公司和设计、检验等社会中介机构。

（三）供应商

供应商，是指向采购人提供货物信息、工程或者服务的法人、其他组织或者自然人。也是采购管理的关系人之一。以联合体形式进行采购活动，参加联合体的供应商均应当具备《政府采购法》第22条规定的条件，并应当向采购人提交联合协议，载明联合体各方承担的工作和义务。联合体各方应当共同与采购人签订采购合同，就采购合同约定的事项对采购人承担连带责任。

此外，根据《政府采购法》的规定，在政府采购活动中，采购人员及相关人员与供应商有利害关系的，必须回避。供应商认为采购人员及相关人员与其他供应商有利害关系的，可以申请其回避。我国台湾地区的规定较为全面，如其规定机关承办、监办采购人员离职后3年内不得担任本人或代理厂商向原任职机关接洽处理离职前5年内与职务有关之事务，并要求机关承办、监办采购人员对于与采购有关的事项，涉及本人、配偶、三亲等以内血亲、姻亲或同财共居亲属的利益时，应行回避；另外，还规定了指令回避的情形。①

四、警察采购监督

为保证警察机关政府采购活动依照公开、公平、公正原则规范运行，关键在于建立一个全方位、多层次、科学有效的监督制约机制。通过有效的监督，一方面可以促进规范警察机关的政府采购行为，有效节约财政资金，提高财政资金的使用效率，另一方面也可以有效杜绝公共采购活动中的暗箱操作行为，防止滋生腐败。目前我国警察采购监督主要有以下几种形式。②

（一）财政监督

财政监督是指财政监督部门对行政机关、企事业单位及其他组织执

---

① 邱华君. 警察学［M］. 台北："中华书局"，2000：37.

② 王臻荣. 行政监督概论［M］. 北京：高等教育出版社，2009：34.

行财税法律法规和政策情况，以及对涉及财政收支、会计资料和国有资本金管理等事项依法进行的监督检查活动。政府采购活动都会受到财政部门的监督，因为政府采购与政府采购预算和财政资金以及支付联系紧密，属于财政支出管理事务，其必然受到来自财政部门的监督。根据《公安部政府采购管理办法》的规定，各单位政府采购工作应遵循公开透明、公平竞争、公正诚实的原则，自觉接受财政、审计、纪检部门的检查和监督。

（二）审计监督

审计监督是审计机关依法独立检查被审计单位的会计凭证、会计账簿、会计报表以及其他与财政收支、财务收支有关的资料和资产，监督财政收支、财务收支真实、合法和效益的行为。根据《公安部政府采购管理办法》及其实施细则的规定，公安部审计局每年对装备财务局政府采购办公室的政府采购事项进行一次审计。装备财务局政府采购办公室和参与政府采购的有关人员，应自觉接受审计部门的审计监督。审计部门依法对警察机关的政府采购活动的真实性、合法性和效益性进行审计监督。

（三）监察监督

根据《政府采购法》第69条的规定，监察机关应当加强对参与政府采购活动的国家机关、国家公务员和国家行政机关任命的其他人员实施监察。同时，《公安部政府采购管理办法》规定了纪检部门的监督。纪检监察机关应当加强对参与政府采购活动的警察机关及其执行采购的公务人员和其任命的其他人员实施监察。

（四）供应商监督

供应商作为警察机关政府采购活动中的当事人，与采购活动有着直接利害关系，其作为监督主体对采购活动的监督是整个警察采购活动中的一个重要组成部分。供应商对警察机关政府采购活动事项有疑问的，可以向采购人提出询问，采购人应当及时作出答复，但答复的内容不得涉及商业秘密。供应商认为采购文件、采购过程和中标、成交结果使自己的权益受到损害的，可以书面形式向采购人提出质疑。提出质疑的供应商对采购人、采购代理机构的答复不满意或者采购人、采购代理机构未在规定的时间内作出答复的，可以向同级政府采购监督管理部门投诉。投诉人对政府采购监督管理部门的投诉处理决定不服或者政府采购监督管理部门逾期未作处理的，可以依法申请行政复议或者向人民法院提起行政诉讼。①

（五）社会监督

《政府采购法》《公安部政府采购管理办法》都明确规定了任何单位和个人都拥有对政府采购活动中的违法行为实行监督的权利。社会监督的主体和对象都具有很强的广泛性，并且不受地点和方式等因素的限制，因此，我们应充分发挥社会监督的力量，保障警察机关政府采购活动的顺利进行。

第二节　招标性警察采购

一、公开招标采购

（一）概念

公开招标采购，是指招标人以招标公告的方式邀请不特定的法人或者其他组织投标。② 由招标人在报刊、网络或其他媒体上刊登招标公告，吸引供应商参加投标竞争，招标人从中择优选择中标单位。在警察行政中，公开招标是指警察机关或其委托的采购业务代理机构以招标公告的方式邀请不特定的供应商或承包商投标的采购方式。

公开招标是警察机关采购的主要方式，与其他采购方式不是并行的关系。公开招标以外的其他采购方式均可看作是公开招标方式的补充，是在公共政策、投标数量不足，以及技术规格过于复杂，简单招投标无法顺利沟通等情况下适用的警察采购方式。

---

① 《政府采购法》起草小组. 政府采购法实用手册［M］. 北京：中国财政经济出版社，2002：300.

② 宋军. 政府采购词解［M］. 上海：崇文书局，2005：38.

（二）特点

公开招标的采购方式有通过招标公告进行竞争谈判、投标一次性、按事先规定的选择标准将合同授予最佳投标人、不准同投标人进行谈判等特点，与其他采购方式相比，无论在透明度上，还是程序上，都是最富有竞争力和规范性的采购方式，也能最大限度地实现公平、公正、公开原则，实现采购目标。公开招标的采购方式具有以下几个特点。

1. 公开招标的组织性

公开招标采购时，其组织工作有：1）从买方代理的角度对工程、货物和服务采购项目进行分析，对采购的质量、技术标准、规格规范等提出详尽的要求；同时，对招标活动过程中所涉及的法律、法规等问题进行研究，最后确定最终方案加以实施。2）招标采购需对投标方响应招标、进行报价以及提供满足中标的技术经济条件的投标作出反应。3）通过精确细致的评估、评价，择优选出优胜者。

2. 场所和时间的固定性

为方便招标方，招标活动一般在招标机构所在地或招标机构规定的场所进行，世界各国和国际组织委托进行的国际招标基本也无例外。招标过程中各阶段进行的地点，如开标地点、投标地点、技术咨询也是在招标机构所在地或其规定场所内进行的。招标时间是相对固定的，招标开始与结束的时间、各阶段招标活动开始与结束的时间，除极特殊情况外均按照招标预定的日程按期举行。

3. 竞争性

公开招标是择优选择的过程。就警察采购而言，它是一种竞争的采购程序，是卖方竞争的一种具体方式。作为一种规范的、有约束的竞争，它有一套严格的程序和实施办法，从而可以最大限度地吸引和扩大供应商的竞争能力，使采购人能以更低的价格采购到所需货物，更充分地获得市场利益，有利于警察机关政府采购目标的实现。

4. 公开性和透明性

美国采购学家亨瑞芝把招标程序的公开性和透明性比喻为"如在金鱼缸中，人人都可洞察一切"。公开招标的目的是在尽可能的范围内寻找合乎要求的中标者。一般情况下，供应商没有名额的限制。招标人要在指定或选定的媒体上公开刊登招标通告，邀请所有潜在的投标人参加投标；提供给供应商的招标文件必须对拟采购的货物或劳务，及工程作出详尽的说明，使供应商有共同的依据来编写投标文件；供应商资格审查标准和最佳供应商评选标准（仅以价格来评定或加上其他的技术性或经济性标准）要事先公布；在投标文件的截止日公开地开标；严格禁止招标人与供应商就投标文件的实质内容单独谈判；采购法律公开。

5. 公平性与公正性

公平性的内容包括：1）在维护其各自权益的前提下恪守无歧视原则，对待各供应商一视同仁；2）在追求利润最大化原则下，以群体性、科学性为前提进行择优选定。择优选定并非追求单一目标如价格，而在于实现多重目标的统一。公正性的内容包括：1）招标过程实行公开公证方式。开标过程必须保证公证人在场，并由公证人对密封投标书核查验定，保证公开、公正；2）招标机构参与组织开标活动的所有人员必须各司其职，并保证有主持人、评标委员会负责人、公证员、法律顾问、拆封人、唱标人及投标人到场；3）保密原则及评标科学是保证评标过程公正的重要因素；4）招标机构一般聘有法律顾问，以保证招标过程依法进行，确保招标的公正性。

（三）公开招标的适用范围

《政府采购法》第 4 条规定："政府采购工程进行招标投标的，适用招标投标法。"因此，对警察机关适用的公开招标的政府采购方式的范围而言：采购的内容为货物和服务的，其适用的范围依据《政府采购法》的规定；采购的对象为工程建设项目，而又采取招标方式采购的，应依据《招标投标法》的规定来执行。

就货物和服务而言，《政府采购法》第 27 条明确规定："采购人采购货物或者服务应当采用公开招标方式的，其具体数额标准，属于中央预算的政府采购项目，由国务院规定；属于地方预算的政府采购项目，由省、自治区、直辖市人民政府规定；因特殊情况需要采取公开招标以外的采购方式的，应当在采购活动前获得设区的市、自治州以上人民政府采购监督管理部门的批准。"

就工程而言，《招标投标法》第 3 条的规定："在中华人民共和国境内进行下列工程建设项目包括项目的勘察、设计、施工、监理以及与工程建设有关的重要设备、材料等的采购，必须进行招标：（一）大型基础设施、公用事业等关系社会公共利益、公众安全的项目；（二）全部或者部分使用国有资金投资或者国家融资的项目；（三）使用国际组织或者外国政府贷款、援助资金的项目。前款所列项目的具体范围和规模标准，由国务院发展计划部门会同国务院有关部门制订，报国务院批准。法律或者国务院对必须进行招标的其他项目的范围有规定的，依照其规定。"

二、邀请招标采购

（一）概念

邀请招标，又称选择性招标（selective tendering），是指招标单位依法从符合相应资格条件的供应商中随机邀请 3 家以上供应商，并且以投标邀请书的方式邀请其参加投标。[①] 邀请招标也称为有限竞争性招标或选择性招标，即由警察机关选择一定数目的企业，向其发出投标邀请书，邀请他们参加招标竞争。一般选择 3 ~ 10 个参加较为适宜，也要视具体招标项目的规模而定。由于被邀请参加的投标竞争者有限，不仅可以节约招标费用，而且提高了每个投标者的中标机会。然而，由于邀请招标制约了充分竞争，因此法律和法规一般都要规定，招标人应尽量采用公开招标方式。

公开招标虽然是最能充分体现公平、公正、公开和竞争原则的采购方式，但其也存在着诸如程序环节多、采购周期长、成本费用高等缺陷，对于一些采购标的较小的项目来说，采用公开招标方式往往得不偿失，而且对于有些专业性较强的项目来说，具备资格的潜在供应商较少，或者需要在较短时间内完成采购任务等并不适宜采取公开招标方式。而邀请招标则在一定程度上能够弥补上述缺陷，又能发挥招标优势，在投标供应商数量不足的情况下作用明显。

---

① 《政府采购法》起草小组. 政府采购法实用手册 [M]. 北京：中国财政经济出版社，2002：253.

（二）特点

邀请招标是招标的一种方式，与公开招标相比具有以下特点：1）发布信息的方式为投标邀请书，邀请投标不使用公告形式；2）在一定范围内邀请供应商参加投标，接受邀请的单位才是合格投标人；3）投标人的数量有限，竞争范围有限，采购人只要向3家以上供应商发出邀请标书即可；4）招标时间大大缩短，招标费用也相对低一些；5）公开程度不如公开招标。

邀请招标与公开招标相比，因为不用刊登招标公告，招标文件只送几家，投标有效期大大缩短，这对采购那些价格波动较大的商品是非常必要的，可以降低投标风险和投标价格。在欧盟的公共采购规则中，如果采购金额超过法定界限，必须使用招标形式的，项目法人有权自由选择公开招标或邀请招标，而由于邀请招标有上述特点，所以在欧盟成员国中被广泛使用。

（三）适用范围

由于邀请招标具有上述与公开招标不同的特点，为确保这一采购方式既适用于真正需要的情形，又能保证适度的竞争性，《政府采购法》对其适用条件作出了明确的规定：潜在供应商数量不多；考虑采购的经济效益。具体而言，邀请招标采购适用于以下两种情形：1）只有采购项目比较特殊，如保密项目和急需或者高度专业性等因素使提供产品的潜在供应商数量较少，公开招标与不公开招标都不影响提供产品的供应商数量的；2）若采用公开招标方式，所需时间和费用与拟采购的项目金额不成比例，即采购一些价值较低的项目，用公开招标方式的费用占政府采购项目总价值比例过大的情况，警察机关只能通过邀请招标的方式来达到获得经济效益的目的。

在操作中应注意以下几点：1）邀请招标的有效投标供应商不少于3家，否则无效；2）除特殊原因外，潜在投标供应商数量较多的，不应当采用此方式；3）两个适用情形不是同时适用的关系。

三、警察采购招标程序

国际通用并已为各国确认的招标程序为：招标→投标→评标→决

标→签订合同。在这一过程中，由采购人和代理机构确定标的并发出投标邀请，若干个投标人依据其发布的公告，以及所提出的交易条件（如技术、质量、供货或建设工期等标准）进行投标。在竞争中，根据相对固定的评审程序而确认中标者，最后达成合同。一般情况下，招标程序和条件由招标机构事先拟定，它对招标、投标双方具有法律效力，一般不能随意改变。

（一）招标

广义的招标是指由招标人发出招标公告或通知，邀请潜在的投标商进行投标，最后由招标人通过对各投标人所提出的价格、质量、交货期限和该投标人的技术水平、财务状况等因素进行综合比较，确定其中的最佳投标人为中标人，并与之签订合同的过程。狭义的招标是指招标人根据自己的需要，提出一定的标准和条件，向潜在的投标人发出投标邀请的行为。当招标和投标两个词一起使用时，指的是狭义的招标。投标是指投标人接到招标通知后，根据招标通知的要求填写招标文件，并送交给招标人的行为。因此，从狭义上讲，招标与投标是一个过程的两个方面，分别代表了采购主体与供应商或承包商的交易行为。[①]

1. 招标公告

警察机关确定了采购需求和决定采用招标采购方法的，必须发布招标采购公告，以将采购信息公开，使尽可能多的潜在投标人通过招标采购通告了解采购项目的概况，对是否参加该项目投标进行考虑并有所准备，向所有合格的潜在的供应商提供平等的竞争机会。招标采购公告一般包括三种类型，即采购预告或总公告、招标公告或招标邀请书、资格预审公告。

采购预告或总公告是指向投标人预告未来合同的公告。此类公告要列明未来一定时期内的采购项目或某一大型综合项目未来采购的情况，使有兴趣的供应商、承包商或服务提供者能够提前获知采购信息，及时地表达参与采购意向并做好投标准备。招标公告或投标邀请书是指采购机构公布其将要授予的某项具体合同。资格预审公告是指在采用资格预

---

① 施锦明. 政府采购理论与实务 [M]. 福建：厦门大学出版社，2003：156.

审程序时发布的公告。一般来说，采购预告只是引起供应商注意并与采购机构进一步联系的一种方式，因此公告内容简单，包括拟采购合同的概况，投标或提出投标申请的期限，进一步获取招标文件和资料的联络点等。因此，下文主要介绍招标公告（投标邀请书）和资格预审公告。

1）招标公告的内容。根据我国《招标投标法》第 16 条、第 17 条的规定，招标人采用公开招标方式的，应当发布招标公告。招标公告应当载明招标人的名称和地址、招标项目的性质、数量、实施地点和时间以及获取招标文件的办法等事项。招标人采用邀请招标方式的，应当向 3 个以上具备承担招标项目的能力、资信良好的特定的法人或其他组织发出投标邀请书。投标邀请书应当载明上述规定的事项。财政部《政府采购货物和服务招标投标管理办法》第 17 条规定："公开招标公告应当包括以下主要内容：（一）招标采购单位的名称、地址和联系方法；（二）招标项目的名称、数量或者招标项目的性质；（三）投标人的资格要求；（四）获取招标文件的时间、地点、方式及招标文件售价；（五）投标截止时间、开标时间及地点。"该办法还规定除涉及国家秘密、供应商的商业秘密，以及法律、行政法规规定应予保密的政府采购信息以外，政府采购信息必须公告。

2）资格预审公告的内容。财政部《政府采购信息公告管理办法》第 8 条涵盖了以下资格预审信息：（1）资格预审机关；（2）资格预审对象、范围和标准；（3）资格预审所需的相关资料；（4）送审时间、地点、联系方式。对于资格预审必须明确：资格预审程序是对所有潜在的投标人的资格进行评审，不是对所有潜在投标人的标书进行评审；资格预审公告不是向具备专业资格的供应商发出招标邀请书，而是发出资格预审邀请书。因此资格预审公告主要的内容是供应商资格的标准。

3）公告的方式。《招标投标法》第 16 条第 1 款规定："招标人采用公开招标方式的，应当发布招标公告。依法必须进行招标的项目的招标公告，应当通过国家指定的报刊、信息网络或者其他媒介发布。"招标采购单位应当制作纸质招标文件，也可以在财政部门指定的网络媒体上发布电子招标文件，并应当保持两者的一致。电子招标文件与纸质招标文件具有同等法律效力。

2. 招标文件

我国《招标投标法》第 19 条规定，招标人应当根据招标项目的特点和需求编制招标文件。招标文件应当包括招标项目的技术要求、对投标人资格审查的标准、投标报价要求和评标标准等所有实质性要求和条件以及拟签订合同的主要条款。国家对招标项目的技术、标准有规定的，招标人应当按照其规定在招标文件中提出相应要求。招标项目需要划分标段、确定工期的，招标人应当合理划分标段、确定工期，并在招标文件中载明。此外，《招标投标法》第 20 条还规定，招标文件不得要求或者标明特定的生产供应者以及含有倾向或者排斥潜在投标人的其他内容。

根据财政部《政府采购招标投标管理暂行办法》第 5 条的规定："招标人编制招标文件。招标文件应包括以下主要内容：（一）投标邀请函；（二）投标人须知；（三）提交投标文件的方式、地点和截止时间；（四）开标、评标、定标的日程和评标办法；（五）标的名称、数量，技术参数和报价方式要求；（六）投标人的有关资格和资信证明文件；（七）投标保证金的要求；（八）交货、竣工或者提供服务的时间；（九）政府采购合同的主要条款及订立方式；（十）政府采购合同的特殊条款；（十一）政府采购管理机关规定的其他应当说明的事项。前款第（七）项所列投标保证金的要求，由省级以上政府采购管理机关另行规定。"招标文件定稿后，招标人应将招标文件报政府采购管理机关备案。政府采购管理机关收到招标文件后 7 个工作日内如无异议，招标人方可刊登招标通告或者发出投标邀请函。

同时，我国《招标投标法》第 23 条规定："招标人对已发出的招标文件进行必要的澄清和修改的，应当在招标文件要求提交投标文件截止时间至少十五日前，以书面形式通知所有招标文件收受人。该澄清或者修改的内容为招标文件的组成部分。"《政府采购招标投标管理暂行办法》第 13 条也规定："招标人对已发出的招标文件进行必要的澄清和修改时，应当在招标通告和投标邀请函规定投标截止时间 15 天前，以书面形式通知所有招标文件收受人。该澄清或者修改的内容为招标文件的组成部分。招标人可视具体情况，延长投标截止时间和开标时间，并将此变更通知所有招标文件收受人。"

（二）投标

投标是指投标人接到招标通知后，根据招标通知的要求填写招标文件并将其送交采购机构的行为。在这一阶段，供应商要做的工作主要有：申请投标资格，购买标书，考察现场，办理投标保函，算标，编制和投送标书等。根据我国《招标投标法》第 28 条的规定，投标人应当在招标文件要求提交投标文件的截止时间前，将投标文件送达投标地点。财政部《政府采购招标投标管理暂行办法》第 15 条规定，投标人应在投标截止时间前，将密封的投标文件送达投标地点。招标人收到投标文件后，应当签收保存，不得开启。招标人拒绝投标截止时间后送达的投标文件。

（三）开标、评标和决标

开标是采购机构在预先规定的时间和地点，将投标人的投标文件正式启封揭晓的行为。开标由采购机构组织进行，但必须邀请供应商代表参加。在这一阶段，采购人员要按照有关要求，注意揭开每份标书的封套，开标结束后，还应由开标组织者编写一份开标会议纪要。

评标是采购机构根据招标文件的要求，对所有标书进行审查和评比的行为。评标是警察机关的单独行为，由采购机构组织进行。它的工作主要有：审查标书是否符合文件的要求和有关规定，组织人员对所有的标书按照一定的方法进行比较和评审，就初评阶段被选出的几份标书中存在的某些问题要求投标人加以澄清，最终评定并写出评标报告等。

决标是采购机构决定中标人的行为。决标是采购机构的单独行为，但需由使用机构和其他人共同决定。其工作有：决定中标人，通知中标人其投标已经被接受，向中标人发出授标意向书，通知所有未中标的投标人，并向他们退还投标保函等。

（四）授予合同

授予合同习惯上也称签订合同，它是由警察机关将合同授予中标人并由双方签署的行为。在这一阶段，双方应对标书中的内容再一次确认，并根据标书签订正式合同。为保证合同履行，签订合同后，中标的供应商或承包商还应向警察机关提交一定形式的银行保函或保证金。

在竞争性招标采购中，出现了下列条件之一，应予废标：1）符合专业条件的供应商或者对招标文件作实质性响应的供应商不足3家；2）出现影响采购公正的违法、违规行为；3）投标人的报价均超过了采购预算，采购人不能支付；4）因重大事故，采购任务取消的。若废标，采购人应将废标的理由通知所有投标人，同时应当重新组织招标。若废标后不再采用公开招标进行采购的，应当获得本级政府采购监督管理部门或者政府有关部门的批准。

第三节　非招标性政府采购方式

公开招标被普遍认为是最能体现现代民主竞争精神、最有效促进竞争的采购方法。但在一些情况下由于采购对象的性质、采购情势的要求，公开招标并不是实现政府采购的经济目标的最佳方法。因此，在采购活动中，出现了其他非招标性的政府采购方法。我国《政府采购法》第26条第1款则明确规定："政府采购采用以下方式：（一）公开招标；（二）邀请招标；（三）竞争性谈判；（四）单一来源采购；（五）询价；（六）国务院政府采购监督管理部门认定的其他采购方式。"下文就竞争性谈判、单一来源采购、询价采购进行研究。

一、竞争性谈判采购方式

（一）概念

竞争性谈判采购是指采购主体通过同多家供应商谈判，并从中确定中标商的采购方式。[①] 采购谈判是指采购和销售双方就交易的条件达成一项双方都满意的协议的过程。竞争性谈判采购能克服公开采购方式的不足，但不能像竞争性招标采购方式那样形成卖方的广泛竞争，往往存在着一定的局限性。

---

① 宋军. 政府采购词解［M］. 上海：崇文书局，2005：112.

（二）特点

与招标相比，谈判采购程序简单，周期短，可以避免盲目竞争。

1. 采购谈判对象的广泛性和不确定性

作为卖者，其商品销售范围具有广泛性，作为买者其采购商品的选择范围也十分广泛。采购谈判对象在市场竞争和多变的条件下又是不确定的。与招标采购对象的特点相比，竞争性谈判采购对象的特点是具有特别的设计者或者特殊的竞争状况。此类采购对象很少能形成竞争的市场，也没有确定的价格。因此，在警察机关或者采购代理机构与供应商对采购对象的制造、供应和服务的成本存在不同的估价时，就不可避免地要采用谈判的方法。

2. 采购谈判所遇环境具有多样性和复杂性

竞争性谈判采购，就是警察机关或代理机构通过与多家供应商分别进行多轮讨价还价，就诸如货物制造、技术规格以及供应、运输、安装、调试和售后服务、价格、交易条件、其他相关条款等合同要件达成共识的艺术。由于谈判中所遇环境具有多样性和复杂性，警察机关政府采购中的竞争性谈判要求采购人或采购代理机构和供应商就采购方案的细节进行面对面的商谈，而不仅仅是靠交换采购文件来实现。

3. 谈判条件的原则性和可伸缩性

采购谈判的目的在于各方面都要实现自己的目标和利益。这些交易条件，有一定的伸缩性，但其底线往往是谈判人员必须坚守的原则。

4. 内外各方关系的平衡性

这一特点，要求采购谈判人员具有综合分析能力、系统运筹的能力和公关的能力，要求语言表达和文字表达具有一致性。在多家供应商参与的情况下，采用竞争的方式，通过多轮谈判报价，对各种采购因素及内容细节在谈判过程中均可以得到充分的分析讨论，使总体方案报价更容易接近适当的价格，并常常能加以调整，以取得价格上的共同利益。

（三）适用范围

我国《政府采购法》第 30 条规定："符合下列情形之一的货物和服务，可以依照本法采用竞争性谈判方式进行采购：（一）招标后没有供应商投标或者没有合格标的或者重新招标未能成立的；（二）技术复杂或者性质特殊，不能确定详细规格或者具体要求的；（三）采用招标所需时间不能满足用户紧急需要的；（四）不能事先计算出价格总额的。"

一般政府采购规则对竞争性谈判采购方式有严格的限制和要求：1）应在事前发布采购公告和授予合同公告。2）采购招标时，一般应不少于3个投标人。3）公平地对待供应商。4）保密义务。5）事先公布评审标准和评审程序。6）记录和审批要求。

（四）程序

1. 受理采购委托、签订委托采购协议

政府采购代理机构依据政府采购监督管理部门下达的政府采购计划与采购人签订委托协议。委托协议应当明确委托的事项、采购预算、采购资金落实情况等。

2. 成立谈判小组

谈判小组由采购人的代表和有关专家3人以上单数组成，不得少于成员总数的2/3。

3. 制订谈判文件

谈判文件应当明确谈判程序、谈判内容、合同草案的条款、评定成交的标准和谈判过程等事项。采购谈判的具体内容包括采购产品、工程和服务的品质、规格、数量、包装情况、价格、装运、交货方式、保险、支付方式以及售后服务、索赔、仲裁、不可抗力和对上述内容逐条与供应商协商等，即合同草案条款的内容。双方对谈判内容达成的协议，形成采购合同的正式条款。

4. 确定邀请参加谈判的供应商名单

谈判小组应当从符合相应资格条件的供应商名单中确定邀请参加谈判的供应商，并向其提供谈判文件。

5. 谈判

谈判小组所有成员集中与供应商逐一就相同的内容谈判。在谈判中，谈判的任何一方不得透露与谈判有关的其他供应商的技术资料、价格和其他信息。由于某种原因使得谈判文件产生实质性变动时，谈判小组应将变动的内容以书面形式通知所有参加谈判的供应商，以保证公众性。

6. 确定成交供应商

谈判结束后，谈判小组应当要求所有参加谈判的供应商，在规定的时间内进行最后报价，谈判小组在对谈判的结果进行比较后，选择中标商，并与之签订采购合同。最后，将结果通知参加谈判而未成交的供应商。

二、单一来源采购

（一）概念和特点

单一来源采购，亦称直接采购，是指采购机构向供应商直接购买的没有竞争的采购方式。一般适用于专利、首次制造、合同追加、原有项目的后续扩充等采购。

单一来源采购有不同于其他采购方式的特点：

1）货源单一性。采用单一货源采购方式大多是因为只有唯一的供应商能提供工程、货物和服务，如只能从特定供应商处采购，或供应商拥有专有权，且无其他适合替代标的；或者为了保证政府采购的连续性，保证原有采购项目一致性或者服务配套的要求，需要继续从原供应商处添购。如对原采购的后续维修、零配件供应、更换或扩充等。

2）非竞争性。该采购方式最主要的特点是没有竞争性。非竞争性是指采用单一来源采购供应商唯一，没有其他供应商与其竞争，因此，这种采购方式的采购成本相对于其他采购方式来说比较高。这种采购方式最不能体现政府采购原则和达成政府采购目标，应当严格控制其使用。

3）政策性。采用单一来源采购方式有时是基于政策的需要，如从残疾人、慈善等机构采购工程、货物或服务，以维护这些机构的存在和发展，保护弱势群体。

（二）适用条件

根据我国《政府采购法》第 31 条的规定，符合下列条件之一的货物或服务的采购，可以采用单一来源采购方式：1）只能从唯一的供应

商处采购的；2）发生了不可预见的紧急情况不能从其他供应商处采购
的；3）必须保证原有采购项目一致性或者服务配套的要求，需要继续
从原供应商处添购，且添购资金总额不超过原合同采购金额10%的。

总的来说，我国《政府采购法》所规定的单一来源采购方式的适用
条件，与《世界银行采购指南》《联合国采购示范法》《世界贸易组织
政府采购协议》等中所规定的适用条件基本一致。前者从我国国情出
发，将各种规则中的适用条件具体化，使这些适用条件更加符合我国政
府采购的具体操作。

（三）程序

1）确定采购需求。确定采购需求是整个采购过程中的一个非常重
要的环节。采购需求由警察机关提出，报财政部门审核，但只有被财政
部门列入年度采购计划的采购需求才能得到审核。财政部门在审核时，
既要考虑采购预算的限额，还要考虑需求的合理性，如整体布局、产品
原产地、采购项目的社会效益等，从源头上控制盲目采购、重复采购等
问题。

2）预测采购风险和防范。采购风险是指采购过程中可能出现的意
外情况，包括支出增加、推迟交货、供应商的交货不符合采购实体的要
求、采购人员工作失误、采购实体和供应商之间存在不诚实甚至违法行
为等。这些意外情况，均会影响到采购预期目标的实现，所以，要事前
做好防范准备。

3）确定单一来源采购方式。当单项采购项目达到一定金额以上，
并尚能满足单一来源采购的适用条件之时，经采购管理机关批准，则可
采用单一来源采购方式。

4）资格审查。一般合格供应商的资格有履行采购合同所需的专业
技术资格、专业技术能力、专业技术人员、财力资源、设备和其他物
资、管理能力等。

5）执行采购方式。采购方式一旦确定，则必须严格按照已定采购
方式的程序和要求操作，采购实体不得在采购过程中自行改变其采购方
式。若确有必要改变，则必须报有关部门批准，同时通知供应商。

6）签订采购合同。无论通过何种采购方式，最终都要形成一个政

府采购合同。这一合同必须与符合事先公布的评审标准的供应商签订。供应商在签订政府采购合同时，需按标准交纳一定数额的履约保证金，以保证能够按合同的规定履行其义务。

7）履行采购合同。政府采购合同签订后，采购进入合同执行阶段。在此阶段，供应商必须按合同的各项规定，向采购实体提供货物、工程和服务，采购实体和供应商都不得单方面修改合同条款，否则属于违约。若违约，则违约方必须按合同规定向另一方赔偿其损失。

8）验收。在合同执行过程中以及执行终结时，警察机关需对合同执行的阶段性结果或最终结果进行检验和评估。检验一般要由专业人员组成验收小组，验收结束后，验收小组要做验收记录，并分别在验收说明书和结算验收证明书上签字。

9）结算。财政部门按照验收证明书、结算验收证明书及采购合同的有关规定，与供应商进行资金结算。如果合同执行情况基本上符合要求，在财政部门办理结算后，警察机关事先收取的履约保证金要归还给供应商。

10）效益评估。警察机关及有关管理、监督部门要对已采购项目的运行情况及效果进行评估，检验其项目的运行效果是否达到了预期目的。通过效益评估，即可判定警察机关的决策管理能力和供应商的履约能力。如果采购项目运行效益差，且原因又在警察机关自身，那么，日后该警察机关给财政部门上报采购计划时，将会受到严格审查，甚至被禁止再执行采购活动。如果是供应商的原因，也要予以通告，该供应商可能会失去很多签订政府采购合同的机会。

三、询价采购

（一）概念和特点

1. 概念

询价采购又称"选购"，是指对几个供应商（至少3家）的报价进行比较以确保价格具有竞争性的一种采购方式。这是一种相对简单、快速的采购方式。询价采购与邀请招标有相似之处，是一种限制性集中议价的采购方式。

对合同价值较低的标准化货物或服务的采购，《世界银行采购指南》和《联合国采购示范法》都提供了询价采购。

2. 特点

1）邀请特定的供应商提供报价，邀请报价的数量至少为 3 家，被询价的供应商不得少于 3 家，接受询价的供应商可以是当地的，也可以是外地的。《世界银行采购指南》和《联合国采购示范法》都规定应当向至少 3 个特定性供应商发出询价单，《世界银行采购指南》还规定在采用国际询价采购时，应至少邀请来自 2 个不同国家的 3 个供应商。

2）不发布议价公告，只向特定的供应商发出询价单询价采购和竞争性谈判的一个明显区别，就是询价采购一般不在政府有关部门指定媒体上发布议价公告。

3）只允许供应商提供一个报价与竞争性谈判采购不同。每一个供应商或承包商只许提出一个报价，而且不许改变其报价，不得同某些供应商或承包商就其报价进行谈判。报价的提交，可以采用电传或传真形式。询价采购是非招标采购方式，不执行招标采购的程序规定。即使对询价结果不满意，也不邀请报价人进行价格谈判。

4）报价的评审。在询价过程结束后，必须参照招标采购的评价标准和方法，进行评审和比较。采购合同一般授予符合采购实体需求的最低报价的供应商或承包商。根据《世界银行采购指南》的规定，报价的评审应按照买方公共或私营部门的良好惯例进行。根据《联合国采购示范法》的规定，采购合同应授予符合采购实体需求的最低报价的供应商或承包商。

（二）适用范围

询价采购适用于对合同价值较低且价格弹性不大的标准化货物或服务的采购。根据《政府采购法》的规定，采购项目满足且同时具备以下条件时方可使用：1）采购对象是货物；2）采购的货物规格、标准统一；3）现货货源充足；4）价格变化幅度小等。

适用询价采购方式的项目，主要是对现货或标准规格的产品或服务的采购，或投标文件的审查需要较长时间才能完成，供应商准备投标文件需要高额费用，以及供应商资格审查条件过于复杂的采购。询价采购分为报价采购、订购、议价采购等方式。

《世界银行采购指南》和《联合国采购示范法》规定的适用条件相同，经主管部门审批后警察机关在以下情况可采用询价采购方式：1）采购现成的并非按采购实体的特定规格特别制造或提供的货物或服务；2）采购合同的估计价值低于采购条例规定的数额。另外，根据《联合国采购示范法》的规定，警察机关不得为了采用此方法而分解合同。

（三）程序

1）成立询价小组。询价小组由警察机关的代表和有关专家共3个以上单数组成，其中专家的人数不得不少于成员总数的2/3。询价小组应选择专业水平较高、素质全面的人员参加，专家组成的询价小组应对采购项目的价格、项目评定和成交标准等事项作出规定，并为询价采购做好充分的事前准备，如确定采购的需求、预测采购的风险等。

2）确定被询价的供应商名单。询价小组根据所采购产品和服务的特点及对供应商、承包商和服务提供者的要求，特别是要根据采购的内容，从符合相应资格条件的供应商名单中，选定3家以上的供应商。除了根据上述标准外，在选择时，还要考察各供应商的供应能力和资格条件，作出慎重选择。

3）发出询价单。对所选定的供应商分别发出询价单，内容除价格以外还应包括产品和服务的品质、数量、规格、交货时间、交货方式、售后服务等内容，供应商应就询价单的内容如实填报。

4）评价比较。警察机关对各供应商的报价进行认真比较、评价，选定中标者后，将结果通知所有被询价的未成交的供应商。

5）签约，进行采购。警察机关需及时同中标者签订合同，进行采购，且在规定的时间内付清货款，提取货物。

第四节　警察机关政府采购救济机制

警察机关政府采购涉及采购机构、供应商和使用单位多方主体之间的多重法律关系，还体现了政府采购法律法规所调整的采购活动的管理者、参加者之间在政府采购活动中的权利与义务关系。警察机关采购争议实际上是指在警察机关采购机构与供应商之间发生的各种纠纷。因此，完善的政府采购救济机制成为政府采购制度的一个重要组成部分。

一、警察机关采购的争端类型及救济方式概述

警察机关与供应商之间签订的政府采购合同是在双方平等自愿的基础上，为明确双方的权利和义务关系而签订的协议。它的签订和履行应当依照《合同法》的一般规定，比如一方违反合同的约定，应依照《合同法》的规定依法承担违约责任等。从这个角度讲，该合同属于民事合同。但是政府采购有别于私人采购，政府采购合同有别于一般的民商事合同，其既要适用合同法的一般原理，更要适应《政府采购法》的特别规定，其兼具民事和行政双重性质。[①]

鉴于警察机关政府采购合同以及其政府采购行为的性质特征，政府采购争端不能单一地适用解决行政纠纷或民事纠纷的一般程序，而是应当在肯定政府采购行为与政府采购合同性质的基础上，对两者作出必要的合理区别，针对不同类型的政府采购争议，建立相应的纠纷解决机制。

（一）警察机关采购争端的类型

警察机关采购在不同阶段的行为有着质的区别。招标阶段，主要由警察机关单方主导，会产生对供应商资格认定、采购合同订立程序、采购合同授予以及合同条件等争议。而合同订立后，涉及采购合同本身的争议较多，如关于合同的履行方式、地点以及期限的争议等。因此，可以将警察机关采购中所产生的争议依据双方当事人之间有无契约关系分为"招标争议"和"履约争议"两种。

1）招标争议（contract award controversies）。招标争议，是指政府采购合同成立之前，自拟定采购规格、公告、选商、竞标、开标至决标确定得标厂商为止的采购作业程序所发生的争议。其特点表现为双方尚未

[①] 胡家诗，杨志安. 政府采购研究［M］. 辽宁：辽宁大学出版社，2002：201.

订立采购合同，尚无契约关系；而且争议的发生均为办理采购招标的机关作出采购决定所引起的。

2）履约争议（contract performance controversies）。履约争议，是指政府采购合同成立的履约阶段，及合同履行完毕后验收阶段所发生的争议。其特点在于双方当事人已具有契约关系，故权利与义务的归属已具有明确的判断依据。这一阶段中警察机关与其相对人之间存在私法上的债权债务关系，如因该债权债务关系不明确或任一方当事人未完全履行合同规定的应尽义务而发生争议，均应以该合同作为判断双方当事人之间权利义务归属的依据。

（二）警察机关政府采购救济的种类

如前所述，警察机关政府采购争端的类型可以分为招标争议和履约争议。相应的，救济也可以政府采购合同的签订为界，分为合同授予阶段的救济和合同履行争议的救济。争议存在的阶段不同，救济的种类也不同。采购合同授予阶段，救济主要针对警察机关违反采购程序，损害供应商合法权益的行为，救济模式主要是公法救济。此阶段的救济种类包括内部监督、质疑程序以及行政复议和行政诉讼。对此，我国《政府采购法》已作出明确规定。采购合同履行阶段，救济主要针对采购合同的违约行为，救济模式主要为司法救济。除警察机关为了公共利益而单方变更或解除合同的情形外，对于警察机关迟延付款等违约行为，供应商应当依据法律获得直接向民事法庭寻求司法救济的权利。

二、我国警察机关采购救济

我国《政府采购法》专门设立了第六章"质疑与投诉"，对政府采购的救济程序作出了较为明确的规定。警察机关政府采购亦适用该程序的规定。

1）询问。根据《政府采购法》第51条的规定，供应商对政府采购活动事项有疑问的，可以向采购人提出询问，采购人应当及时作出答复，但答复的内容不得涉及商业秘密。

2）质疑。根据《政府采购法》第52条和第53条的规定，供应商认为采购文件、采购过程和中标、成交结果使自己的权益受到损害的，可以在知道或者应知其权益受到损害之日起 7 个工作日内，以书面形式向采购人提出质疑。采购人应当在收到供应商的书面质疑后 7 个工作日内作出答复，并以书面形式通知质疑供应商和其他有关供应商，但答复的内容不得涉及商业秘密。也就是说，依据《政府采购法》，警察机关应当在收到供应商的书面质疑后 7 个工作日作出答复。

3）投诉。根据《政府采购法》第 55 条、第 56 条规定，质疑供应商对采购人、采购代理机构的答复不满意或者采购人、采购代理机构未在规定的时间内作出答复的，可以在答复期满后 15 个工作日内向同级政府采购监督管理部门投诉。政府采购监督管理部门应当在收到投诉后 30 个工作日内，对投诉事项作出处理决定，并以书面形式通知投诉人和与投诉事项有关的当事人。

从《政府采购法》所规定的质疑与投诉的关系来看，质疑是投诉的前置程序，即供应商要提起投诉，首先必须经过质疑程序。此外，《政府采购法》第 57 条规定，政府采购监督管理部门在处理投诉事项期间，可以视具体情况书面通知采购人暂停采购活动，但暂停时间最长不得超过 30 日。赋予政府采购监督管理部门以暂停采购活动的权力，是为了防止可能产生的损害进一步扩大。暂停采购活动的权力仍只是属于行政程序中的保护措施，具有临时救济的性质，但并不能最终解决采购争议中的实体权利义务问题。

4）行政复议和行政诉讼。根据《政府采购法》第 58 条的规定，投诉人对政府采购监督管理部门的投诉处理决定不服或者政府采购监督管理部门逾期未作处理的，可以依法申请行政复议或者向人民法院提起行政诉讼。

5）责任承担。《政府采购法》在第八章"法律责任"中对政府采购当事人违反政府采购法的行为规定了行政责任、刑事责任和民事责任。这三种法律责任形式注重从实体上纠正采购程序中各个阶段产生的违法采购行为，其与政府采购救济机制相结合，可以说是在一个更广的范围内形成了保护政府采购当事人合法权益的体系，无疑对于促进政府采购争议的解决落到实处、维护政府采购市场的秩序具有重要的意义。

　　《政府采购法》第 71 条规定："采购人、采购代理机构有下列情形之一的，责令限期改正，给予警告，可以并处罚款，对直接负责的主管人员和其他直接责任人员，由其行政主管部门或者有关机关给予处分，并予通报：（一）应当采用公开招标方式而擅自采用其他方式采购的；（二）擅自提高采购标准的；（三）委托不具备政府采购业务代理资格的机构办理采购事务的；（四）以不合理的条件对供应商实行差别待遇或者歧视待遇的；（五）在招标采购过程中与投标人进行协商谈判的；（六）中标、成交通知书发出后不与中标、成交供应商签订采购合同的；（七）拒绝有关部门依法实施监督检查的。"《政府采购法》第 72 条规定："采购人、采购代理机构及其工作人员有下列情形之一，构成犯罪的，依法追究刑事责任；尚不构成犯罪的，处以罚款，有违法所得的，并处没收违法所得，属于国家机关工作人员的，依法给予行政处分：（一）与供应商或者采购代理机构恶意串通的；（二）在采购过程中接受贿赂或者获取其他不正当利益的；（三）在有关部门依法实施的监督检查中提供虚假情况的；（四）开标前泄露标底的。"

　　《政府采购法》第 73 条对于可以给予实体上权利救济方式作了如下规定："有前两条违法行为之一影响中标、成交结果或者可能影响中标、成交结果的，按下列情况分别处理：（一）未确定中标、成交供应商的，终止采购活动；（二）中标、成交供应商已经确定但采购合同尚未履行的，撤销合同，从合格的中标、成交候选人中另行确定中标、成交供应商；（三）采购合同已经履行的，给采购人、供应商造成损失的，由责任人承担赔偿责任。"

第十三章　警察机关后勤管理

第一节　警察后勤管理概述

一、警察机关后勤管理的概念

（一）后勤

"后勤"是后方勤务的简称，最初作为军事用语。《韦氏大辞典》对后勤的定义为："军事物资、设施，以及人员的获得、维持以及转移。"美国的后勤工程师学会（Society of Logistics Engineering，简称SOLE）对后勤的定义为："科学的艺术，需求、设计，以及供应与维持自愿以支持目标、计划，以及作业有关的管理、工程，以及技术的活动。"① 《现代汉语词典》对后勤的定义为："后方对前方的一切供应工作。也指机关、团体等的行政事务性工作。"

综上所述，"后勤"从内涵上看，主要包括以下几方面。1）后勤工作的主体包括人员、物资和设施等。2）后勤工作的任务包括补给、运输、维修和其他勤务等。3）后勤工作的过程包括组织、计划、协调、执行和监督。从外延看，后勤应当包括军队、机关、学校、团体和企事业单位等各种社会组织的后方勤务。因此，后勤是指通过筹划和运用人力、物力、财力，从物质和技术两方面保障军队、机关、学校、团体和

---

① 范森等. 后勤管理导论［M］. 台北：黎明文化出版社，1987：36.

企事业单位等各种社会组织需要的工作和组织。

（二）后勤管理

后勤管理，是指管理者运用科学的方法、手段，通过一系列有目标的管理行为和领导活动，使全体成员努力工作，以达到后勤工作目标的过程。后勤管理的内容包括，财务管理、财产物资管理、基本建设管理、房产管理及维修、水暖电气管理、伙食管理、汽车运输管理、医疗卫生管理、其他服务管理以及后勤服务经营实体管理等内容。

后勤管理具有自然属性和社会属性双重属性。前者指后勤工作中财和物的管理水平、管理人员的自身素质最终是由生产力的发展水平和科学技术水平所决定的；后者指后勤管理是由占有生产资料的阶级用来调整阶级关系，维护本阶级利益的一种手段。

后勤管理具有两个方面的基本职能：1）服务职能，即根据本单位职能活动规律组织后勤服务；2）管理职能，即通过管理推动社会主义生产关系，调动人的积极性。后勤管理的职能决定了后勤管理的作用：1）为职能工作提供充分的物质保障；2）可以提高对人力、财力、物力的利用率，从而提高职能工作的效率；3）可以促进职工工作的积极性；4）形成单位良好的社会形象；5）可以稳定职工队伍和生活秩序。

（三）警察机关后勤管理

我国关于警察机关后勤管理的规定散见于《人民警察法》《枪支管理法》《人民警察使用警械和武器条例》等法律法规中。台湾地区学者邱华君认为，警察后勤是建立警力与支援任务之重要因素，主要在于适时、适地、适质、适量支援警政任务之遂行，力求满足警察执政能力之需求、维持或增强其持续警力。因此，警察后勤是推动警察行政的基础，有健全的警察后勤，乃是有效发挥警察行政力量的主要条件与警政革新进步的动力。[①]

因此，警察机关后勤管理主要是指管理者为满足警察执政能力的需要，对警用装备、服装、武器、设施及财务的采购、建造、维修等进行

---

① 邱华君. 警察行政［M］. 台湾："中央警察大学"，1987：506.

适时、适地、适量、适质的供给与维护，以保证警察机关的正常运行，更好地履行其社会职能。

二、警察机关后勤管理的内容

（一）警用装备管理

根据作用的不同，警察装备主要分为：警用武器和警械、防护装备、警用通信、交通工具、刑事科学技术装备、治安管理装备、侦查装备七大类。后勤管理部门要建立各级单位的装备编制表，根据实际需求及时供给。我国《公安单警装备配备标准》《公安机关人民警察内务条令》等对警察装备予以明确规定。

（二）警察服装管理

根据我国《人民警察法》的规定，人民警察制式服装及其标志由公安部统一监制并组织实施管理、统一配发、由指定的企业生产。警察穿着统一制服有利于加强公安队伍的正规化建设、树立人民警察良好的国际国内形象。我国颁布了《公安机关人民警察着装管理规定》《警察服装管理办法》《人民警察制式服装及其标志管理规定》等对此进行了规定。

（三）警察公务用房管理

警察公务用房，是维持警察机关正常工作运转的最基本条件，其中建设与修缮工程是公务用房管理的重点。我国《公安派出所建设标准》《看守所建设标准》《拘留所建设标准》等对此作了相关规定。

（四）警用武器管理

警用武器管理主要是指对枪支弹药的管理，是为了保障警用武器有效、合理使用，保证警察机关的枪支弹药等武器安全。我国《枪支管理法》《人民警察使用警械和武器条例》等对警用武器的管理、使用作了规定。

（五）警察机关公共财产管理

本书主要介绍警察机关公共财产管理的基本制度，以及经费收支的管理方法与程序。

第二节　警用装备管理

在一定程度上，警用装备的精良与否、专业化水平的高低决定了警察工作能力水平的高低。精良的警用装备不仅对违法犯罪具有一定的威慑作用，同时也有利于警察保护自身安全。

一、警用装备的种类

警用装备，主要是指用于公安工作的武器、警械、交通工具、通信设备、资料档案设备、电子计算机系统以及闭路安检监控系统等。根据装备作用的不同，可以分为以下几类。

（一）警用武器和警械

1）手枪：这是装备量最大的警用武器，主要分为三种类型：战斗手枪、特种警用手枪和非致命性手枪。战斗手枪具有致命的杀伤力，主要是用于对付罪犯持枪的情形；特种警用手枪用于执行特种任务，包括袖珍手枪和伪装手枪；非致命性手枪，是警察最常用的一种手枪，具有杀伤力小但能抑制犯罪人员的行为的特点。

2）警用冲锋枪、步枪：冲锋枪和步枪都分致命性和非致命性两种，在抓捕罪犯时要根据具体情况适用。

3）警用霰弹枪、气枪：都是非致命的武器，力图在抓捕罪犯时引起对方的恐惧心理。

4）警用手榴弹、喷射器：用于压制群体的暴力行动或抓捕具有重大危险性的要犯。

5）警用枪榴弹发射器、警用榴弹发射器：以枪械原理和发射方法发射榴弹的一种武器，既弥补了手榴弹最大投掷距离的不足，又可以有效地杀伤直射武器死角及隐蔽物后面的目标。

6）警棍、电击器及柔性器材：用于警务人员的日常执勤，也常用于突破、抓捕行动。

7）手铐、强光手电：用于警务人员的日常执勤。

（二）防护装备

1）防护装具器材：包括防爆毯、防爆围栏、防爆罐、防爆球、防爆箱等。

2）防护服装：包括防刺服、防爆服、防割手套、防爆靴、防爆眼镜、防护服、盔甲服等。

3）防护装具产品：包括防弹衣、头盔及盾牌等。

（三）警用通信

1）电话总机、分机：这是各级警察机关必设的，警察机关内部和外部最基本的联系手段。

2）传真机：用于警察机关内部之间、内部和外部之间传送文件。

3）会议电话等有线无线设备：用于特殊场合或在紧急事件中传达命令。

（四）交通工具

1）飞机：主要是指直升机，用于灾害救助和指挥警察打击暴力犯罪等。

2）车辆：巡逻汽车和摩托车，用于日常巡逻和精力派遣；公务车，为日常公务使用；侦防车，用于刑事案件侦查；防暴车，用于需要处理炸弹和防爆的情形。

3）船艇：主要用于水上犯罪案件的侦查。

（五）科学技术装备

随着科技的迅速发展，科学技术装备也呈现出多元化发展势态。因种类繁多，本书仅对其中几种作简单介绍。

1）机器人：可用于防爆、排爆及水下作业等人力无法触及或具有高度危险的警务活动中。

2）视频显微镜：可以将观察的对象在显微镜下放大，将犯罪现场的蛛丝马迹在电脑屏幕上显示。

3）生命探测仪：能够即时移动探测，透过混凝土、砖、雪、冰和泥浆，探测出遇险者的距离和生命体征。生命探测仪不受天气的影响，在任何气候下都可以正常工作。

国外警察机关非常重视警察专业化建设，警用装备科技水平较高。以美国为例，通过把先进的技术装备首先配备于警察和军队，使得美国警察成为一支高度科技化的队伍。据统计，全美有 7 万个电子数据终端，美国国家信息中心贮藏 4.8 亿个犯罪信息资料，包括 2 000 万人的个人记录，100 万辆被盗车辆的记录以及 30 万通缉犯与 8 万失踪人员的记录。指纹库贮藏 2 亿人的指纹，每天查询 3.6 万人的指纹，每年查询 6 亿次。[①] 美国联邦调查局下设四大系统：1）自动化情报系统（AZS）。设该系统的目的是收集、分析、传递、贮藏情报，着重于软件工程、光盘技术和声像储存。2）计算机分析与反映组（ART）。为打击计算机犯罪而设立，该机构正在组建一个资料库。3）全国犯罪情报中心（NC-ZC）。以电脑为基础进行查询与反馈的系统，贮藏 2 000 万个记录，每天有 6 万家单位查询，每秒 11 件，日查询 100 万次。4）自动化指纹鉴定系统。以美国加州为例，该系统贮藏 750 万个指纹，其中 500 万份实现自动化，内含 180 万名犯罪分子的指纹。[②]

二、警用装备的保养维护

我国《公安机关人民警察内务条令》第 43 条规定："公安机关应当建立严格的装备管理制度，加强装备的日常管理，保证装备经常处于良好状态。"

（一）警用装备保养维护的必要性

警用装备是警察成功抓获犯罪嫌疑人，克敌制胜最基础的硬件设施，直接影响着一线警察的工作成效，甚至是其生命安全。确保警用装备能够在一线警察执行任务时发挥最高的效能，这就需要加强警用装备的日常保养维护。公安机关应当经常进行爱护装备、使用装备的教育和

---

① 王大伟. 欧美警察科学原理——世界警务革命向何处去 [M]. 北京：中国人民公安大学出版社，2007：459.

② 王大伟. 欧美警察科学原理——世界警务革命向何处去 [M]. 北京：中国人民公安大学出版社，2007：459.

检查，增强公安警察爱护装备的意识，掌握维护保养、保管、检查和正确使用的方法。

（二）警用装备保养维护的责任部门和具体内容

1. 我国警用装备保养维护的责任部门

我国警用装备的保养维护坚持"谁使用，谁保养"的原则，由警用装备的使用单位定期对本单位的装备进行维护。在发现装备损坏时，应当及时上报，并根据损坏的程度及时组织修复；如本单位不能修复，应当按上级要求组织送修或者就地修理。

2. 我国警用装备保养维护的具体内容

根据《公安机关人民警察内务条令》第44条的规定，我国警用装备的保养维护措施如下。1）时间条件：使用的装备应当定期进行维护保养。2）责任人员：对封存和外出人员留下的装备，应当指定专人定期维护保养。3）报告责任：发现装备损坏，应当及时上报，并根据损坏的程度及时组织修复；如本单位不能修复，应当按上级要求组织送修或者就地修理。

对于警用装备的保管，《公安机关人民警察内务条令》第45条作了详细的规定。1）设置装备保管室（库）或者专用保管柜，建立账目，专人管理。2）妥善保管装备，做好防抢夺、防盗窃、防破坏和防火、防水、防潮等。3）严禁任何单位或者个人擅自将装备进行调换、转借、赠送、变卖、出租。4）装备交接、送修，应当严格手续，及时登记、统计。装备的损失、消耗情况应当及时上报。

（三）完善警用装备管理维护的措施

目前，我国警用装备保养维护整体良好，装备的数量有很大的提升，能够满足警务实战的需要，但是仍存在以下不足。

1）思想上轻视装备的保养和维护。大多数警察机关都将本部门的工作重点放在了执行勤务、警察工作保障上面，往往忽视了对装备的保养和维护，导致一些既有的装备由于得不到很好的保养和维护，而降低了装备的技术性能，减损了使用寿命，不利于警察执勤和保障工作的实施。2）缺乏专门的装备保养维护部门。我国大多数警察机关都没有设立专门的装备保养维护部门，而有的警察缺乏装备保养和维护的专门知识，甚至忽视对装备的保养和维护，这在无形中也减损了警用装备的使用寿命。3）缺乏相应的保障制度。我国现行制度主要对枪支弹药管理等作了详细规定，而对于大多数警用装备的管理并没有规定，更不用说是日常的保养维护制度。

警用装备的质量不仅仅取决于装备生产制造的环节，精心的保养维护也是其中关键的影响因素。应完善我国警用装备的保养维护制度，落实装备保养维护的责任机制，确保装备的质量处于良好状态，在关键时刻拿得出、用得上。

1）加强警用装备的使用管理。警队的警用装备器材要指定专人管理，对配发到个人手中的警用器材由个人自行保管，做到正确使用，精心维护，用严肃的态度和科学的方法维护好设备，坚持维护与检修并重，以维护为主的原则。严格执行专人、专机、专用制，确保在用设备完好。

2）在警察机关内部建立专门的警用装备保养维护部门，并对警察开展装备保养维护基础知识的培训。对每个警察开展装备保养维护知识的培训，可以使警察对装备进行日常的简单保养维护。如果出现警察个人不能解决的问题，就可以将装备交由专门的保养维护部门进行修理，确保装备的使用寿命。

3）加强警用装备的配备。良好的装备是克敌制胜最有效的武器，也是保护自己最好的盾牌。公安机关应加快武器装备建设，除重视杀伤性武器的配备、补充、更新外，还应及时加强对非杀伤性的武器、防护性装备（头盔、防弹衣、防刺服、盾牌以及创伤急救简易器材等）及相关器械的配备、补充和更新。对于财政状况紧张的偏远地区的一线警察，有关部门也应积极协调，保证一线警察能够配备一些基本的、应急性的、非杀伤性的武器。同时，要重视对警察使用非杀伤性武器的训练，使一线警察能够在较短时间内熟练掌握其操作，预防和减少他们在执法过程中的伤亡概率，提高警察队伍的整体战斗力。①

4）建立警用装备损坏的问责机制。在警察机关内部指派专人对装备进行定期的检查、保养维护，保证每月、每季度、每半年对装备的使用和损坏程度进行详细的登记。这要求专门的保养维护人员承担对装备精心维护保养并报告的义务，如果违反这种义务，要承担相应的装备损坏的责任。

第三节　警察服装管理

根据《人民警察制式服装及其标志管理规定》第 2 条的规定，人民警察制式服装，是指人民警察按照规定穿着的统一式样服装，包括常服、值勤服、作训服、多功能服、制式衬衣及警帽、领带、腰带、纽扣等。

一、警察服装管理概述

美国属于联邦制国家，每个州都有各自的法律，而警察主要执行所在州的法律，因此各州警察局的装备也是由各州设计的。美国每个州都有自己的警徽，在州内部有城市警察、州级警察以及县级警察，这些警察都拥有各自不同、代表其身份的警徽。另外这些徽章还具体区分了不同的级别、不同的警种。因此，美国设有徽章协会，以便统一管理，批准和使用警徽和执法徽章。

（一）新中国成立后警察服装的八次改革

警察服装是警察身份和执法的重要标志，体现着一个国家警察的风貌。我国是单一制国家，与美国警察服装相比，我国各个警种的警察服装是全国统一样式的。但我国警察服装也不是一成不变的，而是随着我国经济、文化、法律的发展不断变化创新的，是国家发展的时代烙印。自新中国成立以来，我国警察服装经历了八次重大的改革，每次改革都

---

① 李忠诚. 各国警察执法保障对策比较研究［J］. 吉林公安高等专科学校学报，2009，104.

一定程度上改变了警察服装的颜色和款式，推动了我国警察服装与世界接轨。

1. 五〇式警服

五〇式警服（1950～1955年），新中国成立后的第一代警察服装，其基本样式和中国人民解放军的服装相同，主要区别是胸章标有"人民公安部队"字样，臂章为盾形，上方有"公安"二字，下方缀军徽，帽徽为中间嵌"公安"字样的红五角星，如图13－1所示。

2. 五五式警服

五五式警服（1956～1958年），于1956年夏季开始在全国普遍施行，上衣改为白色和草绿色，下衣改为藏青色。男式警帽为藏青色平顶大檐帽，女式警帽为藏青色无檐软帽，如图13－1所示。

图13－1　五〇式警服和五五式警服

3. 五八式警服

五八式警服（1958～1965年），和五五式警服样式基本相同，但上衣增加了领章，领章中间有一铜质盾牌，下衣由藏青色改为藏蓝色，如图13－2所示。

4. 六五式警服

六五式警服（1966～1971年），在制式、技术规格和质量上和中国人民解放军服装相同，上衣为草绿色，下衣为藏蓝色。将大檐帽改为草绿色软帽，帽中有一圆形国旗图案，如图13-2所示。

图13-2　五八式警服和六五式警服

5. 七二式警服

七二式警服（1972~1983年），上下衣均改为藏蓝色，重新使用大檐帽以避免军、警不分的状况。后来，又将夏季服装上衣改为白色，下衣藏蓝色，如图13-3所示。

6. 八三式警服

八三式警服（1984~1988年），是我国警察服装改革最大的一次。上衣增加了黄边的肩袢和两条黄色袖线，胸前写有警号，并增加了臂章，臂章上"公安"二字下面首次出现了对应的英文"POLICE"；下衣增加了红色裤线；大檐帽上增加了警徽，如图13-3所示。

图13-3　七二式警服和八三式警服

7. 八九式警服

八九式警服（1989～1999年），与先前警服族大的区别就是增加了警衔，其余方面变化不大，如图13－4所示。

8. 九九式警服

九九式警服（2000年至今），是现行警察着装，在颜色上选用与国际警察通用的藏蓝色，其细微变化是臂章上的"公安"二字变成了"警察"，如图13－4所示。

图13－4　八九式警服和九九式警服

（二）警察服装的种类及穿着规范

1. 警察服装的种类

根据警服适用场合的不同，可将我国的警察服装分为五类。

1）常服。警察在参加授衔仪式、宣誓、阅警、重大会议、外事等活动时，除主管（主办）单位另有规定外，要穿常服。

2）执勤服。警察在工作时间，通常穿执勤服。

3）作训服。警察在参加训练时要穿作训服。

4）多功能服。

5）外穿式制式衬衣。

2. 警察服装的穿着规范

1）常服。着常服时，佩戴硬质肩章、警号、胸徽；内着内穿式制式衬衣，系制式领带；男性警察戴大檐帽，女性警察戴翻檐帽。

2）执勤服。着春秋执勤服时，佩戴扣式软质肩章和软质警号、胸徽，内着制式圆领恤衫；男性警察戴大檐帽或者警便帽，女性警察戴翻檐帽或者警便帽。着冬执勤服时，佩戴扣式软质肩章和软质警号、胸徽，内着制式圆领毛衣；男性警察戴大檐帽、栽绒帽或者警便帽，女性警察戴翻檐帽、栽绒帽或者警便帽。着夏执勤服时，佩戴扣式软质肩章和软质警号、胸徽；男性警察戴大檐凉帽，女性警察戴翻檐凉帽。

3）作训服。着作训服时，佩戴套式软质肩章，戴警便帽，内着制式圆领恤衫或者制式圆领毛衣。

4）多功能服。着多功能服时，佩戴套式软质肩章和硬质警号、胸徽，内着冬执勤服或者冬常服；男性警察戴大檐帽或者栽绒帽，女性警察戴翻檐帽或者栽绒帽。

5）外穿式制式衬衣。外着外穿式制式衬衣时，佩戴扣式软质肩章和软质警号、胸徽，通常系制式领带，各单位也可以根据工作需要决定统一不系领带；衬衣下摆系于裤腰内，系制式腰带；男性警察戴大檐帽，女性警察戴翻檐帽。

二、警察服装管理目的和具体措施

（一）警察服装管理的目的

警察服装是我国警察专有之服装。警察穿着统一服装，有利于加强队伍的正规化建设、树立警察良好的国际国内形象，也有利于提高警察集体作战的士气。因此，要加强对警察服装的管理，避免出现警察服装质量不合格、警察乱着装、错着装或非法穿着，非法生产、销售警察服装等破坏警察服装秩序的现象。

（二）警察服装管理的具体措施

1）警察着装的一般规定。

（1）警察着装的情形。一般情形下，警察在工作时间应当着警察服装。在下列情形中，警察不着警察服装：第一，执行特殊侦查、警卫等任务或者从事秘密工作不宜着装的；第二，工作时间非因公外出的；第三，女性警察怀孕后体型发生显著变化的；第四，其他不宜或者不需要着警察服装的情形。在下列情形中，警察不得着警察服装：第一，警察辞职、调离公安机关的；第二，警察被辞退、开除公职的；第三，警察因涉嫌违法违纪被立案审查、停止执行职务、禁闭的。

（2）警察着装的具体要求。

第一，按照规定配套穿着，不同制式警服不得混穿。警服与便服不得混穿。警服内着非制式服装时，不得外露。第二，按照规定缀钉、佩戴警衔、警号、胸徽、帽徽、领花等标志，系扎制式腰带，不同制式警用标志不得混戴。不得佩戴、系挂与警察身份或者执行公务无关的标志、物品。第三，保持警服干净整洁。不得歪戴警帽，不得披衣、敞怀、挽袖、卷裤腿。第四，除工作需要或者其他特殊情形外，应当穿制式皮鞋、胶鞋或者其他黑色皮鞋。非工作需要，不得赤脚穿鞋或者赤脚；男性警察鞋跟一般不得高于3厘米，女性警察鞋跟一般不得高于4厘米。第五，不得系扎围巾，不得染指甲，不得染彩发、戴首饰。男性警察不得留长发、大鬓角、卷发（自然卷除外）、剃光头或者蓄胡须，女性警察发辫（盘发）不得过肩。第六，除工作需要或者眼疾外，不得戴有色眼镜。第七，警察着装时，除在办公区、宿舍内或者其他不宜戴警帽的情形外，应当戴警帽。第八，警察着装时，应当仪表端庄，举止文明，精神饱满，姿态良好；不得在公共场所以及其他禁止吸烟的场所吸烟，不得饮酒；非因工作需要，不得进入营业性娱乐场所；应当随身携带公安机关人民警察证。

2）违反警察着装规定的处罚。对违反着装规定的警察，由警察机关警务督察部门依照《公安机关督察条例》等规定进行处置：第一，情节轻微的，当场予以批评教育和纠正；第二，情节严重、影响恶劣的，或者拒绝、阻碍警务督察人员执行现场督察工作任务的，可以暂扣其证件及相关物品，通过下发公安督察通知书等方式通报其所在单位要求整改。必要时，可以采取带离现场、停止执行职务或者禁闭措施。

3）特殊人员的着装规定。第一，离休、退休警察在参加重大礼仪活动时，可以根据需要，在遵守上述警察着装规定的情形下穿着制式服装，并佩戴专用标志。第二，试用期尚未评授警衔的警察和公安警察院校学生着装，要遵守上述警察着装的一般规定。

三、警察服装制作管理

（一）制作管理机关

根据《人民警察法》第 36 条和《人民警察制式服装及其标志管理规定》第 3~5 条的规定，警察制式服装由国务院公安部门统一监制并组织实施管理、统一配发，并指定企业进行生产。警察制式服装及其标志（指现行警服纽扣、橄榄色布以及帽微、领花、符号、领带、领带卡等）指定生产企业由公安部通过招标等形式确定。严禁任何单位和个人私自生产、销售、买卖警察服装。

（二）计划限额内制作生产

《人民警察制式服装及其标志管理规定》第 6 条规定："人民警察制式服装及其标志指定生产企业必须按照生产供应计划生产，不得超计划生产，不得将生产任务转让给其他企业或者个人。"因此，由公安部指定的警察服装的生产企业也要严格遵守服装的生产供应计划，不得自主决定超额生产。而且指定的服装生产企业必须亲自完成生产计划，不得转委托给其他企业或个人代为生产。

（三）违反警察服装制作管理的处罚规定

1）非法生产、销售警察服装的处罚。单位或者个人非法生产、销售警察制式服装及其标志的，由县级以上公安机关没收非法生产、销售的警察制式服装及其标志；对单位直接负责的主管人员和直接责任人员或者个人处 15 日以下拘留，可以并处违法所得 5 倍以下罚款；情节严重，构成犯罪的，依法追究刑事责任。

2）警察服装指定生产企业违规生产的处罚。警察制式服装及其标志指定生产企业违反规定，超计划生产或者擅自转让生产任务的，由县级以上公安机关没收非法持有、使用的警察制式服装及其标志，处 1 000元以下罚款，并可对单位直接负责的主管人员和直接责任人员或者个人处 10 日以下拘留；构成犯罪的，依法追究刑事责任。除此之外，还可由公安部取消其警察制式服装及其标志生产资格。

3）生产与警察服装相似并足以造成公众混淆的服装的处罚规定。生产、销售与警察制式服装及其标志相仿并足以造成混淆的服装或者标志的，由县级以上公安机关责令停止非法生产或者销售，处警告或者5 000元以上1万元以下罚款。

第四节　警察公务用房管理

警察公务用房，是警察机关行政资产的一部分，是维持警察机关正常工作运转的基本条件。我国警察公务用房依据其用途不同，主要可分为以下几类：公安派出所、看守所、拘留所、公安监管场所等。

一、管理目的

警察公务用房，是警察日常工作的地方，也是警察为群众提供服务的场所，是警察形象的"窗口"。对警察公务用房进行管理，改善警察的日常工作环境，有利于提高警察为人民服务的激情，有利于建立警察的良好形象。统一警察公务用房的建设标准，也有利于降低建造成本，防止警察内部滋生腐败。

二、警察公务用房的修建与维护

（一）公安派出所的修建与维护

1. 公安派出所的修建

公安派出所修建的法律依据是由全国人大常委会颁布的《公安派出所组织条例》和公安部编制的《公安派出所建设标准》。这两个规定适用于所有公安派出所的新建工程项目，包括户籍派出所、治安派出所、水上派出所等。对于改建、扩建工程项目，由于各自的基础条件不一，可以参照执行相关规定建设。《公安派出所建设标准》首次将公安派出所建设纳入地方国民经济和社会发展计划，纳入当地城市和乡镇建设总体规划，以保证修建的顺利进行。

1）公安派出所修建应坚持的基本原则。（1）坚持"统筹兼顾，分类指导"的原则。第一，由于我国经济发展不平衡，且各个地区的治安环境、工作任务也有很大差异，这对公安派出所规模，人员数量有很大的影响。第二，从类别上来说，公安派出所又可分为户籍派出所、治安派出所及水上派出所等。因此，在修建时，首先应坚持"统筹兼顾，分类指导"的原则，既考虑地区差异，又考虑类别划分。(2) 坚持"方便群众，利于工作"的原则。公安派出所是集防范、管理、打击、服务等多种职能于一体的组织，是警察联系群众的重要"窗口"，近年来我国也越来越强调警察服务职能的重要性。因此，公安派出所建设要贯彻"以人为本"的理念，坚持"方便群众，利于工作"的原则。(3) 坚持"具有现实适应性和科学超前性"的原则。派出所的建设应节约资金和土地，因地制宜地进行。在新形势下，我国公安派出所的职责和任务有所扩展，警力编制有所增加，规范化建设也有新要求。为了避免重复建设，尽量减少浪费，派出所建设应坚持"具有现实适应性和科学超前性"的原则。

2) 公安派出所的建设内容与项目构成。我国将警察编制定员人数作为公安派出所类别划分的主要依据。据此，公安派出所可分为以下五类：警察编制定员人数 51 人以上的为一类；31～50 人的为二类；21～30 人的为三类；11～20 人的为四类；5～10 人的为五类。

根据房屋的功能和用途，公安派出所的建设项目可划分为房屋建筑、附属设施和场地。在进行建设时，各地区要根据本区的实际需要，统筹建设，对人员较少，工作量也较小的地区，可以根据本所的实际情况将部分建筑项目适当合并；治安派出所、水上派出所，由于其承担职能较特殊，可根据工作需要对建筑项目作适当取舍。

公安派出所的房屋建筑又包括了办公用房、业务用房和辅助用房三个部分。办公用房，主要包括所领导办公室、警察办公室、会议室；业务用房，主要包括值班室、接待室、户籍（办证）室、计算机室、档案室、纠纷调处室、讯问室、候问室、技术监控室、物证保管室、武器警械室、备勤室等；辅助用房，主要包括图书资料室、体能训练房、食堂、卫生间及汽车库、储藏室等。

附属设施包括配电室、锅炉房等。场地包括警用、社会车辆停车场地和警用训练场等。

3）公安派出所的选址与规划布局。公安派出所作为警察机关的基层组织，是打击违法犯罪活动，维护社会治安的主要力量，也是警察和群众联系的窗口和纽带。因此，在公安派出所的选址和设计要求上，既要考虑警察履行职能的方便，也要满足便民、利民、为民的需要。（1）公安派出所的选址，应当符合以下几个方面的要求：第一，在辖区中心区域且交通便捷的地方，至少有一面临靠道路；第二，工程水文地质条件较好；第三，具备较好的自身安全防卫条件；第四，宜有较好的市政设施条件。（2）在设计上，公安派出所应尽可能单独建设，宜建低层、多层建筑。农村地区的公安派出所应当建在乡镇政府所在地；受条件所限需与其他建筑合建的，公安派出所部分宜安排在该建筑的3层以下，并单独分区，具有独立的竖向交通、平面交通、场地及出入口。

4）公安派出所的建设规模与建筑标准。公安派出所的建设规模要根据各地的实际需要进行统筹划分。根据《公安派出所建设标准》的规定，派出所的建设规模分为以下五类：一类建筑的建筑面积为 1 600m²（公安派出所的编制人数每增加 1 人建筑面积增加 32m²）；二类建筑的建筑面积为 1 180 ~ 1 550m²；三类建筑的建筑面积为 870 ~ 1 130m²；四类建筑的建筑面积为 555 ~ 820m²；五类建筑的建筑面积为 260 ~ 470m²。同时，根据我国农村派出所警察一般在住所工作的情形，《公安派出所建设标准》还补充规定了地处农村的公安派出所建筑面积按编制人数每增加 1 人建筑面积增加 12m² 计算。

公安派出所的建设既要保证警察工作的顺利开展，又要起到便民、利民的作用。而要达到这些要求，公安派出所的建设必然要符合一定的建筑标准，如《公安派出所建设标准》规定公安派出所警察办公室宜采用分区设置；户籍（办证）室应当为低台敞开式；对公安派出所对外服务区的建设应当进行无障碍设计。公安派出所建筑外围应当装设安全防范设施，武器警械室、候问室、档案室等应当符合有关技术条件或标准；公安派出所的通信与计算机网络设施应当满足办公自动化的要求，并按照办公自动化、网络化及安全、保密等要求综合布线，预留接口。

5）公安派出所的建设用地。公安派出所的建设用地应当符合国家建立节约型社会的要求，应遵循"节约用地，合理紧凑地规划建筑平面布局，充分利用地上、地下空间"的原则进行修建。在进行修建之前，要根据当地行政规划主管部门确定的建筑容积率核算公安派出所的建筑用地面积。对于有空余场地的公安派出所，根据实际情况修建供警察进行体能训练和警事技能训练的训练场的，建筑用地面积应以 $400 \sim 600 \text{m}^2$ 为宜；公安派出所的停车场地面积应根据不同类派出所的装备标准和数量确定；公安派出所的绿化面积指标，应当符合当地规划行政主管部门的规定且和派出所周围的环境相符合。

6）公安派出所的外观形象与标识。公安派出所建筑外观形象设计、施工应当符合公安部《公安派出所建筑外观形象设计规范》的规定。公安派出所外观标识包括标牌、标识灯箱和路边标识灯箱的制作、安装等，应当符合《关于规范统一公安派出所外观标识的通知》的有关规定。

2. 公安派出所的维护

我国并没有就公安派出所的维护作出专门的规定，但国务院颁布了《中央国家机关办公用房维修标准》，作为对国家机关办公用房维修的一般性规定，公安派出所的维修可以参照此维修标准进行。《中央国家机关办公用房维修标准》规定了国家机关办公用房维修必须坚持力而行、经济适用的原则。在具体的的维修过程中，要注重维护和完善房屋使用功能，严格控制装修标准，不得变相进行改扩建。国家机关办公用房的日常维修保养应由各部门、各单位自行负责，根据本单位用房的具体情况制定经费标准，并将经费标准和核定的维修面积报经费预算，向国家财政部提出申请。在经财政部核实批准后，列入本部门财政预算并组织维修工程的实施。我国公安派出所的维修原则、具体实施、经费预算都可参照《中央国家机关办公用房维修标准》。

（二）看守所的修建与维护

1. 看守所的修建

根据《中华人民共和国看守所条例》（以下简称《看守所条例》）第2条的规定，看守所是羁押依法被逮捕、刑事拘留的犯罪嫌疑人、被告人和被判处有期徒刑1年以下，或余刑在1年以下不便送往劳动改造场所执行的罪犯的机关。看守所也是我国政权建设的重要组成部分，是展示国家形象的"窗口"。

看守所修建的法律依据主要是《看守所条例》和公安部编制的《看守所建设标准》。这两个规定适用于警察机关管辖的看守所新建（迁建）、改建、扩建项目建设。为了保障公安派出所建设的顺利进行，根据《看守所条例》第48条的规定，看守所需修缮费应当编报预算，按隶属关系由各级财政专项拨付，并且在经费开支上专款专用；新建和迁建的看守所纳入城市建设规划，列入基本建设项目。

1) 看守所修建应坚持的基本原则。（1）因地制宜原则。由于我国地域广大，经济发展不平衡，地区差异较大。在看守所的修建上不可能要求整齐划一，完全相同。因此，在修建看守所时，要根据各地的实际情况，因地制宜，区别对待。（2）经济实用原则。在看守所中被羁押的人员，都有羁押时间较短的特点，但却经历侦查、起诉、审判等各个阶段。因此，看守所在修建时，必须考虑到防止被羁押人员通风报信、相互串供、逃跑等各种情况。这就决定了看守所房屋建筑及相关建设，既不同于一般办公用房，也不同于监狱设施，要在经济合理的基础上，做到坚固安全、管理方便、功能齐全和美观庄严。（3）统筹兼顾原则。为了避免在看守所建设中，由于缺乏系统考虑而造成二次施工，或者在改建、扩建看守所时，不能有效利用原有的设施，造成资金浪费。因此，要坚持统筹兼顾的原则，充分考虑看守所各部分之间的协调，在改建、扩建时要利用原有的设施，厉行节约，保证工程质量。同时，鉴于一些地方建设资金一时难以到位，在保证现实需要和工程质量的前提下，允许分期建设。

2) 看守所的建设规模与项目构成。我国将刑事案件管辖区人口数、政治、地理条件，刑事发案率以及发展规划等因素作为看守所规模划分的主要依据。同时，看守所的修建规模也要遵循"立足现实，适度超前"的原则。据此，我国看守所可分为以下四类：特大型看守所（容量1 000人以上）、大型看守所（500~999人）、中型看守所（100~499人）和小型看守所（不足100人）。

看守所的建设项目由房屋建筑、附属设施、场地和警械装备构成。

警械装备作为看守所建设不可缺少的一项，因为看守所是公、检、法共用的刑事羁押机关。为保障羁押任务的顺利完成，除了有房屋建筑等基础设施外，必须配备一定数量的警械装备，对被羁押人员起到威慑作用。看守所的房屋建筑又包括在押人员用房、警察用房、武警用房和附属用房四个部分。在押人员用房，主要包括监室、卫生间、室外活动场、物品储藏室、图书阅览室、医务室、浴室、伙房、劳动用房、教室、餐厅、活动室、家属会见室等。

3）看守所的建筑面积及有关指标。公安部在《看守所建设标准》中对各类用房建筑面积的规定，是按现行法规的最低要求确定的，故所列指标为最低标准，各地可根据本区经济的实际发展状况，扩大看守所建筑面积，但一般不得超过本标准所列最低标准的35%以上。如有特殊需要的，需另行报批。

4）看守所的规划布局及用地指标。看守所的规划布局既要做到节省投资，发挥经济效益，又要做到符合保密安全的基本要求。对于新建、迁建看守所选址应符合下列要求：（1）水电、交通、通信便利，地势较高和水文地质条件满足要害部位要求；（2）与各种污染、易燃易爆危险品、高噪声、高压电线和无线电干扰的距离符合国家有关防护距离的规定；（3）要避开高层建筑、繁华商业区、居民稠密区及外事活动场所。

在具体的规划布局上，看守所的建设应符合以下几个方面的要求。（1）看守所应按照国家现有的规定设置外围隔离带。（2）依据功能不同，可将看守所布局分为监区、行政办公区、留所服刑罪犯劳动生产区和武警营房区，监区作为看守所最重要的区域，应设置在看守所中央部位或较隐蔽、便于警戒的位置。其他功能区应相互毗邻，互为照应。（3）对于监区内的布局，应实行分区管理模式。（4）看守所用地类别主要包括以下四种：建筑用地、训练活动用地（含警察体能训练用地）、停车场用地和绿化用地，这些用地的适用在满足看守所安全和管理等各项功能的前提下，应坚持科学、节约的原则，统一规划，合理使用。

2. 看守所的维护

我国也没有就看守所的维护作出专门规定，因此，看守所的维护和公安派出所的维护相同，具体维护措施参照国务院颁布的《中央国家机关办公用房维修标准》执行。

（三）拘留所的修建与维护

1. 拘留所的修建

拘留所修建的法律依据是由公安部编制的《公安拘留所建设标准》。此建设标准适用于所有的拘留所新建工程，拘留所的改建、扩建工程在建设内容、工程项目组成和建筑指标及标准方面也应执行此建设标准。拘留所作为对被拘留人员进行管理教育的场所，应充分保障被拘留人员的人身安全，能够组织被拘留人员从事适当劳动，并对被拘留人员进行法制、道德等教育，使其成为守法公民。

1）拘留所的建设规模和项目组成。拘留所的建设规模应根据拘押人数为主要确定依据，同时也要综合考虑拘留所所在管辖区的人口数、经济发展水平、地理位置、交通条件以及治安状况等因素。综合考虑以上因素，拘留所建设的规模可被分为以下四类：（1）特大型拘留所，日均在所被拘留人数300人以上；（2）大型拘留所，日均在所被拘留人数150人以上不足300人；（3）中型拘留所，日均在所被拘留人数50人以上不足150人；（4）小型拘留所，日均在所被拘留人数不足50人。

根据拘留所的工作任务和设施的功能，拘留所的建设项目可分为房屋建筑和场地两个部分。其中，拘留所房屋建筑包括拘室和教育、医疗、文体、劳动、行政管理、生活保障等功能用房和附属用房；场地建设则包括体能锻炼用地、车辆停放用地、绿化用地以及劳动用地等。

2）拘留所的选址和规划布局。在新建拘留所的选址上，应当充分确保拘留所安全管理工作的落实和被拘留人员合法权益得到有效保障，因此新建拘留所的选址应符合以下几个方面的基本条件：（1）符合城市建设规划的布局要求，有较好的交通、供电、给排水、通信等基础设施条件；（2）避开人口密集区及对公共安全有特殊要求的地区；（3）避开可能发生地质灾害且足以危及安全的地区；（4）与各种污染源、易燃易爆危险品仓库、高压走廊和无线电干扰的距离符合国家有关防护距离的规定。

3）拘留所的房屋建筑及用地指标。拘留所的各类用房建筑面积应以设定的拘押人数乘以指标数来确定，其中人均综合建筑面积指标为小型所 25m²、中型所 24.46m²、大型所 22.73m²、特大型所 21.39m²，并且直接用于被拘留人员的拘室，教育、文体、医疗、生活、劳动及家属会见等用房，每人应不低于 16m²。在寒冷和严寒地区可在上述规定指标基础上增加 4%～6%。经济发达地区考虑到经济条件与拘押人员增长快的因素，可根据近 3～5 年的拘押人数增长率，经过专门报告批准适当增加建筑面积。

4）拘留所的建设标准及有关设施。拘留所作为对被拘留人员实行拘押和管理教育的场所，总体上应根据拘留所管理、使用功能及城市规划的要求合理确定。但随着形势的发展和法律法规的不断完善，执法的形式和内容都不断地更新和强化。因此，需要留有扩建改造的余地。

在具体设施建设上，主要有以下几个方面的要求。（1）拘留所拘留区、劳动区围墙高度不应低于 4.5m，办公区围墙或通透栅栏高度宜为 2.5～3.0m。（2）拘留所拘留区内房屋建筑，宜采用多层建筑，小型所也可采用低层建筑；外墙体强度不应小于 MU10 砌体，厚度不应小于 240mm；分隔墙不得采用轻质墙。拘室底层地坪基础应用混凝土浇筑。（3）拘留所拘室应分别设置普通拘室、未成年人拘室和严管拘室。普通拘室、严管拘室每室定员不宜超过 8 人，未成年人拘室每室定员宜为 4～6 人。（4）拘留所普通拘室和未成年人拘室应设置床铺，严管拘室宜设置通铺。拘室内宜设置卫生盥洗设施及衣物柜。普通拘室、未成年人拘室也可分区设公共卫生间和盥洗室。（5）拘留所拘室应通风、采光良好；窗地比不应小于 1:6；拘室层高不应低于 3.3m。（6）拘留所各功能区连接通道净宽，小型所、中型所不应小于 2.4m，大型所、特大型所不应小于 2.7m。拘留区走道净宽，小型所、中型所不应小于 1.8m，大型所、特大型所不应小于 2.0m。（7）拘留所拘室门宜采用金属门，门上应留观察窗，通道外侧窗和拘室采光窗均应设置金属防护栅栏，机械强度不应小于 ⌀18 圆钢的强度，横向净距不应大于 130mm，纵向净距不应大于 400mm。（8）拘留所家属会见室宜按开放式管理的要求设置，并配备会见座椅、候见席和卫生间；询问室应按单间设置，每间使用面积不应小于 12m²。（9）拘留所被拘留人员的餐厅应单独设置，中型以上拘留所可按管理模式分设餐厅。（10）拘留所的劳动用房应包括操作

间、原料间、产品库房、警察值班室、盥洗（卫生）间等，并按照劳动
对象和管理要求进行布置。（11）拘留所的教室，参照成人教育普通教
室的要求设置。（12）拘留所建筑外观应与周边环境协调，庄重大方，
拘室的内装修应满足安全、卫生要求，技术用房和其他用房按照有关标
准执行。（13）拘留所电力负荷应满足照明和设备用电需要，保证供电
安全。不能正常供电的，应自备发电机。（14）拘留所给水应采用城市
供水系统。如自备水源，应符合国家现行饮用水标准；污水排放和医疗
废弃物的处理应符合国家标准规定。（15）拘留所应按技防、通信和信
息设备安装要求敷设或预埋线路、管道。（16）拘室供电、给排水管线
应采用暗数。（17）采暖区的拘留所宜采用热水采暖系统；拘室可采用
地暖方式采暖。（18）拘留所各类用房宜采用自然通风，自然通风条件
不具备时应有机械通风换气装置；最热月平均室外气温高于25℃的地
区，应安装降温设备或预留空调设备的位置。（19）拘留所建筑防火等
级不应低于二级，消防设施的配置，应符合国家现行有关建筑防火的规
定。（20）拘留所建筑应符合国家有关建筑节能设计标准，宜利用太阳
能等节能设备。

2. 拘留所的维护

拘留所具体维护措施参照国务院颁布的《中央国家机关办公用房维
修标准》执行。

（四）公安监管场所特殊监区的修建与维护

1. 公安监管场所特殊监区的修建

公安监管场所特殊监区是指为监管违法犯罪的艾滋病病毒感染者和
病人设立的专门场所。其修建依据是由公安部编制的《公安监管场所特
殊监区建设标准》，该标准适用于公安监管场所特殊监区的新建、改建
和扩建工程项目。

公安监管场所特殊监区作为国家执行刑事强制措施和行政强制措施
的一种设施，在总体的修建规划上应遵循国家的经济政策和有关法律法
规。而且鉴于被监管人员的特殊性，在进行监区修建时还应考虑对被监
管人员的人文关怀，满足对艾滋病病毒感染者和艾滋病病人实行单独管
理教育和医疗的需要，并符合"安全、卫生、规范、文明"的总体要

求。在具体进行建设时，特殊监区也是公安监管场所的一部分，因此为避免浪费，实现资源共享，应充分利用现有的监管设施和社会公共卫生医疗设施。在特殊监区的设置上，各地应根据本地区的实际情况来具体确定。总体来说，一般情况下特殊监区宜在公安监管场所内设置，也可在公安监管医疗机构内设置，需要单独设置专门场所的，应分别设置刑事羁押区域和行政监管区域，并分别符合相应场所建设标准规定。同时，为保障公安监管场所特殊监区建设项目的顺利进行，我国将特殊监区的建设纳入政府安排的投资计划，并规定其享受国家对艾滋病防治工作政策、经费、技术和装备的保障。

1）公安监管场所特殊监区的建设规模和项目构成。由于公安监管场所监管的艾滋病病毒感染者和艾滋病病人同其他被监管人员相比，人数相对较少，为了方便集中管理并利用当地比较完备的医疗等基础设施，公安监管场所特殊监区宜在地市级以上的公安监管场所设置。但特殊情况下，为方便管理和办案的需要，在艾滋病疫情严重、收押艾滋病病毒感染者和艾滋病病人较多的县级公安监管场所，也可设置特殊监区。公安监管场所特殊监区的建设规模应以 20 张床位为最低标准，并根据被监管人员中艾滋病病毒感染者和艾滋病病人的数量适当增加床位数，这种规模标准充分考虑了各种设施和人力资源的利用，同时也符合监管场所安全需要。在确定了公安监管场所特殊监区的设置及其建设方案后，由拟设置特殊监区的警察机关报请省级警察机关同意后，按照工程建设项目审批程序报批。

公安监管场所特殊监区建设的工程项目由房屋建筑及配套设施构成。其中，房屋建筑由病室、医务用房、配套用房、生活保障用房和附属用房等组成；配套设施由给排水、供电、供暖、通风、消毒、消防等建筑设施组成。

房屋建筑中的病室（包括普通病室和隔离病室），是监管艾滋病病毒感染者和艾滋病病人的用房，其中隔离病室是肺结核、肝炎、肠道等派生传染病病人的用房。医务用房，是对艾滋病病毒感染者和艾滋病病人一般检查治疗和临时处置的用房。配套用房，是指医生、护士和管教人员值班等工作用房，其中讯问室和谈话室可合用。生活保障用房，是指备餐、洗衣、消毒等用房，这主要考虑了艾滋病病毒感染者和艾滋病病人的特殊需要。

2）公安监管场所特殊监区的布局要求。特殊监区的监管对象是艾滋病病毒感染者和艾滋病病人，在总体布局上应参照传染病医院的建筑设计规范，具体要求主要有以下几个方面：（1）通风采光良好；（2）相对僻静，便于防护隔离；（3）便于卫生疾控部门检测和应急管理；（4）便于固体废弃物和污水的处理。

特殊监区在设置上可采取以下两种形式：（1）单独建房，这也是最适宜的一种形式；（2）可以在管理区的一端封闭设置，但必须具备独立的出入口。在特殊监区的内部布局上，应以监区的功能为依据，做到"流程合理，方便管理，洁污分流，避免交叉感染"。同时，为避免交叉感染，必须强调的是特殊监区的污水处理设备间应设置在地势较低、便于排放并与主建筑物保持一定距离的区域。

3）公安监管场所特殊监区的建筑面积及用地指标。公安监管场所特殊监区的房屋建筑面积指标应根据艾滋病病毒感染者和艾滋病病人的生活卫生以及对其管理教育的需要综合确定。具体来说，特殊监区各类用房综合面积指标为病室、医务用房、配套用房、生活保障用房和附属用房几个方面。每个床位综合建筑面积应为 $25m^2$，寒冷和严寒地区可在规定指标基础上增加 4%~6%。考虑到特殊监区需要较大空间和环保等方面的要求，建筑密度不宜过高，故规定单独建房设置特殊监区的，建筑密度不宜超出 33%。同时绿化率应符合特殊监区所在地的行政规划部门的有关规定。

4）公安监管场所特殊监区的建筑标准。公安监管场所特殊监区应根据公安监管场所建筑标准的总体要求，结合艾滋病防治工作的特殊需要，合理确定其建筑标准。具体要求主要有如下几个方面：（1）公安监管场所特殊监区的房屋建筑，刑事羁押场所宜为单层，行政监管场所可建于低层或多层建筑的首层。（2）公安监管场所特殊监区病室净高应不低于 3.8m，门净宽应不小于 11m；管理通道宽度和外侧窗设置等应分别符合刑事羁押和行政监管场所建设标准的相关规定。（3）公安监管场所特殊监区的病室应设置便池、淋浴、洗面盆和衣物柜等，隔离病室的入口处应设置缓冲区，其使用面积为 $6 \sim 8m^2$。(4) 公安监管场所特殊监区应设置适合被监管人员特点的室外活动场地，并与病室毗邻。每床位室外活动场地面积分别参照刑事羁押和行政监管场所相关标准。(5) 公安监管场所特殊监区的病室及通道应符合安装全方位监控的要求，管教人员值班室应具有设置安防、洗手盆、消毒设备以及防护器材存放柜的条件。(6) 公安监管场所特殊监区的建筑装修和环境设计，应符合安全要求和病员的生理、心理特点，做到简洁明亮，便于清洁和消毒。(7) 公安监管场所特殊监区应配备消毒和污水加氯装置，污水排放和医疗废弃物的处理应符合国家规定要求。(8) 公安监管场所特殊监区的供电应满足对被监管人员管理、医疗和设备运行的需要。(9) 公安监管场所特殊监区的建设应符合节能减排的要求，各功能用房的通风、采光、采暖、建筑防火等应按公安监管场所相关标准执行。

2. 公安监管场所特殊监区的维护

公安监管所具体维护措施参照国务院颁布的《中央国家机关办公用房维修标准》执行。

第五节　警用武器管理

早在 1980 年 7 月，我国就发布实施《人民警察使用武器和警械的规定》。1996 年 1 月又发布了《人民警察使用警械和武器条例》，该条例通过立法赋予了我国警察依法使用武器、警械的权力，突出强调了警察依法履行公务使用武器、警械受国家法律保护。在开枪射击使用条件中，该条例还取消了原规定中"应当先进行的口头警告或鸣枪警告"的具体限定，重申"来不及警告或者警告后可能导致更为严重危害后果的，可以直接使用武器"。从《人民警察使用警械和武器条例》的规定中可以看出，对于警察使用合法暴力的规定已比 20 世纪 80 年代有了长足进步，但对于在实际中何种状况下有权使用警械的规定还不够具体，导致警察正当警务用枪顾虑多。

一、警用武器管理概述

1）管理依据主要包括以下几个规定：《人民警察法》《枪支管理法》《人民警察使用警械和武器条例》《武器装备质量管理条例》《公安机关公务用枪管理使用规定》《公安机关警械、武器库（室）管理规定》。

2）适用范围。本节所指的武器包括手枪、警用冲锋枪、步枪、警用霰弹枪、气枪、警用手榴弹、喷射器、警用枪榴弹发射器、警用榴弹发射器、警棍、电击器及柔性器材、手铐、强光电筒及其他武器和弹药。其中，警察的主要武器是手枪，要求准确性高，射程适当，在100～300m，具有可靠性和适应性。

二、警用武器管理原则、责任、作业规定

1）警察配用的公务用枪一般情况下应当集中保管，只有在以下几种情形时，经相关机关批准，可由警察个人保管：（1）地处农村、城镇和城郊结合部等暂不具备集中保管条件的派出所的外勤警察，经县级人民政府警察机关批准的；（2）县级警察机关所属的刑侦、经侦、治安、巡警、公路巡警等暂不具备集中保管条件的一线实战单位的警察，经设区的市级人民政府警察机关批准的；（3）具备集中保管条件的县级以上（含县级）警察机关的警察在执行必须携带公务用枪的任务完成前，或上级指令必须携带公务用枪备勤时，经单位主管领导批准的。

其中，符合第（1）项、第（2）项规定的警察必须填写审批表，经本单位领导审查同意后报县级人民政府警察机关审批。同时，警察个人保管公务用枪的，应配有枪套、枪柜、枪锁等安全装置。外出执行任务时必须随身携带枪支，严禁人枪分离，确保做到"人不离枪，枪不离人"。

由个人保管的枪支出现下列情形之一的，应当收回本单位集中保管：（1）休假、病假、探亲、旅游等非警务活动期间；（2）脱产学习、培训期间；（3）外出参加会议、长期借调在外和其他无携枪必要的公务活动；（4）其他不宜由个人保管枪支的情形。在上述情形下，如个人所属单位不具备集中保管条件的应当交由上一级警察机关集中保管。对于集中保管警察公务用枪的形式，由省级人民政府警察机关本着既要保证安全，又要方便使用的原则自行确定。

2）枪支在配发时，应发给收领人员公务用枪持枪证。依法佩戴、使用公务用枪的警察不得将枪支出租、出借、转让、赠送给他人。

三、公务用枪持枪证的使用

1）制发机关。根据《枪支管理法》第 7 条第 2 款的规定，公务用枪持枪证由国务院公安部门或者省级人民政府公安机关制发。

2）使用规定。（1）警察领枪的前提是符合勤务规定或有主管任务的需要，不需要配枪的勤务不得领枪，而领枪必须凭公务用枪持枪证。（2）警察执勤时所携带枪支的枪型、枪号必须与持枪证上登记的内容相一致；在发放枪支弹药时要按照审批手续，对枪支的型号、数量、经手人员、办理时间、使用目的做好详细的记录。（3）警察机关一线实战单位在凭公务用枪持枪证领用、收存枪支时，警械、武器库（室）的管理人员应当严格执行领用、交还武器的验枪制度，枪膛、弹匣内不得留有子弹。（4）配备公务用枪的人员不再符合持枪条件时，由所在单位收回枪支和持枪证件，如图 13-5 所示。

图 13-5　中华人民共和国公务用枪持枪证

四、警用武器保管

（一）保管、监督责任

1. 保管责任

1）武器弹药在仓库时由警械、武器库（室）的工作人员负责保管，依据职责内容不同，警械、武器库（室）的工作人员可分为主管领导、管理人员、守护人员三类。

2）武器弹药在运输途中由承运人负责。运输枪支弹药只能由取得枪支运输许可证的单位和个人进行承运，在运输之前，必须向警察机关如实申报运输枪支的品种、数量和运输的路线、方式。承运人必须依照规定使用安全可靠的封闭式运输设备，由专人押运；途中停留住宿的，必须报告当地警察机关。

3）武器弹药的分发使用由使用单位派专人负责。集中保管公务用枪的单位应由专人负责领退枪支和验证、登记工作，定期清点整理枪支弹药，检查保管设施的可靠性，及时向枪支管理负责人报告枪支弹药保管、领用和弹药消耗情况。

4）武器弹药的日常维护由使用人负责。公务用枪使用后要及时进行擦拭保养，防止锈蚀。集中保管的公务用枪要每月擦拭保养一次，个人保管的公务用枪要根据使用情况随时擦拭保养。

2. 监督责任

1）省级人民政府警察机关对所属各级警察机关公务用枪管理工作进行定期检查和不定期抽查。对所属的枪支弹药储备库，由装备财务部门和治安管理部门负责每半年检查一次并做好检查记录。

2）设区的市级人民政府警察机关对所属配备枪支单位的公务用枪管理工作应一个季度检查一次，县级以下配备枪支单位对本单位公务用枪管理情况应一个月检查一次。

3）配备枪支单位应对所配枪支的管理、配备、使用、储存和领退情况进行经常性检查，发现问题应当及时整改，消除隐患。

4）各级督察部门随时对警察携带、使用公务用枪情况进行检查，对违反公务用枪管理使用规定的案件进行查处，构成犯罪的依法移交有关部门处理。

（二）保管设施

1）各级警察机关应当设立警械、武器库（室），专门存放储备和在用的警械、武器。省级警察机关的警械、武器库（室）面积不少于200m²，地（市）级警察机关的警械、武器库（室）面积不少于100m²，县级警察机关的警械、武器库（室）面积不少于50m²。

2）警察机关一线实战单位应当设立警械、武器库（室）或者设置专用枪柜、弹药柜，其面积或规模可以根据实际需要确定。

（三）安全管制与措施

1）警械、武器库（室）必须坚固安全，并安装铁门、铁栅和防盗报警装置、避雷设施、防爆灯具。库（室）门必须安装明、暗双锁，达到牢固可靠、不易破坏的标准。

2）库存的警械、枪支、弹药必须分库、柜存放，严禁将枪支、弹药混存。

3）省级警察机关应当设立过期催泪弹及其他待销毁的警械、武器专门库（室），负责集中保管过期催泪弹及其他待销毁的警械、武器，并按有关规定及时销毁。

4）警械、武器库（室）必须设有专职守护人员和管理人员，并实行双人双锁管理制度。开锁钥匙及密码应当分别存放。存放在用警械、武器的库（室）应当有专人24小时值守。

5）国家严格管制枪支。禁止任何单位或者个人违反法律规定持有、制造（包括变造、装配）、买卖、运输、出租以及出借枪支。国家严厉惩处违反枪支管理的违法犯罪行为。任何单位和个人对违反枪支管理的行为有检举的义务。国家对检举人给予保护，对检举违反枪支管理犯罪活动有功的人员，给予奖励。

6）国家对枪支的制造、配售实行特别许可制度。未经许可，任何单位或者个人不得制造、买卖枪支。公务用枪，由国家指定的企业制造。

7）使用枪支的人员，必须掌握枪支的性能，经过专门培训，遵守使用枪支的有关规定，保证枪支的合法、安全使用。

8）国家对枪支实行查验制度。持有枪支的单位和个人，应当在公安机关指定的时间、地点接受查验。公安机关在查验时，必须严格审查持枪单位和个人是否符合规定的条件，检查枪支状况及使用情况；对违反使用枪支、不符合持枪条件或者枪支应当报废的，必须收缴枪支和持枪证件。拒不接受查验的，枪支和持枪证件由公安机关收缴。

9）公安机关对没有枪支运输许可证件或者没有按照枪支运输许可证件的规定运输枪支的，应当扣留运输的枪支。

10）对武器装备论证、研制、生产、试验和维修单位应当建立健全质量管理体系，对其承担的武器装备论证、研制、生产、试验和维修任务实行有效的质量管理，确保武器装备质量符合要求。

第六节　警察机关公共财产管理

一、警察机关公共财产管理的概念及目的

（一）警察机关公共财产管理的概念

公共财产管理是指保障公共财产合法权益、发挥公共财产功能的行为和过程。公共财产存在、发展到哪里，管理就应跟到哪里，它贯穿于公共财产的形成、运营、使用和收益分配全过程，对各类公共财产实施不同目标和内容的保障功能。对经营性公共财产确保资本保值增值；对行政事业性资产实行财产保全；对国有资源性资产进行资源保护以实现可持续发展。①

警察机关公共财产管理，是指警察机关对本部门装备、服装、公务用房、武器以及经费收支等的有效管理方法与程序。对警察部门装备、服装、公务用房、武器具体的管理流程，在本章前四节已作过详细的论

---

① 丁学东. 公共财产管理［M］. 中国财政经济出版社，2000：20 - 22.

述，故在此不作重复阐述。本节主要对警察机关公共财产管理的基本制度和经费管理的方法与程序进行介绍。

充足的经费是保障警察机关各项工作顺利展开的物质基础，任用人员、购买武器装备，均以经费为基本条件。我国警察的经费包括警察机关人员的行政经费以及购置装备、器材，进行必要的基础设施建设所需的经费等。

（二）警察机关公共财产管理的目的

公共财产管理的目的是由公共财产的性质和目的决定的，这是与其他财产管理最显著的区别所在。有效地对警察机关公共财产进行管理，合理分配给警察机关履行职能所必需的经费，有利于保障警察机关工作的正常运行、促进警察机关的长远发展以及提高警察的工作热情和工作效率。同时，对警察的经费进行有效的管理，是警务保障的一个重要方面。为了确保警察最大限度地发挥其职能，更好地服务于国家改革开放和现代化建设，警察基本、必需的经费投入，应当明确并得到切实保证。

二、警察机关公共财产管理的基本制度

警察机关各部门办公设施及用品均系公共财产，人人都应爱护和保管。办公室统一实行登记、建档，各部门指定专人管护，变动办理交接手续。警察机关公物用品由各办公室提前预算，会计处统一采购，严格控制办公用品，会计处根据在岗职工和各办公室的业务量大小，在保证工作的前提下，从严控制领用办公用品。各办公室领用办公用品必须登记，按照节约的原则，严格统计领用数量；其他职工干部年初一次性发给职工。干部、职工（包括各办公室人员）一律不得擅自购买办公用品，违者不予报销。各办公室增设沙发桌椅，配备工作必需的大额办公用品，须事先写出书面报告，逐级上报批准，并报财务室记入《物资登记簿》。公共财物一律实行丢失或损坏赔偿制度。

三、警察机关经费的管理流程

（一）我国警察机关经费管理模式的历史演变

1948 年，当时的中共中央军委公安部就制定出关于财政制度掌握范围的初步方案，迈出了警察财产经费管理的第一步。新中国成立以来，财政部和公安部根据我国经济政治形势的发展变化，多次对警察经费管理模式进行了适时的调整和改进。总体来说，在不同的政治经济环境下，警察经费管理模式主要分为以下四种。

1）"统一核定、领取报销"的模式。在新中国成立之初，因国家经济体制的影响，我国实行的是供给财政管理体制，全国警察机关业务经费由公安部统一汇总向财政部编报预算，统一分配下达预算指标，各省市向同级财政部门领取、核销。自 1951 年起，中央公安部统一掌握警察经费，各省市的公安部、公安厅（局）应编写年度预算，报中央公安部批准。预算批准后，由中央公安部统一分配给各省市公安厅（局）统一掌握，调剂使用，在分配限额范围内，按期向同级财政部门领取报销。

2）"垂直管理"的模式。为维护国家稳定性并保卫我国第一个五年计划的顺利实施，1955 ~ 1958 年，我国警察机关的财产经费实施"垂直管理"的模式。具体而言，即由中央财政统一负责保障，中央财政部将警察经费直接拨给中央公安部独立管理，也就是说中央公安部负责全国公安系统的预算分配、审核、执行检查及决算的审核报销等事项，每年年终由中央公安部向中央财政部结算一次。

3）"中央、地方两级管理"的模式。自 1959 年起，公安部、财政部将全国警察财产经费下放到各省、自治区、直辖市管理。警察经费预算，由各省、自治区、直辖市公安厅（局）根据实际情况编造，经省、区、市委批准后，送财政厅（局）列入地方预算。各省、自治区、直辖市公安厅（局）及其所属警察机关的经费，由各省、自治区、直辖市统一管理，一般不再下发给市、州、盟、县、旗管理。1985 年 1 月，公安部、财政部规定，警察经费实行中央、地方两级管理。各省、自治区、直辖市警察经费原则上由各省、自治区、直辖市统一管理，其中机密性较强的开支列入省级预算。

4）"多级管理"的模式。1991年，公安部、财政部规定，各级财政部门可根据警察机关的实际工作需要，按照现行财政体制和财力可能，尽力安排好年度经费预算，并在执行中加强管理和监督。由于当时经济改革正在进行中，财税体制也处在重大改革阶段，公安部、财政部未对警察经费管理模式进行明确。1994年，财税体制改革后，财政管理体制突破了过去高度集中、统收统支的供给型管理模式，初步建立了合理划分收支、财权与事权相结合的分税分级财政体制，国家实行一级政府一级预算和中央、地方分税制。1996年，在全国公安计划财务工作会议上，明确提出了建立警察经费管理的基本框架，即按照事权划分和事权与财权相统一的原则，警察经费由同级财政预算予以保障；建立中央对地方、上级对下级的公安经费补助制度，并以转移支付的形式予以规范；逐步实现定额定量供应制度；警察经费保障要从单纯追求资金增长转到以提高战斗力为标准，讲求效益和效率上来；警察经费要随着国民经济的发展而逐年有所增加。1997年，国家根据现行财政管理体制和公安管理体制，按照事权划分的原则，决定将警察机关预算中需要财政预算安排的经费分别列入中央和地方财政预算。考虑到警察机关工作的特殊性，中央和省级财政在财力可能的条件下，仍可安排警察专项资金补助，用以增强中央和省级警察机关的宏观协调能力。①

我国现行《人民警察法》第37条也明确规定："国家保障人民警察的经费。人民警察的经费，按照事权划分的原则，分别列入中央和地方的财政预算。"

（二）国家管理警察经费的渠道

建立警察经费保障机制的基本原则是：收支脱钩、金额保障、突出重点、分步实施，在中央政府和地方财政支出中的科目和渠道，都应当保证警察的经费，并根据国家政治经济社会形势发展的需要，在国家财力允许的情况下，不断增加警察的经费。研究制定警察机关经费开支定

---

① 刘亚琴. 论我国公安经费法制保障的完善［D］. 湘潭大学硕士论文，2007.

额、装备配备等标准，并按照事权划分的原则，由中央财政和地方财政分别予以保障。中央财政对中西部地区县级警察机关每年给予适当补助，以弥补经费缺口，并建立相应的激励机制，调动地方财政予以配套支持。国家立项"两所"建设工程，安排专项国债资金，分年度专项补助中西部地区基层派出所、监管场所的建设费用。要以严格科学的规章制度来统一物质保障人员的思想和行为，避免管理中一些人为不良因素的干扰，严格科学的规章制度也是物质保障工作科学化的一条重要途径。要争取警察经费单列的政策。

（三）国外警察经费管理

国外对警察经费的管理主要有三种模式：1）中央财政划拨全部的警察经费。代表国家有法国、意大利、芬兰等。2）按本国警察体制的不同分级负担。代表国家有美国、澳大利亚、德国等，其中绝大部分由地方政府负担。3）中央和地方政府分级负担。代表国家有英国、加拿大、俄罗斯、日本等。下文主要介绍日本警察经费管理模式。

日本警察经费由中央和地方政府分级负担，中央集中负责国家警察，都道府县警察自治，但中央集中为其主要方面。国家警察经费由国库承担，都道府县警察经费来源于三个部分：国库负担的经费，都道府县负担的经费，都道府县警察补助金。日本警察厅针对不同的警察活动规定了不同的警察经费，包括为适应严峻的犯罪形势而强化警察活动的费用、针对深刻化的有组织犯罪采取根本对策的费用、强化对恐怖主义的预防和应对紧急事态体制的费用等。而且日本警察有高额的警察经费预算，因此能拥有先进的技术装备。

我国在进行警察经费改革时，应吸收日本警察经费管理的经验，这不但有利于保障警察自身的合法权益，而且可以促进警察更好地履行自己的职责。日本警察经费管理模式的经验主要有以下几点。

1）依法保障。《日本警察法》对由国库负担的都道府县警察所需经费、都道府县应负担的都道府县警察所需经费、都道府县警察补助金作了原则性的规定，《日本警察法施行令》对应由国库支付的都道府县警察所需经费、国家补助给都道府县警察所需经费作了非常详细的说明和解释，这就使得警察经费有了严密而规范的法律保障，从而确保了经费及时、足额到位。

2）日本国家警察以及警视正以上级别的警察官工资和其他津贴由国库承担，这样就避免了因各地区经济发展不平衡而导致的不同地区的警察收入差距过于悬殊的现象，这更有利于警察集中精力履行自己的职责，保卫社会安宁。

3）日本地方警察经费由国库和地方政府共同承担，而且都道府县负担的都道府县警察所需经费由国家给予一定的补助。日本法律也明确规定了国库和地方政府承担的具体部分和项目。当地方警察经费不足时，由国家根据地方警察的人数、机构数量、犯罪的发生数等给予适当补贴，这就明确了中央政府和地方政府各自应承担的责任。如果发生警察经费某部分缺失的情况，能快速地确定责任并追究相关责任人员，也能够确保警察经费有稳定而准确的来源。

4）重视警用装备所需的经费。警察工作的顺利开展以警用装备的完善为物质基础，现代警用装备对警察依法履行职责至关重要，甚至被称为"警察的第二条生命"。日本法律规定由国库承担警用装备的购置维护和各种行动费用，这有助于日本全国警察机关普遍配备较先进的警用装备，保障警察顺利开展各项警务活动。

5）充足的警察经费。日本作为发达国家，经济实力雄厚，警察经费非常充足。而充足的警察经费是警察机关更好地履行职务和高效运转的前提条件。

第五篇

警察勤务管理篇

第十四章 警察勤务的基本理论范畴

第一节 警察勤务的概念及研究意义

一、警察勤务的概念

警察勤务（police operation）具体而言即警察机关为完成警察任务，在从事警察业务时，对警察机构的警察以最有效的编组，使其按分配的时间，遵循不同的方式，执行各种警察工作之一切有计划有规律的活动。警察勤务是对警察工作的具体操作。

警察勤务要求以最有效的方法运用警力，使各项警察业务产生预期的社会效果。警察勤务是警察人力资源的分配方法与使用方法，其目的在于全面掌握社会治安状况，顺利执行警察业务，以完成警察使命。

警察勤务伴随职业警察机构的产生而产生。较早的警察勤务有守望、巡逻，后期又产生了值班、备勤、临检等勤务方式。警务方式比较灵活，可根据辖区治安状况、工作任务合理安排勤务时间，必要时可以实行弹性时间制。另外也可根据辖区复杂程度、治安状况等，合理安排警务执行方式。

二、警察勤务与警察任务、警察业务之间的关系

（一）警察任务

警察的本质决定其职能，警察职能决定警察任务，警察任务是警察

职能的具体体现，具体指明了警察的工作内容。警察任务的内容广泛，包括基本任务和具体任务。警察的基本任务具有概括性，包括维护国家安全，维护社会秩序，保护公民的人身安全、人身自由和合法财产，保护公共财产，预防、制止和惩治违法犯罪活动。警察的具体任务，按警种、岗位等警务特点的不同而作出了具体规定。

警察任务是国家要求警察治理社会应该达到的目标，随着社会发展变迁而不断变化。1976 年以前我国警察的任务是户籍管理和预防、制止反革命分子的破坏活动；1983 年后，我国警察的任务是以"严打"为主；21 世纪以来，防范职能的重要性被提升，警察任务以严防、服务为主。就公安部门来说，2002 年，"二十公"还明确提出公安警察的三大历史任务：维护国家长治久安、维护共产党执政地位、维护人民安居乐业。所以，警察任务不可僵化，需回应民众期待，顺应时代呼唤。

（二）警察业务

警察业务（police affairs）是指警察机关为了便于完成警察任务，对警察工作分类，进而指明警察机关必须要做的具体工作。因此，警察业务也就是警察工作，是警察任务的具体化。

警察业务跟警察岗位、警察种类有关，不同的警种有不同的业务范围，均来自法律法规的明示。警察开展工作的范围，是警察职责所在。平时讲的警务活动即警察开展业务的行为。警察开展业务，多是执行法律的过程，但因法律的局限性客观存在，当警察面对即将发生或正在发生的社会事态，又不得不管时，警察开展业务便拥有极大的自由裁量权。在此种情况下，警察业务的开展跟警察人员的素质关系很大。

（三）警察勤务

警察勤务是警察个体直接开展工作的行为，警察勤务是警察业务的展开，是警察业务的操作过程。民众平时接触到的警察也常是执行勤务的警官。警察勤务由警察机关根据法律规定自主安排，不同警种的勤务方式不同，同一警种同一部门在不同时间的勤务活动也不相同。

由此可见，警察任务、警察业务、警察勤务这三个概念有很多区别，但又是一脉相承、相互联系的。警务活动是沿着警察任务到警察业务再到警察勤务一步步展开的。警察任务是根本，警察业务是警察任务的具体化，警察勤务是对警察业务的操作过程。

此外，警察勤务与警务活动也有差别。警务活动，是指警察机关及警察所从事的、法定职责范围以内的社会活动，有三个要件：1）行为主体是警察机关及警察。2）履行国家法定职责，比如《人民警察法》列举的 14 项职责。3）有法律、法规赋权予以保障，并有组织大力支持。

三、警察勤务的研究意义

建立现代警察勤务制度，科学规划警察勤务运作模式，其核心追求便是最有效地运用警察资源，即整合警察人力资源、警察技术手段、安全服务方法、警察装备资源等，进而使警察业务依照预期目标产生良好效果，以有限的警力去应对变幻莫测的警察业务，顺利完成警察任务。

第二节　警察勤务的分类

一、警察勤务模式

警察勤务模式可以分为共同勤务与个别勤务、先发式勤务与反映式勤务两大类。巡逻属于先发式勤务，守望属于反映式勤务。先发式勤务在实际执行中有发现问题与治安警情的机会，反映式勤务行动的基础来自群众的资讯，而后针对群众资讯反映，通常无法主动发现治安问题。

警察勤务的动作原理包括：迅速原理、机动原理、弹性原理、显见原理。

二、警察勤务的方式

警察勤务执行的原则有：依法执行原则、遵守比例原则、自由裁量原则等。

警察勤务方式是指警察为完成警察任务，从事警察业务，执行警察勤务时所采用的方法和形式。从整体上讲，警察勤务分为内勤和外勤，由于内勤即警察内部工作，其工作方式大体相同，比较单一，并不需要特别编排，因此学者们主要对外勤勤务着手研究。下文所称警察勤务主要是指警察外部工作，即外勤勤务。

警察勤务方式包括：守望、巡逻、值班、备勤、临检等。

（一）守望勤务

守望是指在交通要道或事故多发地段设置岗亭或划定区域，由警察在该处所静候、守卫，执行一般警察业务，并帮助群众解决疑难的勤务活动。多为治安岗亭或交通岗亭等。

（二）巡逻勤务

巡逻可以让警力陈列于街面，威慑犯罪、服务民众。巡逻是各国普遍重视的勤务方式，英美国家从事巡逻的警察人数占警察总数的60%~80%，有的地区高达90%，日本的巡逻警察占总警力的40%左右。从空间上分，巡逻分为空中巡逻、水上巡逻、地面巡逻。从工具方面可分为车巡、步巡等。车巡主要是由巡警负责驾驶机动车（摩托车和汽车）巡查宽阔的街道，特点是反应快捷。步巡主要在道路狭窄或人员聚集场所进行，这种巡逻方式更有利于跟群众沟通交流，是一种亲民的方式，特点是观察细致。从着装方面看，可以分为武装巡逻、制服巡逻、便衣巡逻等。武装巡逻主要在重要道路、重点单位附近或案件高发区进行，一般由武装警察或特殊武器与战术小队（SWAT）持武器进行，具有很强的震慑作用。制服巡逻由普通警察进行，包括巡警和基层派出所、刑警队。便衣巡逻由便衣警察进行，其巡逻方式、巡逻路线和巡逻时间较自由，警察可以自由掌握，灵活性强。

巡逻包括三项内容：巡控、巡查、巡防。

巡控，是指警察勤务机关在日常勤务工作中，在规定巡逻区域内的街道进行巡逻，并对街面可能发生的违法犯罪案件，进行先期防范、先期控制和先前处置，防止事态进一步扩大、恶化或防止违法犯罪嫌疑人逃离违法犯罪现场的勤务措施。

巡查，是指勤务警察在日常勤务工作中，对巡区内的重点单位和重点目标进行有针对性的重点巡逻，并对该区域的违法犯罪可疑目标进行重点查处的勤务措施。

巡防，是指勤务警察在日常勤务工作中，对巡区内的街道、社区、商铺、学校、机关等单位进行走访，以获取有价值的情报、信息，并根据不同时间，不同区域的警情特点，按照"警力紧跟警情走"的防范原则，有针对性地加大对高发时间和高发区域的巡逻力度，以防范违法犯罪案件发生的勤务措施。

（三）值班勤务

警察是实行 24 小时值班制的，交接班后，由下一班进行接替，做到随时有人在。

值班警察担任本单位的通信、联络、警情上传下达、接处警、应对突发事件等勤务。监狱警察、公安监所警察"白加黑、2 加 5"的全天候值班情况更加重要，因为只有这样才能保证监区关押安全，其勤务方式是值班期间进行守望。值班勤务是每个警察勤务执行机构中不可缺失的一环，也是警察机构的中枢，警察是社会的守夜人，值班勤务是城乡夜间及地广人稀的农村地带处置复杂问题的有效手段。也正因为值班勤务的存在，警察机关成为与群众接触最频繁、最多的一个部门。

（四）备勤勤务

警察作为国家控制社会的一种手段，面对复杂多样的社会问题，警察工作具有不可预测性的特点，需经常处置一些突发事件、提供紧急求助等，而值班人员力量不足时，便需要备勤力量作为补充。备勤警察是一种机动力量，指警察在勤务机构内整装待命，以备临时警务的派遣。

备勤勤务可以分为常态备勤和临时备勤。1）常态备勤指时刻存在的一种勤务警察力量，常态备勤人员随时可以接受派遣，处置警情。这种情况下的备勤常与值班联系在一起，这种备勤力量也往往是勤务单位的值班力量，我们通称为"值班备勤"。当出现紧急情况，值班警察随时变为备勤警察，接到命令后，即刻前往，又成为现场处置警察力量，从机动变为主力。2）临时备勤指勤务机构明确知悉案件事件即将发生或可能发生，让部分警察提前备勤的做法，这种情况并不多见，任何警察都可以被抽调为备勤力量。以上备勤方式，并不足以应对复杂的现实，在警察实务中，还存在大量其他形式的勤务方法，保证了警察机构的正常运转，保证了警察任务的顺利完成。

（五）临检

临检即对有治安危害的特殊行业、公共场所、路段，由警察担任临场检查或路检，执行取缔、盘查及有关法令赋予的勤务。警察机关基于治安需要，派遣警察有目的地对某些场所定期或临时检查，而检查的场所都是存在治安隐患之处。临检其实也就是治安行政管理行为。

治安管理的范围：户籍管理、公共场所秩序管理、特种行业管理、民用危险物品管理、消防安全检查、边防管理、外国人管理和中国公民出入境管理等。

治安管理的对象：重点人员、危险分子、旅馆业、影剧院、酒店、饭店、娱乐休闲会所、废旧物品收购业、刻章印刷业、市场商场、典当行等。

第三节　警察勤务的基本原则

一、因时、因地、因事制宜原则

警察执行勤务是一种社会活动，不可能像自然科学那样有着精确的规律可遵循，因而在编排警力、安排班次方面没有具体的计算公式，具有很大偶然性。所以，需根据不同的时间、不同地区、不同种类的案件、事件进行切合社会实际的安排。

（一）因时制宜

因时制宜是指警察机关或警察领导者需要考虑不同时段警务量大小合理布置警力。警察工作为社会提供安全服务，不可能计算出每天、每月所提供服务的数量，或侦破案件的数量，也不可能预知每个时间单位内群众求助情况。所以警力的安排应符合现实时间需求，需求多时，就要多部署警力，多投入警察设备；相反，现实情况需求少，就需少投入，留出力量开展其他方面的警务。交通高峰期投入的警察数量要高于平时，内勤警官的关注程度也要高于平时；冬季侵犯财产案件高发，须动用更多的手段防范控制；夏季伤害案件高发，就需采用更多方式制止和侦破；后半夜街面人员少，可以适当减少警员巡警等。勤务行为必须在适应这种变化的基础上开展。

（二）因地制宜

因地制宜原则要求警力部署应根据不同地区、不同场所的需求进行合理安排，勤务工作量在不同地方也不尽相同；不同地区警察机关，不同位置的监狱、监所需要的关注度也不尽相同；不同场所、单位、路段的警卫力量也不尽相同。故警察数量的安排、警察技术的投入、警察设备的运用，不能按面积平均分配，而是需要跟具体地点的警察工作量相适应。

（三）因事制宜

因事制宜是指根据不同种类的案件、事件安排不同的警务力量。日常接处警两名警察即可，一旦发现重特大案件、事件，就需要集合大批警员前往处置，并动用重要刑事技术、安全设备；小规模的群体性事件，本辖区的警力便可迅速处置，大规模的群体事件，就需要调派兄弟单位的警务力量和设备。实务中经常采用的异地用警方法，也是对因事制宜原则的运用，有效避免了地方势力的保护，方便警察勤务开展。

总之，因时、因地、因事制宜原则充分体现了警察勤务的灵活性，从而使得勤务策略更有针对性。

二、永不间断、无处不在原则

永不间断、无处不在原则也称作"全时空控制"原则。警察是维护社会秩序的专门力量，是预防、控制犯罪的主力军，是解决基层复杂问题的重要手段。而社会状况具有无法预知性，时有意外发生，处处有扰乱社会秩序的人存在，这就决定了警察勤务安排必须照顾到各个时段、并关注到各个处所。警察勤务的编排必须满足"永不间断、无处不在、时时有警务人员活动、处处有警务人员活动"的原则。

所谓永不间断，并不是要求警察不眠不休、24 小时工作，而是指警察勤务活动要有连续性，无论是节假日还是黑夜白昼，不管风和日丽还是暴雨风雪，都应有足够力量的警察保持正常的勤务活动，从而使正常的监管，正常的侦查破案，正常的治安管理得以进行。也正因该原则的要求，使警察无法像其他工作那样贯彻 8 小时日勤工作制。

所谓无处不在，是指警察勤务活动必须遍及我国每一寸土地，覆盖每一个角落，无论繁华都市、偏野乡村，不管陆地、空中还是水上，都有警察活动身影。当然，警察机构无法像植树一样，存在于每一地点，但勤务安排须使每块土地都有警察掌控，一旦出现治安问题或重大事件，警务人员都可以及时处置，控制事态。

遵循永不间断、无处不在原则，需要跟"交流、协作"的内部组织管理制度配合得当，警察组织需有良好的接交班制度和休假、补休制度，否则，勤务警察时时紧张、处处忙碌，会损伤警察的身心健康，挫伤警察的工作积极性和队伍归宿感。警察工作有序开展，警察个体身心愉悦，这才是好的勤务方式。

此外，贯彻永不间断、无处不在原则，需特别注意防止"警察国"的出现，警察全时空控制是为了更好地维护社会秩序，更好地服务于群众，更好地进行管理社会，而不是全方位地限制群众自由，侵犯群众权利。

三、外勤重于内勤原则

警察勤务分为内勤（office work）和外勤（field work）。内勤负责处理警察机构内部事务，诸如制定政策、处理文书、管理档案、指挥协调、辅助领导、上传下达等；外勤负责执行具体的警察勤务。警察业务的展开主要通过外勤活动，与群众接触的主要也是外勤人员，外勤诸如刑事侦查、行政调查、案件办理、秩序管理、服务群众、指挥交通、消防检查等。内勤相当于机关办公，外勤相当于执行法律，内勤的作用在于协助外勤、指导外勤、服务外勤。"外勤为主，内勤为辅，外勤重于内勤"是条很重要的警察勤务原则，警察组织贯彻的好坏直接关系到警察价值的实现。

外勤重于内勤原则，最早实践于美国警察泰斗澳古斯丁·沃尔麦

（August Vollmer），他在 20 世纪 20～30 年代任伯克利市警察局局长时，在该市推行警察勤务改革，后来影响到西方各地。目前的警务实践中，西方国家对该原则的贯彻较好，大部分警力都布置于社会面和街面上；而我国长久以来，不重视警察学理论研究，实务中对该原则的重视程度不够，以致出现"大机关小基层"的警务力量倒置现象。警界上层管理者尽管一再倡导精简机关、充实基层，但多年来却没有得到改观。由于分级现象严重，每个层级均拥有大量内勤管理人员，极大压缩、吸收了外勤警员，这一现象带来的后果便是整个警察队伍中内勤人员远远多于外勤工作人员。

1）执行警察任务、开展警务活动主要依赖外勤警察，即基层科、所、队，24 小时值班备勤、保持 1/3 警力在岗在位的规定也主要针对外勤力量。故外勤警察工作辛苦，加班加点及熬夜现象突出，付出多，但薪资却跟 8 小时工作制的内勤人员一样。

2）外勤警察责任大，风险多。外勤警察执法过程中经常遇到无法预知的风险，时刻影响到外勤警察的生命健康，执法过错责任追究、意外事故伤亡的对象也常是外勤警察；警察内部纪委、督察人员也更关注外勤人员。如此，外勤人员的压力、张力远高于内勤人员。

四、巡逻重于守望原则

巡逻和守望均为外勤勤务方式，适用于所有外勤警务人员。

1）巡逻具有流动性特点，将警察放置于街面，方便主动发现问题，亲密接触群众；巡逻具有迅速反应性，面对群众求助，警察能及时赶至现场处置并施救。一些部门规章 3 分钟、5 分钟赶至现场的规定便是对巡逻警察的要求。

2）守望指警察置于一地点观察四周异常或接受群众报警或求助。守望限于一点，而无街面或社会面上的覆盖性。守望属于被动性勤务方式，有滞后性。

从整个勤务效果看，巡逻重于守望，巡逻的效果也优于守望。巡逻更便于发现问题、解决问题，加之巡逻方式的灵活自主，况且，巡逻有时候可以变为守望。守望是一种古老的勤务方式，时至今日，已失去其旺盛的生命力，从大的方面看，我国的派出所驻扎形式可以看作是对守望形式的广泛运用，但从具体警察勤务方面看，守望制的勤务已运用不多。狱警在监区的工作状态算是守望勤务；交通警察在重要路口执勤算是守望勤务；在城市出市口的检查站执勤也是守望；此外，桥梁、渡口、金融单位、其他重要场所的警卫的执勤也算是守望。从整体上看，守望相较于巡逻，其运用毕竟为少数，巡逻的社会价值远高于守望。所以，笔者认为可以减少不必要的守望，腾出更多警力和注意力，对巡逻或其他勤务方式进行补充。

五、控制预备警力原则

与其他行政部门相比，警察机关的工作任务有很大的不可预测性。在常态勤务中往往会出现一些突发性紧急勤务，如群众性事件、重大灾害事故等。由于警察勤务的规划建立在常态勤务的基础上，警察组织想要既不打破常规的勤务安排，又能坦荡应对突发性紧急勤务，唯一的方法就是预留部分警察力量以备应急之用。世界各国警察部门在安排预留警力方面进行过很多探索，如建立特殊警察 SWAT、在各班次勤务中安排备勤警察等。在我国警察机构中，常态勤务安排尚不规范，往往造成警察勤务围绕着特殊任务转，无暇顾及日常勤务，使警察的基层、基础工作受到影响。要改变这种恶性循环局面，只能转变我国警察勤务的思路，尽快建立起规范的常态勤务模式。

以上介绍了五种警察勤务原则，巡逻重于守望原则只适用于外勤警察执行勤务的活动，其他四项原则则适用于所有警察对勤务的开展。当然，警学界还流行其他勤务原则，比如学者汪勇①倡导的业务非警种化原则、绩效原则、以科学警察统计为依据原则、以现在警察资源为基准原则等，但毕竟是一家之言，未能形成广泛认同，故笔者在此不赘述。以绩效原则为例，将其列为警察独有的原则未免有失偏颇，因为其他单位、部门在管理方面也都讲求绩效。

---

① 汪勇，男，1962 年 5 月出生，教授，中国人民公安大学教务长，专业技术二级警监，享受公安部部级津贴。

参考文献：

［1］戴莉．警察勤务策略的经济学思考［J］．武汉：武汉公安干部学院学报，2004
　　　（2）：50－55.

［2］汪勇．警察勤务的方式［J］．北京：中国人民公安大学学报，2001（3）：52.

第十五章　警察勤务的分配

第一节　勤务时间的分配

一、我国警察勤务时间的分配

警力分配中的一个重要内容就是勤务的时间分配，合理的时间配置既可以适应警察自身的要求又可以达到对警力的充分利用。在我国，警力的分配虽然没有一个明确的模式，但总体来讲大多是在三班制的大前提下进行各种调试，基于不同警种、不同区域、不同时间段，勤务时间各有其侧重点。

（一）不同警种的勤务时间分配

我国警察勤务要求公安派出所实行 24 小时执行勤务制度，所以勤务时间分为日勤和全日勤，日勤以 8 小时工作时间为基准，全日勤则要求 24 小时服勤。警察勤务的时间分配必须明确不同警种应有不同的勤务时间分配，因为每一警种都有着各种独特的特点和显著的差异性。只有每个警种的作用都得以良好的发挥，警察的职能才能得以实现。

1. 治安警察

治安警察的业务范围涵盖面十分广泛，不同于刑事警察或交通警察。当然近年来我国许多地区都在进行警务改革，旨在整合警力资源，使警察勤务得以更好分配。

治安警察的勤务时间分配主要根据其业务进行定制。治安警察是维持社会稳定的重要力量，在城市的各个区域都可以看到他们的身影，各种巡逻工作、户籍管理大多是治安警察的业务范围。基于这种情况，对于其勤务时间的分配基本是三班制，第一班在上午 6 点，第二班在下午 2 点，第三班在晚上 10 点，如此循环往复。虽然必须保证 24 小时无间断的巡逻，但住宅区、商业区和犯罪高发地区所涉及的人员和班次皆有不同。

2. 交通警察

交通警察不同于其他的警种，其勤务时间有明显的时间性，主要集中在上午 8 点至晚上 10 点，在这之外的其他时间道路车辆及行人都少，业务量的反差极大。

我国一些地区的警务改革中尽管在合并各警种的职能，但是绝大多数地区仍旧采用传统模式。交通警察的勤务时间内，路面上的警察数量巨大，而一般夜间交通警察的路面见警率低，目前主要是利用各种科技进行电脑监控，我国的交通路面已经形成了一个全方位立体监控体系。交通警察业务量大，基于无论严寒酷暑都在路面指挥交通的实际情况，并综合考虑警察个体的身体机能，现阶段交通警察路面执勤每 3 小时更换一次人员。

3. 刑事警察

刑事警察作为警察组织中一支特殊的队伍，在群众心中有着重要的地位。刑事警察的主要职能是预防犯罪，依法制止现行犯罪，并通过司法程序进行犯罪现场勘查和证据收集等。刑事警察的这些职能决定了它的勤务时间并不是固定和一成不变的，这给予了刑事警察更加灵活多变的勤务时间安排，刑事警察可以根据一个案件的性质及进度在组织内部灵活调节。

4. 内勤警察

内勤警察的勤务时间对于外勤警察而言较为固定，它的工作性质决定了它的行政性质。内勤警察主要在室内办公，基本是制服警察，其进行的工作多为物资分配、资料整理，以及各种政策和制度的制定等。因此基于内勤警察的工作性质，其勤务时间较其他警察而言风险性小，常规情况下多为女警配置。内勤警察勤务时间更加具有行政办公性质。

（二）不同区域的勤务时间分配

一个地方的治安，必须依靠街面的巡逻警察与市民的接触。在不同区域必须要有合理的警力分配，并且在不同时间要有详细的计划和划分，很多国家都面临犯罪多样化、高科技化，面对这些挑战怎样设定一个合理的勤务时间显得格外重要。在不同区域针对不同的情况合理分配勤务时间，能够事半功倍。

近年来各种犯罪问题突发，警察巡逻便显得格外重要，重点在于如何分配警力，使警力资源得到最大发挥。在商业街、特殊地势、人口密度大的地方、住宅区、夜间犯罪高发路段等地区所设置的警察勤务时间各有差异，旨在使警力资源得到最大发挥，以达到惩罚犯罪，维护社会治安的目的。

警察勤务时间分配在这些特殊的巡逻区域原有的三班制巡逻的基础上还有各种差异。在住宅区内的巡逻均以步巡为主，以一定的面积为基准，每小时一次巡逻，在夜间特别是在凌晨 3 点至 5 点之间要加大巡逻密度，因为这段期间易发生盗窃案件。商业区的巡逻面积较住宅区更小，并且需要无间断往返巡逻，在我国的许多地区商业区的巡逻方式更显繁多，甚至有些城市的商业区将车巡、骑巡、步巡等多种方式结合运用。在商业区的巡逻，要求时间频率更加快速，这些地区往往抢劫案件高发。商业区较之于其他的区域而言需要特别注意，在巡逻时左右两方面都需要兼顾。其他区域一般都是沿着一边巡逻，而商业区不是，并且特别要注意夜间巡逻的人数不得减少，因为夜间也是这些区域的案件高发期。较之于前两种区域，一些工业区域和学校等地区的巡逻面积更加广泛，因此巡逻为 2 小时内便要重新巡逻一次。

综上所述，在不同的区域，警察勤务的巡逻时间在三班制的原则下依据巡逻区域的不同而各有不同的巡逻方式。

（三）警察日夜不同勤务时间分配

对于警察勤务而言，许多国家都在对其进行研究和制定更好的政策。因为各国都知道一个人的精力是有限的，如果所承担的工作太多的话，也是无法兼顾的，但工作太少又会使警察懒惰疏忽，违背警察的服务宗旨。

因此，要使警察发挥最大的效率，对于外勤人员的勤务时间划分而言，应当尽量要求均等。然而此处所涉及的均等并非勤务时间完全一致，而是在效率、工作力度以及执行勤务的难度上的综合平衡。在警察勤务时间分配上，也要求根据日夜不同的情形，结合各个地方、各个巡逻区域不同的需求分配警力。在每天 24 小时中，各巡逻区域、各地段的情况各有不同。要求每个警种、每种巡逻区域在日夜不同的情形之下必须根据各种案件的发案情况予以调配勤务时间。必须保证勤务人员每天有 8 小时的睡眠时间，深夜勤以不超过 4 小时为限。

在夜间商业区及住宅区的巡逻不可松懈，因为夜间也是案件的高发期，但对交通警察而言，夜间车辆锐减，路面也很少有案件发生，夜间也就少有巡逻，反之，到了白天特别是交通拥堵的高峰期，交通警察勤务时间每 3 小时换一班，并且工作强度大，警力需求也很大。

（四）我国台湾地区警察勤务时间分配

我国大陆地区与台湾地区存在体制差异，但两地同根同源，分析了解台湾地区的警察勤务时间分配也是必要的。我国台湾地区的警察勤务机构主要分为三级：勤务规划监督机构、勤务执行机构、勤务基本单位。勤务基本单位是我们所要研究的内容。我国台湾地区的警察勤务编配以分驻所、派出所为基本单位进行，并且根据具体地方的人口密度、行政区划、面积及业务情况设置警勤区。分驻所的主管，根据警察勤务条例及辖区治安状况，对服勤人员的编组、服勤方式的互换和服勤时间的分配编制勤务分配表，以作为勤务执行的依据。

台湾地区警察勤务时间执勤人员每日的勤务以 8 小时为基准，警员在服勤时，需考虑劳逸结合，每日 2～4 小时为原则，每一执勤人员每周轮休及外宿各一次。每周服勤不超过 48 小时，并根据实际情况进行调节。服勤时间以"勤 4 息 8"为原则，执勤时间必须循环衔接，不留空隙，并且要求分派勤务、力求劳逸均等。执勤人员每日应有 8 小时睡眠，深夜执勤以不超过 4 小时为限。并且经常控制适当的机动警力，以备缺勤替换。

在安排值班勤务方面，分驻所主管需根据人数进行安排。3 人以下采用全日或半日更替，但 22：00 至凌晨 6：00 为值宿。4~5 人每日每人值班以 2 小时为原则，0：00 至凌晨 6：00 为值宿。6 人以上，每人每日值班以 2~4 小时为原则，22：00 至凌晨 6：00 应该有 1 人在所里休息，但有事故也应当处理。

对于巡逻区的勤务时间安排，在台湾地区每一个巡逻区都要根据其地形特点、治安状况和交通情况，以每 2~3 小时为单位，选定巡逻要点。这个选定的巡逻要点应兼具重点守望点与报告点。巡逻人员到达巡逻点后，应下车观察其范围以 50 公尺为原则，巡逻路线的长短以 2~3 小时能往返一周为度，其路程所用的时间，以不超过勤务时间的 1/2 为限。巡逻路线的多少，各巡逻点停留的长短，应根据当地的治安和交通情况来确定，同时，也要注意治安和交通情况的变化，灵活地对巡逻的路线进行调整。

二、外国警察勤务时间的分配

对警察勤务时间分配的研究在世界各国从来不曾间断。警察作为一个自然人，不仅是工作，休息休假也是在勤务分配中必要考虑的问题。这一点意义重大。下文主要介绍的国家警察勤务时间分配中这一点也有所体现。研究其他国家的勤务分配制度既是学习研究又能取长补短。

(一) 日本警察勤务时间分配

1. 近代日本警察的勤务时间

早期日本警察的勤务时间是，在设有 2 人以上的警察署，以隔日勤务为主。而内勤、刑事巡查以日勤为主，但如果警察署所在地的派出所的巡逻依照隔日勤务，则它的勤务替换以 1~2 小时为时间基准。

在每年的酷暑夏季，巡逻从早晨 9：00 至下午 5：00 警察署署长必须规定设置守望处。在严寒时也如此。而驻在所每日巡逻时间规定为 8 小时，但是巡逻时间不得低于 4 小时，驻在所的警员巡查每 10 天可以回家休息 1 天，但因为疾病请假等事宜而缺勤的，则从服勤之日起算。署长应当在自己所署的所在地及派出所设定 1 小时以内可能巡视的巡逻线，驻在所设定 1~3 小时以内可能巡视的巡逻线。驻在所的巡逻次数由署长规定，但夜间巡逻次数不得少于白天巡逻时间的 1/3。比如，甲巡逻线一路线的地方，一个昼夜要巡逻 1 次以上。乙巡逻线二路线的地方，1 个月要巡逻各 15 回以上。丙巡逻线三路线的地方，1 个月要巡逻各 10 回以上。

在日本，早期警察勤务巡查出勤交班分 2 个时间。首先，自 4 月 1 日至 10 月 30 日，出勤时间为早晨 8：00，早晨 9：00 交班。然后，自 11 月 1 日到 3 月 30 日，出勤时间为早晨 9：00，早晨 10：00 交班。近代日本的警察勤务时间分配已经更多地凸显人文关怀，考虑了警察的休假以及有了更加灵活多变的勤务时间分配。

2. 现代日本警察的勤务时间

现代日本警察勤务表现的一大特色是以社区为中心的警察勤务，日本警察中有近 40% 的警员工作在基层的交番、驻在所。警察则以交番、驻在所为据点展开广泛而细致的勤务工作。

日本的交番、驻在所警察的任务十分繁重，他们的勤务时间一般被分为 3 组，采取轮班制，分为白班、值班和休息。外勤警察的勤务编制显得更加精密而细致，其勤务轮换实行的是"每班 3 人以上的交替制"。两班交替者至少 6 人，三班交替者至少 9 人，四班轮换者至少 12 人，并且规定每班警员人数需 3 人以上。执行原则为"巡、守、息"轮换原则，就是说，在同一时间内，必须有 1 个人在驻在所内从事"警戒"，有 1 个人在外巡逻，有 1 个人在驻在所内休息（备勤）。

日本外勤警察勤务的三班轮换制。每班按日轮值日勤、值勤和轮休。轮日勤为白天执行重点或机动性勤务约 6 小时，轮值勤为勤前教育、用餐、休息和备勤约 25 小时，轮休为自由活动，可以外宿。

日本外勤警察勤务的四班轮换制则是全所警员分四班，每班不少于 3 人。每班按日轮值第一值勤、第二值勤、日勤和轮休。第一值勤时间为早晨 8：30 至下午 5：15，期间休息 45 分钟，服勤 8 小时。第二值勤勤务时间为下午 2：00 至次日早晨 10：00，期间休息 5 小时，服勤 15 小时。日勤勤务时间为早晨 9：00 至下午 5：15，期间除去休息时间服勤 7 时 30 分。

在日本警察整体勤务时间的宏观安排上，白班时间为早晨 9：00 至下午 5：45，在此期间休息 45 分钟。值班时间为晚上 9：00 至次日 8：00 或 10：00，在此期间休息 7~9 小时，然后再休息 1 天。驻在所实行的是白班制度，每周工作 5 天，每天 8 小时工作制。但如遇重大事故或突发事故则不受上述时间安排的限制，随时待命。

日本警察的勤务时间编制在很大程度上体现了对日本警察本身的关怀，较别国更加注重对他们休息时间的设置，这一点对于警察本身而言意义重大，既可以保证警察本身的活力，又可以调动他们对警察职业的热爱和归属感。在我国出版的《日本警察与警务》中的附页里有资料显示了日本警察的勤务时间，一位日本交番警察的勤务安排如表 15 - 1 所示。①

表 15 - 1　日本交番警察的勤务安排

时间	整体安排	具体安排
8：30	开始工作	接受警察署长及课长的指示
9：00	交番内工作	最近该区域内常发生入室盗窃，交番所长要求此处为重点防范区域
10：00		警察署用无线电通知，一位居民打"110"称，一个推销商在其家强行推销，请速到其家
11：00	巡逻	该区域附近发生汽车交通事故，到现场维持交通秩序，并将事故移交警察署交通课事科
12：00	交番内工作 午餐及休息	
13：00	交番内工作	有人捡到一个遗失在公共电话亭内的皮包，确认包内物品后，同失主联系 交通向导
14：00	巡回联络	有人报告，在附近公园内有可疑男性出没 到负责区域内的 10 户居民家中访问（其中 2 家无人），并就如何防止入室盗窃进行指点

---

①　朱思涛. 日本警察与警务［A］//中国公安厅局长赴日本研修论文选集. 北京：群众出版社，2000.

续表

时间	整体安排	具体安排
16：00	交番内工作	
19：00	晚餐及休息	有人报告，他的孩子经常被坏孩子们约去，非常担心。在询问孩子的特征后，表示日后将再次询问有关内容
20：00	交番内工作	上次勤务受理的卡拉 OK 噪声纠纷的两位当事人来到交番，在听取双方的情况后，提示解决方案
21：00	共同巡逻	同区内（一个区含多个相邻交番）的其他交番警官一起取缔酒后驾车
22：00	交番内工作	
1：00	夜间巡逻	在公园内发现几个青少年，并教导他们回家 接到火灾报警后，到现场引导居民疏散
2：00	休息	
7：30	维护学生上学时交通	与社区居民一起为学生维护交通
8：30	交番内工作	勤务报告书
9：00	交班	

（二）英国警察勤务时间分配

英国警察最主要的业务是维持社会治安。英国警察进行执法活动时，更多的是依靠公众对警察的支持。英国警察中只有极少数可以携带枪支，其他警察大部分都是携带木制器具。因此，在英国，警察的形象较之于美国警察有很大的不同，通过他们的装备可以看出英国警察更加有亲民性。特别是英国警察各警察厅（局）的日常警政活动与警务活动只受警察厅（局）长的指挥与控制。英国警察勤务时间的设置也与英国警察厅（局）长有着密切的联系，甚至可以说，英国警察勤务时间设置的每次变动和改革都是由英国警察厅（局）长提出和实施的。

对于英国警察勤务时间的设置，早期英国警察局长洛亚上校曾发明了一组计划，即将数个巡逻区联为一组，但他们在时间设置上却不同。

举例而言，一天中值班的警察有30人，则甲在早晨8：00巡逻，乙在早晨9：00巡逻，丙在早晨10：00巡逻，丁在早晨11：00巡逻。通常情况下，早晨11：00和12：00为警察事务最繁忙的时候，这就使得在这个时段的勤务时间最难分配。洛亚指出，这时需要将管辖的地区划分成极其复杂的警察巡逻线。具体来说，如果人口约有五六万人的地区，就需要划分警察巡逻线800条。各个路线必须纵横贯通该区域的每条大小路段，每个警察巡逻线都要有记录。警察在出勤时，必须要先接受监督人员所出示的卡片上的面积和路线，按照卡片要求进行巡逻。可以看出警察的巡逻并不区分某日应巡逻的路段，也不指定以某条巡逻线为自己巡逻的路线。因此，人们对于警察巡逻的时间与路段根本无从揣摩，即使警察自己也是无从预测的。一天之中的警察巡逻，使得各路警察连成一体，管辖区内的任何地点，均是警察步行巡逻所涉及的面积。在这个组合内部，如果该警察无特别事故，则必须于某时到达某地，在监督上也是极其便利。在这个设计中，警察既不需要同时出发，时间上又能够伸缩自如。这个设计本质上免去了对一日三班的制定，避免了换班时候的弊端。洛亚的报告更显示，在这一制度实施期间犯罪减少，案件的破案率也在增加。

另一位英国警察局局长 F. T. Crawley 发明了一项名为分散警察箱（police box）的制度。根据当时的报告，分散警察箱对于下列几种问题都起到了很好的效果：

1）如何使得市民可以在有事的时候及时告知警察局。

2）如何使得警察有一定的地方，可以接受其长官的训令、餐饮、存储公文及其他记录的工作，同时又免于在换班时发生事故还要跑回警察局。

3）如何押解犯人回警察局审问。

警察箱制度就是使市民无论任何时候，只要是需要报警时，可跑到警察箱，取出电话直接与警察总局的长官进行谈话。这种警察箱除了召唤警察外还可以召唤消防和救护，私人电话也可与此电话搭线。每个警察在巡逻区内必有一个警察箱，按照规定勤务的时间表，每半小时打电话报告一次。每天不同的上下班地点有指定，警察在上班后，就不可以离开其巡逻线，因此警察可以在警察箱内用餐。所有的报告、训令、建议均可用电话进行，因此警察无论何时都有与警察局长官接触的机会。除了拘留犯人外，所有分局的事务都可以在警察箱内进行，警察箱内配备有电话、凳子、命令文件、笔以及警察法规定的其他文件资料。警察箱的长宽各约4尺、高7尺，各派出所的距离约半英里。警察箱制度实施以后，先后有50多个市效仿，可见这项制度在当时的成效也是十分显著的，并且现在看来依旧有十分重要的借鉴意义。

除了上述的设置规定外，伦敦长久以来关于警察勤务时间分配的设置也是有其共通性的。伦敦警察局规定伦敦警察每小时巡逻的速度为二英里，白天沿着人行道边巡逻，而夜间则在房屋旁边巡逻，这些规定长此以来不曾变过。基于英国警察在勤务分配上不尽完美，尚存在着许多不足，因此又进行了诸多调整。为了使地方拥有充分的警察力量保护，根据居民的种类、习惯、人口密度、财产性质与受攻击度的不同，划分不同的巡逻区域，给这些巡逻区域安排不同的警力。假如有警察数量为93人，按人数与出发时间将会作出下列分配：1）巡逻区分为三班，每一班4人，第一班上午6：00，第二班下午2：00，第三班晚上10：00。2）区域巡逻：上午7：00分配3人，下午3：00分配6人，晚上11：00分配6人。3）普通巡逻：上午7：30分配3人，上午10：00分配1人，上午11：00分配1人，下午1：00分配2人，下午1：30分配2人，下午2：30分配6人，下午3：30分配3人，晚上9：30分配1人，晚上10：30分配6人。4）特别巡逻：上午6：30分配2人，上午7：30分配2人，上午11：30分配4人，下午1：00分配2人，晚上9：00分配2人。

从英国警察勤务时间分配的模式可以看出，英国警察的勤务分配显得十分细密而繁杂，这就难免在实施的过程中显得复杂，但是其细密分工也具有很大的作用。但总体上讲，英国的警察勤务时间分配贯彻的是三班制原则，即使各种设置的时间段有所不同，总体都将警员分为三班，轮流更替执勤。

（三）美国警察勤务时间分配

美国警察机构中除了联邦警察直接受联邦中央政府的领导和指挥

外，其他警察机构均不受中央政府的统一领导，其他警察机构只接受地方政府的领导。换言之，美国警察机构中除联邦警察外其他警察与中央都不存在上下级垂直关系，这便使得美国警察勤务时间在不同的州存在差异性，不同地方的警察局所设置的警察勤务时间也各不相同。

伯克利市警察局为了使警察勤务的分配更加科学化，每隔 5 年就根据管辖地 5 年内的犯罪记录做一次精密的研究。对各项犯罪情况作出分析，将各巡逻区内发生的案件一一列出，行政长官一看就可以知道哪个巡逻区需要特别注意，并利用斑点地图表明各种犯罪的集中度。通过这些数据再对警察勤务进行调整，其分配的原则为：各个巡逻区的警察必须公平地分担工作，因此日夜巡逻区的大小各有不同，警察勤务时间分配的方法则根据各项指标进行。这些指标分别是三班不同的巡逻区界限、犯罪与逮捕的数量、犯罪率、三班间犯罪与逮捕的不同点、三班巡逻区大小的不同。另外，还需要警察对于自己所管辖区域的巡逻作出一份详细的报告。

伯克利市的警察勤务时间分配根据三班制的原则进行调配，第一班、第二班两班警察巡逻问题不大，但是第三班警察巡逻则因为夜间人烟稀少的缘故，盗窃案件高发、酒醉滋事多有发生。此时巡逻区分配人数便由 6 人增长至 9 人，且警察如果没有特殊事故不能轻易调动。

纽约市警察局曾经对于警察勤务时间分配别具匠心地实施过五班制，所谓的五班制其实就是将二班制和三班制进行有机结合。夜勤较日勤人数多了一倍，执勤不超过 6 小时，休息不超过 12 小时，每隔 5 天便可以休息一次，同时在这个过程中要求 1/5 的人数经常备勤。但是纽约市的五班制，需要消耗大量的警力，现阶段世界各国都存在警力不足，没有更多的警力来进行这样的分配。也正是因为存在这样的缺陷，这一勤务时间分配模式很快就被取消了。

现阶段美国警察勤务的制定者为了更好地适应社会发展，使警察的作用得到最大发挥。美国警察勤务时间分配上采取了更为科学和灵活的分配模式，这种分配模式较之于二班制、三班制、四班制、五班制而言，没有固定的班次和轮次，每天执勤的班次都会根据实际情况变化，分班的标准则是根据警察统计的资料，这点从前述伯克利市通过犯罪数据研究从而制定更加科学严密的勤务时间制度可以印证。另外，这种分配模式还要根据时间及空间的差异性，分析不同的巡逻区执勤的差异及密度，从而采取一种交错出勤、梯次出勤的执勤方式。

第二节　警察勤务警力分配

一、内勤、外勤人员分配

勤务的分配最简单的就是直接将警察分为内勤、外勤人员，在警察的认识中轻视内勤、重视外勤是具有普遍性的，但是现代警察的勤务观已经在逐渐改变着这样的认识，无论内勤、外勤都有着不可替代的作用。警察的每一个岗位、每一个工作部门都需要彼此之间相互配合，相互合作。

（一）内勤警力的分配

1. 内勤

传统意义上的警察内勤多指从事文书的收发与文件的保存工作及对文书进行统计、编纂工作，还包括通信交通、工作设计、财务保管、犯罪鉴识及研究发展等一般静态性工作。现代对于内勤的理解不仅仅局限于传统意义上的理解。以前很多人都认为内勤没有外勤重要。但事实上，内勤同外勤一样重要，现在还有人把内勤人员组成的机构称为"幕僚机构"。

现代意义上的内勤勤务工作范围除了传统内勤工作之外还包括：各种警察行政及业务上的设计；协助和代表警察领导指挥和监督；收集各种资料加以研究，给领导提供参考意见；在领导决策时，提供初步意见；作为执行机构与领导之间意见沟通的媒介。一些警察机关的监察和督查单位，被称为行动性内勤机构，其主要的工作任务是对警察勤务执行的监督和考察。而警察局下设的各科室的内勤，又被称为设计性内勤机构，其主要的工作任务是对主管业务的设计整理。

2. 内勤分配中的问题

台湾地区警政专家梅可望说:"行政原是一种艺术,比之于交响乐团,警察首长犹如乐队的指挥,幕僚人员(内勤人员)犹如作曲家,执行机构(外勤机构)犹如各种乐器的演奏者,指挥者、作曲家、演奏人员密切配合,就可演出美妙的乐曲。首长、幕僚、执行人员密切配合,才能发挥高度的行政效率。"从梅可望教授的这个比喻中就可以看出内勤人员的重要性,也能窥探出内勤的工作性质,使人们对内勤的认识也更加全面。现在关于内勤、外勤的分配问题上,普遍认为,内勤机构越小越有利于警察勤务的展开。警察勤务机构越大,内勤人数要越少,越是在基层,外勤人数要越多。这些观点都是现在比较流行的观点。相较于国外,我国的警力分配还是不太科学,有些地方出现了倒金字塔模式。尽管意识到了问题所在,近年来也有很多地区进行了大胆改革,例如河南省新乡市撤销公安分局,重庆市的交巡警合一,都在试图改变我国警力不足的现状。

1)警察的专业化建设与削弱外勤的冲突。对于内勤的精简并不仅仅是让文职人员从事内勤,抽调警力那么简单。随着警察业务的多元化发展,需要警察素质的专业化提升,以前单一的以巡逻为主的经验型警察已经远远无法满足当前警察工作的发展需要。特别是在警察工作中会遇到越来越复杂的技术性问题,使得警察队伍中的专业化警察显得尤为重要。但是专业化警察属于内勤范畴,这样不断地建设警察专业化队伍又会使内勤队伍不断膨胀,削弱外勤的力量。

此时在警察专业化问题上就出现了矛盾,但专业化发展是必由之路,必须要在专业化和合理的警务分配机构中寻找一个平衡点。基于此,一些警政专家提出要调和这一矛盾就必须提高人员的素质,如非到必要的时候,不得设置专业化队伍。这个观点恰巧和我国现阶段警务改革中提倡的"一警多能"不谋而合。

2)外勤机构内勤化。警察外勤应该属于执行机构,外勤人员也应当是100%的战斗人员。在警察勤务的过程中所有的监督、设计和规划都应当属于内勤勤务的范畴,但是在我国的公安队伍执行勤务的过程中,却存在大量的外勤勤务内勤化的活动。具体来说就是办公条件的机关化以及办公室人数冗杂，这也是我国警察勤务机构存在倒三角问题的原因之一。这些散落在办公室的内勤人员如果应用于外勤，数量相当可观。我国现在急于解决警力不足，警力分配不均匀等一系列问题，警察内部的机关化作风也是影响内勤勤务分配和外勤勤务分配不合理的问题之一。

3. 警察勤务规划监督机构

现代警政中为了更加凸显内勤真正的价值，在内勤中警察勤务规划监督机构得以存在。警察勤务规划监督机构是指在一个完整的警察机构中，承担警察勤务领导、规划、设计并对警察勤务执行结果进行宏观监督的那部分警察机构。警察勤务规划监督机构中的警察都是内勤，并且都属于警察的上层机构，在我国指公安部、省公安厅（包括直辖市公安局及分局）、地市公安处（局及分局）、县公安局及分局。但是我国的警察勤务规划监督机构不同于英美国家的警察勤务规划监督机构，它们的警察勤务规划监督机构属于纯正的规划和监督，而我国的警察勤务规划监督机构中还包括了一部分警察勤务执行机构。例如，公安部、省公安厅为了办理重大案件，避免地方保护主义而设立的行动队。到底警察勤务规划监督机构具有怎样的功能和分工呢？具体而言有以下几个方面。

1）台湾地区警政专家梅可望教授认为："警察勤务规划监督机构是由首脑机构和幕僚机构两部分构成的，并且分别发挥着不同的作用。"

所谓的首脑机构，顾名思义就是指警察机构的最上层机构，也是整个警察机构的关键所在。归结起来首脑机构的作用为对所属人员的指挥和监督；对所属业务的指挥和指导；对重大政策和原则的决定；对所属单位的协调；对外代表本单位等一系列的作用。在一个警察机构的内部，首脑机构并不是确定的，有时指具体的某个局长，有时又指组成局领导的班子。

幕僚机构顾名思义具有一定的辅助性质，并且没有独立的意志，它必须以首脑机构的意志为意志，并提供意见和资料，供首脑机构选择。归结起来幕僚机构的责任主要是提供各种警察行政和业务的设计；协助或者代表首脑机构执行和指挥监督任务；收集各种资料加以整理研究，为首脑机构提供参考；提供初步意见，以便于首脑机构决策。

2）美国警政专家威尔逊在其《警察行政》中指出，他认为警察勤务规划监督机构包括了行政职能和辅助功能。所谓的行政职能主要是指设计、警察、预算、会计、人事、公共关系、情报等内容。而辅助功能是指统计、通信、刑事实验室、拘留所、财产管理和保管等内容。

3）另一位台湾地区警政专家酆裕坤指出警察勤务规划监督机构有参谋功能、辅助幕僚功能、技术幕僚功能。参谋功能是指通过调查研究，提供给警察领导决策的意见。而辅助幕僚功能则是指警察机构中的人事、财政、统计、运输、刑事实验室、拘留所、财产管理和保管。技术幕僚主要针对一些业务部门，他们虽然不直接参与具体的业务活动，但通过对业务政策的制定和设计来影响具体的业务活动。

通过以上几种对警察勤务规划监督机构的理解，不难看出各警政专家都在极力解读警察勤务规划监督机构，其目的都是希望最大限度地发挥警察勤务规划监督机构的功能。如果要更加全面地认识内勤，那么认识和分析警察勤务规划监督机构是必需的，只有充分理解内勤之后，才能在内勤、外勤的警力分配上更加合理和科学。但是在构建警察勤务规划监督机构时务必要防止警察勤务规划监督机构的无限扩大，主要表现为内勤机关扩大，外勤警力减少。另外还要防止警察勤务规划监督机构的内部责任不清、互相扯皮、效率低下等问题的产生。

4. 具体内勤警力分配

内勤作为现代警察的一个重要组成部分，如何去权衡内外勤警力的合理分配，是一项既重要又艰难的事。一个高效的现代警察机关，内勤、外勤都要求 24 小时无间断。当然对内勤而言并非是全部的无间断，而是要求绝大多数的内勤部门都 24 小时有人在岗，可以间断的内勤也仅仅是指那些制订计划和设计制度的内勤，但在必要的时候也需要 24 小时无间断。典型的必须 24 小时在岗的内勤工作是指案件的讯问与鉴定、犯罪嫌疑人的看管、文件的收发等。在英美等国家通常对内勤的勤务时间分配为三班，每班连续 8 小时，时间的分配与外勤相配合。大陆法系国家对于内勤的时间分配则采取两班制，只是日夜两班。日班为全体内勤人员上班，全体内勤人员都必须到岗进行日常办公，而夜班则是值班人员处理必要的事务。目前的内勤分配就局限于此，虽然几种方式各自都存在弊端，但目前也没有更多的关于内勤分配更科学合理的设计。总体来讲，内勤的分配必须要以外勤的分配为依托，二者务必要紧密联系、综合考虑。

（二）外勤警力的分配

外勤警力的重要性众所周知，一个地方的治安稳定是靠日常街面与市民接触的巡逻警察，这些外勤警察被称为"法律之腕"，是社会抵御犯罪的第一道防线。警察的根本任务是维持社会治安、保护人民的生命财产，而外勤警力的分配直接关系到警察的作用和价值。如何合理划分警察巡逻区，如何科学分配外勤警力，这是当下最为重要的任务。各个国家也在力求更加合理科学地分配外勤警力，其中就包括了外勤警察警力分配要平均、各警察所承担的工作任务要平均，更需要根据日夜不同的情形以及地方对警力的需求不同这些诸多因素来科学设定外勤警力的分配。基于此需要探讨的是外勤警力如何分配及方法和注意原则。

1. 外勤警力的分配原则

1）外勤警力分配原则中的最高准则就是警力的分配必须以适应时间、地点和事件为原则。纵观世界各国的外勤警力分配，最具有探讨价值的莫过于怎样设计出一个科学且合理的警力分配方案。警力分配必须适应时间、地点和事件，这种协调性必须做到恰到好处，但这三者的结合点往往又是最难调和的。对于外勤警力的分配如何适应时间、地点和事件的研究从未间断，并且很多专家也对此提出了许多警力分配方案。

2）预备警力保留原则。世界各国对预备警力保留的问题主要采用的方法有三种，分别是集中式预备警力、分散式预备警力和专门化预备警力。这三种针对预备警力的设计方法各自都有鲜明的特色。集中式预备警力主要是从勤务人员中挑选一部分，集中在警察局候命，随时准备担任临时勤务。分散式预备警力主要是各勤务班，每班有1人以上轮班执勤，以备处理各种突发事故，或者代理伤病者执勤。专门化预备警力主要指各个警察机构设置专门的预备警力，这支队伍只处理专门指定的事务，比如我国的防爆警察。预备警力的数量是根据各警察机构的人数而定的，如何去权衡预备警力的数量也是一个很重要的话题，预备警力过多会造成警力资源的浪费，预备警力过少又会使警察在处理突发事故时缺乏弹性，无法很好地应对当下越来越复杂的突发事件。

2. 警察勤务的执行机构

外勤作为警察的执行机构，如何去分配警力执行勤务是重中之重。一个人的精力是有限的，一个警察的工作量太大会加大警察的工作压力从而缺乏工作激情，工作量太小又会浪费警力资源使其懒惰散漫。因此，外勤的警力分配无论采用何种分班制度都必须要有以下弹性变化。

1）无论采取何种勤务执行方式，在不增减服勤班次的前提下，为配合情况变化就要根据业务的情况，对各班值勤人数进行增减。如果工作量大则增加警力，工作量小则减少警力。

2）如果值勤的班次可以增减，则可以在业务的高峰期增加班次，相反的，也可以在业务比较轻松时减少班次。

3）在适当的时候增减警勤区。根据每一地区的业务复杂情况，可能在不同时期警察值勤的强度不同。可以根据实际情况增减区域内警力，相应增加或减少每个警察的负责区域，从而增加或减少警勤区的面积。

无论采用什么方式进行弹性变化，都必须综合考虑一个地区的治安状况，不可进行不切合实际的分析。特别要注意辖区内人口密度的变化、发案率的变化以及季节变化引起的案发率。另外，还需要考虑各种不同的外勤警种和警力情况。

3. 外勤警力分配应注意的问题

1）随着警察学日新月异，现阶段警察法规时常变化，警察业务的内容也常随之改变。如何因时、因事、因地制宜，如何做到不浪费警力资源、提高效率都需要考虑。外勤作为警察队伍中人数最多的部分，如何去适应这种变化？外勤的训练和教育也是不容忽视的。在大陆地区对于外勤的训练称为"岗位培训"或者"岗位练兵"，在台湾地区被称为"常年教育"。这些规定都反映出当下外勤警察作为警察执行机构在每班出勤前要有数十分钟的时间对现行法令和社会情况进行了解，同时检查装备和配置也是必要的。

2）警察作为一个自然人，应当保持适当的休息时间，良好的警力配置必须要考虑警察的休息，在这一点上日本警察的警力分配制度显得十分突出，它对日本警察的休息设置得灵活且科学，使得日本警察对职业有着很高的认同感和归属感。基于此，笔者认为每个勤务人员每天都应当有连续 8 小时的休息时间，并且应当设置在一定的时间有连续 24 小时休息，使其可以有时间处理私事和娱乐。这种全日休息制度各个国家的设置有所不同，但总体来说规定 6~10 日可全日休息 1 天不等。

3）勤务完毕后，交班警察都需要向上级报告工作或者向下一班勤务人员交代工作。在警力分配中，这段时间内应安排交班警察不再担任其他勤务，这段时间应控制在半小时至 1 小时之间。借此时间，值勤的警察既可以写书面报告又可以恢复体力。

4）在遇到突发事故的时候，如何在动用预备警力的情况外，还能召集正在休息的警察。这种突发事故发生时，如何紧急召集警力应急，动员警力应付紧急情况，是科学的警力分配设计中不可或缺的一个环节。

二、不同警种的勤务

（一）巡逻警察

巡逻勤务是巡逻警察采取巡逻的方式，对社会采用动态控制的勤务方法，从而履行警察勤务工作的职能。在各地区警察实施警察勤务的过程中，巡逻警察主要是为了以国家警察的形象面对公众，以巡逻的方式对社会上的不法分子进行威慑，使社会产生一种安全感，使人们时时刻刻都感觉到警察的存在。现在我国的巡逻警察在有些地方与交警合并，并称为"交巡警"，目的是达到"一警多能"，更大程度地分配警力资源，增加民众的见警率。世界各国都十分重视巡逻警察的巡逻勤务，在美国巡逻警察约占全美警察的 60% 以上，基本都从事第一线的巡逻勤务工作。台湾地区著名的警政专家梅可望教授认为："巡逻时警察人员在一定区域内巡行，以期发觉警察问题，处理警察问题，执行警察法令，维持安宁秩序。使每一寸土地，每一个人民，在每一秒钟之内，都能受到警察的保障，得到警察的服务。巡逻是主动而非被动的；是遍及而非固定的；是有目的的行动而非漫无意义的巡视。因此，巡逻在社会中产生一种无形的安定力，不法之徒因警察巡逻而提心吊胆，走避唯恐不及，守法民众因警察巡逻而无忧无虑，安居乐业。"①

巡逻警察的一般工作任务是出巡、观察、判断、执行和报告。出巡是指巡逻的勤务实施的起点。观察指在出巡的过程中，必须仔细观察四周、发现问题以达到预防的作用。巡逻勤务的效果很大程度上取决于巡逻观察的敏锐力。判断是指巡逻警察在一定的区域内巡逻不但要进行巡逻观察还要进行判断，遇到情况能够果断地处理。执行是指巡逻警察在具备了较强的判断力之后，在遇到突发事件的时候能够在警察的职责范围内依法执行。报告是指巡逻警察在进行出巡、观察、判断和执行之后应当及时地写出书面报告，以供上级部门了解情况，为培养新的巡逻警察提供实践材料。

巡逻警察的巡逻勤务方法主要是公开巡逻。公开巡逻要求巡逻警察在一定的区域内或者按照一定的线路进行巡逻的方法。公开巡逻的方式包括穿行巡逻、往返巡逻及循环巡逻。穿行巡逻是指在巡逻区内按照路段的情况，以分别从两端穿行而过的方法进行巡逻。这样的巡逻方式可以使道路的任何区域都能巡逻到，使得本巡线的居民感到处处都有安全感。这种巡逻方式中的点、线、面都要每天往返巡逻多次。而往返巡逻就是在同一条巡逻线上多次往返进行巡逻，治安情况复杂的地区就需要采取这种巡逻方式，特别是在重点的警卫区、重点的商业区及案件高发区，在这些区域内采取这种巡逻方式可以保障随时都有警察在场处置事态。循环巡逻，是指在一主干道的两侧循环巡逻的勤务方式，这种巡逻方式往往适用于巡逻线路比较长、巡逻区域比较大的地区，并且循环巡逻多采用车巡的方式，其作用主要是控制主要的城市交通要道，并对主干道两侧发生的突发事件采取应急性措施。

巡逻警察的巡逻方式主要有步巡、车巡、舟巡和空巡。在这些巡逻方式中最重要的莫过于步巡，它具有悠久的历史，被称为"行走的先生"。步巡可以不受天气、时间和地形等的限制，并且巡逻人员更加容易集中注意力，同时还方便与群众建立良好的警民关系。步巡的不足就

① 梅可望. 警察学原理［M］. 台北："中央警官学校"，1971：367-368.

是遇到突发事件的应急性不强，需要大量的警力作为支撑。车巡是采用机动车辆或者自行车巡逻的方式，速度快捷，巡逻的范围广泛，可以节省体力，遇到突发事件时容易控制事态。而舟巡和空巡都是利用工具在海面和空中进行巡逻的方式，耗费巨大。

综上所述，通过对巡逻警察的各方面分析，整个警力分布中，无论任何国家，巡逻警察都占了大部分的警力。因此，如何更好地分配警力是一个长期以来都不乏研究的问题，各种警力分配的设置大多也都是针对巡逻警察而言的，三班制、四班制等都对巡逻警察的警力分配有很大的适应性。

（二）刑事警察

刑事警察与群众的生命、财产、身体健康直接相关，其主要的警察活动是预防犯罪、依法制止现行犯罪、遵循司法程序进行犯罪现场勘查和犯罪证据的收集、依法采取法定强制措施。在刑事警察的队伍中有优秀的警员是一个方面，而最重要的还是如何组织。世界各国对刑事警察的警力分配也各有不同，但总体来说也可以分为以下两类。1）集中制，是指各刑事警察分队均由警察总机构统一直接管辖，而刑事警察各自对自己负责的事项专门负责。2）分散制，各个警察局都有永久存在的刑事警察队，专门处理管辖范围内的事务。一般在实行集中制的国家，刑事警察的学历都较高，不多与其他警政接触。而在实行分散制的国家各警察局的警察都有可能成为刑事警察，这些刑事警察不具备一定的专门技术，与巡逻警察联系密切，因为巡逻警察对辖区内的事务十分了解。

（三）治安警察

治安警察的勤务主要是通过对户籍的管理、毒品的控制以及卖淫赌博行业的管理而进行的一系列的业务活动。治安警察最为重要的勤务莫过于对户籍的管理。户籍管理制度在世界各国都有不同的规定，在有些国家把户籍登记称为"民事登记""生命登记"或者"人事登记"。户籍管理的内容十分详细，包括了出生年月、性别、宗教信仰、父母职业、经济收入、国籍等。基于此，世界各国都十分重视户籍管理，但在世界其他国家户籍管理也有很多不同的模式。例如，日本的户籍制度是以家庭为单位来表明每个人的身份的，一个孩子在 20 岁之前，被视为未成年，无法独立设立自己的户籍，成年之后，就可以完全独立。

另外，治安警察的勤务中对毒品的控制以及对卖淫赌博行业的管理都是为了维持社会的治安稳定，治安警察在整个警察组织中也是充当着重要的角色。除此之外，治安警察的勤务还包括特种行业和对危险品的管理、游行集会示威的管理、大型活动安全保卫的管理等一系列的业务活动。

（四）交通警察

交通警察的勤务基本都集中在路面，主要处理对驾驶员的管理、道路的监控管理、对路面的车辆管理等一系列的业务。交通警察通过对驾驶员技术的考核后将驾驶员的信息进行记录，并每年根据这些信息给违章和违法的驾驶员以警告和罚款。很多国家对于驾驶证的规定也各有特色，例如，美国的驾驶证中存入了个人信息，拥有驾驶证相当于同时持有身份证，即所谓的"一证双用"。

交通警察最重要的勤务还是对路面的监控以及对路面车辆交通的指挥和管理，这部分集中了交通警察最多的警力，控制现如今车流量巨大的城市交通，不仅仅需要在车流量大、交通主干道的地方由交通警察执勤，还需要具备一套严密的交通事故处理机制。美国早在 20 世纪就建立的"911"报警指挥系统，将交通、治安、消防、医疗抢险各路报警电话合并为一个报警系统，实行联动出警。美国警察对路面的值勤警力分配也很有借鉴意义，在高速路上平均每 10～20 英里就有一辆警车流动巡逻，城市道路上每几个街区就有 1 名巡逻警察，一旦有突发事故发生就可以就近调度，3～5 分钟警察就可以到达事故现场。对于交通执法的这部分警察，在美国的数量并不多，但是却被称为真正意义上的交通警察。美国旧金山警察局的警察共 2 200 多人，其中有 1 300 多个巡警，但是同属巡警序列的交警仅有 58 人。这些警察在执勤中必须穿防弹背心、带枪支、手铐、警棍、照明电筒、手持电台、催泪弹、录音机，巡逻车上配有计算机、车载电台、摄像系统、录音系统、自动步枪等警用装备。交通警察在日常勤务中连续工作 8～10 小时，一般白天单独对路面进行车巡，晚上 10：00 后则由双人对路面车巡。每个警察每天至少要开出 5～10 张罚单，这是他们认为最低的职业要求。而在法国，当路面发生事故的时候除了拨打"900"以外，在高速路边每隔 500m 就有一部按钮式报警电话，在隧道里每隔 250m 也安装了这样一部报警电话。一旦有人报警，交通监控会显示报警电话的公路编号和具体位置，法国的警察采用的是宪兵和就近的警察联动援救方式，在报警 20 分钟内就可到达事故地点。意大利把高速公路交通警察和治安统称为路警，路警实行 24 小时巡逻勤务制度，在重要路段、车流量大的路段，巡逻的密度较大。意大利路警的巡逻车都随车携带了比较齐全的交通设备。意大利的道路监控系统和报警系统合作大大地提高了高速路面事故处理的反应能力。

（五）消防警察

在现代各种事故的高发时节，消防警察的作用显然是不可忽视的，在消防警察勤务方面最为出色的是法国的消防警察。法国消防警察采取的是 8 小时工作制，按时上下班。根据接警的情况派出不同的车辆和不同数量的队员，一般情况下 1 车配 2～6 人。法国消防警察的分布广泛，出警也非常迅速，法国政府应对突发事件有一套相当完备的体系，全国有 100 个省级灾害指挥中心、3 600 多个消防站，另外还有 3 个职业特勤救援支队和两个现役救援总队，分别隶属于国家民防与民事安全局和国防部。由于法国的消防警察出警迅速，并且发生事故时消防警察总是首先赶到，因此，在法国群众心中，消防警察具有崇高的社会地位。

三、警察勤务分配中必须考虑的其他因素

警察勤务中以警区为最小单位，警察安排到警区执行勤务，这样的勤务基本单位在世界各国也是普遍存在的，在我国台湾被叫作"警勤区"，在日本被叫作"驻在所"或"受持区"。只有在值勤时将勤务具体落实到警察勤务基本单位上，才能够保障社会治安无死角。在进行警察勤务分配的过程中需要考虑的因素也是多种多样的，具体来说包括以下几个方面。

（一）警区面积因素

警察勤务分配中首先要考虑的因素是警区或者片区的面积大小，在

面积方面作出考虑并制定相应的勤务分配是早期世界各国警政专家的共识。因为，早期的警察巡逻更多依靠步巡的方式，考虑巡逻人员的身体、视力等因素，一般来说都规定 2 小时巡逻一遍或者 2~3 平方公里作为一个巡逻警区。根据这种情况划分警区来进行警察勤务分配。但随着社会的进步，交通工具运用于巡逻，巡逻区的面积也在不断扩大，现在对巡逻区面积大小起决定作用的是值勤的时候采用何种交通工具。

另外，在划分巡逻区面积的时候，还要考虑地形地貌情况，地形复杂、道路崎岖的地方与道路发达、道路平坦的地区应当是有差别的。地形复杂崎岖的地方应当划分较小的巡逻区，分配较多的警力；反之，则可以分配较少的警力。

（二）人口因素

警察警力分配的强弱与辖区内的人口有直接关系，通常情况下，人口密集的区域警察业务更为复杂，需要分配更多的警力，人口稀疏的地方警察业务较为简单，不需要分配过多的警力。所以，在城市这种人口密度大的地方，警察勤务的基本单位小，在警力分配的过程中就需要更多的警力。而在乡村这样的人口密度小的地区，警察勤务基本单位较大，在警力分配的过程中需要的警力相对少。

但是在社会快速发展的今天，单纯以城市或乡村的常住人口来划分人口密度太过牵强，现阶段各种人口问题都需要在警力分配中加以考虑。1）流动人口，这种情况在我国东部的一些地区较为严重，是指由于某种原因到某地短期滞留的人群。2）暂住人口，这部分人口是指由于某种原因需要在某地居住一段时间，并在警察机关办理暂住手续的人群。3）日间人口数量，这主要是指西方一些小国和我国一些边境城市，白天工作的人员夜间并不居住在该地区，该地区白天与夜间的人口数量不等。4）人口中的成分问题及人口流动状况都是需要考虑的问题。人口中的成分因素主要是指那些存在犯罪集团或者不法分子所在的地区，需要更多警力对他们加以关注。而人口流动状况是指在繁华地区人口集中，偏僻小巷人口较少，容易引发治安问题，需要在分配警力的过程中加以考虑。特别是在东部发达地区，流动人口、暂住人口问题相当严重，必须有大量警力对这些人口问题进行控制，这也导致东西部警力分配存在着较大差异。在警力分配的过程中，只有综合考虑各种人口问题才能使警力分配更为科学合理。

（三）业务因素

通过对警察业务的划分来对警察勤务进行分配，是必要且必须的。如前所述，警察是自然人，每天的工作量不宜超过 8 小时，如果过度消耗体力，会使警察不堪重负，对警察个体而言也是不公平的。但是，如果 8 小时内安排过轻的工作，对警力资源和国家资源来说又是一种浪费。所以，如何根据警察的业务量来对警力进行合理分配也是警察勤务分配中的重要内容。

警察业务的获得依靠警察机关对过去业务的统计，这种统计以 5 年为限。世界各国在对警力分配进行设计的时候都会考虑到警察业务，并以此作为一个依据。关于警察业务的公式是：

（每日发生各种警察业务平均数 × 处理各警察业务各需要时间）÷ 警察勤务基本单位数 = 每个警察每日工作 8 小时[①]

比如，某分局所管理的辖区内，每日平均发生刑事案件 4 起，治安案件 30 起，交通事故 20 起，其他内勤外勤业务 60 起，而处理每件刑事案件平均需要 20 小时，处理治安案件平均需要 2 小时，处理交通事故平均需要 3 小时，处理其他业务平均需要 2 小时，那么依据上述公式可以得出：

刑事案件 $4 \times 20 = 80$（小时）

治安案件 $30 \times 2 = 60$（小时）

交通案件 $20 \times 3 = 60$（小时）

其他业务 $60 \times 2 = 120$（小时）

总时间 $80 + 60 + 60 + 120 = 320$（小时）

所以计算出需要的警察勤务基本单位 $= 320 \div 8 = 40$（个）

通过上述的计算可以看出，统计警察业务对于警察勤务分配格外重要，对于科学划分警察基本单位与警察勤务科学化都有巨大意义。我国警种繁多，各个警种的勤务都是各自划分的，但是就目前的情况来看，

---

① 参考《公安巡逻动态防控体系建设与快速处警实用手册》。

各个警种的勤务存在着大量交叉重叠的地方。所以，当下的警务分配中还要有各警种的联合值勤，统一划分勤务单位，尽量避免因为职责不同所带来的扯皮和警力资源浪费。

（四）警察生理因素

在进行警力分配的过程中，警察作为独立的自然人，警察的生理因素也是必须考虑的内容。据统计，现今在我国人均寿命高达 78 周岁，我国警察的平均寿命仅有 48 周岁，平均每 3 天就有 1 名警察死亡。[①] 在警力分配的设计上不仅要考虑警察资源的充分利用以及如何更好地维持社会治安，更关键的是还要考虑警察的身体承受力，特别是男警察和女警察生理上先天不同，在勤务安排上，应当对女警察安排相应的休息休假，这也是当下对警察人文关怀的一项内容。从正面来说，如果合理考虑了警察的生理因素就可以调动警察对警务工作的积极性和热情，从而产生对职业的归属感。反之，如果只是为了利用警力资源而忽视警察的生理因素则会使警察对这个职业缺乏信心和热情，这也会在无形中大大降低警察的勤务能力，适得其反。

四、世界各国警力分配

世界各国对于警力分配都进行过许多探索和研究，学习和研究其他国家对于警力分配的设计对我国的警力分配具有重要的作用。在警力分配的设计上，日本、美国、英国比较具有代表意义，下文就这三个国家作具体的分析和说明。

（一）日本的警力分配

日本的警力分配在制度上的设计比较突出，日本警力分配勤务的方法采用的是受持区和组合区制度，每名警员划定 1 个受持区，然后联合 2~9 个受持区为 1 个组合区。在组合区离警察署较近的交通要道处，设置 1 个巡查派出所，设巡查 9 人或者 6 人，相互交替勤务。如果组合区离警署较远，则根据岛屿或者地方状况设置巡查驻在所，每个驻在所设

---

① 引用自 blog. cpd. com. cn/thrend -244361 -1 -1. html. 中国警察网，2016 年 7 月 19 日。

警察 1 人或者 2 人，担任受持区的警察事务。

日本的警察执行机构主要是派出所和驻在所，他们依据人口、面积、行政区域、治安情况等条件，将分局分为若干个"所管所"。派出所实行的是 3 人以上的服勤更替制度。日本的警察勤务编制实行每班 3 人以上的交替制度，分为两班交替、三班交替、四班交替，这些勤务时间编组的排班制度都表现出日本警察警力分配上的活力。这些勤务编组在之前的勤务时间分配部分已经作了论述，在此就不加赘述。总之，日本派出所的编组制度，可以使警察每隔 2 天回家料理私事，有助于警察内心的满足感，同时也保障了警察的精气神。

（二）英国的警力分配

英国警察的警力分配是依据警察局长的设计而实施，其他地方依据伦敦警察总局的设计而效仿。

谈及英国的警力分配设计就要提到阿比士氏的警力分配的设计，他通过调查，对警察的勤务进行了一次彻底的改组，他所制定的新巡逻区制于 1932 年实施。这一计划就是对辖区内的面积作一次精密的测量，所有和巡逻区有关的人必须要详细加以记录，更重要的是还要了解居民的种类、习惯、人口密度、财产性质与受攻击的危险程度、各地段过去与现在的普通情形和一天 24 小时不同的警察问题。为了获得更高的效率，必须作一个合理适当的分配。因此，根据这个新规定，除了指定的职位、各预备队和交通管理与其他特务所需要的警察外，将所有警察的数量约一半用于巡逻区与特别巡逻区，其他警察的四分之一，除了例假与病假之外，补充不时之需。区巡逻是用以补充巡逻区；普通与特别巡逻区是用在认为危险的时间与地点，以补充上述警力的不足，并且每次出发的时间与路线均不同。

除此之外，英国还有警察箱制度，这项制度在前面的警察勤务时间部分已经详细介绍过，在此不再赘述。

（三）美国的警力分配

在美国，警政专家对于美国警力的分配考虑的方面也十分广泛。芝加哥市的警政专家为了设计更为科学的警察勤务分配，从以下几个方面进行考虑。

1）分属的地段、行政区域。

2）特殊的地势。

3）面积的总数。

4）公园警察所管辖的面积。

5）人口总数。

6）人口密度。

7）各种面积。包括了住宅区的面积、工业区的面积。

8）少年犯罪率。

9）犯罪率。包括盗窃、其他犯罪。

10）危险的地点。

11）巡逻障碍。例如，铁路、高架桥等。

警政专家通过对这些因素的综合分析，设计警力分配计划。从这些标准来看，商务区与住宅区、工业区要有所区别，因为在商务区巡逻时左右两方面要兼顾，不同于在住宅区内警察只需要在一边走，就可以观察到两边的情况。从这些标准来看，还要分配各区所需要的巡逻警察的数目，巡逻警察共分为三班，但夜间的巡逻较难，且犯罪也较白天多，在这些巡逻工作完成以后，需要将自己所在的巡逻区的犯罪密度用圆圈等形式标注出来。该警察勤务设计实施以后，警力明显得到了更加合理的利用。

而美国伯克利市的警力分配也凸显了它的科学性。伯克利市的警力分配设计是根据三班制的原则与地方需求进行有机结合，这使得伯克利市成了全美最安全的城市，这美誉要归功于科学的警力分配设计。在伯克利市每5年就会对管辖地区的犯罪记录做一次精密的研究，并对各种犯罪做精密的分析，以便得到警力分配的方法。伯克利市主要根据以下资料获得信息。

1）三班不同巡逻区的界限。

2）各巡逻区犯罪与逮捕的数目。

3）各巡逻区的犯罪率。

4）犯罪的密度、逮捕与巡逻区面积之间的关系。

5）三班间犯罪与逮捕的不同点。

6）三班巡逻区大小的不同。

除此之外，各巡逻区的警察都必须对所管辖的巡逻区作出详细的报告。以便日后为警力分配提供实践材料。有了这些实践材料，无论是警察离职还是警察之间职务调动，接任者都可以通过这些材料了解业务的情况。这些报告的内容包括以下几个方面。

1）巡逻区的界限，巡逻面积总数，居民的性质，街巷总数，每条街巷建筑物的总数与其性质、用途、高度、能受攻击的程度，并以颜色标注高度及地区。

2）潜伏犯罪的危险分子及其性质与数量。

3）犯罪性质、密度与方法。

4）就餐的时间，告发的调查，巡逻的次数。

5）巡逻的方法。

6）改善的条件。

第十六章　警察勤务的执行

第一节　警察勤务执行的概述

一、警察勤务执行的概念及特征

（一）警察勤务执行的概念

警察勤务是指对警察工作的具体操作。自从有了警察工作，警察勤务就相伴而生。根据我国《警察勤务条例》的规定，概括来讲，警察勤务执行就是警察机关执行勤务的全体过程的总称。具体而言，警察勤务的执行是指警察组织以警察个人实施警务活动，昼夜执行，普及辖区，并以行政警察为中心，其他各种警察配合的警察勤务工作的总称。

（二）警察勤务执行的特征

从古至今，警察勤务自国家产生以来发展大体上经历了五个阶段：古代社会官方治安勤务与群众自治性治安勤务并存阶段；早期职业警察原则性规划（粗放经营）的警察勤务阶段；20世纪20~30年代的机械性规划的警察勤务阶段；20世纪60~70年代创造性（理性化、人性化）规划的警察勤务阶段；20世纪80年代的社会化警察勤务阶段。综合各个阶段发展的情况来看，警察勤务的执行主要具有以下几个突出特点。

1. 勤务执行具有强制性

警察勤务执行的强制性是警察勤务执行最直接的特征，它是指作为国家机器的警察组织，依据国家宪法和法律的规定，在法定权限范围内对警察事务的强制管理和执行。警察机关是国家机器的重要组成部分；是人民民主专政的坚强柱石；是具有武装性质的治安行政力量。这种特殊性质决定了警察勤务执行具有强制性的特点，警察机关警察勤务执行的强制性要求警察机关在履行巩固共产党执政地位、维护国家长治久安、保障人民安居乐业三大政治和社会责任中，必须根据国家宪法和法律的要求，强化专政职能，坚决打击危害国家安全和社会治安的违法犯罪活动。

2. 勤务执行具有目标性

警察勤务执行的目标性主要是指在警察勤务执行活动中，各个种类的警察根据警察组织相应的规定和需要，依规定执行各自具有专项性的勤务工作。由于在现实社会中，警察组织需要面对和解决的问题错综复杂，往往需要各警察部门和警种之间的相互配合和协作，因此，我国在警察勤务执行过程中不可避免地产生出不同的目标和工作重点，这就要求在警察勤务工作中，立足于自身的职权功能，发挥各自警种的专业性和目的性，更好地实现维护社会稳定和打击犯罪的现实意义。

3. 勤务执行具有法定性

在法治社会，任何国家职权机关的执法工作都具有其合法性，而警察机关由于其自身的特殊性，合法性的特点更为突出。合法性，是指警察勤务执行活动必须在现有法律框架中开展，不得有违法律先例。勤务工作直接关系到社会的稳定和群众的直接利益，必须依法作出。警察勤务的依据和指导来自于一个国家的政策和法律，它最根本的前提就是合法性。警察机关在执勤工作的全过程中，不仅要保证决策在实体上和程序上都符合法律法规的要求，而且不同警种的调动和使用、警察机关实施的各种措施都必须按照法律的规定进行，不能超越我国法律规定的权限。因此，准确把握党的政策和国家的法律，是各级警察组织开展工作的基本要求，也是警务执行的基本要求。各级警察机关决策人员要认真学习并熟练掌握我国关于警察工作的政策、法规，不断增强法律意识，提高政策觉悟，不断提高警察机关依法决策的能力和水平。

4. 勤务执行具有灵活性

警察组织开展警察勤务工作需要彼此之间相互配合，各个警种在执行具体的警察勤务工作时，遇到特殊情况和一些权限分歧时，通常需要灵活处理相互之间的权限关系，采取最好的解决途径完成具体的警察勤务工作。这种灵活变通的警察活动在警察勤务工作中获得了充分的运用和实施，最终实现警察勤务执行的最佳效果。

5. 勤务执行具有时效性

勤务活动具有很强的时效性。时效性，是指行政警察开展警察勤务活动所必需的特定时间和应变能力。① 警察机关是处理危机警务的主力，这就要求警察在处理问题时要有鲜明的时间观念。1）警察机关的各级警察必须准确地把握勤务工作的有效时间段，在最佳的时间作出最为合理和准确的处理，以此避免由于缺乏时间有效性而导致的违法违纪事件的发生。2）也应当强调紧急勤务有时效性，由于案件发生的突然性和偶然性，不可能计划与变化同步，这就要求警察机关在临时勤务工作时，准确把握问题的突出节点，当机立断地作出最有效的选择，在最大程度上维护社会稳定和群众的利益。

（三）警察勤务的相关分类

1. 警察勤务区的分类

警察勤务区作为警察开展警察勤务工作的区域规划，有着相应的分类标准。

1）依自治区域，以一村里划设一警勤区；村里过小者，得以二以上村里划设一警勤区；村里过大者，得将一村里划设二以上警勤区。

2）依人口疏密，以2 000人口或500户以下划设一警勤区。前项警勤区之划分，应参酌治安状况、地区特性、警力多寡、工作繁简、面积广狭、交通电信设施及未来发展趋势等情形，适当调整之。此外，刑事警察、外事警察，得配合警勤区划分其责任区。

2. 警察勤务执行分类

根据警察勤务活动场所划分，可分为内勤和外勤两大类。所谓警察勤务的内勤即警察组织人员在警察机关内部处理事务。此种勤务属于警

察机关内部组织分工执掌范围，依据警察组织法规的规定行事。事实上，警察勤务的内勤就是警察勤务规划监督机构内从事的勤务活动，其主要勤务内容包括警察问题的研究、警察法令的拟定、行政计划与警察组织考核、收发文件和撰写文稿、保管档案公物、看管犯人、相关的人事管理等事项。内勤勤务并不是全时空的工作，它属于机关化的工作方式，不需要根据时间、地点和具体事情变化而发生变化，一般都采用坐班的形式，以履行职责作为衡量具体工作好坏的标准，加之内勤勤务方式单一，并不需要勤务规划意义上的编排。因此，各国警察机关对于警察勤务的研究只是对警察外勤的研究，一般不包括对警察内勤警务方式的研究。现在，很多国家都逐渐以文职警察替代职业警察从事内勤工作，将多出来的职业警察用于执行外勤工作，编入外勤队伍，这在一定程度上缓解了外勤人员在具体工作中捉襟见肘的局面。而在我国，内勤人数庞大，部门过多，内勤部门从事外勤工作（即内勤、外勤混杂），以及内勤人员经常加班等都应当引起我国警察机关的足够重视，作为将来改革警务活动的方向。

警察勤务的外勤，实际上就是警察人员在警察机构外部处理警察事务，属于警察机构外部的实务活动，警察勤务的核心，即"外勤至上原则"。警察任务通常注重事前预防多于事后制止，而防范工作又要依靠警察外勤的实施，昼夜不停，落实到整个社区（全时空工作）。与属于警察勤务规划监督机构的警察内勤工作不同，警察外勤工作属于警察勤务执行机构以及警察勤务基本单位的工作。警察外勤主要参与服务公众、疏导交通、管理户口、执行警卫、警戒、传唤、拘留、逮捕、扣押、押解犯罪嫌疑人、平息骚乱、消防等。外勤警察可以运用不同的勤务方式完成纷繁复杂的外勤业务。一般说来，对警察勤务方式的研究就是指对警察外勤勤务方式进行研究。纵观各国警察勤务执行现状，其运用的勤务方式主要分为以下两大类共六种勤务方式。

1）个别勤务，是以警察个体承担勤务的方式。主要的勤务方式是指勤区查察（beat inspection，district inspection），由警勤区（我国称管段、管片或警区等）警察担任。个别勤务的主要工作项目有户口查察、社区治安调查、促进警民关系、为民服务及宣传政令等（与我国派出所户籍警察工作相当）。

2）共同勤务，是指由警察局、警察分局或派出所（分驻所、驻在所）内警察按勤务分配表轮流交替互换实施的勤务。通常共同勤务的勤务方式有：巡逻、临检、守望、值班、备勤。

二、警察勤务执行的意义

警察勤务执行的意义，在一定程度上就是指职能警察在警察组织外勤事务管理中的执行功效和作用。从一般意义上讲，任何警察勤务工作的制定和执行都是为了实现一定的警察活动目标。而实际上，面对不同的问题，勤务工作所发挥的功能也可能不完全相同，其预期实现的目标也不一样。总体来说，警察勤务的意义主要表现在以下几个方面。

1）及时有效的警察勤务有助于分配警务资源，提高工作效能。警察勤务是警察机关进行执法性的动态行为，是警察机关对警察实务进行的权威性的分配。而这种权威性决定的主要内容和作用就是对警务资源的分配和各种利益关系的协调。无论警察机关自身进行新闻宣传、舆论引导活动，还是警察机关依法对社会实施的治安管理，都必须在科学、正确、系统的相互协调下才能有效地完成。警察机关在对社会某些犯罪倾向于实施控制与防范时，通过警察决策有效地进行警力、警务的合理分配，有所突出、有所侧重，集中力量解决警察工作中的当务之急，从根本上提高了警察机关的执法效能。因此，有效的警察工作机制要建立在科学的警察勤务执行的基础上。

2）科学化的警察勤务工作有助于克服差别意识，实现民主执法、效能执法。虽然我国的警察工作在现阶段取得了重大进步，但是警察勤务中的一些弊端仍然存在。例如，有些地方警察执法差别对待主义现象仍然比较严重，在新形势下，还在沿用一些不合时宜的勤务模式，凡事仍按自己的经验加以评断、估计、决策，不顾本地区的实际情况，机械地、无创造性地工作，导致警察工作无法满足现实的需求。由于当前形势不断发展变化，社会犯罪行为不断发生和变化，警察决策应该坚持民主集中制，发挥广大警察的能动性，坚持依靠群众在决策中的重要作用，发挥民智，坚持实事求是，把握客观事物发展的规律。科学化的警察勤务工作有助于克服工作中经常存在的差别主义，及时有效地实现民主执法、效能执法。

3）科学化的警察勤务执行有助于更好地服务经济社会发展。服务经济社会发展是新时期警察工作的中心任务。目前，我国正处于经济转轨、社会转型的关键时期，随着改革开放的不断深入，开展科学的警察勤务工作，有效地维护国家稳定、社会秩序、打击违法犯罪活动、服务人民群众，已经成为警察机关勤务部门的首要任务。为保证这一中心工作的顺利进行，警察机关必须在坚持民主科学的前提下，不断创新警察勤务执行的方式、机制，充分发挥其维护社会稳定、打击违法犯罪和管理社会、服务群众的作用。

第二节　警察勤务执行的科学依据

针对我国警察勤务改革发展的现状，依据我国警察勤务的实际状况，参考境外警察勤务经验，笔者认为无论是研究我国警察勤务理论，还是推动我国警察勤务改革都要首先树立科学的警察勤务认识。警察勤务的科学依据包含着十分丰富的内涵，集中起来主要表现在以下几个方面。

一、警察工作科学化

不断改善警察勤务执行的方式说到底就是要使警察勤务工作摆脱传统的经验型、主观型、随意型、粗放型运作模式，使它朝着全面科学化方向迈进。如警察决策工作科学化，摆脱警察理论研究与警察决策实际存在的明显断层；警察领导专家化，一个称职的警察领导者除具有坚定的立场外，还应该是这一行业的精英干将，因为只有这样才能尊重科学、按科学规律办事。现阶段，有些著名警务人员同时也是警察院校的教官和警学理论专家，这是现代警察工作的一种良好的发展趋势。同时，一切警务思想、警察工作的措施等都应该有科学依据，而不应简单地来源于主观臆断、理论思辨，或是已有经验基础上的产物。可见，警察工作科学化是警察勤务科学依据的重要内涵。

二、警察效益最大化

警察勤务的目的是追求警察工作的最大效益。不讲效益的警察勤务理论研究和警察勤务改革是毫无意义的。衡量一个国家警察勤务是否科学的标准是其警察工作效益是否最大化。有了效益意识，警察工作自然会朝着更加科学的方向发展。

三、警察工作本位化

为了更好地完成警察任务，警察组织根据变化的现实形势会对警察勤务经常性地进行改革和调整，这种改革和调整常常表现为机构的变动、警种的新增与合并、职责范围的扩大与缩小、勤务方式的改变等。某种程度上这种变化会使一些警察的职务、权力、待遇、工作环境发生改变，因此，他们有时会对勤务改革不理解甚至产生抵触情绪。这就需要给他们树立大警察工作的概念。警察工作是一盘棋，不应以个人和部门的得失作为衡量勤务改革的标准，只要是对整个警察工作有利的改革，都应该理解、服从、支持和配合。

四、警务理论操作化

勤务的原意是操作，警察勤务研究就是要解决警察工作操作中方方面面的问题，任何抽象的、晦涩的不能直接指导警察工作操作的理论都不属于警察勤务理论研究的范畴。正如实战部门警察的呼声："我们不需要大道理，我们需要知道怎么干。"这种呼声直白地表明了警察勤务工作要注重理论操作的重要作用，真正发挥警务工作的实效性。

第三节　警察勤务执行的方式

警察勤务工作研究的核心在于关注警察勤务执行的方式。结合警察外勤的相关内容，笔者认为：警察勤务执行的方式主要包括查察、巡逻、临检、守望、值班和备勤六项。

一、勤区查察

（一）概念

根据《警察勤务条例》的规定，勤区查察是指于警勤区内，由警勤区警员执行之，以户口查察为主，并担任社会治安调查等任务的警察活动的总称。换言之，查察就是以特定警察业务为对象，考察其是否合乎法令规定。查察的执行，有时纳入巡逻之中，有时单独实施。此种执勤方式的适用范围不限于行政警察，即交通警察（如查察汽车是否合乎安全标准）、经济警察（如查察商店营业）、外事警察（如查察外侨商店）均可适用。勤区查察是指在警勤区内实施查察，也就是由警勤区警察对于自己警勤区内有关治安的事、人、地、物实施查询考察，它是警勤区警察每天都要履行的勤务方式，也是社会各种情况合乎警察要求的最佳勤务手段之一。因此，勤区查察被各国警察机关广泛采用。

（二）查察勤务的优点与不足

众所周知，勤区查察是较为古老的一种警察勤务方式，它主要依附于大陆派警察体系的静态散在制警察勤务模式之上。大陆派警察体系即采用大陆法系的国家的警察体系。正因如此，勤区查察势必具有大陆法系国家警察体系勤务的相关特点，主要表现在以下几个方面。

1）优点。（1）在勤务组织方面，大陆派国家警察最基层的组织为派出所，派出所对当地的警务情况有比较深入的了解，能更好地接触基层工作。（2）在勤务风格方面，大陆派国家警察一般采取被动的静态反应模式，以派出所为单位划分警勤区，将警察相对固定地分配到某一警勤区，这时警力处于分散状态。大陆派国家基层警察勤务是一种相对静态的控制勤务，警察在各自的勤务区内以勤区查察的方式履行勤务，每个地区都有专人负责，有利于促进警民关系的改善。（3）在勤务内容方面，大陆派国家基层警察勤务的主要内容是管理户口，有助于更好地管理勤区。

2）不足。基于大陆派国家警察的组织特点，必然导致警力分散，其结果就是警察机动性差。这一制度无法适时适应变化了的治安形势，无法通过主动的动态预防取得对犯罪分子"以动制动、立即破案"的勤务效果。

（三）查察勤务的分类

关于警察组织对于警务查察种类的研究，可以将警务查察分为以下几种类型。

1）户口查察。户口查察是指勤区警员对其所辖区内的所有户口，查察其各种动态，认识其身体特征，了解其素行，鉴别其良莠，以防止公共危害的发生，维持社会秩序的警察勤务活动。在我国，户口一般由警察部门掌管，警察部门利用管理户口的便利，及时掌握社会成员的状况，而管理户口最基本的做法就是勤区警察进行的户口查察。

2）可疑地点、事件、物体的查察。通过认真检查警务区内有疑问的地点、事件、物体，达到预防犯罪发生的效果。

3）建设治安情报网络，收集治安情报信息。通过不断的查察，逐渐完成体系化的勤区治安情报网络，及时准确地把握治安情报信息。

4）开展警民合作。进行一系列的警民共建活动，特别是组织群众性治安组织并训练其成员，为维护当地治安稳定储备力量。

5）为警区群众排忧解难，调解纠纷，提供各方面的便民服务。

6）协助政府其他部门开展相关行政工作，如市容、卫生、市场秩序等方面的整治。

（四）勤区查察的现状和建议

1. 现状

通过研究分析勤区查察的范围和类型，不难发现，事实上勤区查察方式所涉及的内容是十分广泛的，其履行的结果直接反映警察工作的根基。我国将这一勤务方式所涉及的全部警察工作统称为"公安基层基础工作"。然而，改革开放以后，随着人力、财力、物力流动的不断加剧，社会治安呈现积极的动态变化，户口查察的作用明显弱化，加上基层派出所更注重打击犯罪和提高破案率，这使得基层警察的日常工作"围着案子转"，勤区查察方式名存实亡。尽管我国警察机关已经充分认识到勤区查察方式的重要性，但目前仍存在不规范、不科学、缺乏监督、形式主义等问题。有些勤区警察虽有职责规定和奖惩制度，但其科学性和落实情况均欠火候。这一切都影响到当前勤区查察效果的发挥。

2. 建议

警区治安效果的好坏主要在于查察效果的实现。实现最佳的查察效果，尤其要实现查巡合一。查巡合一是指勤区查察的警察在其勤区内以户口查察为主，并承担社会治安调查等其他任务，在执勤方式上，以当日勤区查察之往返路线为巡逻线，实施查巡合一，即将查察寓于巡逻之中。我国大部分派出所没有实行巡逻模式，因此查察实际上变成了临时性的软任务，就不可能成为规范性的日常工作。正是看到了这一点，好多地方正在尝试派出所、巡警和交警合一的改革。

二、巡逻

（一）概念

巡逻是警察勤务中共同勤务的方式之一，无论是在海洋派国家，还是大陆派国家，巡逻都是其警察部门最重要的勤务方式。巡逻警务是由英国罗伯特皮尔爵士最先提出的，它是英国早期的警务形式，即组织着装警察在固定线路上巡逻，保持警察在社会上不断出现，其中弓形巡逻队就是当时英国的警务典型。

巡逻是所有警察工作中最具公开性的一种，是警察与公众广泛接触的最主要形式。根据治安秩序管理的相关规定，警察巡逻是指警察有组织地在城市繁华街道、公共场所和居民社区等区域，采取有点巡察警戒的形式，预防、发现、制止违法犯罪行为，为公众提供服务，对社会进行动态控制，维护治安秩序、保障公共安全的一种勤务方式。

（二）巡逻方式

1. 步巡

步巡即徒步巡逻。这是世界上最古老、最普遍、最重要也是最简单的巡逻方式。在汽车发明使用后，步巡曾一度被轻视，但是20多年以来，步巡又逐渐被采用。这是因为步巡有以下优点，决非他种巡逻方式所能企及的：1）巡行不受气候、地形等因素的限制，任何崎岖偏僻的地区，巡逻警察都能走到；2）步巡行动自如，可以清楚地观察人、地、物、事的变化，并且又能听到各种声音，可充分发挥警员的耳目功能，更容易处理巡区内的一切警察事务；3）步巡能够接近群众，消息灵通，能彻底了解群众需要，可以服务群众、指导群众，同时也使群众易于接近警察，便于更多地了解社会面上的情况，也就便于警察机关掌握重要信息；4）步巡便于巡逻警员集中注意力，时时与现实环境接触，增强工作兴趣，是消耗经费最少的巡逻方式，任何警察机关都能实施。时至今日，步巡仍为各国所广泛采用。但步巡也有诸多缺点：1）巡逻警察体力消耗大，容易疲劳，影响巡逻效能；2）步巡速度慢，视野狭窄，活动范围小，处理事故慢，缺乏机动性，不便于调遣，降低了处理紧急事件和从事勤务支援的能力；3）步巡实际上实施的是"人海战术"，会浪费一定的人力资源。

2. 车巡

车巡，顾名思义就是汽车巡逻。它是警察巡逻勤务现代化的一个主要标志。在英美等很多发达国家，汽车巡逻已经被广泛应用。汽车巡逻更是引起了一场警务革命，即将警察从传统的"更夫"形象转变到现代化的机器人形象，给警务工作注入了活力。汽车巡逻有不可替代的显著优点：1）速度可快可慢，巡逻范围大，机动力强，并且通信便利，可凭借无线电话装置随时与警察指挥中心取得联络，故警力能迅速赶到现场，处理事故、事件；2）汽车车身容量大，乘坐人数较多，可随身携带执勤所需要的工具，巡逻警察坐在车里不易疲劳，一次可工作较长的时间；3）用人较少但是震慑性强，能够更好地稳定局面。但是，汽车巡逻的最大缺点在于与群众的接触机会减少，淡化了警民关系，容易造成信息不灵。此外，汽车巡逻还存在着费用大、保养困难、在没有公路的地区就无用武之地等缺点。

3. 自行车巡

在汽车没有普及前，通常使用自行车作为巡逻工具。使用自行车巡逻较为普遍的有亚洲、北欧诸国。近年来，美国一些城市的警察机关也认为自行车巡逻既不增加开支，又能加强巡逻的效果。自行车巡逻相比用其他巡逻，有以下优点：1）相比徒步巡逻，自行车巡速度快、路线长、范围广；2）行动敏捷、无声音、无光亮，不容易被犯罪分子发现，便于捕获现行犯，转弯迅速、停放方便，遇到汽车无法行驶的羊肠小道时，自行车都能通行；3）比骑巡适用范围广，且易于保养，节省经费，而且，不影响与群众的接触。自行车巡逻的缺点是：在车辆行人拥挤的路段、崎岖的道路，行动也不是很方便。

4. 摩托车巡

摩托车巡逻多用于特殊巡逻勤务，如城市交通警察巡逻、市外公路警察巡逻及随护贵宾等勤务。摩托车巡逻有以下优点：1）巡逻速度快，适于追击违规车辆，追捕人犯；2）能巡及边远地区；3）可携带通信设备，方便通信联络；4）进入现场快，容易发挥威力，能减轻巡逻警察的体力消耗并且较汽车巡逻费用小。摩托车巡逻有以下缺点：1）对外界事物观察时注意力不能集中，尤其是用两轮摩托车巡逻时，警察需要将相当一部分注意力集中于驾驶上；2）极易发生车祸，巡逻警察常因此受伤，造成的医疗费用高，同时警察机关也因此增加赔款。

5. 骑巡

骑巡即骑马巡逻，早期盛行于欧美各国。世界上最早的骑巡当属1356年的法国马巡队。到1915年，美国各城市共有骑巡警察1 804名，其工作为执行交通管理、驱逐街市暴徒等。骑巡的优劣介于步巡与车巡之间。其优点在于：1）巡逻距离较徒步长，巡逻的速度可快可慢，又能降低巡逻警察的体力消耗；2）警察骑在马上视野开阔，对于人、事、物的观察非常便利；3）对于泥泞的道路或行人多的地方，可以发挥巡逻效果；4）警察昂坐马背，颇具威严，能发挥警察威力，对于驱散集会、游行人群有很大的功效，同时追踪犯罪嫌疑人时速度快。骑巡的缺点在于：1）夜间或冬季天寒结冰时，行动较为困难；2）处理事故时，马的安置不便，警察分心于驭马，不能集中意志观察事物；3）驭马术必须经过训练，马匹需要专人饲养照料，耗费时间与经费。目前，各国除执行特殊勤务或习惯用马地区（如游牧地带）外，很少采用骑巡。

（三）巡逻的作用

1）警察巡逻制造出警察无所不在的社会影响，有助于预防和制止违法犯罪活动。警察在具体评价警察机构效能时与公众略有不同。警察往往侧重于以侦查和逮捕的犯罪嫌疑人来判断自己的工作，而公众则强调把警察保护群众安全及维护群众生命财产的能力作为衡量警察机构工作的尺度。巡逻正是警察为了纠正这种差异而采取的有效步骤。警察的职能首先是预防犯罪，其次才是对闯过预防线的犯罪分子进行打击。群众希望有一个安全稳定的生活环境，但警察不可能在社会的各个角落充分提供这样完满的保护。因此警察着装上街就是为了让人们有一种安全感，这种安全感与警察对犯罪分子的威慑力成正比。

2）警察巡逻有助于维护社会治安秩序和公共安全。公众的安全状态取决于警察工作的有效性，确切地讲取决于警察巡逻的状态。巡逻的警察在保护群众的安全时具有双重功能：（1）把犯罪制止在萌芽阶段。巡逻警察为什么要分布在繁华闹市，其根本原因是那里的人口密度大，犯罪侵害的目标多，警察的巡逻就是为了阻止犯罪的发生，随时纠正可能发生的违法行为，使犯罪中止，尽可能地减少犯罪的后果。警察的大多数工作可以说都是事后的活动。但巡逻却是带有安全目的的预防工作。（2）维护公共场所的社会生活秩序。警察巡逻的主要任务之一就是让社会生活按照一定的程序运转，每个人都遵守这种规律，防止个人生活干扰他人的权利等。商店门前的长队、体育明星的到来、交通堵塞、个人之间在公共场所的恩怨等这些小事中暗藏着威胁公众安全的因素。警察巡逻是消除这种威胁的好武器。许多国家重视巡逻工作的原因就在于此。

3）警察巡逻为社会提供各种项目的综合服务，密切警民关系。很明显，对公众安全的威胁并非仅仅来自刑事案件的发生。目前警察界对于警察是服务型还是专业型的争论日益激烈，一种意见认为未来的警察应该着重向群众提供"慈善性"服务；另一种意见认为警察的工作仅仅是对群众的部分安全负责，即阻止由于违反法律而导致的对群众生命财产的损害，而社会性的"慈善"服务只是警察为完成专业工作的一种手段。这两种意见的一个共同点就是警察应该承担社会性服务工作。警察作为唯一的街头组织力量应该向社会提供辅助性服务以减少自然灾害和意外事故对群众的损害、救援那些生命处于危险之中的人、解除人的各种忧患，而这些工作也只能由巡逻警察来承担。因此，许多国家重视巡逻警察的社会服务职能，并以此树立警察的高大形象。

（四）警察巡逻的任务

巡逻是警察工作的一个重要组成部分，但它仅仅是警察职能的一部分。因而巡逻中的警察所担负的使命具有局限性，它不可能体现警察工作的全貌。巡逻的警察在完成任务时必须遵循一些基本原则，在职权范围内工作。大多数国家的警察部门对巡逻都规定了授权范围，综述起来有以下几个方面。

1）保护公众生命和财产安全。这项任务的完成既要有那种勇猛顽强的献身精神，又要有耐心细致的责任感。警察的巡逻大多数是枯燥无味的、日复一日的单调工作，但警察就是要从普通的工作中体现出保护群众生命财产的职能作用。巡逻中警察遇到的危及群众生命财产安全的灾难性事故是比较少的，其大量的工作还是处理琐碎的事务，但也绝不可忽视潜在的危险。正是这些潜在的危险使群众缺乏安全感，而警察也是通过处理这些事来完成其保护群众生命财产安全的职责的。

2）预防、制止犯罪和不道德行为的发生。完成警察工作的重要条件之一就是及时性，没有任何因素比时间更重要。无论一个国家有多少个警察机构，无论它们如何周密分布，都没有街头的巡警更接近现场或罪犯。街头的警察通过日常的巡逻工作把警察对犯罪防范的意图体现出来，通过必要的武力制止犯罪。在警察的职权范围内调整某些道德方面的社会关系，是基于公共场合是群众活动的场所，每个涉足者都应该遵守公共道德并进行自我约束，否则将妨碍别人的权利，引起不必要的纠纷，造成潜在的安全威胁。因此，在公共场所制止不道德行为符合警察巡逻的工作宗旨。

3）逮捕刑事犯罪分子。逮捕犯罪分子对大多数巡警来说都是在现场进行的。警察的这项工作在整个巡逻工作中占有相当重要的地位，是警察打击犯罪的第一线工作，这时的工作比侦查工作更为重要的是犯罪尚未或没有完全造成后果，群众需要的就是这种预防性的打击工作。大多数被逮捕的罪犯中60%是巡逻过程中调查时被发现的，而需要警察专业化机构进行破案的案件数目占小部分。巡逻警察在例行公务中对所发生的案件采取行动是有法律授权的。这里当然要提一下警察的自决权问题，在警察所有的部门中巡警拥有最大的自决权，因为他们要在瞬间变化的街头闹市上迅速而准确地判断罪与非罪，没有相应的自决权是无法胜任这项工作的。

4）寻找遗失和被盗财产。为什么要把这项任务列为巡警的工作内容呢？因为犯罪分子尤其是盗窃犯的作案动机就是通过犯罪手段来窃取财物并变为自己可以挥霍的金钱。这就存在了销赃以及购买赃物使用的问题。警察开展此项工作的法律依据是赃物返还原则，几乎每一个国家在民事法律中都规定任何人不论通过什么途径获取赃物的所有权都是不合法的。这项法律也间接地制止了盗窃犯罪的蔓延。当然，寻找群众遗失的物品也是符合警察与犯罪作斗争的精神的。

5）维护公共秩序。从表面来看这似乎与制止犯罪无关，但是实质上这是巡逻宗旨的延伸。在街头闹市行进的游行、大型群众集会，甚至是为抢购紧俏商品而排起的长队，巡逻警察有责任对发生在本地区的上述活动进行有效的控制，必要时召集预备警力疏导人群，维护秩序，避免造成人员伤亡和财产损失。

（五）警察巡逻存在的问题

1994 年公安部颁布了《城市人民警察巡逻规定》，标志着我国真正意义上的巡逻勤务的出现。目前全国已有 40 多个地级以上城市初步建立起警察巡逻制度，即有一支专职巡警队伍，巡逻工作成为一种固定的警务方式长期坚持下去，80 多个城市也已经开展了警察巡逻工作。我国在巡逻勤务的建立中取得了一定成果，但在其实施过程中也暴露出一定的问题。

1）巡逻方面的法律严重滞后。尽管公安部已经颁布了《城市人民警察巡逻规定》，对巡逻的职权作出了比较明确的统一规定，然而由于我国国情复杂，有些地方单独组建巡警队伍，有的地方则是"交巡警合一"的模式，因此容易导致各地巡警在执行勤务中的职责和权限存在差异，无法形成自上而下的管理体系。有的地方的巡警权力很大，几乎能办理所有案件；而有些地方的巡警权力却很小，几乎什么案件都不能办。同时改革对巡警的影响也是首当其冲的，容易造成人心涣散，责任不到位，工作不得力的情况。我国的巡警制度仍处于初创阶段，时间短、基础差、队伍年轻化，缺乏一定的实践经验，在客观上导致巡警法律知识缺乏等问题。

2）基层警力缺乏整合，基层公安工作整体效能低下。在我国的城市，特别是经济基础较好的大城市，随着公安机关机构改革，精简机关，工作重心向基层倾斜，警方在基层投放的警力总量不少，单位面积上警力密度也是不低，关键问题在于基层警力专业划分过细，执法权限分散，从而造成以下问题：基层警力被人为割裂，分工过细，各自为政，遇事推诿，未形成整体效应；多头指挥，政令、警令不畅，接处警环节多，效率低下；指导部门多，管理成本高；基层不同警种的工作饱和程度不一，忙闲不均；警察职责单一，不利于警察工作潜能的发挥；单警种作战能力差，不利于基层警察素质的全面发展等。

3）巡逻方式不完善。巡逻方式是实现动态控制的手段，根据不同区域的不同情况来实施相应的巡逻方式，是巡逻控制取得成效的重要环节。但是，由于警力短缺，目前在警力的配置上，除了确保"110"紧急警务车实施快速反应外，还基本不能以步巡或自行车巡等方式对要害部位、繁华街面、治安乱点和易发案地区实施控制。也没有因地制宜对各个地方进行科学分析，合理安排巡逻方式、分配警力，未能形成全方位的巡逻方式。

同时，由于巡逻区域点多面广，巡逻方式各种各样，导致在实践中，巡警巡逻执勤、执法不够规范的现象比较突出。领导部门也未能根据实际情况科学管理巡警队伍，合理安排巡逻勤务。现实的外勤工作没有真正实施客观、真实的勤务记录制度，因而关于社会面的一些基本情况就缺乏客观有效的统计数字，公安机关以及政府部门也就无法真实掌握这部分治安信息，不能根据社会的实际需要科学安排警力开展巡逻，也不能及时了解巡警工作中出现的问题，从而无法科学管理队伍。

（六）改善警察巡逻建议

1）从立法上完善巡逻体制。尽管公安部已经颁布了《城市人民警察巡逻规定》，对巡逻的职权作出比较明确的统一规定，为巡逻提供了法律依据。但是近些年来随着公安机关巡逻体制的逐渐完善，《城市人民警察巡逻规定》的内容已不能完全适应社会发展的需要。目前，全国大部分县以上警察机关都组建了巡警队伍，在保护群众人身和财产安全、预防犯罪、维护社会治安以及公共服务方面都起到了重要作用。为此应将巡警作为一个独立警种，并在法律中予以明确。主体的确定，有利于对巡逻勤务方式、队伍建设、后勤保障等方面有针对性地制定更加详尽的规范，使巡逻规定成为巡警在巡逻执勤中依法履行职责，维护公共安全和治安秩序，为群众提供救助服务，以及开展规范化、制度化建设的重要准则，保障巡警队伍可持续性的发展，进而有利于巡警队伍的正规化、法制化建设，形成一个全国上下统一的管理体系。

对机构设置、职能、职权、编制及录用标准等问题作出具体规定，改变目前混乱的局面，把巡逻勤务工作提升到一个新的高度。同时需要有完善的立法监督制度来约束警察的巡逻行为。巡警作为警察的一个窗口，只有加强监督机制建设才能使其更好地执法，为公众服务，以此保证巡逻勤务的顺利进行，并取得预期的效果。

2）建立巡警、交警、派出所联系协调制度和联勤机制，实现城区警力"一体化"。巡警由于具有跨警种、多职能的特点，在工作上与交警、派出所民警以及其他警种都有不同程度的紧密联系，巡警履行职责、完成任务离不开相互之间的协调配合。巡警与交警、派出所要定期召开联席会议，并作为一项制度，相互通报情况，共同分析研究辖区的治安情况、特点及其发展趋势，落实各项防范措施。同时，在加强联系协作的基础上，按照职责分工原则，巡警、交警、派出所警察要形成"以快为主、多警联动、相互策应、互为依托"的全方位城市警察巡逻体制。

3）增加科技投入与治安信息的处理和合理充分利用。随着城市经济体制改革的进一步深化，人、财、物流动加大，社会治安防范和管理出现许多新问题。因此，面对新的治安形势和犯罪特点，如提高防范能力，能否拥有大量的社会信息是做好治安防范工作的基础。同时，大量信息的分析、储存、传输、利用又是一项十分复杂、仔细的工作。因此，必须增加对现代通信系统、现代化信息网络的建设投入。有了信息中心网络，对巡警警力的备勤与出警，街面上警力的合理配置，乃至整体勤务规划，将起到不可估量的作用，给打击犯罪、保护群众提供更加强有力的保障。

三、临检

(一) 概念

根据我国《警察勤务条例》第 11 条的规定，警察临检即于公共场所或指定处所、路段，由服勤人员担任临场检查或路检，执行取缔、盘查及有关法令赋予之勤务。警察临检是日常警察勤务活动的一种，是指警察为达成维护辖区治安或执行法令赋予的任务，有计划并事先准备，对公共场所、指定处所或路段所实施的突击性的临场检查。广义的警察临检包括阻拦、盘查、搜身、搜索、逮捕及扣押等必要措施，具有刑事司法性和治安行政性，而狭义的警察临检仅指盘查、询问等警察行政强制措施。

(二) 临检的特征

1）强制性。警察临检是警察为执行法令而依职权对公民的人身或财物进行检查，了解、收集信息的活动。其行为涉及公民的人身财产自由，相对人有容忍与服从的义务，所以必须有国家赋予的强制力保障。

2）法定性。警察临检的执行本身就对公民的人身及财产产生了限制效果，因此必须严格依法行使，防止临检权力的滥用和过界，这样才能在完成警察勤务任务的同时，保障正常的公民权利不被侵犯。

3）时效性。警察临检具有一定的时间性，都是在一定的时间范围内采取相应措施。多数情况下是临时临检，如盘查、车检等，同时还有定时（预定时间）临检，如留置盘问等。

4）行政与司法兼容性。警察临检行为不仅是行政意义上的强制行为，同时具有刑事强制性。各国不仅通过警察行政法规来规定临检的具体执行，同时在刑事诉讼法规中也有相应的规定。在实践效果上，很多刑事案件都是在临检中查处的。

(三) 我国警察临检制度的启示

我国通过立法对警察临检的范围和程序同样作出了具体规定，如《人民警察法》第 9 条的规定、《中华人民共和国戒严法》（以下简称

《戒严法》）第 14 条和第 23 条的规定。

虽然我国对警察临检的法律规定较多，但是大部分是行政性规定，刑事司法方面的相关立法较弱，除了《刑事诉讼法》第 80 条对公安机关抓捕现行犯规定外，并无其他具体规定。与行政行为相比，司法行为对公民的基本权利的干涉度较大，必须通过具体立法来规制，而我国对此的立法疏忽，不能不说令人遗憾。警察临检过程中发现犯罪，应如何执法、执法范围多大、行政行为如何转为司法行为、如何确保被临检人的合法人身自由和财物安全不被过量临检权破坏，都是立法者和相关行政机关的努力目标。具体而言，借鉴各国的做法，可制定警察职权法，对警察临检作具体统一的规定，并且在刑事司法方面补充立法，将警察临检的行政性与司法性有机统一起来。

四、守望

（一）概念

警察守望一般是指在治安管理中，为掌握、控制某些与治安秩序相关的特定区域、特点目标的局势、动态，依法采取的定点、定位瞭望、监督方式。具体是说于冲要地点或事故特多的地区，设置岗位或划定区域，由服勤人员在一定位置瞭望，担任警戒、警卫、管制工作；并受理报告，解释疑难问题、维持交通秩序及执行一般警察勤务。

（二）警察守望的分类

根据对警察守望概念的分析，我们可以将警察守望分为以下两种类型。

公开守望，是指警察在管理社会治安秩序，针对特定的区域、特定的目标而采取公开方式进行的瞭望、监督方式。它是守望主要的表现形式，集中反映出警察守望的一般特性。

秘密守望，是指警察在处理特殊事故或者在特殊地点，通过秘密瞭望、警戒、警卫、管制等方式，不公开地对相关区域、位置进行的监督和观望。它是针对特殊情形而采用的守望方式，对于一些秘密行为具有必要作用。

（三）警察守望的任务

警察组织通过组织警察对相关区域的守望，对视野区域内的社会治安秩序负责，通过了解守望目标或对象的形态，掌握有关治安动态，分析、预测治安趋势或事态发展，预防和打击违法犯罪活动，确保守望区域的公共安全，确保稳定的社会环境，为我国的经济建设服务。

五、值班与备勤

（一）概念

由于值班和备勤都属于在警察机构内部完成的勤务方式，二者具有十分密切的联系，因此，将二者一起进行阐述。

警察值班是指于勤务机构设置值勤台，由服勤人员值守，以担任通信联络、传达命令、接受报告为主的工作；必要时，站立门首瞭望附近地带，担任守望等勤务的执行。

备勤是指服勤人员在勤务机构内整装待命，以备突发事件时机动使用，或临时派遣的勤务执行方式。

（二）实施警察值班和备勤的重要性和必要性

1）实行值班和备勤制度是由警察机关的性质、任务和特点决定的。警察机关是人民政府的一个职能部门，但又不同于一般的行政机关，在管理训练、指挥监督、装备保障等方面具有半军事化的特点，《人民警察法》等法规的规定集中反映了警察机关的半军事化特点，特别是《公安机关人民警察内务条令》明确提出警察机关必须实行 24 小时值班和备勤制度。

2）实行值班和备勤制度是预防打击犯罪的需要。当前犯罪数量不断增多，作案手段日趋复杂和多样化，特别是流窜犯罪、暴力犯罪，持续时间短，危害大，侦破难度大。警察机关只有加强值班和备勤工作，接到报警后才能及时出警，以快治快，将犯罪分子现场抓获，使案件很快破获，否则必然浪费大量人力、物力，使很多案件成为死案、难案。

3）实行值班和备勤制度是处置紧急治安事件和维护公共秩序的需要。当前各种矛盾和纠纷引发的群体性事件不断增多，这些事件随机性、突发性强，如不及时平息，必然会影响社会的稳定。如能加强值班和备勤，做到快速调集警力对这些事件予以处置，就能及时将其控制在萌芽状态，避免造成严重后果。对当地的公共救援行动，警察机关也要积极参与，并应在最短时间内调集大批警力进行处置。如果不实行值班和备勤制度，这些处置工作和紧急任务很难完成。

4）实行值班和备勤制度是加强警察队伍建设的需要。值班和备勤对警察的素质等方面提出了较高的要求，必须做到"召之即来，来之能战，训练有素，雷厉风行"，具备良好的政治业务素质和精神风貌。落实值班和备勤制度，可以锻炼队伍，促使警察加强学习，增强自觉性，同时可以促使队伍转变作风，改变过去警令不畅、工作按部就班的状况，从而推动队伍的正规化建设。

（三）警察值班和备勤存在的问题

1）警察对值班和备勤制度的重要性认识不清。一些基层警察组织特别是实战单位的领导和警察对值班和备勤制度的重要性认识不清，没有认识到当前治安形势的严峻性和实行值班和备勤制度的重要性。他们认为本来警务工作任务就很重，工作之余还要备勤，这是给自己增加负担。一些警察在工作上习惯按部就班，缺乏吃苦耐劳的精神，工作消极，牢骚满腹，作风拖拉，反应迟缓，致使值班和备勤工作流于形式，经常唱"空城计"。

2）警察机构经费紧张，警察装备落后。值班和备勤需要配备相应的器材和必要的交通工具、通信工具，有相应的备勤室，保障随时执行各项紧急任务。由于受经济条件的限制，目前备勤所需的交通工具、通信工具落后，警械不足，防暴器械和防弹背心更是少得可怜，难以适应工作的需要，接到指令后不能保证有足够的警力赶到现场。警察放弃节假日，日夜加班，但适当补贴跟不上，影响了警察积极性的发挥。

3）值班和备勤工作没有落到实处。由于受认识不足和警力不足、经费紧张等主客观因素的制约，严格落实值班和备勤制度有一定的难度。虽然制定了值班纪律，建立了值班制度，但缺乏经常性的监督检查，导致这些制度不能很好落实，形成"抓一阵紧一阵，放一阵松一阵"的局面。一旦遇到紧急情况，警力难以及时调集。

4）值班和备勤工作行为不规范。（1）备勤等级不明。等级划分的核心是确定警力规模，警察机关所属各单位承担的任务不同，在编人数不等，要根据科学测算备勤警力，确定备勤等级。但从实践上看，因备勤等级不明，常造成备勤混乱，往往将所有单位纳入等级备勤，浪费了警力资源，影响了工作。（2）过分强调备勤工作，影响了正常工作的开展。由于对值班和备勤工作作了一些硬性规定，处分比较严，上级警察机关也不定期进行检查、暗访，在基层警力严重不足、任务较重的情况下，有些基层领导形成了"抓这不抓那"的消极思想，只顾应付检查和抽查，而将其他工作放在一边。（3）指挥体制不顺。现在普遍实行的是"110"集中接警，但由于缺乏直接调动警力的权力，接警人员在获取警情后须层层请示如何处置，等到领导作出决策后，又要将警情和指令下达出警单位负责人，再由其下达命令，这种层层请示、层层下达指令的体制浪费了很多时间，易失去战斗时机。（4）准备工作不细。由警察机关的性质任务决定，平时警力按警种和属地配置，各司其职且相对独立分散，而值班和备勤则要求打破警种和职能分工界限，集中警力执行同一任务，要求迅速完成从常规工作状态向值班和备勤状态转换。

（四）值班和备勤的改进措施

1. 深化认识，转变观念

各级警察机关尤其是基层警察机关要充分认识到实行值班和备勤制度的重要性，自觉在思想上转变观念，将值班和备勤工作摆上重要议事日程，常抓不懈。要从战略高度重视值班和备勤工作。要组织警察认真学习公安部《公安机关人民警察内务条令》，增强值班和备勤工作的自觉性。

2. 要解决警力不足的矛盾

警力是值班和备勤工作最关键的因素，没有适量的警力，值班和备勤工作将成为一句空话。笔者认为解决警力不足可采取以下途径：1）精简机关，充实基层。目前我国警力仍呈"倒金字塔型"，机关人多，基层实战单位人员紧张。因此，必须下大力气精简机关警察，使警力向基层和实战单位倾斜，最大限度地发挥现有警力的效能。2）加强教育培训工作，通过提高素质增强警力。备勤队伍战斗在第一线，工作范围广，要求处警人员具有较高的法律水平，过硬的业务技能和做群众工作的本领。要通过教育培训、鼓励警察自学等多种方法，提高警察的素质，做到一警多能。3）可将各地的治安联防队员纳入备勤警力范围。目前各地都组建了治安联防队，这些人有一定的工作经验，只要管理到位，也是一支很好的备勤"辅警"力量，可以弥补警力不足。

3. 建立完善的警察机关等级备勤体制

1）要划分备勤等级。按照公安部《公安机关处置群体性治安事件规定》中有关规模调警的规定，可将备勤警力规模定为三级，一级为200人以上，二级为50人以上至200人（含）以下，三级为50人以下，并明确备勤单位。一级备勤警力单位为警察机关所属各单位；二级备勤警力单位为局机关、治安、巡警、交警、责任区刑警中队、派出所；三级备勤警力单位为治安、巡警、责任区刑警中队和派出所。2）制订预案。针对当前突发事件的新情况、新特点，要制订切实可行的总体工作预案，并不断修订、补充、完善。在总体预案基础上，针对三级备勤警力及突发事件情况分别制订不同级别的预案。预案要明确责任分工，明确交通、通信、警械等后勤保障，要从实战出发，精心组织演练，提高警察的处置技能。3）指挥和调警。等级备勤体制命令只能由警察机关最高行政首长或代行最高行政首长的副职下达。调警必须依法依程序进行，要适时、适度，不可乱调、盲调，否则会激化矛盾，引发新的事端。

4. 建立高度统一，反应迅速的指挥中心

指挥中心是快速反应的神经中枢，在值班和备勤体制中至关重要。要加强指挥中心建设，提高指挥中心警察的素质，做到接警迅速，分析准确，指挥得当。要赋予指挥中心先期指挥权、装备调用权、越级指挥权等，强化指挥中心权威，对指挥中心的各种指令，任何警种、任何警察都必须无条件执行，不得拒绝和推诿。

5. 加强思想政治工作

实行值班和备勤制度，要求工作方式和工作作风作相应的转变，这是一项复杂、艰巨的工作，对警察生活上、观念上、工作方式上都会有很大触动，也是对警察机关长期以来形成的机关化作风的强烈冲击。要发挥思想政治工作的优势，做好警察的思想工作，培养其雷厉风行、吃苦耐劳的作风。同时建立一套激励机制，对表现突出的警察及时予以物质精神奖励，对不求上进、作风拖拉、贻误工作的警察及时予以通报批评，造成严重后果的要追究党纪、政纪责任，甚至追究刑事责任。

第六篇

警察公共关系篇

第十七章　警察公共关系的基本理论范畴

第一节　警察公共关系基本理论概述

一、警察公共关系的概念

对于什么是"公共关系"，学界众说纷纭。"状态说"的观点认为，组织与公众之间的关系就是公共关系；"管理职能说"的观点认为，公共关系是管理活动中的一项重要内容，管理者需要关注、理解、维护、改善组织与公众的关系；"传播沟通说"的观点认为，良好公共关系的营造需要组织有目的、有计划地向公众传递有关信息；"观念说"的观点认为，公共关系是一种观念，这种观念是一种能够影响和制约组织的政策与行为的管理哲学、价值观念和行为准则；"艺术说"的观点认为，公共关系是发展相互了解和良好关系的艺术和科学。

警察公共关系，是公共关系的基本原理同警察管理相结合的产物。在首届警察公共关系论坛上，有人将警察公共关系定义为："立足于社会发展的需要，对警察行为和功能作出适应性调整的一种动态性与战略性的职能，它可以使警察主体具有更大的社会适应性，争取警察组织外部的支持和配合，帮助警察组织自身更好地适应社会发展的需求。"① 在这一定义里，"警察公共关系"的关键词是自身调适、亲社会性、外部支持以及自身发展。还有人将警察公共关系定义为"公安机关积极、持

---

① 孙娟. 第一届"警察公共论坛"纪要［J］. 公安大学学报，2002，6.

久、有计划地运用各种信息和传播沟通手段，加强与公众（包括自然人和法人）之间的相互了解和沟通合作，不断促进公安工作更好地服务于社会，从而为公安机关树立良好形象创造条件的警务运作模式"①。这个定义显现出的主要信息点为：自身调适、亲社会性、良好形象。相比前者的定义，后者将"警察公共关系"定位为一种"警务运作模式"。而"运作模式"则是一种反复运行和操作，是处于不断进行中的工作状态。在网络社会里，当被问及"什么是警察公共关系"时，最佳的也是最简短的答案为："警察公共关系就是如何使警察和普通民众的关系更加和谐的一门学问。"这的确是一语中的。建设警察公共关系，归根结底就是使警民关系更加和谐，警察组织只有紧紧依靠人民、团结人民、全心全意为人民服务，才能克服警力有限的短板，充分利用民力的优势，不断开创警务工作的新局面。

上述两个定义具有历史局限性。造成这种历史局限性的原因在于，从 2010 年起，中国社会进入自媒体时代。自媒体时代最大的特征是，每个个体都是信息的传播者，传播变得越来越自主与便捷，话语霸权与精英垄断在技术上变得越来越微乎其微。对于警察组织公共关系的建设而言，其目光不能仅局限于组织外，组织内的成员也应该纳入公共关系建设的范围。由于警察组织是由诸多有血有肉的普通个体组成的"制度人"，而"在社会化媒体时代，来自于组织内部的人——下至普通警察，上到警察长官都可能成为组织的危机来源，比如他们在自媒体平台上抱怨组织的种种不是"，因此警察公共关系建设也应该注重"组织内"因素。

综上所述，警察公共关系，是指警察组织通过调适其与内外部各因素之间的关系特别是警民关系改进其形象，满足社会需要和自身发展所为的一种警务运作模式。

二、警察公共关系的功能

功能，即事物或方法所发挥的有利作用。警察公共关系的功能，就

---

① 徐海晋. 警察公共关系理论与实务 [M]. 北京：中国人民公安大学出版社，2007：4.

是为实现警察机关的职能任务而服务的内容。总体来说，警察公共关系主要承担预警、协调、凝聚、塑造四个方面的功能。

（一）预警功能

警察公共关系既然是一种"反复运行和操作，处于不断进行中的工作状态"，即作为一种"警务工作模式"，在面对不断发展变化的社会形势时，若要使警察公共关系建设发挥其最大效能，就需要在广泛地收集相关信息的基础上做好监测工作，然后根据监测结果进行评估研判，使警察机关把握有利时机做好危机的防控和处理工作，避免不利因素，及时回应群众期待，最终保证警察工作目标的实现。这一过程即被称为"预警"。

广泛地收集相关信息是做好预警的前提。信息收集的途径有很多种，既包括传统大众传媒、互联网，也包括警察组织业务数据、内部信息沟通、专题调查，还包括相关利益公众的意见。警察组织可以在设置关键词通过搜索引擎收集到充分的信息后，再对信息的真实性进行甄别，剔除虚假信息，保证作为决策依据的信息的客观性与真实性。然后在此基础上进行归纳、分析与评估，得出具有预警意义的倾向性结论。

（二）协调功能

协调的核心是沟通。对大多数普通组织成员来说，警察公共关系科和人力资源部门应建设良好的沟通渠道，让其对组织的意见、建议和抱怨通过内部渠道表达，将问题在组织内部解决。

毫无疑问，警察组织和公关对象（包括警察组织内部成员）在社会生活中扮演着不同的角色，有着不同的利益。利益纠葛导致的不协调在所难免。公共关系的重要功能就在于不待矛盾激化到不可调和的地步时就提前介入，消解矛盾。具体而言，警方可通过警务公开、发布会、座谈会等平等对话方式与公关对象交换意见，达成共识。

（三）凝聚功能

凝聚功能包括组织内部成员的聚合和组织与其公关对象的聚合，至于组织内部成员与其公关对象的聚合当然包括在后者的范畴内。前者以信息传播为纽带，通过对工作职责的恪守与践行，对统一理念的体会和认同，形成了共同的情感，这种情感使警察团队的凝聚力得以提升，作战能力和工作绩效也都得到加强。

后者的凝聚功能是沟通和协调产生的必然结果。通过警民对话，公关对象能享有更称心如意的警务产品，而警察组织则在与民互动的过程中展现出亲民、理性、实干的良好形象，这大大拓展了其将来推进工作的运行空间，夯实了群众基础，使公共关系建设事半功倍、经济高效。

（四）塑造功能

警察公共关系是一门塑造警察组织良好形象的学问。它既要讲求科学性，又要讲求艺术性。在警察组织内部，应该让警察组织内部成员科学地认识到形象的重要性，并艺术地通过教育和示范，使其谨言慎行，不要触碰损害组织和自身形象的底线。

对公关对象即社会大众而言，警察组织良好形象的树立既依赖于警察组织提供合适与合格的警务产品，又需要警察组织通过公关活动来传播、引导公众信任组织。警察组织可以向群众介绍说明警方的活动、政策的目的和用意，待其作出正面评价后，警方再因势利导，通过社会活动、大众传媒等强化舆论引导，将警察组织的良好形象传播出去并使之深入人心。

三、警察公共关系的基本原则

成功地开展公共关系活动必须遵循一定的基本原则。警察公共关系的基本原则主要有：实事求是原则、互惠双赢原则、立足长远原则、遵纪守法原则、全员公关原则、开拓创新原则。这些基本原则构成了一个内部相互联系的有机系统。其中，实事求是是依据，互惠双赢是前提，立足长远是根本，遵纪守法是保证，全员公关是基础，开拓创新是灵魂。

（一）实事求是原则

公共关系是一种客观存在，事实也是一种客观存在。但不能否认的是，先有事实，后有公共关系。现代社会，警察组织与内外环境处于不断运动的相互作用中，它们是平衡与不平衡、协调与不协调的对立统一体。警察公共关系的工作就是对事实进行调适，以使它处于平衡与协调的状态。因此，警察公共关系的开展必须以事实为基础，收集关于警察组织与环境双方可能存在的不平衡、不协调的事实，进而策划公共关系的行动计划，这时才能讨论该用什么策略、如何运用技巧等问题。可以说，事实才是全部公关工作的起点。

掌握了客观、真实的事实才能进行准确预测和科学决策。1）公关人员在了解、调查有关事实时，不能文过饰非、偏听偏信，不能有先入为主的偏见；2）公关人员作报告时必须杜绝主观随意性，以避免将不准确的信息传递至决策层，导致决策偏差。公关人员必须从事实的广度、深度全面把握客观事实，以保证从质与量两个方面提升公关活动的效果。

公关活动的一项重要工作是传播信息。一方面，警察组织的信息传播有内外两个方向，内部成员和目标群众都是信息的接收者；另一方面，将接收者的回应反馈给组织，从而使双方相互适应、相互了解。信息传播必须"讲真话"，这也是现代公关之父艾维·李所提倡的信息传播原则。从利害关系的角度来讲，信息传播对组织与信息接收者会产生以下三种影响：对双方都有利、对双方都无利害关系、仅对一方有利。后两种情形的处理就要既讲求科学，又讲求艺术，使事实被真实地传播，从而使不利影响降到最低。

（二）互惠双赢原则

现代社会，组织都不是孤立的个体，它由多向度、多维度、多层次的内容所构成。此一组织与彼一组织或许就有交集。组织作为一个整体，又是社会的组成部分，各种组织又编织了社会这个大组织。组织与内部成员、外部群众间关系错综复杂，形成"你中有我、我中有你、利益均沾"的格局。组织的生存、发展受制于其所生存的环境，即"这是一个不自由的自由社会"。而反过来，组织又对这一环境产生影响。若片面追求一方利益，必将一损俱损，最终无益于组织。因此在现代社会，组织只能与内部成员、外部群众建立长期的友好关系，互惠互利、共创双赢，警察组织也是如此。

坚持互惠双赢要注意以下几点：1）要对群众与社会负责，对组织行为引起的问题，同群众一起行使权利，分担义务，解决问题，承担责任；2）要对组织内部成员负责，把组织生存、运行、发展建立在尊重组织成员和满足合法合理需求的基础上；3）必要时牺牲组织的小利益而成全群众与社会的重大诉求——这不仅是公关战略的要求，更是对组织生存环境的维护。总之，组织在保证自身价值实现的同时，要善于平衡与各方的利益，因时作出适当取舍和正确选择。

（三）立足长远原则

公关工作是一种战略行为，它追求的是长远目标的实现。因此在推进工作的过程中切不可急功近利，浮夸冒进。

具体来说，立足长远原则要把握好以下几个方面：1）警察组织为了适应不断变化的群众评价标准，应从长远着眼，做好长期持久、扎实艰苦的公关工作的准备；2）公关日常工作或专题活动，其效果的显现和目标的达成都并非一朝一夕之事，而是依赖于日积月累的沉淀，因此必须时刻注重公共关系效果的积累；3）为了保障公共关系效果的积累与沉淀，在制定公关规划、策划专题活动时必须确立公关目标体系，使公关工作具有系统性与连续性。

（四）遵纪守法原则

警察组织开展公关活动必须遵守国家的法律法规和遵守公共道德与职业道德，这是依法办事的必然要求。如果在警察公共关系活动中制造不文明、不健康的噱头一味迎合目标群众，或者为了组织自身利益而放任某些利益主体损害国家、集体、他人的合法利益，这就属于盲目屈从。因为一旦没有原则地满足了少数人的不道德、不合法的要求，就是对其他大多数人合法利益的损害，最终会影响警察组织形象，使其威信尽失，失去民心的拥护与支持。

（五）全员公关原则

在多年的警察工作中，绝大多数警察组织都积累了大量的"无形资产"，如公众舆论、美誉度、知名度和关系网等。而对这些资产的管理、使用与经营正是公共关系所具有和承担的职能。这些资源的无形性使警察公共关系显然不能只靠专职公关人员的"无形资产"，还必须依赖于警察组织各个部门和全体成员的积极配合。所以，从整体的角度来说，警察组织内上至警察长官下至基层警察都是公关人员。

所谓全员公关，即通过对全体成员进行公关教育和培训，提高其公关意识，在警察组织内部形成浓厚的公关氛围，使警察组织全体成员积极参加公关活动，并按照相关要求开展工作。一般认为，全员公关包括以下内容：1）领导者与决策层必须重视公关工作，并为之创造必要条件；2）警察组织全体成员需要把公关工作视成分内之事，积极提高自身公关素养，严格要求自己；3）需要培育组织内的公关氛围，奖罚分明，激励警察组织内重视公共关系的风气。

（六）开拓创新原则

思维定式导致人们用僵化的视角来认识事物，形成刻板印象。但从多元化、全方位的视角观察事物时，新的创意和思路或许会不期而来。因此，如果能打破思维定势，突破经验教条，公关策划或将回归理性。

外部环境逼迫警察组织只有不断更新公关观念和工作模式才能适应时代赋予的新任务。特别是自媒体时代的来临，微博、拍客等草根媒体的崛起更使信息传播频添变数，因此，认识并用好自媒体，对在新时代下做好警察公关工作是不可或缺的。

好的方法是成功的前提。公关工作是一项极富挑战性的事业，要与各种人打交道，工作方法自然需得当。以情感人、以理服人、以利动人、以法律人正是工作方法创新的具体表现。同时，信息传播是公关工作的重点，而信息传播追求的是快捷高效，因此公关人员应主动掌握新媒体，综合运用各种媒介资源，最大限度地发挥传播效果。

另外需要注意的是，情感需求、精神需求日益成为警察组织内部成员与外部群众的追求。因此，如何更好地照顾到这些新需求，不仅是警察公关工作的一项新课题，更是使警察公关工作始终保持活力的关键因素。

第二节 警察公共关系的运作程序

一、警察公共关系运作的内涵

警察公共关系的运作是指警察机关开展公共关系活动的整体过程。具体来讲，警察公共关系的运作主要是指警察机关通过有计划地运用各种信息和传播沟通手段，加强与受众（包括自然人和法人）之间的相互了解和沟通合作，促进警察工作有效开展，为警察机关树立良好形象的警务运作过程。

警察公共关系的运作程序实质上是警察机关依法行使职能的一个重要方面。警察公共关系的运作程序由警察机关、受众和传播媒介三个基本元素构成。警察机关是警察公共关系过程的主体，受众是警察公共关系过程的客体，传播媒介则是警察公共关系活动的媒介和手段，是连接警察机关和受众的桥梁。警察公共关系的过程的本质是警察机关运用传播手段开展的活动，它的任务是协调警察机关与受众之间的相互关系；它的职能是警察机关在广泛收集信息的基础上，根据各个时期的警务活动在公共群体中产生的效果和影响，提出警察工作的具体目标和实施计划，并通过传播和沟通，再实现信息的反馈，对下阶段的警务活动进行新的计划的过程。警察机关通过开展警察公共关系活动，树立良好的警察机关组织形象，增强受众对警察工作的信任和支持。

1）警察公共关系的运作是一种警民互动的过程。警察公共关系是警察机关与群众之间的关系，警察机关是主体，群众是客体。这里所说的警民互动过程主要是指警察机关开展各种活动，客观作用于群众，根据群众对此的反应不断改善和调整警务工作的过程。群众是警察机关开展警察公共关系工作的重要对象，因此，群众影响着警察机关确立警察公共关系的认同度和参与度，直接关系到警察公共关系活动的成功与否。

2）警察公共关系的运作是一个整体的传播、沟通与合作的过程。警察机关开展警察公共关系，首先必须广泛地与群众进行接触，将信息或政策有计划地向群众进行传播和交流，传播媒介则是警察机关与群众进行沟通的中介和桥梁。警察机关与群众之间的信息交流和沟通应当是双向的，二者相辅相成、相得益彰。一方面，警察组织通过各种途径和方式将信息传达给群众，使群众深刻地了解当前警察工作的形势和方向，从而积极参与、支持警察工作；另一方面，警察机关通过不断地了解群众的诉求和愿望，正确定位群众对于警察工作的客观评价，发现警察工作的问题，及时调整思路和布局。

3）警察公共关系的运作是以改善警察形象，提高警察工作效率为目的的警务管理活动的过程。警察机关作为人民政府的一个重要的职能部门，是警察公共关系的主体，不但主导着警察公共关系的过程，还影响着警察公共关系活动的现实效果。警察机关开展公共关系活动都是围绕着群众利益进行的。警察机关形象的好坏，不但直接影响群众对于警察工作的满意度和支持率，而且从根本上影响党和政府的声誉与形象。因此，警察机关开展警察公共关系活动的过程就是一个不断改善自我形象的过程，警察机关只有不断树立一个能被群众接纳、得到群众信赖和支持的良好形象，才能从根本上建立起良好的社会公共关系，才能更好地开展警察工作。

二、警察公共关系运作的特点

在公共关系活动中，警察组织与群众、传播媒介之间相互作用，呈现出互动性、行政性、服务性、时效性、广泛性等特点。

（一）警民合作互动性

警民合作互动性主要是指群众与警察组织之间的相互作用。一方面是警察组织将信息传递给群众，另一方面是群众将这些信息反馈给警察组织。在警察组织内部的公共关系中，上级领导和主管部门处于传播核心的地位，而群众处于信息受众的地位，警察组织通过上情下达和下情上呈的信息双向流动实现彼此之间的信息沟通，最终提高整个警察组织的工作效率、社会效益和公众满意度。在警察组织外部公共关系中，主要通过发布信息、积累民意、开展警民之间的信息交流和相互合作，让群众了解警察机关的工作方向和重点。

（二）行政性与服务性统一

警察机关作为国家机器的重要组成部分，是人民民主专政的支柱，是具有武装性质的国家治安行政力量。一方面警察机关作为国家的行政机关之一，具有行政机关共有的行政性特点，通过发挥警察机关的行政性优势，充分代表行政权力和职责，通过公共关系维护受众的知情权、监督权等。另一方面警察公共关系有服务性。警察机关作为警察公共关系活动的主体，群众作为警察公共关系的客体，两者之间是服务与被服务的关系，这是由警察机关性质、地位和任务决定的。强制性与服务性是警察公共关系一个问题的两个方面，两者之间交替运行、相互作用。

（三）信息沟通时效性

警察机关开展警察公共关系活动，要时刻注重把握信息沟通的时效性。在实际工作中，信息沟通常因发送者不及时传递或接收者的理解、重视程度不够，而出现事后收到信息，或者通过其他渠道了解信息，使沟通渠道发挥不了正常的作用。警察机关在信息传播的过程中，要有效利用信息的时效性，快速开展公共关系活动，从群众需求出发，确定内容、选择主体，保证信息传播的快速、准确，语言表达力求简洁明快。多样、快速的信息交流有助于更好地开展警察公共关系活动。

（四）信息传播广泛性

信息传播广泛性是指警察机关的有效警务公共信息被所有的大众传播媒介所追求而广泛扩散，直至广泛地在群众中形成日益成熟的公共关系意识。现代信息传播技术的不断发展，为实现警务信息传播的广泛性提供了现实条件。此外，警察机关警务信息传播的广泛性，有助于群众培养广泛的公共关系意识，这种意识反过来影响群众行为，为警察机关信息的传播广泛性奠定了基础。群众公共关系意识的不断增强，不仅能促进信息的广泛传播，而且为公共关系传播的广泛性奠定了深厚的群众基础。

三、警察公共关系运作的具体程序

（一）警察公共关系调查与研究

警察公共关系调查与研究不仅改进公关工作，提升形象，更改进警察工作本身，通过对社情民意的分析研究，掌握群众的诉求、期待的状态和变化，更好地开展工作，也是警务工作的本质所在。

警察公共关系调查与研究，是指警察组织运用科学的调查方法，收集、了解群众对警察组织的真实评价资料，进而客观分析、研究警察组织的公共关系实务活动。警察公共关系调查与研究包括调查和研究两个部分。调查，是指收集有关的真实资料，并反馈信息，客观地反映警察组织的公关状态；研究，是指理性地分析事实资料，有效地把握警察组织公关关系变化规律和发展趋势，并据此提出加强和改进公关工作的策略、方法和措施。

1. 警察公共关系调查与研究的意义

警察公共关系调查与研究是一个收集信息，整理信息，分析资料，发现问题，进而确定公共关系目标的过程。通过对影响组织的各种因素进行调查，获得组织真实形象，确定公共关系工作的方向，公共关系调查与研究为公共关系计划的拟订提供了基本依据，也为公共关系方案的实施提供了根本保证。

1）公共关系调查与研究是警察组织开展公关活动的前提条件。公共关系调查与研究是公共关系工作程序的第一个步骤，是首要环节。警察机关设计、塑造警察组织的良好形象，必须对组织在群众中的形象有准确的了解，必须能及时、有效、准确地获取有关警察组织的信息，把握舆论的方向。只有确定了警察组织所面临的问题，其他公关工作才能进行。

2）公共关系调查与研究是警察公共关系工作的基础步骤。公共关系调查与研究不仅是公关活动的起点，更贯穿于整个警察公共关系获得的全过程，是开展公共关系活动其他环节的基础。警察公共关系工作的每一个环节、每一个步骤都需要大量的信息作为依据，公共关系调查与研究为这些工作的开展收集资料信息，了解反馈意见，提供决策依据，以保证各项公关工作的顺利进行。

3）公共关系调查与研究为警察公共关系工作提供信息保障。警察公共关系是警察机关与群众之间的一种信息交流关系。公共关系工作的每一个步骤、每一个环节、每一个方面都要有公共关系信息作为保证，都需要有公共关系信息作为原料，都需要有公共关系信息作为指导。警察公共关系工作的前期调查和研究，有助于收集大量信息，用来检测警察机关的公共关系状态，可以作为制定公共关系战略、公共关系决策和公共关系政策的依据。

4）公共关系调查与研究有助于塑造良好的警察机关形象。警察公共关系调查与研究一般来说都要深入社会、深入群众进行公共关系实务，这对于警察机关在群众中树立和传播良好的社会形象是有直接作用的。警察机关开展公共关系调研工作，让警察深入基层，与群众打成一片，了解社会状况，了解民意，并以此作为决策的依据，这样，必然会给广大群众留下良好的印象。此外，警察公共关系调查与研究又可以通过公共关系人员和其他管理人员与作为调查对象的群众广泛接触、交流，向群众传播警察机关多个方面的形象信息，如警察服务形象信息、警察实力形象信息、精神面貌信息等，这些形象信息的传播一般都会对警察机关形象的塑造有重要作用。

2. 警察公共关系调查与研究内容的分类

1）警察组织内部自身情况的调查与研究。

警察组织是公共关系的主体，要想取得公关活动的成功，首先要了解警察组织内部自身情况。自身情况的资料是一切警察公共关系活动的基本资料，是公共关系人员必须掌握的信息。警察组织自身情况的调查与研究主要包括警察组织基本情况调查与研究和警察组织形象调查与研究。（1）警察组织基本情况调查与研究。其内容包括警察组织从成立到当前各个时期的各种资料，包括历史与现状、目标与宗旨、社会职能、组织文化、组织制度、队伍管理情况、队伍基本构成情况、技术实力、财务实力以及硬件设施建设、警用装备情况等。只有充分了解和掌握自身基本情况的信息，才能根据自身的财力、物力等情况量力而行，有针对性地开展一些公关活动。（2）警察组织形象调查与研究。警察组织形象是一个整体的概念，是群众对警察组织的认识、看法和评价，对于组织的生存和发展至关重要。树立良好的警察组织形象是警察公共关系活动的根本目标，良好的组织形象不仅是组织无形的财富，还能提升组织的知名度和美誉度。警察形象是群众对警察的综合抽象评价，反映了警察在群众中的地位，只有对警察形象有充分的了解和认识，才能明白警务工作的目标和现实之间的差距，从而确立警察公共关系的目标方向和任务。

2）群众情况调查与研究。

群众是警察公共关系工作的客体，群众对警察组织的态度和意见是一切公共关系活动的出发点，是开展公关工作的基础。警察工作的核心任务是为人民服务，因此，群众的生活状况是警察应该了解的。警察组织应该掌握的群众情况资料有群众的构成情况、群众需求期待情况、群众评价情况。

3）社会环境调查与研究。

社会环境是指与社会组织生存和发展相关联的外部社会条件的总和。警察组织对社会环境进行调查，主要是为了分析、把握与本组织有关的政治、经济、科技、文化等社会环境状况。

3. 警察公共关系调查与研究基本方法的分类

公共关系调查与研究的方法多种多样，警察组织可以根据不同的调查对象和调查目的，灵活地采用各种调查方法。根据实际情况，警察公共关系调查与研究可以根据不同的角度分成不同的种类，当前常见的分类方法主要有以下两种。

1）按照调查对象范围的不同，公共关系调查与研究可以分为全面调查与非全面调查。全面调查是指对调查中的全部单位，无一例外地都进行登记或观察，以收集有关调查对象总体情况信息的公共关系调查法。非全面调查包括抽样调查、典型调查、重点调查和个案调查。抽样调查是指警察公共关系调查者遵循一定的原则从调查总体中抽取一部分样本进行调查，以此推断总体特征的一种公关调查方式。典型调查是指从众多的调查研究对象中，有意识地选择若干个具有代表性的典型单位进行深入、周密、系统的调查研究，并通过对典型单位的调查来认识同类公共关系现象的本质及其发展规律的调查方法。重点调查是指在调查对象中，选择一部分重点单位作为样本进行调查。个案调查是指为了了解或解决个别问题，对特定的调查对象进行的深入调查。

2）根据资料收集方式的不同，公共关系调查与研究方法可分为观察法、实际访问法、问卷调查法、网络调查法。观察法是指调查人员亲临现场对调查对象的情况直接观察记录，从而收集获得警察公共关系信息资料的调查方法。实际访问法是指警察组织根据调查事项，有目的、有计划地向被调查者提出问题，与被调查者交谈，通过他们的回答来获取警察公共关系信息资料的调查方法。问卷调查法是指以书面形式根据调查目的制定调查问卷，由被调查者选择答案或填写答案，然后由警察组织进行统计分析，从而获得公共关系信息资料的调查方法。网络调查法是指通过网络开展公共关系调查的方法，具有反馈速度快，接受信息量大，不受时空、地域的限制，成本低，周期短等特点。

（二）警察公共关系计划与决策

计划是指公关人员开展公共关系活动准备采取的相关工作预案。决策是指警察机关决策人员根据相关公共关系获得预案所作出的最终的实施方案。二者相互联系，不可分割。

1. 警察公共关系计划的类型

公共关系计划是保证公关活动成功的关键环节，是公共关系运作工作过程中的核心性工作。拟订计划是指警察组织公关人员根据公关工作目标及发展需要，分析现有条件，规划和设计公共关系活动方案的过程。一般公共关系计划可以分为长期战略计划、年度工作计划和专题活动计划。

1）长期战略计划。通常是1年以上，3~5年以内的公共关系计划。长期战略计划是根据警察组织发展战略制订的，规划未来一定时期内的公共关系工作，具有长期性、指导性、前瞻性和战略性等特点。2）年度工作计划。通常是指按照长期战略计划的部署和要求，对1年之内各项警察关系活动作出的具体安排。年度工作计划比较具体，对年内的公关活动有指导性作用。3）专题活动计划。根据年度工作计划，为警察组织专门性的公共关系活动制订的计划。计划的内容更加详细、具体、全面，可操作性强。

2. 警察公共关系计划的拟订

1）确定警察公共关系目标。警察公共关系目标是经过公关人员的专业策划，开展各类公关活动所追求和渴望达到的一种目的，即警察组织通过公关活动，准备做什么以及将要取得什么成果。就公关活动而言，确定警察公共关系具有十分重要的意义。

警察公共关系的范围十分广泛，借鉴国外有关公共关系的相关研究并结合我国警察工作的特点，警察组织常用公关目标可以概括为以下几种：（1）在警察机关新规章、新制度、新举措出台时，争取群众对这些规章制度的了解；（2）组织展示警察组织良好形象的社会活动，并通过适当的方式向群众宣传，增加群众对组织的了解和好感；（3）开展社区警察公共关系活动，与组织所在地的群众沟通；（4）警察组织的服务在社会上造成不良影响后，进行公共关系活动；（5）让警察组织内外的群众了解组织高层领导关心社会，参加各种社会活动的情况，以提高警察组织影响力；（6）发生严重事故后，要让群众了解警察组织处理的过程、采取的方法、解释事故的原因及正在做的努力；（7）通过适当的方式让群众更了解警察组织，了解安全常识，能配合警察组织更好地开展工作。

2）确定目标对象。警察组织公共关系活动的目标对象是多方面的，具有广泛性和复杂性特点。不同的警察公关活动针对的目标对象不同，因此需要根据活动的主题选择对象。而不同的目标对象也有不同的教育背景、生活经历、价值观念、文化修养、道德观念、利益要求，对警察组织所持的态度亦不相同，因此只有掌握目标对象类型，了解不同对象的特点，确定目标对象，才能在开展公关活动时突出重点，有的放矢，顺利达到活动的预期目标。

3）拟订计划方案。（1）活动主题。确定公关活动的主题对整个公关活动起着指导作用，是对公关活动内容的高度概括，精彩、恰当的主题能够起到画龙点睛的作用。好的活动主题要与公关活动目标一致，充分表现目标，而且要突出活动的特色，符合群众心理需要。公关活动的主题要尽量言简意赅，通俗易懂，具有感召力，可以用一句话或一个口号概括。（2）活动安排。确定主题后，应围绕主题设计具体的公关活动内容，包括传播内容、方式、对象等具体安排。同时，要预测影响活动的因素，考虑可能的应变方案。（3）活动预算。为了更好地落实公关活动计划，还要编制活动预算，也就是对时间和费用进行核算。通过编制活动预算，基本上可以限定公关活动的范围和规模。编制活动预算就是按照事先制订的公关目标和工作计划，将完成公关任务所需经费详细列出来，一般包括调研费用、劳务报酬、行政管理费用、宣传费、公关费、器材费、实际活动费等具体费用。

（三）警察公共关系传播与行动

通过警察公关计划以后，警察公共关系活动就进入实施的过程，也就是我们所说的公共关系的传播行动。

传播是警察公共关系实施的一个重要环节。警察公共关系传播除了具有一般新闻宣传工作的共性之外，由警察工作的任务、性质和方式决定了其具有不同于一般新闻宣传的特性。总体说来，警察公共关系的传播具有以下几个特征：政治性和新闻性；真实性与时效性；社会性和政策性；规律纪律性。现今新闻传媒高度发达，信息爆棚，警察公共关系传播的作用越来越明显。警察公共关系传播对警察工作的开展和警察队伍建设发挥了重要的作用，其不仅有利于促进警察队伍的思想文化建设，还有利于推进队伍的整体素质的提高；不仅有利于促进警察工作的顺利开展，还有利于保障群众的知情权，构建和谐的警民关系。为有效开展警察公共关系传播工作，必须坚持与时俱进，积极运用各种方式和渠道加强警察新闻宣传；更新观念，处理好与新闻媒体的关系，充分运用传媒资源发挥舆论引导作用；不断探索，加强与群众的交流与互动，发动群众积极主动参与社会管理活动。在工作中，要不断加强对新闻宣传工作的重视，对新闻宣传工作进行目标管理；积极完善宣传新机制，增强新闻宣传的社会效应；紧抓警察队伍建设，打造一支素质高、业务能力强、富有激情、充满活力的专业宣传队伍；规范和拓宽宣传内容，提高警察新闻宣传的质量；加强警察新闻宣传文化建设，利用文化培育警建氛围。

警察公共关系行动是实现公关计划的中心环节，没有警察公共关系的行动就无法推动公关工作的开展。警察公共关系行动决定了公关计划能否实现及其实现效果。成功的警察公共关系行动，有助于树立警察组织在社会上的良好形象。警察公共关系行动是制订后续公关计划的重要依据，因为警察公共关系工作不是一次性的，而是长期的、连续的，其行动的后果是制订新的公共关系计划的基础和依据，前一项公共关系计划实施的情况，对后续公关计划的制订具有重要影响。

1. 警察公共关系行动

警察公共关系行动具体包括以下几个环节：行动的准备阶段，包括设计实施方案，制订针对各类对象的行动、沟通计划，确定实施的措施和程序，建立或组成实施机构，训练实施人员；行动的实施阶段，实施机关按照已经设计好的实施计划的程序，落实各项措施；行动的结束阶段，同时为下一阶段的效果评估做好相应的准备。具体来讲，警察公共关系行动必须把握好以下两个方面。

1）动态性。警察公共关系行动就是将警察公共关系计划付诸实施的过程，是警察组织与目标对象之间双向沟通互动的一个过程。动态性在公共关系行动过程中体现得最为明显。另外，随着实施的进展，环境的变化，行动过程中难免会遇到一些新情况和新问题，警察公共关系人员不能不考虑条件的变化，不能机械地按照原定的模式执行。因此应注重与目标对象的互动，了解其思想和行为的发展变化，可以在公关计划与实际情况出现差异时，及时修正或调整实施方案、程序、方法等。

2）创造性。警察公共关系行动不是对公关计划的简单行使，而是不断变化和调整的动态过程，是实施者发挥主观能动性的过程。实施人员应该根据所处环境和面临的条件，充分发挥主动性和创造性，合理选择时机，正确分配任务，灵活调整步骤等。因此，公共关系计划实施的过程是进行艺术创造的过程。

2. 警察公共关系行动的实施

警察公共关系行动就是计划的实施、具体落实、付诸执行的过程，是通过公共关系活动的开展来获得相关公众的了解、理解、信任和支持的过程。在这一过程中，警察公共关系人员将以公共关系的目标和公众的需要为出发点，选择最有效的途径和手段，通过组织中全体人员的共同努力，在公众心目中树立公安机关的良好形象。

1）行动准备工作。

为了让公共关系计划能够顺利地实施，公关人员要在实施计划前，做好各项准备工作。（1）培训实施人员。除了讲解实施工作的内容和步骤，还要组织其学习实施工作的操作方法，切实提高操作的准确度，降低失误率。（2）实施计划前的测试工作。为了避免实施过程中出现问题，公关人员可小范围选取目标对象对计划进行测试。比如，做问卷调查，找一些目标对象来试读，看他们能否正确理解；检查活动场景的安排布置工作，测试基础设备的可靠性等。准备工作越周全、仔细，实施工作时的成功率越高。（3）对实施过程中可能出现的各种矛盾和问题进行预测，并提出解决方案。实施过程中，难免遇到意想不到的障碍。此时要尽量将矛盾消除在萌芽状态，针对问题及时沟通，排除障碍，这样才能使公共关系计划顺利实施。

2）实施的协调工作。

目前，国内只有几家警察机关设有专门的公共关系部门，其他地区的警察公共关系活动大部分由不同部门组织承办，而公共关系活动涉及的方面又很广泛，因此实施过程中协调工作十分重要。（1）协调警察组织部门之间的关系，特别是各地警察机关政治处、指挥中心等负责对外交流、展示、宣传的部门，尤其是在举行大型公关活动时，应注意协调部门之间的关系，使其各司其职，避免互相脱节、互相牵扯甚至互相矛盾的现象发生，确保公共计划的实施过程顺畅。（2）协调好公关计划各项目之间的关系。各个项目在实施过程中既相互区别又相互关联，要想做到有机过渡，有机衔接，必须精心协调。（3）协调参与人员之间的关系。实施大型警察公共关系活动，需要调用大量人员，包括组织内部人员与外部人员。对内部人员要明确职责，互相配合，强调全员公关；对外部人员要态度亲和，加强沟通，了解实施过程中外部人员的意见建议，并及时调整解决。（4）处理好突发事件。这里所说的突发事件包括两种：人为纠纷危机和遭遇不可抗力事件。这些重大的突发事件对公共关系计划的实施干扰极大，警察组织可参照危机处理原则和程序有条不紊地处理突发事件，而后再有选择地实施公共关系计划。

3）做好实施的控制工作。

控制是公共关系实施管理的重要职能，主要的手段是检查、反馈和纠偏。在警察公共关系实施过程中，实施人员要通过有效的控制，将实施行为和阶段效果与计划比较，及时发现偏差并纠正，以把握实施行为的进程和方向。

（四）警察公共关系评估与校正

评估与校正是警察公共关系中的最后一步，是对公共关系工作的全面总结与回顾，做细致深入的研究，然后运用评估结果找到存在的问题，进而纠正偏差，这将对今后的工作起到调整和促进的作用，使警察公共关系活动产生更大的影响力，也使警察组织得到长远的发展。

1. 警察公共关系评估反馈的意义

警察公共关系评估反馈是根据特定的标准，运用科学的方法，对公共关系计划与实施进行检查和评估，分析与判断公关活动成效，并反馈结果的过程。尽管评估反馈是公共关系工作的最后一步，但从实际运作上来看，评估反馈贯穿公关活动始终，伴随着公关工作的进展而进行，具有十分重要的意义。

1）警察公共关系评估反馈是总结得失，改进工作的过程。警察公共关系评估反馈是警察组织对本次公共关系工作全面的评价和衡量，无论是公共关系活动计划还是人员、场地的安排布置，无论是公关实施内容还是具体操作方法，甚至无论活动成功还是失败，都可以整理出经验和教训，供下一次活动参考。

2）警察公共关系评估反馈是开展后续警察公共关系工作的必要前提。警察公共关系工作评估反馈的过程既是本次公关工作的结束，又是下次公关工作的开始。任何一项新的公共关系工作计划的制订与实施都或多或少会以原来的公共关系工作效果为参照。警察公共关系评估反馈使公关人员对上次公关活动充分了解，知道哪些公关成果应该巩固，哪些不足之处应该改进，哪些工作方法值得提倡，这些反馈都成为制订新的公共关系工作计划的前提和基础。

3）警察公共关系评估反馈是加强警察组织内部公关建设的重要形

式。通过警察公共关系评估反馈工作，可以使警察机关领导者充分认识公共关系的重要作用，看到公共关系活动的成效，了解公共关系工作对塑造组织形象的重要意义，从而更加支持、理解和重视公关工作，通过警察公共关系评估反馈也使广大警察了解到群众的良好评价，认识到公关工作给警察组织带来的形象提升。

2. 警察公共关系评估反馈的内容

结合警察公共关系的特点，警察公共关系评估反馈工作的内容可以分为公共关系工作程序评估反馈和公众关系状态评估反馈。

1）公共关系工作程序评估反馈。工作程序评价反馈包括：对公共关系调查工作的方式方法的反馈，对公共关系计划拟订过程的评估反馈，对公共关系计划实施过程的评价反馈，对公共关系实施效果的评价反馈。

2）公共关系状态评估反馈。公共关系状态评估反馈分为内部公共关系评估反馈与外部公共关系评估反馈。内部公共关系反馈的要点是：警察机关的策略在沟通中被全体警察接受的程度；警察组织的凝聚力；警察队伍管理面对的各种情况和发展趋势；警察身心健康状态情况分析；警察思想动态分析；双向沟通带来哪些生机和活力；沟通渠道需要做哪些改进；公共关系是否体现在警察工作的方方面面并在塑造警察形象方面起到了重要作用。外部公共关系评估反馈的要点是：警察工作满意度评估，看清群众的态度、行为变化特点，评估警察组织对公共关系的传播沟通及人际协调方面的工作成效；媒介关系评估，看其态度冷漠还是热情、积极支持与否，决定采取何种沟通策略及成效；警民关系评估，了解各类社区群众对警察组织及有关活动的看法；政府关系评估，了解警察组织与政府的沟通效果。

3. 警察公共关系评估反馈的程序

警察公共关系评估反馈的程序是指评估反馈工作的先后顺序和具体步骤。尽管评估的对象会有所不同，但评估反馈的基本程序基本相同，合理安排评估程序，有利于保证评估反馈工作的顺利进行。

1）确定评估的主体。警察公共关系评估工作的主体是评估人，他们必须是具备一定资格或条件的人，评估人通常包括主办公共关系活动的警察组织、公共关系活动中的群众和公共关系专家。

2）设立统一的评估目标。在警察公共关系评估反馈工作中，设立统一的评估目标是非常重要的，它使检验公共关系计划的实施过程更加明确化与标准化，从而作出客观的评估。

3）确定评估标准。评估标准是对公关活动目标的具体化。不同的警察公共关系活动，或不同的警察公共关系活动阶段，评估的标准不同，只有分解、明确评估标准，才能使评估结果更加符合实际。如果标准不明确，则会在调查中收集许多无用的材料，影响评估的效率与效果。

4）衡量工作绩效。确定了公关活动的目标与标准，取得了对评估工作的一致意见后，就应该着手收集公共关系活动实施过程、工作效果、存在问题以及群众对公关活动的意见和建议等各项材料，以衡量哪些策略是有效的，哪些策略是无力或者是无效的，哪些环节衔接比较紧密，哪些环节还有疏漏或欠缺。

5）反馈评估结果。及时将评价结果向警察机关领导反馈，一方面可以保证领导及时掌握情况，有利于进行全面的协调；另一方面也可以说明公共关系活动在持续地保持与组织目标相一致及其在实现组织目标过程中的汇总作用。另外要有效地使用评估反馈结果，运用评估结果找到存在的问题，进而纠正偏差，对今后的工作起到调节和促进的作用，使警察公共关系活动产生更大的影响力，也使警察组织得到更长远的发展。

第十八章　警察公共关系建设中存在的问题

第一节　警察公共关系建设中警方存在的问题

一、机构设置与运行机制方面的问题

现代警务的发展要求警察组织在进行公共关系建设时必须做到规范性、系统性、专业性三者的有机结合，客观上要求设置一个专门机构并建立一支具有较高素质的警察公关队伍。目前，我国内地已有不少警察机关相继成立了公共关系科。广东省番禺市公安局、海南省海口市公安局以及云南省沾益县公安局等警察机关分别成立了警察公共关系实践基地，北京市公安局于 2010 年 7 月 13 日成立了公共关系领导小组办公室。除了设置专业的公共关系部门外，我国警察机关还开拓了一系列的公关手段，包括设立公安局开放日、警察机关"一把手"与网友在线交流平台、建立网络发言人制度、开通微博、微信平台等，我国警察公共关系建设工作已经进入了实质性阶段。但是，在取得一定成绩的同时，应当认识到现阶段我国警察公共关系体系的建设还处于萌芽阶段。除了经济发达地区的大、中型城市已经成立了专门的警察公共关系部门外，我国部分地区的警察机关尚未设置专门的公共关系机构。即使在已经设立了警察公共关系机构的地区，其公共关系机构的工作效率与运转的有效性也存在着诸多的问题。

1）在组织设置方面，一些地方的警察机关在公共关系建设中流于形式，没有从实质上对公共关系部门的构建进行系统的划分，仅仅将以

往的宣传科直接改名为公共关系科，将警察公共关系建设简单地等同于对外宣传工作，缺乏创新意识。相关部门的负责人提到警察公共关系时，简单化地将其等同为群众接待和部门走访，缺乏现代组织公共关系运作的理念和相关的工作经验。

2）在组织运作方面，一些地方的警察公共关系部门的组成人员缺乏系统的有关警察组织公共关系知识和运用技巧方面的正规培训，警察组织内部人员之间缺乏团队意识与合作意识，各个部门之间没有形成有效的内部沟通和有机联动，没有将警察组织已有的资源进行重新整合，浪费了已经投入的人力、物力、财力。有些部门的领导缺乏公关意识，对组织外部环境变化的反应、适应和协调能力不足，对组织内部人员之间工作协调与分配的掌控能力还有待提升。

3）在资源分配方面，我国一些地区的警察公共关系部门缺乏合理的岗位配置，现有警察公共关系的资源被分散于指挥中心、政工监察室、法制信访办等部门，影响到我国警察公共关系部门专业功能的发挥。同全国庞大的警察系统相比，目前已经设立的警察公共关系部门尚不能满足群众对警察机关舆论监督的要求。我国内地警察公共关系建设存在着资源分布不均、资源整合效率低下、人员业务素质不高、运用不同途径解决问题的能力不足等几个方面的问题。由于各个部门没有从整体上形成系统各个部分之间的有机联动，使得在我国警察公共关系建设中，相关主体仅仅通过从外部简单模仿发达国家和地区警察组织机构的设置，就期望达到理想中警察公共关系运行的效果，没有领会警察公共关系建设的内在精髓。已经投入的资源由于不能得到有效的整合，影响了我国警察组织公共关系体系作用的发挥。

4）在总体规划方面，不能从宏观上把握警察公共关系建设中专业部门设置的方向。警察公共关系建设不仅涉及警察在群众心目中的良好形象，而且关系到案件侦破和处置重大突发事件的过程中，警察面对紧急情况处置突发事件的能力是否得到提升。当前，警察机关面临的各种不确定因素日益增多，危机公关的压力越来越大，公共关系部门如果不能做到整体指挥、整体规划、整体行动，就有可能在关键环节上"掉链子"，进而影响组织整体功能的正常运行，使警察机关在面临舆论问责时处于被动的地位。

5）在预警机制方面，信息的通畅度有待提高。现代社会，伴随着信息传播途径的急速性、多元化和信息量的井喷式增长，客观上要求我国警察公共关系部门能够随时掌握外界舆论环境的变化和发展趋势，应对随时可能出现的各种紧急情况。警察公共关系的危机预警机制主要作用于时间和空间两个层面，通过已经设置的程序将信息输送给警察组织指挥系统的中枢神经。当前，我国警察机关已经建立的警察公共关系预警机制针对的多是对首次危机的预警，一旦公共关系危机不能被有效地控制，其所衍生的次级危机可能会削弱警察公共关系预警系统功能。这种工作机制的局限性使得警察公共关系部门的设置没有突破地域限制与部门界限，难以通过整合组织内部的不同资源来保障整个警察组织对于危机发生的反应速度和处理危机的能力，难以在技术层面做到细致地掌握和判断舆论发展的走向，难以依据信息的变化及时调整警察组织行为规范。具体而言，在程序设置上，部分警察机关的公共关系部门没有严格依据已经掌控的信息建立完善的舆论预警机制和严密的数据管理系统，使得一线警员因为不能及时了解和掌握信息而无法采取危机防范措施，进而影响到整个警察组织公关工作目标的顺利实现。在处理危机事件的过程中，我国的警察机关往往是先由某一个部门进行单独性的预测，缺乏来自组织内部其他部门的强有力的支持，没有建立起一个以"网络化、多元化、立体化"为特征的覆盖全国的危机预警机制，缺乏紧密相联、协同指挥、纵向垂直性协同管理的危机中枢指挥系统。

6）在组织协调方面，存在不统一现象。协调警察组织内部与外部的关系是警察公共关系部门必要的功能之一，警察公共关系部门对外部平衡媒体与警察组织之间的关系、内部协调警察组织各个分支部门之间的关系两个方面起着重要的作用。由于种种原因，我国警察机关在协调警察组织的内部、外部关系时缺乏有机互动，主要表现为：对外部，部分警察机关公共关系部门对于警察机关与媒体之间的关系缺乏合理的定位，在与媒体交流时难以平衡与舆论监督的关系；对内部，我国警察机关尚未完善警察公共关系部门之间的分工关系，不能做到及时化解不同警种之间和同一警种内部的不同部门之间在处理突发事件时存在的矛盾，导致警队在处理突发事件时警察公共关系系统内的各个部门之间缺乏相应的组织协调，这使得在危机出现时，各个部门之间往往出现"踢皮球"现象，影响到公共关系工作的正常开展。

二、新闻发言人制度存在的问题

警察新闻发言人制度作为一种制度，其工作内容涉及警察组织的重大事项决策发布、警务重要活动、社会关注的警务热点问题、海内外关注的重大案件和重大突发事件以及警察公共政策与公共服务建设等方面。我国警察机关新闻发言人设立于 20 世纪 90 年代初，随着警察机关新闻发言人制度的不断发展，我国大部分省级以上警察机关已经设立了新闻发言人。2004 年，公安部开始在全国范围内推行新闻发言人制度。新闻发言人制度的设立使我国警察机关在案件侦破和突发性危机处理的过程中，面对社会舆论行使知情权、监督权、参与权和表达权时，能够有效作出反应。但是在具体工作中，仍存在一些制约新闻发言人制度发挥效果的因素。

（一）警察机关新闻发言人缺乏与新闻媒体的有效互动

在重大社会热点案件的处置上，警察机关因为不能在关键时间点向媒体披露关键信息，导致警察机关面对媒体的"重重拷问"时处于被动应付的不利局面。由于媒体没有在第一时间了解案件的真实情况，有关案情信息传播不透明、不通畅，这导致媒体无法客观判断案情的走向，给各种谣言及小道消息的产生提供了土壤。

在某种程度上，警察机关作为维护国家安全和保障公民人身财产权益的具有特殊工作性质的组织，其掌握的信息具有涉及国家安全和公众安全的保密性质。在面对重大突发危机事件时，因为考虑到部分涉密案件讯息的发布有可能会给警察机关的正常工作带来负面影响，警察机关新闻发言人往往处于两难的境地。一方面，警察机关新闻发言人基于自身的工作准则，应当就案件本身的真实情况在第一时间向群众与媒体发布真实、客观的信息，保障群众及新闻媒体的知情权；另一方面，又要考虑到一旦警察机关所发布的信息被犯罪嫌疑人和个别不良媒体掌握，有可能给警察机关的危机处置程序带来干扰。

（二）警察机关新闻发言人制度的运作程序缺乏相关法律保障

随着中国经济的不断发展和改革开放的不断深化，中国面临的内部治安环境日益复杂，各类案件的表现形式日益呈现出专业化、复杂化，警察机关的工作压力不断增大。一方面，犯罪嫌疑人在实施犯罪行为的过程中往往拥有运用新闻媒体搜集相关案情信息的能力，以此对警察机关进行反侦察和反侦破；另一方面，新闻资讯传播的极速化和同步化使得新闻发言人对案件发生后舆论的发展方向起着越来越重要的导向作用。目前，我国尚未在法律层面制定出细化、具体的措施解决警察机关新闻发言人制度运行过程中存在的问题。从以往的案例中可以发现，无论是 2003 年的孙志刚案，还是 2008 年的杨佳袭警案，警方之所以在面对舆论的问责时处于不利境地，都是由于缺乏对新闻发言人制度运作方面的法律保障。随着自由媒体时代的来临，记者对于新闻的采访权限不断扩大。同时，带有自拍功能的现代电子终端的普及使得每个人都有能力充当记者所扮演的角色，有能力在案发之后第一时间在现场对案件进行直播。在案情发生后，极少数新闻媒体会为了追求新闻的爆炸效果，在未向警察机关进行通报的情况下就擅自进入案发现场采集信息，没有经过警察机关的批准就擅自发布涉密信息，这种做法会给警方的工作造成不利的影响。

（三）警察机关新闻发言人自身素质的差异给新闻发言人制度的运行实效造成的影响

由于传统上我国警察机关对于警察公共关系建设的不重视，导致个别警察机关推选的新闻发言人缺乏形象意识、公众意识和沟通意识。警察机关新闻发言人需要与媒体、群众进行广泛的交流，其本身应当具备良好的语言表达能力和缜密的思维分析能力以及对事态发展走向的判断能力。新闻发言人如果不能正确认识到自身所代表的是整个警察组织的形象，就不能及时地代表警察机关向社会发布正确的信息，就不能正确地面对舆论的压力，就不能通过与媒体的良好互动达到化解危机、引导舆论的目的。

在实际工作中，部分警察机关新闻发言人在工作中没有认真遵循其应当遵循的建设性原则、组织性原则、细节性原则和灵活性原则，在面对新闻媒体时不能做到态度认真、诚恳稳重、表情严肃、不卑不亢、言辞谨慎。部分警察机关新闻发言人在使用语言时没有注意措辞的恰当性，随意使用含有"无可奉告"等消极词汇回避媒体提出的问题，推脱自身应当承担的责任，引发记者和群众的反感。在遇到不能立即回答的问题时，部分警察机关新闻发言人没有在第一时间向组织外部的专业人士征求意见。在面对媒体的不实报道时部分警察机关新闻发言人急于否定案情的真实情况，没有根据案件的发展态势向外界适时透露相关信息。对于个别无良媒体的报道，警察机关不运用法律武器维护自己的合法权益，而是习惯于采取行政命令的方式给媒体施加压力，导致舆论朝着更不利于警察机关的方向发展。在此特别需要强调的是，警察机关的领导层在面对外界压力时应当主动承担起领导应当承担的责任，协助并指导新闻发言人开展公关工作，弹性掌控局面。

三、机构资源、能力不足

现代警务的发展要求警察在进行公共关系的运作时必须遵循专业化、制度化、多维化三大标准。专业化要求警察组织在构建警察公共关系体系中必须准确把握对组织内部人员选择的标准化制定，保证警察公共关系中的每一个个体能够具备相应的专业素质和针对外界风险的应变能力。制度化要求警察公共关系机构的设置应当依照一个具体化标准，制定出与不断变化着的实际情况相匹配的维持警察公共关系机构正常运行的完备机制。多维化要求警察公共关系机构在危机公关的过程中，应当做到从整体上把握案件发展的趋势，并通过对各种资源的合理利用，保障一线警察处置案情的空间广度和时间长度。警察公共关系部门在实际运行过程中，应当紧紧围绕这一制度标准开展组织运作工作，结合个案的具体情况确保警察组织的公共关系机构专业职能的正常发挥。

在同现代警察公共关系运作程序的原则相比较时，不难发现我国警察机关存在着公共关系运行制度不完善、机构协办业务多、警察配置不合理、开展危机公关的警察数量不能满足工作需求等若干问题。同时，由于我国警察机关长期存在着警力配置不足、警察组织结构的划分不细、部门之间分工不明确的现象，我国警察机关在公共关系部门的运作过程中各个部门的分工尚未达到专业化水准，各个公共关系的分支机构对于自身职能的定位还不够准确，部门与部门之间在应对危机情况时仍然缺乏有效配合，部门对于自身角色的定位也还不够明晰。

由于上述问题的存在，我国警察机关公共关系部门"被万能化"的倾向愈发明显，部分警察机关的公共关系部门被上级领导机关任意指派辅助其他部门开展业务。一些警察机关的领导对于公共关系的内涵和外延理解过于片面，这使得警察机关的公共关系部门承担了过多的任务，造成本来应当承担的职能无法按时实现，影响了警察公共关系事务的正常开展。这些问题导致我国政府投入大量人力、物力、财力初步建成的警察公共关系体系面临着资源浪费和资源流出，警察公共关系部门的工作难度增加，工作的范围和尺度难以界定，警察工作的压力一再增大，工作热情不断降低等诸多风险。

四、警察的特殊性质导致了公共关系建设的困难

警察基于自身专业工作的特殊性，从微观层面来说具有四个基本特征：工作内容的复杂性、工作环境的艰苦性、工作性质的危险性和警察人员的易受腐蚀性。警察工作内容的复杂性是指警察具有维护国家安全，维持治安秩序，保障公民人身安全和财产安全，保护公民的人身自由和合法权利，预防、制止和惩治违法犯罪活动的义务。警察工作内容的多元性和工作对象的复杂性，使得在内部环境和外部环境的共同作用之下，给警察组织带来了舆论压力，也给警察个体身心健康带来了不良影响。警察工作性质的危险性表现为面对犯罪分子的暴力袭击、拒捕、报复和在面临突发性事件的情况下，警察个体所要面临的危险程度之大、承担责任之重。而警察作为执法者，其手中掌握的权力又决定了警察队伍中容易滋生以权谋私、贪赃枉法、包庇放纵犯罪等消极腐败现象。由于警察在工作中经常接触社会的阴暗面，一些违法犯罪人员常常利用金钱、物质等多重手段对警察进行拉拢、腐蚀。

因此，警察工作的特性决定了舆论对于警察的关注程度远远高于对于其他社会组织的关注程度，警察组织在建设公共关系时必须结合上述

特征开展工作。警察机关工作对象的隐蔽性和公开性的特点，决定了在进行警察公共关系建设时，客观上要求警察机关在面对媒体时必须有针对性地做到公开和保密的有机结合，针对警察工作过程中出现的具体情况，制订相应的方案"对症下药"。警察机关在同媒体交往时应当遵循在符合警察工作客观规律的前提下与媒体开展广泛的沟通与交流，在充分尊重和保障群众和媒体知情权、监督权与参与权的前提下确保自身在与舆论互动时占有主动性地位。不能因为片面追求警察队伍的公共关系建设而忽视了警察工作的性质和特点，也不能只顾保证自身工作的效率而忽视了对警察公共关系建设工作的需要。

五、绩效压力的存在

警察工作绩效和工作压力之间的矛盾关系一直以来是警察组织的管理者和学术界关心的热点问题之一。绩效压力是指某一特定组织的人员对于外部环境的一种适应性反应，它导致了组织参与者的生理、心理以及行为方面的变化。在建设警察公共关系体系时，警察组织需要及时了解组织人员对于自身工作绩效的整体感知和评价，通过测量警察个体的承诺、信心、能力、工作条件和沟通能力四个方面的内容，动态掌握组织人员的绩效压力。目前学界关于工作绩效和压力的关系主要有三种观点：第一种观点认为绩效和压力呈倒 U 型关系，即警察组织人员在面临外部压力时一开始能够呈现出积极应对的趋势，但在压力达到一定的临界点之后警察个体往往会呈现出主观能动性下降、工作效率降低、工作疲劳感显现等情况；第二种观点认为绩效和压力呈负线性关系，即伴随着警察工作压力的不断增大，警察工作的业绩呈现出反比例趋势；最后一种观点认为警察工作压力是警察工作活力的源泉之一，警察在工作时面对适当的压力能够有效地激励警察成员提升自身的工作效率，即绩效和压力呈现出正比例关系。

我国台湾地区"中央警察大学"的叶毓兰教授指出，警察绩效的评估是考核与激励警察的重要机制，也是领导用于鼓励下属配合达成组织目标的重要工具。根据我国内地的实际情况，目前我国警察组织正在实施的绩效制度虽然同警察机关实行的目标管理体制密切相关，已经引进的相关国外先进管理经验和管理模式也得到了警察机关的广泛探索和应用。但是，我国警察机关的绩效制度同群众对于社会治安的直接感观仍然是各自独立的，通过警察机关绩效制度所反映出来的警察工作绩效指标不能够直接地反映出群众对于警察工作满意程度的高低。这种现象导致一方面我国绝大部分公安警察在各自的工作岗位上辛勤工作、任劳任怨，为党、国家、人民做了巨大的奉献与牺牲；另一方面，在付出艰苦努力的同时，警察却不能换来舆论的普遍支持和新闻媒体的客观评价。这种现象的出现极大地挫伤了我国警察个体工作的积极性，使得我国警察队伍面临的绩效压力呈现出不断增长的不良趋势。

现阶段，我国社会经济的发展使得群众对于警察机关工作关注的重心由以往单一表现在对犯罪统计数据的高低起伏上，转向更多体现为警察机关在执法过程中对于群众服务态度的优劣、警察机关在接到群众报案后能否在第一时间出警、警察机关在及时出警后能否有效解决问题、警察机关能否站在群众的立场和角度体察群众的需求、警察机关的执法工作能否真正符合群众的需要等几个方面。与此同时，媒体对于警察机关工作的要求主要体现为媒体希望对警察机关的日常工作进行有效的监督、媒体对于警察机关处置案件的过程中群众有权知悉的各类信息能否及时地予以报道和披露、媒体对于警察机关新闻发言人制度的完善要求不断增强等几个方面。

因此，我国警察机关在制定绩效考核制度时，不能仅仅满足于只考核警察个体的工作绩效，而是应当充分体现群众和媒体对于警察机关工作的评估需求，结合警察的工作压力与应对方式，对影响警察生理和心理健康的因素进行综合分析，最终既能够提升警察的战斗力、落实警察机关的工作实效、达成警察机关的工作目标，又能够改善警察机关与媒体和群众的关系。

六、部分领导缺乏意识，消极作为

受到我国警察工作传统思维模式的影响，部分警察机关的领导缺乏公共关系的意识，不尊重新闻传播的内在规律，不尊重记者的采访权和群众的知情权、参与权与监督权。一些警察机关的领导以执法者和管理者的角色自居，错误地定位自身与媒体之间的关系，认为自身掌握着新闻媒体报道所需要的大量新闻素材，将媒体视为被动的需求者，对媒体正常的采访报道采取不支持、不配合、不重视的态度。在重大突发事件发生后，封堵信息的流通渠道，存在"护犊子"和"捂被子"等现象。在突发事件发生后，采取置之不理的态度，一味地进行冷处理指望热点事件自生自灭，而不采取有效的措施引导舆论朝着正确的方向发展。甚至个别领导还将媒体视为麻烦的制造者，甚至采取打击报复的手段对新闻采访者施加压力，严重影响到我国警察机关队伍整体的良好形象。

在实际工作中，一些警察机关的领导在应对公共关系建设时采取消极不作为的态度，不能带头做到掌握警察公共关系学方面的理论知识和实务知识，起到领导应当起到的表率作用。

在公共意识方面，一些警察机关的领导层缺乏对警察形象意识、公众意识和沟通意识的塑造，对于警察公共关系的建设存在着片面、狭隘的理解，没有将警察机关的舆论引导和警察的新闻宣传工作看成是一个有机的整体，在工作中存在着"重新闻宣传轻舆论引导"的情况。面对日益更新的舆论环境，有些领导忙于日常事务，不主动了解和关心舆论对于警察队伍建设的走向，面对新兴媒体的出现，采取漠不关心、事不关己的态度，造成了"不知者无罪""无知者无畏"的现象。一方面，在涉警舆情处置的过程中一些警察机关的领导没有做到第一时间主动制定出危机公关的程序，澄清事态发展的情况，表明警队处理危机的决心和处置危险的能力，缺乏坚定的意志、态度和立场，给媒体（特别是网络媒体）的负面炒作创造了条件；另一方面，保密意识和纪律观念的缺乏使得个别领导对于警察机关公共关系部门发布的信息把关不严，在错误的时间向外界发布错误的信息。在接受记者采访时，个别警察机关的领导缺乏必要的礼仪规范和沟通技巧，对于警察的错误透过护短，面对警队切实存在的问题矢口否认。在接受记者的采访时，对使用词汇的定性不准确，随意使用带有敏感性成分的词汇和短语，给警察机关处置危机的工作造成了不必要的消极影响。

在警察公共关系部门的内部构建上，一些领导者没有协调各个部门之间的工作关系，没有起到自身应当起到的增强组织凝聚力的作用，缺乏从宏观角度和战略高度把握警察公共关系建设方向的眼光。

在外部联动上，没有树立起尊重公众监督、服务媒体采访报道、保障舆论知情权、监督权和参与权的公共服务意识，将自己的权力任意凌驾于公众媒体的权利之上，缺乏与外界的有效沟通和发现、研判、处理危机的能力。在应对公关危机时，其自身发挥主观能动性的方面仍然存在着不足之处，或照本宣科，按部就班地处理本应当被迅速、及时、有效解决的问题；或一味地等待更高一级警察机关的指示与决策，不能根据案情的发展需要和案件具体情况的变化适时地制订出应对的方案，导致第一线的警察在执行其发布的指令之后往往处于被动地位和不利境地中，有时甚至可能造成警察不必要的牺牲。

七、警察个体缺乏沟通技巧

语言作为人类独有的技能，是人与人之间进行沟通时使用最多的交流方式。提高语言的使用技巧，提升语言使用的质量和沟通效果需要语言的使用主体懂得交流的艺术。沟通技巧作为影响交际效果的重要因素，对于规范警察执法方式，积极构建和谐的警民关系非常重要。

警察（尤其是基层警察）作为承担维护社会治安、预防和处置突发事件、宣传法制思想等职能的主体，长期奋战在第一线，每天都在同形形色色的不同类型群体进行着沟通。沟通技巧在警察执法工作过程中所发挥的作用的大小往往能够决定其处理各种复杂问题的能力，影响着实际执法的效果。如果警察不懂得巧妙运用沟通技巧"化愤怒为笑容、化争执为友善"，就可能导致矛盾的激化。由于长期以来基层警察处于战斗的第一线，在与社会阴暗面打交道的过程中所产生的心理压力，造成一部分警察在与群众进行交流时不自觉地形成了一种"问责式"的沟通模式。同时，由于警务资源配置等方面因素的影响，我国大部分地区的基层警察工作压力大、工作任务繁重，警察在进行诸如调节群众纠纷等类似的工作时容易出现情绪波动等不良现象，在与群众进行交流时，语气有时候在不经意间就变得生硬起来。这个时候，当事人双方往往正处于矛盾的突发阶段，情绪不稳定，在经过警察不良沟通方式的催化后，很容易把矛盾的焦点从对方转移到警察身上，使得本来就紧张的气氛变得难以控制。由于有的警察工作经验不足，对相关法律法规的具体操作和实际运用不熟悉，在群众不理解、不支持、不配合的情况下很有可能出现在沟通上不能把握住重点、语言思维上逻辑性不强、对群众的说服力不够等情况。有的警察在纠正违法现象时，使用言辞过于粗暴，在执法过程中，不听取当事人对其违法行为进行的合理辩解，一味地以处罚结果为工作目标，不能站在违法者的角度予以其宽容和理解，缺乏与违法主体的理性沟通，人为地制造了警察冷酷无情的执法形象，给警察队伍亲民的形象带来了负面的影响。一些基层警察心里不装着群众，态度上不尊重群众，不站在群众的角度上换位思考，与群众进行沟通时不能做到推心置腹，导致其工作量没有减少，且不能换来群众的广泛理解与支持，无法取得良好的执法效果。

俗话说："良好的开端是成功的一半。"警察在处理同一件事务时如果采取不同的语言表达方式和沟通技巧往往会收获截然不同的效果。警察在处理问题时如果能够从当事人关心的话题和当事人感兴趣的方面入手，就有可能在短时间内赢得对方的信任，进而化解矛盾。在处理同群众的关系时，警察若想取得当事人对其心理上的依赖，切忌心浮气躁、急于求成。警察在执法时，应当努力积极地营造和平、安静、友好、和谐的执法环境。在使用语言时，做到刚柔并济，根据执法对象的不同和执法环境的变化适时地调整执法方式，达到事半功倍的良好效果。

第二节　警察公共关系建设中的社会因素

警察公共关系是警察组织通过调适其与内部外部因素之间的关系特别是警民关系以改进其公众形象，满足社会需要和自身发展的一种警务运作模式。这就决定了警察公共关系建设不只是警察组织唱独角戏，而是要对相关社会因素有深入的体察，发现问题，从而为警察公关工作创造良好的外部环境而努力。整体而言，警察公共关系建设中的社会因素包括群众法律意识和守法观念、不法分子的因素以及媒体的作用等各种因素。

一、一般群众法律意识、守法观念

群众是警察公共关系的重要对象。当群众普遍拥有较强的法律意识时，国家的各类执法、司法活动就能够较顺利地展开，反之，如果人们漠视法律甚至想方设法地去规避法律时，法律就会失去其应有的功能与效用，警察公共关系建设也是一样。如果群众有较强的法律意识，那么警务战略的施行就会得到群众的理解，执法活动就能获得群众的配合，这能进一步巩固和深化警民关系，也能为警察公关工作增添正能量。

随着一般群众法律意识、守法意识的提高，警察组织活动的主体合法性、行为合法性随之被纳入群众的监督和评价范围。如果一般群众对相关政策和法律规范有一定程度的了解，对警察公关活动中涉及的法律主体、客体、法律事实、法律行为、法律关系等有相当的认知，那么警察公关活动不仅能够顺利进行，而且还能反过来改进和完善警察公关活动。因此，警察公共关系建设中，要特别关注和重视一般群众的法律意识、守法意识的培养。从某种意义上来讲，警察公共关系的建设离不开一般群众法律意识、守法观念的养成与提高。

二、谣言的冲击

现代"治安"分大中小。"大治安"即"治国安邦"，是指国家政治、经济、文化、军事、内政、外交的方针大计的制定、实施及其成效，是国家政治秩序、经济秩序、社会生活秩序的总和。"中治安"，是指国家通过司法行政系统，对社会依法实施的行政管理，以及由此建立起来的基层社会生活的有序状态。至于"小治安"，则仅仅指当下警察系统内治安业务部门的基层基础工作及其成效。不法分子的"破坏治安"是指直接作用于"小治安"——对治安基层工作进行破坏，对其成效造成冲击，继而最终对"中治安"和"大治安"所追求的目标——和谐的社会秩序，造成损害的各种行为。

警察公关工作的顺利推行和健康良好的公关工作是以信息传播作为纽带的。警察工作事关国家的安全稳定，事关社会秩序的有效维护，事关人民群众的方方面面的利益，容易成为社会的焦点、极易被炒作。在现实活动中，一些不法分子为达到各种目的，采取各种行动混淆视听、干扰舆论。对此，警察组织要及时发现，正确判断，快速行动。及时发现不实信息的传播源，作出正确判断，启动应急预案，快速切断信息传播渠道，主动把握事态发生的大局，牢牢掌控信息传播的主动权和话语权。1）警察组织必须在出现警情以后，制订正确的处警方案，启动应急机制。以求在最短的时间内控制局面。在警力不足时要及时向兄弟单位求助，在法定时间内根据实际情况对不法分子作出不同的处理结果。2）针对不法分子采取各种行动混淆视听、干扰舆论所造成的危机，在启动危机防控预案的基础之上，要积极对危机进行回应。在及时发现，正确判断，快速行动的原则下，综合运用与民意领袖的对话机制、内部公关与全员公关、新闻发言人制度、向独立第三方寻求支持以及与传统媒体和新媒体的合作等制度与措施，及时化解危机，向全社会及时公布真相，正确引导舆论。3）要对犯罪数额巨大、情节恶劣、危害严重、群众反映强烈的大案要案予以特别关注，要对这类案件的处理经验进行类型化总结，以期提高办案效率和质量，积极回应群众期待。

三、大众传媒偏差报道

媒体作为警方必须面对的重要社会机构，是警方向群众传播信息的主要渠道，是赢得社会舆论支持的重要桥梁与采集信息的主要来源。但媒体同时还担负着向群众提供信息，满足群众知情权的任务。因此，两者在价值取向和行业操守上存在着冲突。主要表现为：1）媒体对警察违规违纪行为的批评与警察威信之间的冲突；2）媒体对警方报道与当事人获得公正执法之间的冲突；3）媒体报道深度、广度、报道风格与警方提供信息有限的冲突。①

警察机关作为执掌公权的强势群体备受媒体关注，而警务工作和警察生活特有的新鲜、刺激、悬疑、惊险的特点成为各种媒体争相挖掘的

---

① 第三届警察公共关系国际论坛编委会. 警察与媒体——第三届警察公共关系国际论坛文集［M］. 中国人民公安大学出版社，2007：101.

富矿。同时，警察执法又往往涉及群众的切身利益，其执法是否规范，关系着群众人身自由乃至生命安全。从这个意义上讲，媒体被誉为社会的"第四种权力"。真实性是新闻的生命，好新闻一定是真实的。然而，媒体为片面扩大影响，制造卖点，往往不按照新闻规律来进行报道。有学者总结过媒体涉警报道的常见病：1）捕风捉影，无中生有。用文学创作的手法加想象就敢动笔写文章并且堂而皇之地予以发表，文章审核把关不严，影响极坏；2）恶意炒作，渲染无度。假装关注焦点，实则制造卖点；3）暴露手段，诲淫诲盗，给犯罪分子提供教科书；4）狐假虎威，走穴铲事，甚至打着舆论监督的幌子谋私利。①

那么，警察与媒体如何增进合作，和谐互动，共创互惠双赢的新局面呢？笔者认为可以从以下几个方面进行考虑。警察机关需要进行的努力：1）警察部门设立专门机构与媒体联系，建立常态沟通机制。现阶段警方采用新闻发言人制度，有计划、有步骤地发布新闻就是一个很好的例子；2）同新闻界建立起朋友式的关系。在巩固自己宣传阵地的同时，争取变通渠道，多开窗口，拓展阵地；3）警察机关要了解各种业态的媒体的风格特点，如加强对媒体面对的主要对象、媒介的工作方针以及报道的重点进行关注和分析，对一些细节性问题如新闻播发出版频率、截稿时间、发行范围、主要受众的特点要有所了解和分析，以提出不同的应对策略。在警察机关进行努力的同时，媒体应该：1）重视警察报道，开辟多个阵地，增设专版专栏；2）积极动脑筋，出主意，报道出精品；3）多警种关注，正面宣传警察形象；4）不遗余力宣传警察英模，舆论监督真凭实据，为整肃队伍服务；5）主动与警察加强联系，积极策划实施选题，在全社会营造理解、尊重警察的良好氛围。②

因此，只有想方设法构建警察与媒体的和谐关系，具有双重身份的媒体才可能不因角色重叠而导致内心冲突和报道上的左右为难；警方和群众才有可能在媒体的信息传播以及信息交换与反馈中形成循环往复的

① 曹礼海. 警察形象危机处理——走向前沿的警察公共关系战略 [M]. 中国人民公安大学出版社，2005：99-101.

② 第三届警察公共关系国际论坛编委会. 警察与媒体——第三届警察公共关系国际论坛文集 [M]. 中国人民公安大学出版社，2007：102-103.

闭合回路，从而使各方价值都得以实现，促进警察公共关系建设。

参考文献

［1］孙娟. 第一届"警察公共论坛"纪要［J］. 公安大学学报，2002，6.

［2］曹文安. 警察公共关系建设现状调查与思考［J］. 江苏警官学院学报，2006，21（2）.

［3］叶毓兰. 中央警察大学九十三学年度第一次行政会议记录［J］.

［4］孟建柱. 公安机关要与媒体良好合作［J］. 法制日报，2009，20.

［5］吴国清. 警察风纪政策咨询之研究［J］. 警学期刊，26（5）.

［6］Daryl Close&Nicholas，Inc，2000. p. 5.

［7］Criminal Justice：An Introduction to Ethic［M］. CA：Wads－worth Publishing Company，1995，pp. 293－311.

第十九章　改善警察公共关系的途径

　　警察组织不仅是维护国家安全和社会秩序、打击和预防犯罪的主要力量，同时又承担着冗杂的社会管理和社会服务职能。在履行职责的过程中，警察组织与群众及其他社会团体之间的关系成为一个棘手又亟待解决的问题，警察内部公共关系和对外公共关系的建设亟须强化。

第一节　强化警察内部公共关系建设

一、加强内部沟通，建立团队共识

　　警察内部的公共关系建设是改善警察公共关系的基础和关键。警察组织内部应该进行良性互动，在互相沟通和理解的基础上，达成团队共识，树立全员公关的意识，这样才能培育共同的价值观，从而在处理警察公共关系问题上达成一致，更好地解决警察公关问题，提高服务意识，促进社会和谐。如果把警察组织当作一个整体，那么警察在这个整体中就是担任不同职能的重要组成部分。加强警察内部的沟通，建立团队共识，从整体与部分这一角度讲，就是警察之间要达成团队共识，而达成共识的前提就是沟通。

（一）树立全员公关意识，立足整体，统筹全局

　　警察组织在对外公关的过程中，要选择最佳方案，在警察公共关系建设过程中要树立警察组织内部全员的公关意识，在达成共识的基础上，加强交流和沟通，实现整体的最优目标，从而使整体的功能大于部

分之和。作为整体中重要部分的警察，更要立足全局，从整体的利益出发，不搞个人主义。时刻牢记警察公共关系的改善不是一人所能为的，不应有英雄主义的思想。只有团结协作，才能事半功倍。

（二）警察组织的领导者必须重视警察的意见和观点

整体功能的实现需要局部的支持和推动，在警察组织中警察的意见和观点是非常重要的。警察组织的领导者要善于倾听和接纳不同的声音，在充分的分析和研讨的基础上作出最终的决策。

（三）加强警察内部沟通

1. 警察之间在全员公关认识上形成良性互动

在处理警察公共关系的问题上，警察起着至关重要的作用，警察之间必须实现信息的交流和交换。只有准确地把握了各方面的信息，才能充分认识问题的本质，从而作出正确的决策。一系列的案例告诉我们，如果信息传递不准确、不到位、不真实、不全面，往往会出现不对称的决策，面对新问题，警察组织常措手不及。贵州省"瓮安事件"就是一个典型的负面例子。

2. 领导与警察之间的互相倾听与沟通

在警察组织这个整体中，领导和警察之间的信息传达至关重要。领导是决策的制定者，警察是决策的执行者。如果信息传递不及时，当出现警察公共关系危机时，决策的制定者将无法及时得到有效的信息，从而无法及时地对公关问题作出决策。如果领导者与警察之间不及时传达决定，警察则无法根据领导的决策处理公关问题。信息传递不及时，决策就无法及时作出；决策的传达不到位，就会影响问题的解决。因此，领导与警察之间要达成应有的默契，形成良性互动，才能在对的时机解决警察公关问题，应对各种突发性问题。

（四）形成警察组织共识

1）确立明确的目标。在改善警察公共关系的过程中，警察组织内部人员之间需要达成共同的组织目标。改善警察组织与群众及其他社会团体的关系需要警察组织中的每一个人员做到目标一致，用一个声音说话，个人利益及想法要服务于组织，将个人利益融入组织的利益中，在立场上和行动上始终和组织保持一致，维护领导的权威和组织决定，团结协作。

2）培育共同的价值观。传统意义上的价值观是指一个人对周围的客观事物（包括人、事、物）的意义、重要性的总评价和总看法。在警察组织中，共同的价值观是指，在处理公共关系的相关问题时，要摆正心态，具备应对媒体和群众的心理准备，理性地看待出现的问题，不透过不护短、避免反应迟钝、被动应对，应该树立理性而又公正的价值观。

3）领导的表率作用。在处理警察公共关系的过程中，决策的制定者、各级管理者是警察组织的核心，领导的表率作用体现在：（1）给各部门制定相关的评估，考核机制。没有各部门的评估、考核机制，就不能看到领导起表率作用的成绩。（2）给警察一定的激励机制，通过奖励的方式，保证管理阶层的带头作用。

4）要激发警察的参与热情。警察组织共识的达成有赖于警察的参与，只有警察全方位地参与警察公共关系的管理，才能把警察个人的命运与警察公共关系的改善联系起来，因此，必须建立"以人为本"的管理机制。（1）制定相应的激励机制，如在处理警民关系上有所成就，在应对媒体上有较好的表现等。（2）将激励机制落实，只有这样警察才会感受到其真实性。（3）要关心警察生活，关心其思想状态，对于其反映的实际问题，要及时解决。

（五）加强内部沟通，建立团队共识对改善警察公共关系的意义

1）有利于建立统一的团队目标。警察组织的领导者与警察之间准确地传递信息，在出现问题时解决问题。在达成共识的情况下，才能够将领导者的决策完完整整地落到实处。警察的信息反馈传达给警察组织的领导者，将在决策的实施过程中遇到的问题予以传达，弥补决策者的不足，真正做到有的放矢、执政为民。2）有利于树立良好的组织形象。警察组织之间加强内部沟通，达成组织共识，有利于树立良好的组织形象。构建和谐的警民关系，消除警察公共危机，千方百计地为群众做好事、做实事，提高群众的满意度是警察组织面临的永恒课题，也是每一个警察的重要责任。只有警察组织内部和谐，达成共识，才能够在执政的过程中充分发挥警察组织的作用，才能够树立警察的公信力和良好的组织形象。3）有利于提高组织工作效率。加强警察组织的内部沟通，达成组织共识，可以提高警察组织的工作效率，避免重复劳动。我国社会正处于变革期，政治、经济、文化不断发展，各种社会关系愈来愈复杂，广大群众对警察组织的工作要求也不断提高。我国推行依法治国以来，公民的法治意识和法制理念也在不断提升，这就要求警察组织在完成工作任务的同时也要提高工作效率，使自身更加符合群众的要求，更好地完成警察组织所肩负的任务和使命。

二、加强规划、培训

规划是指进行比较全面的长远的发展计划，是对未来整体性、长期性、基本性问题的思考、考量并设计未来整套行动方案。培训是指一种有组织的知识传递、技能传递、标准传递、信息传递、信念传递、管理训诫行为。普通的教育，只能提供一些基本的专业知识和技能。然而，在当前的警察公共关系的建设过程中，全员公关意识的规划和培训成为警察组织面临的又一个重要课题。

（一）规划、培训的对象

1）预备警力。此处的预备警力是指将来填充到警察队伍的公安警察类、政法类等院校的在校学生。预备警力是改善警察公共关系，加强规划的重点内容。警察公共关系的改善本身是一个长期而又艰巨的过程。因此需要从源头入手，加强对在校法学专业、公安专业学生相关业务的教育和理念的培养。

2）在职警察。在职警察包括通过国家正规考试取得公务员资格的警察和辅警。辅警也是维护社会治安、打击犯罪的重要力量。因此要加强对警察和辅警的教育培训。

（二）规划、培训的内容

1）警察组织全员的公关意识。培养警察组织全员的公关意识是警察公共关系改善的关键，全员公共意识培训的意义在于增强警察组织全体警察对警察公共关系重要性的认识，促使警察认识到警民关系改善对社会稳定的重要性。培养警察组织全员的公共意识，是现代警察面临的重要任务之一。

2）强化服务意识和服务理念。"门难进、脸难看、事难办"是社会公众对部分公共行政机关官僚作风的形象说法。服务意识不强、办事效率低下不仅有损警察组织的整体形象，也给社会稳定埋下了一颗"定时炸弹"，是改善警民关系的巨大障碍。如何转变工作态度与工作作风，提高政府部门的服务意识和工作效率，是建设服务型警察组织，深化行政管理体制改革的重中之重。加强教育培训，可以改正部分警察存在的"官本位"的思想，端正态度，更好地为群众服务。

（三）规划、培训的意义

1）有利于警察组织在处理公共关系问题时制订并落实长远计划。加强规划培训有利于警察组织制订长远的计划，而改善警民关系是一项长期而艰巨的过程。系统的教育培训可以使整个警察组织达成共同的目标，形成共同的价值观。在有效沟通和交流的前提下达成共识，才能使警察组织所作出的长远计划得以制订和落实。

2）有利于警察组织及时、专业地处置公共管理危机。系统的学习和培训，才能避免出现低级错误。端正警察对警察公共危机的认识，更好地、有效地防止事态的扩大，维护社会秩序。

3）有利于警察组织在长期的公共关系处理上达到动态平衡。长期的系统培训可以从纵向时空上达到平衡，知识的不断丰富、积累、补充，也可以弥补先前的不足。只有一如既往地坚持服务的意识和理念，并落实到行动中，处理好与媒体和群众的关系，才能赢得群众的支持，改善警民关系。

三、提升领导的公关意识

强化警察组织领导者的公关意识是提高政府公关水平的关键，也是警察公共关系改善的关键，要提高警察组织的公共水平，必须要提高警察组织领导的公关意识。警察组织的领导者具有良好的公关意识能促使其公共关系行为永远处在自觉化状态，使他对环境变化作出反应、适应和协调。警察组织的领导者如同旗帜，具有组织性、引导性和带动性。从某种程度上讲，警察组织领导者的形象是警察组织形象的集中体现。

警察组织领导者在警察组织中承担着计划、组织和指挥协调的重要作用。其特殊性就决定了警察组织的领导者必须提高自身的公关素质来处理组织内部与外部的事务。树立公关意识是提高领导者公关素质的重要内容。公关意识主要包括形象意识、公众意识、真诚意识、危机意识等。①

具体来讲，公关意识的核心内容主要有以下几个方面。1）塑造形象的意识。形象是最显著又最容易被人观察和欣赏的。组织形象是社会公众对一个组织机构的全部看法和评价。这种评价源于组织的各种行为和方法、各项工作和效果。良好的组织形象是社会组织的无形资产，它可以为组织创造巨大的效益。良好的形象是行政领导者塑造公关意识的基础。2）服务群众的意识。群众是公共关系的客体，是影响公关效果最重要的因素。树立群众意识就是赢得群众的支持。3）沟通协调意识。沟通是公关的基本手段，组织应当主动了解作为客体的群众，与群众进行更多的沟通，这样才能使组织活动真正建立在"公众导向"的基础上。4）互惠意识。互惠意识的基本含义是对群众的根本利益进行增进和维护。作为警察组织的领导者，应该培养互惠意识，多为人民的生活着想，不断完善社会保障制度，重视困难群众，对群众负责，把群众利益放在工作的首位。5）创新意识。领导者应该具备创新思维和创新精神，一旦具有创新意识，就可以提高行政效率。6）危机意识。警察组织的领导者必须具备临危不惧、开诚布公的危机处理意识，在第一时间回应群众，和群众进行真诚对话，化解危机。7）立足长远的意识。如果一个组织能着眼于未来，从战略的角度审视自己的行为，从有益于组织发展的角度建立公关策划思路，则这个组织一定会长期被群众接纳。

（一）加强警察组织领导者的公关理论学习

警察组织领导者进行公关活动，公关知识必不可少。如需要加强以下几门知识：1）基础科学知识：哲学、思想史、政治学、经济学、社

---

① 李宗超. 公共关系意识及其重要性分析［J］. 中国商界，2010（1）：143.

会学、心理学、法学等；2）背景学科知识：管理学、传播学、市场营销学、文化学、民俗学、人际关系学等；3）专业学科知识：公关基本概念、公关历史与发展等；4）相关操作性学科知识：广告学、写作学、演讲学、社会调查学、计算机应用与社交礼仪知识等。同时，行政领导者对于公关礼仪、公关方式、公关手段等内容也均应有一定的了解，这样才能杜绝和制约行政工作中的"伪公关"现象，真正提高公关素质。

（二）强化警察组织领导者的公关意识

警察组织领导者的公关意识直接关系到政府的知名度、美誉度与和谐度。对警察组织领导者来说，应以善公关为荣、广公关为富。要认识到公共关系在组织活动中的重要作用，强化五种意识。1）形象意识。要懂得用良好的形象为组织发展创造最佳的社会关系环境，赢得群众的信任和支持。2）群众意识。要把能否处理好组织与群众的关系看作事业是否成功的标志。3）沟通意识。要使组织始终自觉地处在一种开放系统、动态系统、反馈系统中，从而不断调整自己的行为姿态，适应变化着的社会环境。4）担当意识。行政领导者要勇于担当，做到认错从上级开始，表功从下级启动。着手一个计划，先将权责界定清楚，而且分配得当，勇于承担责任。5）信息意识。要始终保持清醒的头脑，使组织处在一种开放性的信息通道之中，适应各种各样的环境变化。6）责任意识。要有高度的社会责任感，不仅考虑到本组织的利益，而且能够承担起社会责任。

（三）建立长期、全面的公关战略

警察组织应全面引进企业 CIS 的管理模式，在理念、行为、外观三个方面进行全方位的形象设计，并使其制度化，改变以往"头痛医头、脚痛医脚"的形象。要以为人民服务为理念，以高效率的行政为行为宗旨，以清廉、文明、热情的形象来面对群众，建立长期公关、全员公关的战略意识。

（四）优化警察组织领导者的公关行为

警察组织领导者要注重在日常生活中塑造自身良好形象，培养符合自身个性特点和职责要求的领导风度，做到衣着得体，举止大方，谈吐不凡。警察组织领导者应当具备以下素质。1）自信。有了自信心，才能激发出极大的勇气和毅力，最终创造出奇迹。2）乐观。应当走到哪儿把微笑带到哪儿。3）热情。热情体现为嘴勤、手勤、腿勤，要动脑、动手、动腿。4）开放。开放是指面对各种各样的人，能够应对自如、游刃有余，善于"求同存异、异中求同"。要主动沟通，建立良好的关系网络，使自己了解组织内部存在的问题以及外部群众的基本意图。要多渠道、全方位地获取信息，并对信息进行加工处理，提高信息质量和决策效率。

四、简化业务，改善工作环境，提升士气

警察业务，是指警察依法对社会治安、社会公共秩序等方面的管理与控制，以及警察依法打击犯罪、预防与控制犯罪等活动。警察业务有广义和狭义之分，广义的警察业务不仅是指警察系统、国家安全系统的各项业务，还包括司法系统中法院、劳动改造机关，以及检察院的法警业务。狭义的警察业务专指警察系统的业务。

当前，警察业务繁多，一定程度上影响专业功能的发挥。警察组织警种繁多、交叉重叠，协助业务较多。这就造成了"有事找警察"这种思维定式，使得不同警种在承担自己相应责任的同时，也承担了较为繁杂的社会服务。同时，警察素质良莠不齐，由于少数警察执法不公、执法不严，滥用职权、知法犯法，严重侵害了群众的利益，严重损害了警察机关的队伍形象，从而严重影响了警察公共关系建设。因此，我国现在急需简化警察业务，改善警察工作的现状，提升警察的士气。

1）提高执法能力，提升公关效果。警察在社会生活中一方面扮演了执法者的角色，另一方面又扮演了服务者的角色，这就造成了警察角色冲突和警察职能的冲突。两种角色的相互交叉往往使警察处于两难境地。警察组织的业务繁多，职责交叉重叠，这就使得警察组织及警察在履行职责实施社会管理的过程中，常常遭遇执法对象及周围群众的不理解、不支持、不配合甚至阻挠、暴力抗拒。执法环境不良有着错综复杂的原因，一方面与社会群体的心理有关，另一方面警察组织的职能定位"过于广泛"。如何将执法与服务做到恰到好处，是警察组织职能定位需

要解决的一个重大问题，也是强化警察公共关系的关键内容。

2）改善工作环境，有针对性地提高警察工作待遇。每当提到警察工作艰苦时，部分群众可能难以理解，认为当了警察就是有了"铁饭碗"，工作光鲜亮丽，有何工作条件艰苦之言？然而在警察组织中尤其是基础警察组织，警力严重不足，这就造成了警察加班不断的现象，然而一加班就是几个甚至十几小时，当遇到突发事件，更是无法正常休息。

3）构建以人为本的警察激励机制，提高工作积极性。警察组织的职能的实现最终还是要落到警察个体上。因此，要构建以人为本的警察激励机制，提高警察工作的积极性。警察人力资源开发不仅要注重以人为中心，也要注重人事相宜。因为人是"第一资源"，是活生生的、有理想的、有需要的、有性格的，期望被关心、被尊重、实现自身价值的人。所以要充分考虑到警察组织中警察的所想所念，因地制宜地制定出合理的激励机制，提高警察的工作效率，改善执法环境。

五、培养专业人才

在改善警察公共过程中所需要的专业人才大体可以分为两类：一类是对以警政新闻发言人为代表的对外公关人才，另一类则是以警察行政管理为代表的对内管理人才。因为在处理警民关系时，不仅要加强对自身的改善，更要懂得跟群众和媒体沟通的艺术。警察公共关系的改善是一个复杂又艰巨的过程，培养专业的人才可以更好地应对突发的警察公共危机，更好地将事件化解，平复矛盾、解决矛盾。

新闻发言人是改善警察公共关系的对外力量。信息化时代的到来，网络的广泛普及，媒体的爆炸性发展，加上商业化运作，给警察公共关系改善带来了巨大的挑战，因此，警察组织需要培养专业的新闻发言人，需要懂得与媒体沟通、与群众沟通的艺术。对内而言，一个素质优良的警察队伍需要专业的警察行政管理人才。警察组织庞大，警察素质也相对不同，如何将现代警务所倡导的"顾客导向"警务模式传达给每一个警察，培养出一支警风严谨的警察队伍，需要专业人才的力量。

警察公共关系专业人才的培养主要有以下几种方式：

1）高校专业培养。专业人才的养成需要系统的理论学习，因此无论是对内的警察行政管理人才还是对外的新闻发言人，都需要经过系统而长期的教育，掌握新的警政思想和理念需要学校的教育。因此需要在政法类院校开设相关专业，将所学知识应用到警察工作的实践当中。

2）在职专业培训。对于在职的警察也需要进行相关专业的培训，掌握与媒体和群众沟通的艺术。了解警察管理的内容才能理解警察行政管理的意义，才能积极地配合领导者进行管理。

3）全面培养警察公关意识。全面培养警察组织中每一个警察的公关意识，对改善警察公共关系意义重大，改善警察公共关系并不是新闻发言人或者警察行政管理者抑或领导的职责。因为，在执法实践中是每一个警察将警政理念落实到每一项工作当中的。所以，要全面培养，学习"顾客导向"的服务意识和服务理念，端正服务态度才能更好地服务，才能获得媒体的认同和公众的支持。

六、端正警察风纪

警察风纪是指由警察法律所确定的警察警容、行为举止、形象及尊严的表现形式。警察必须严格遵守警察法律规定，养成遵守纪律、有礼节有修养的良好作用，做到着装整齐、举止端庄。

《人民警察法》第23条规定："人民警察必须按照规定着装，佩带人民警察标志或者持有人民警察证件，保持警容严整，举止端庄。"这一规定的基本内容和要求是：1）人民警察标志及人民警察证件。人民警察标志，是指佩戴帽徽、肩章、警衔、警号等表明人民警察特征的警服和符号。一方面，警服、警用标志是表明警察身份的重要依据；另一方面，警服、警用标志有一定的严肃性。所以，警察风纪要求人民警察必须按照规定着警服，爱护和妥善保管警服、警用标志，严禁将警服和警用标志变卖、赠送或借给他人。人民警察证件，是指能证明人民警察身份的有效文件，如工作证和执行某种职务用的证件。人民警察行使警察权利和履行警察义务时，人民警察标志必须规范齐全。人民警察因执行特定任务而不适宜着警服的时候，必须随身携带人民警察证件。2）警容严整和举止端庄，是指人民警察必须仪表严肃整齐，姿态端正庄重。严格的警容风纪和文明的举止，直接反映着人民警察的政治、思想素质的外在精神风貌。体现着人民警察的光辉形象。尤其人民警察着警服在公共场所、接触群众时要着装整齐，有理有节，讲究文明礼貌，尊重群众和民族的风俗习惯，遵守公共秩序。因执行任务进入单位或者居民住宅时，应当表明身份，出示工作证件，礼貌待人。人民警察着警服在任何情况下严禁酗酒，严禁实施有损警察声誉和形象的行为。

警察组织工作的性质和任务决定了端正警容风纪是警察组织管理最基础也是最重要的内容，也是警察工作本身所特有的职业形象的要求。端正警察风纪有利于警察有效地实施警察行为，有利于增强警察在群众中获得信任感，塑造良好的警察组织形象。要提升警察组织的公共关系能力，必须下大力气强化警察风纪建设。

1）加强定期培训。定期进行警容风纪培训，不仅要让警察直观地感受《人民警察》法对警容风纪的要求，也可以通过培训促进警察之间的相互学习，也可以及时反馈在警容风纪落实时的困难和不足，不断完善。2）强化实时监督。实时的监督和督促使警察在日常的工作中做到严格要求自己，时刻保持警察良好的形象。由于警察工作的特殊性，良好的形象对树立警察公信力有重要的作用，和谐的警民关系需要警察组织和群众之间相互信任和支持，严谨的警容风纪正是改善警民关系的开端。实时的监督检查可以促进警察组织中的每一人员做到时刻保持集体形象，落实《人民警察法》规定的各种要求。3）鼓励群众检举。群众检举是对警察组织中的每个人员的另一种形式的监督。因为，在改善警民关系的过程中，警察组织所要面临的是群众，接触最多的也是群众，群众对警察组织的警容风纪有较全面的发言权。因此，在为群众提供社会服务，履行法律赋予的职责时，接受群众的监督也是督促警察组织自我完善的一个较为切实的方法。4）加强自我约束。如何端正警察风纪，最终会落实到警察组织中的每一个警察身上，考试考核、定期培训、上级及群众的监督都是从外部着手的办法，然而警察的自我约束则是最为有效、最为经济也是最为可行的办法。5）严格职责追究。完善的警察风纪立法和执行的同时，要落实对于违反警察风纪行为的职责追究，建立警察违反警察风纪现象的有效预警机制。

第二节　完善对外公共关系的建设

一、加强沟通

完善警察组织对外公共关系要从加强警察组织与群众、媒体、社会团体以及其他行政机关着手，畅通沟通渠道，加强警察与群众的沟通。警察组织在社会中并不是独立存在的，其有相互协作、相互配合的其他组织或者个人。只有在充分的交流和沟通的基础上，才能达成共识。

（一）沟通的对象

1. 群众与媒体

群众和媒体是警察公共关系中的主要对象，媒体作为最重要的媒介起到不可估量的作用。群众是警察行政的直接作用对象，是与警察组织联系最为密切的成员。

2. 其他行政机关

要密切与其他行政机关的关系，做到互相协作，互相配合，积极地搞好行政机关与媒体和群众的关系，在建设"服务性政府"的理念下，共同努力。

3. 社会团体

社会团体是警察公共关系的重要组成部分。警察公共关系建设必须要加强与社会组织的沟通，包括行业性质社团、学术性质社团、专业性社团和联合性社团。

4. 社会公众

社会公众在警察公共关系建设中处于核心的位置。畅通沟通渠道，加强与群众的沟通是警察公共关系建设的最终目的。因此，在警察公共关系建设的过程中要充分考虑群众的诉求，提高警察组织的执法能力和公关能力。

（二）沟通的形式和内容

1. 沟通的形式

警察组织与外界沟通的形式主要包括：开展座谈会、召开新闻发布会、组织召开新闻通气会、发布新闻通告、接受新闻媒体和其他社会团体的采访、答复记者问、发出采访邀请等通过各种能够获得群众诉求的渠道，了解群众最关注的问题，从而使沟通不再流于形式，使警察组织的工作能够事半功倍。

2. 沟通的内容

沟通的内容，主要是结合警察组织的实际工作与今后工作的计划，对《中华人民共和国政府信息公开条例》（以下简称《政府信息公开条例》）及公安部有关文件对警务信息公开范围的具体细化。

（三）沟通的意义

1. 有利于加强交流

及时有效的沟通有利于加强警察组织与社会团体、媒体、群众的交流，增进各方的相互理解，获取支持，改善警察对外公共关系。

2. 及时获取社会讯息

可以丰富获取讯息的渠道，做到广开言路。警察组织获取信息的途径较其他团体而言比较单一，因此，加强与群众和社团组织的交流，可以及时地获取相应信息，做到扬长避短。

3. 了解民生民情，接受群众诉求

可以真实地了解到民生民情，只有真正地深入群众中，才能够了解群众的疾苦，才能够正确地对待群众的诉求，及时调整警察工作方案，提高群众的满意度。

4. 改善与媒体、社会团体及群众的关系

只有相互了解，才能够充分了解对方的需求。及时的交流和沟通，可以化解警方与群众、媒体及社团组织的矛盾，改善警察公共关系，倡导和谐警政，提高服务质量。

二、主动引导媒体、强化警政宣传

西方发达国家警方高度重视警察公共关系建设，警方密切联系媒体，以媒体为渠道，与群众保持广泛的接触和交往，促进警察与社会各阶层的双向沟通，在赢得社会各阶层最大程度的理解、支持警察的执法行为和活动的同时，进一步树立了警察的良好形象。如英国警方高度重视公共关系建设，通过创造和谐的警民关系来争取群众对警务工作的支持，英国警方公共关系建设的基本特点是以服务为核心。英国警方通过传播媒介——报刊电视及电台向市民提供有关警队的工作目标、政策及活动资料；向警队反映传播媒介所发表的舆论与传播媒介的各个部门建立及维护良好的工作关系，使警队的形象及讯息得以公正和客观地向群众反映。① 西方发达国家警察组织引导媒体、强化宣传的方式主要有：

1）西方发达国家警方的新闻发布机构通过定期和不定期的新闻发布，将社会治安、道路交通以及规律性的违法犯罪、突出的治安、灾害事故等情况向群众发布。遇有突发事件，警方还会在媒体报道前主动发布消息。其工作重点始终是竭尽可能地向群众展现警方的正面形象。

2）通过各种有效形式，加强自我宣传。在德国、荷兰等西欧国家，任何一个警察组织，都印制有介绍自身工作情况的宣传手册，有些还发行自己编辑的报纸、杂志。这些国家的警方还充分利用了现代网络。

3）冷静面对负面报道。德国黑森州内务部新闻发言人曾表示：对媒体的负面报道，如果报道属实，他们会坦率承认错误，并保证以后不再犯同样的错误；如果报道不实，他们也不会急于澄清事实，而是要分析澄清事实的意义有多大。如果警方的澄清可能引发更大的争论，从而形成新的热点问题，那么警方就会保持沉默，以逐渐淡化负面影响。

我国于1990年开始实行公共机关的新闻发言人制度，2003年进一步规范了新闻发言人制度，成立了工作小组，建立了由有关单位人员兼职组成的新闻发言人办公室。2004年，公安部发布《关于在全国公安机关实行定期新闻发布制度的有关规定》，正式确定公安机关新闻发言人制度。从这一角度来讲我国在改善公共机关与媒体和群众的关系上，正不断地探索和努力。但是，警察公共关系正面临着社会透明化的趋势不可逆转、草根价值凸显、公权力监督日益加强等挑战，必须正确引导媒

① 张飞、李振旺. 英国警方加强公共关系建设的经验［J］. 吉林公安高等专科学校学报，2009，2.

体，构建良好的警媒关系。

1. 正确认识媒体的运作特点，摆正媒体的位置

媒体的独特性，是摆在警察组织改善公共关系面前的一个不可回避的问题。从全国各地的互联网传播案例来看，突发事件所引发的网络传播，往往存在"黄金 24 小时法则"。也就是说，一个突发事件发生后，如果不能在 24 小时之内发布信息、引导舆论，那么就失去了主导权。因此，正确地引导媒体，摆正媒体的位置，媒体必然会成为警察公共关系建设中改善警民关系的重要桥梁。警察组织不能片面地去看待媒体，认为媒体只会煽风点火。当出现警察公共关系危机时，群众需要知道事情的真相，同样媒体也是。警察组织不能一味地搪塞、掩盖，只有将真实的情况公之于众，才能够获得群众的理解和支持，其中，媒体的作用就得以转变，成为改善警察公共关系的一个重要组成部分。

只有真正透彻地认识到媒体运作的特性，才能够正确地引导媒体。警察组织在危机警务处理过程中必须让客观、权威和公正的声音先入为主。相反，如果突发事件隐瞒不报，警察组织则等于放弃了舆论引导权，而且"纸包不住火"、欲盖弥彰，还给了谣言传播和炒作的空间。英国学者里杰斯特就总结出著名的危机传播 3T 原则：Tell it your own——自己来告知（而非其他组织）；Tell it fast——（尽快告知）；Tell it all——告知全部（不加隐瞒）。

2. 充分发挥新闻发言人制度的作用

设立新闻发言人制度是警察组织主动地接受社会舆论和群众监督的表现，也是为改善警察公共关系作出的努力。在信息化时代，如果警察组织不能够及时、全面、准确地发布信息，正确地引导媒体和社会舆论，各种片面的信息就会影响群众的判断，加上社会生活中广泛存在的社会偏差心理，就更加助长了不利信息的传播。因此，当遇到警察公共关系危机时，新闻发言人要在第一时间澄清事实的真相，赢得群众的理解和支持。

3. 注重与媒体经常性的联系与沟通

1）要积极地与媒体进行合作，实现与媒体的良性互动，警察组织要主动了解群众的需求、媒体的需求，在不影响社会稳定的前提下，最

大限度地满足群众和媒体的好奇心。警察组织一味搪塞、回避、掩盖，反而会适得其反，如果群众知道的只是事件的片段，那么其必然会去猜疑、臆造、主观想象。因此，在警察公共危机面前，要做到最大限度、第一时间与媒体和群众沟通。

2）要定期地召开与媒体的座谈会，告知下一个工作周期警察组织的主要任务，在行动上掌握主动权。与西方国家相比，我国警方在与媒体打交道的过程中还不够成熟，缺乏耐心和沟通的技巧，同时角色的定位也没有明确，对许多负面报道消极应付，反应迟钝，同时对信息社会中媒体的作用和功能缺乏认识，仍然存在着许多不足和需要改进的地方。

三、强化社区警务建设

社区警务英文为 Community - Oriented Policing，中文直译为社区导向警务。社区警务出现在 20 世纪 70 年代的世界第四次警务改革之中，警察角色发生了根本性的变化，社会公仆的角色占据上风，社区警务应运而生，社区警务的理念在 20 世纪 80 年代末至 90 年代初引入我国。

美国的一些城市警察机关将警务改革的模式确定为"社区警务"，其核心是：根据社区的需要定位警务工作，通过与社区建立伙伴关系共同解决社区问题，从而达到有效维护社会治安，提高社区居民生活质量的目的。[①] 其主要思想就是通过立足社区，直接为市民服务，以群众满意为最高标准，旨在构建良好的警民关系，达到预防和控制犯罪的目的。

在社区警务理念下，警察的首要任务不再是打击罪犯，而是提供社会服务。打击罪犯是帮助群众分忧解难的一个重要组成部分，而不是唯一任务。提供服务和维护秩序也是警务的重要组成部分。社会服务的核心和重点就是要搞好警民关系，倡导和谐警务。社区警务建设对改善警察公共关系有以下几方面意义。

1）社区警务建设有效地动员社会力量打击和预防犯罪，提高群众

---

① 孙萍. 美国的社区警务战略及其启示 [J]. 公安研究，2002，12.

的满意度。社区警务的基本理念是：产生犯罪的根源在社会，抑制犯罪的最直接、最重要的力量也来自社会。社区是警察组织工作最前沿的阵地，只有加强警察组织与社区公民的联系，才能够掌握犯罪的最新动向，依靠社会力量打击犯罪，对警察组织来说意义重大。因此，强化社区警务建设，不仅可以更好地打击犯罪，同时也可以改善警民关系，从而提供更好的社会服务，提高群众的满意度。

2）社区警务建设是改善警民关系的重要媒介，是维护社会稳定的重要保障。强化社区警务是改善警民关系的重要媒介，扎根社区，可以夯实警察公共关系基础建设。充分利用有利资源，寻找各类事件的突破口，保障社区群众安全的同时，可以加强与社区群众的接触和联系。警察职业的特殊性，给人们带来距离感，因此要突破过去的官与民关系，只有通过警察组织摆正与群众的关系，真正地接触群众，让群众理解警察工作，从而让群众认识到警察是社会服务的提供者。

3）改善警察公共关系是实施社区警务战略的必然要求。改善警民关系是实施社区警务的必然要求，警察公共关系建设是一项具有长期的、基础的，又十分艰巨的工作。社区警务最重要的理念就是警察深入到群众中去，让群众切实感受到警察组织不仅承担着打击犯罪的职能，同时也是社会服务的提供者。改善警民关系是实施社区警务战略的必然要求。只有警民关系改善了，才能够使警察组织更好地深入群众中。二者互相为前提，互相补充。

加强社区警务建设是改善警察公共，塑造良好警察形象的重要途径。

1）准确定位警民关系，消除角色定位偏差。通过倡导社区警务，改善警察公共关系的前提之一就是要准确地定位警民关系，消除角色定位偏差。中国几千年官僚体制的承袭和官本位的思想给警察公共关系的改善添加了一道十分厚重的障碍。新公共服务理念之下的警民关系，应当突破长期以来的官本位思想，明确警察组织和群众不是上下级的隶属关系。警察组织是社会服务的提供者，要改善警民关系首先要将原有的角色定位偏差消除。

2）优化警察资源配置，做到警力下沉。社区警务战略的开展，要求通过警力下沉，深入社区之中，减少犯罪机会来预防犯罪，维护社会的稳定。因此，警察组织需要优化警力资源配置，强化社区警务建设，以此增加群众的安全感，缩小警民之间的距离，改善警民关系。

3）强化服务意识，落实服务理念。"门难进、脸难看、事难办"是群众对部分公共行政机关官僚作风的形象说法，这就反映部分部门服务意识不强、办事效率低下这一问题。服务意识不强、办事效率低下，不仅有损警察组织的整体形象，也给社会稳定埋下了一颗"定时炸弹"，是改善警民关系的巨大障碍。因此，要在警察组织中培养服务意识，落实服务理念，才能够提高办事效率，使群众满意，从而改善警民关系。

4）提高警察组织业务水平和公关能力。改善警察公共关系的又一重要问题是提高警察组织的业务水平和公关能力。警察公共关系是一项复杂的工程，全员的公关理念是警察公共关系建设的基础。警察组织工作具有很强的社会性，警察的言行举止都代表着警察组织的形象。因此，只有警察组织全员在加强业务能力，提高办事效率的同时，树立服务意识和公共理念，才能够更好地处理警民关系，才能更好地为群众服务。

四、发挥新闻发言人的作用

2004 年，公安部发布《关于在全国公安机关实行定期新闻发布制度的有关规定》，正式确定警察机关新闻发言人制度，要求在公安部和各省、自治区直辖市公安厅、局以及省会、副省级公安局普遍建立健全新闻发言人制度，实行定期新闻发布。原则上，公安部和省、自治区公安厅每个月举行一次新闻发布活动；直辖市、省会市、副省级公安局每半月举行一次，也可以根据需要每周举行一次。

新闻发言人制度对改善警察公共关系的作用，能够确保警务信息传递的正确性，在保证群众知情权的前提下，确保舆论朝着健康的方向发展；有利于消除群众的偏差心理，争取群众对警察组织工作的支持；有利于增强社会舆论对警察组织的监督，提高警察工作的质量，从而改善警察组织公共关系。

在警察公共关系建设中，必须充分发挥新闻发言人的作用。

（一）掌握媒体特点，摆正媒体的位置

我国当前媒体的运作方式已经市场化、商业化，其主要的收入来源是广告，这就造成了任何一种形式的媒体都必须引起群众的关注。媒体需要的是群众的关注，而对于新闻的准确性、真实性不会加以认真的考证，媒体发布的消息大多是片段性的，因此新闻发言人要在第一时间发布准确、真实的消息，让群众认识到事件的全部信息，赢得群众的理解和支持。

（二）建立舆情收集分析机制

发挥新闻发言人的正面作用，首先要建立舆情分析机制，不能盲目、主观地发布新闻消息，要在及时的前提下，充分考虑发布之后群众的感受，做好充分的准备。正确、全面、客观地分析事件的处境和警察组织的处境，只有做好充分的准备才能够保持清醒的认识，做到客观公正。

（三）建立重大突发案件、事故现场发布机制

重大、突发敏感事件一般是媒体比较关注的新闻事件，而此类事件的新闻发布难度较大。因此，要把握新闻发布的主动权，第一时间公布事件真相。如果不及时公布，当消息泄露，警察组织就会处于被动的情形。准确把握重大突发事件的性质，本着实事求是的态度，不遮掩、不回避，不轻易下结论，以免造成群众的对抗心理，影响警察组织自身的形象。

（四）规范警方新闻发布的内容和形式，努力提高警方新闻发布的质量和水平

新闻发布的形式主要有组织召开新闻发布会、组织召开新闻通气会、发布新闻通稿、接受新闻媒体采访、答复记者问询、发出采访邀请等。新闻发布的形式，主要依据新闻发布的内容和预期效果等综合评判后进行选择。

五、增强服务意识，提高公关能力，改善公共服务

建设警察公共关系的目的是赢得群众的支持和理解，警察公共关系

的改善以提高警察服务质量为依托。这就要求警察组织必须调整观念，增强服务意识，赢得媒体的认同和群众的支持。

在警察公共关系建设中，要注重满足群众的需求，提高警察组织的工作效率，增强服务意识。20 世纪 80 年代以来，新公共服务理念开始出现在人们的视野之中，使得公共行政在长期的政治、经济、社会发展中扮演的角色发生了重大的变化，其中非常重要的一点就是提出了"顾客取向"这一理念。因此，在改善警察公共关系的过程中，需要转变思想，强化服务，树立"顾客导向"的服务理念。

（一）转变传统的"官本位"理念，强化落实服务思想

警察组织需要转变过去的"官本位"的陈旧思想，重新定位警察组织与群众之间的关系，明确新公共服务理念的基本理论内涵：服务于群众；追求公共利益；重视公民权；重视人的价值。[①] 强化落实服务思想，做到"权为民所用、利为民所谋"。

（二）建立"顾客导向"的警政工作理念

"顾客导向"是指企业以满足顾客需求、增加顾客价值为企业经营出发点，在经营过程中，特别注意顾客的消费能力、消费偏好以及消费行为的调查分析，重视新产品开发和营销手段的创新，以动态地适应顾客需求。顾客导向的组织可以促使服务提供者对顾客真正负起应有的责任；可以为群众提供更广泛的选择，产出较能符合群众的需求。因此，警察组织在改善警察公共关系的过程中，要认识到群众作为警察组织的"顾客"的各种需求，对症下药，从而获得群众的支持和理解，改善警民关系，实现双赢。

（三）全面提高警察组织整体素质，塑造以服务为主的组织文化

警察组织通过对警察的服务理念教育和培训，强化"顾客导向"的服务意识，进而建立起警察组织重视服务的警察组织文化。全面提高警察组织的整体素质，才能更好地为群众服务，并且将服务的意识真正地

---

① 沈锦坤. 论新公共服务理论视域下的公务员服务意识 ［J］. 山西高等学校社会科学学报，18（7）.

运用到社会生活之中，让群众感受到优质的、及时的、人性化的服务。警察组织应让警察的服务品质提升，塑造警察组织的团队精神，激励警察士气，通过人性化的激励机制，鼓励表现优秀的警察。

后 记

    2015 年伊始，中共中央作出了"全面深化公安改革"的重大战略部署，审议通过了《关于全面深化公安改革若干重大问题的框架意见》，其中提出了 7 大任务，100 多项措施。这意味着我国的公安改革已经进入了警事治理阶段，相关领域的理论研究也必须同步更新。《警察行政研究》既是西南政法大学安全治理与社会秩序维护研究院的研究成果，也是西南政法大学警察科学专业研究生指定的理论参考书。它对我国警察行政实践同样具有参考价值。

    本书的主编为郑晓均，副主编为林小龙、吴娟、蒋勇。各章分工如下：

第一篇 警察组织篇

    第一章 组织及组织理论   李世豪

    第二章 警察组织   鲍 聪

    第三章 警察组织的领导   姚 荣

    第四章 警察组织文化   周晓莹

第二篇 警察人事篇

    第五章 警察人事管理的基本理论   叶江松

    第六章 警察人事管理的相关制度   满慎刚

    第七章 警察人力资源管理   刘 竹

第三篇 警察教育篇

    第八章 警察教育的基本理论范畴   马卓曼

    第九章 各国警察教育制度   贾克杰

    第十章 中国警察教育的改革建议   边杨薇

本书由郑晓均制定研究大纲，吴娟指导章节：第一、二、三、五编；林小龙指导第四、六编。全书最后由蒋勇统稿并修改了部分章节。

由于能力和时间的限制，本书仍然存在一些缺点和疏漏，警察行政中的某些问题尚需深入研究，我们也衷心地希望和欢迎更多的专家学者和公安机关的人员参与到警察行政的学术研究中来，为我国警察行政学的发展添砖加瓦。

编者

2016 年 1 月 23 日